러시아 정치사상사

외국어도서전문

1945

문예림

러시아 정치사상사

1판 1쇄 인쇄 ● 2000. 12. 5
1판 1쇄 발행 ● 2000. 12. 10

저자 ● 박윤형
발행인 ● 서덕일
발행처 ● 도서출판 **문예림**

주소 ● 서울특별시 광진구 군자동 195-21 문예빌딩 201호
전화 499-1281~2 ● FAX 499-1283
등록 / 1962. 7. 12 제 2-110호

http://www.bookmoon.co.kr
E-mail: moonyea@thrunet.com

ISBN 89-7482-135-4 (03350)

● 잘못 만들어진 책은 구입하신 서점에서 교환하여 드립니다.

러시아
정치사상사

머리말

정치학의 기초는 정치사상에 있다. 또한 정치사상에 대한 이해는 역사를 따라 추적되어야 한다. 정치적 질서의 관념은 역사 안에서 성장해 온 것이고, 따라서 역사적 축적물이다. 러시아 정치에 대한 이해도 마찬가지여서, 과학적 방법론에 입각한 예측가능한 정치이론을 구성하기에 앞서 러시아 정치사상에 대한 폭넓은 이해가 전제되어야 한다. 그러한 뜻에서 필자는 러시아정치에 대한 菲才에도 불구하고 러시아 정치사상의 흐름을 역사적으로 정리해 보려고 했다.

러시아 정치사상사를 관통하는 러시아적 질서의 전통은 고대 슬라브족의 공동체적 질서와 중세 비잔틴으로부터 수용된 정교적 질서, 그리고 근대 러시아의 사상가들에 의한 새로운 질서의 모색이라고 할 수 있다. 그리고 그러한 질서의 전통 가운데 나타나는 러시아 정치사상의 특징적인 모습은 전제 정부와 민중 간의 계속적인 분리의 전통과, 이러한 분리의 결과로 말미암은 정치권력의 중앙집권화 현상이었다. 그리고 심리적인 측면에서 나타나는 러시아적 전통은 수동적 메시아니즘이라고 할 수 있겠는데, 즉 그들은 도전받는 문명의 위협 속에서 참된 신앙의 수호자로서 지배집단이라는 생각을 줄곧 가져왔던 것이다.

이러한 모습은 본문 속에서 더욱 분명히 드러날 것이다. 이 책은 총 2편으로서, 전체적으로는 모두 6부로 구성되어 있다. 제 1부 키예프 러시아, 제 2부 속령 러시아, 그리고 제 3부 모스크바 러시아는 고대 및 중세 러시아의 정치사상을 구성한다고 할 수 있겠는데, 이 부분은 이미 오래전 미국에서 러시아정치사상사를 정리한 바 있는 앤더슨 교수에게 전적으로 의존하고 있다. 그리고 근대 및 현대 러시아의 정치사상을 구성하고 있는 제 4부 서유럽의 충격, 제 5부 혁명에의 길, 그리고 마지막 제 6부 소비에트 러시아는 기존의 번역서들과 저서들을 다양하게 참조하여 정리해 놓고 있다. 쉽게 쓰려고 노력했지만 아주 粗野하고 불완전한 연구서가 될 것 같다. 그렇더라도 우리나라의 척박한 학문 현실에서 러시아학과 정치사상 관련 분야에 조그만 보탬이 되었으면 한다.

이 책을 쓰면서 필자는 근대 러시아의 자유주의 사상가들에게 특히 주목하지 않을 수'없었다. 전제 정부와 민중 간의 돌이킬 수 없는 간극 속에서 러시아의 자유주의가 설 땅은 점점 좁아들고 있었지만, 자유주의 사상가들의 러시아 현실에 대한 인식은 아주 날카롭고 과학적인 것이었다. 그러나 과거 소비에트 시기 이들에 대한 평가는 소련 당국과 학자들에 의해서 의도적으로 축소되거나 은폐되었다. 러시아의 미래를 생각할 때 이들에 대한 재평가가 꼭 이루어져야 할 것이다. 끝으로 이 책의 표기는 러시아어 원어에 충실하되, 한글 표기에 있어서는 교육부 외래어 표기안과 필자의 수정 견해에 따라 이루어지고 있음을 밝힌다.

2000년 11월
프레스센터 집필실에서 박 윤 형

차 례

제1편

고대 및 중세 러시아

1 키예프 러시아(9-13세기)[1]

제1장 슬라브족 도시국가

9세기부터 12세기에 이르기까지 세 가지의 다른 요소가 발트해와 흑해 사이의 지역에 정치적 개념을 제공하였다. 이 지역에서 슬라브족은 선사시대부터 고대의 매우 발전된 고유한 관습을 유지하며 살아왔다. 그리고 그 가운데 많은 부분은 서유럽의 튜튼족과 유사한 것이었다. 이러한 슬라브 세계에 서유럽에서의 바이킹 침략자들과 동시대의 '바랴그족'으로 알려진 일단의 스칸디나비아인들의 물결이 휩쓸고 들어왔다. 그리고 곧이어 당시 서양에서 가장 높은 수준의 문화를 향유하고 있었던 비잔틴으로부터 그리스 정교의 물결이 흘러 들어왔다.

---

1) 고대 및 중세 러시아 부분, 즉 제 1-3부는 전적으로 Thornton Anderson, Russian Political Thought-An Introduction (Ithaca & London: Cornell University Press, 1967), part 1-3에 기초하고 있다.

6세기경부터 넷으로 구별될 수 있는 자료가 있기는 하지만, 이전 세기의 정치적 제도에 대해서는 잘 알려져 있지 않다. 고트족의 역사가 요르다네스(Jordanes)는 슬라브 민족의 국가 안테스(Antes)에 존재했던 公과 70인의 長老들에 대해 언급하고 있다. 비잔틴의 호민관 메난더(Menander) 역시 비슷한 언급을 하고 있다. 프로코피우스 케사리아(Procopius of Caesarea)는 이렇게 말하고 있다. "스클라베니(Sclaveni)나 안테스 같은 나라는 한 사람에 의해 통치되지 않고, 오래전부터 그들은 민주주의 아래서 살아왔다. 그들은 주민의 복지 문제를 포함하여 모든 것들에 대해 그것이 좋은 것이든 나쁜 것이든 주민들에게 의견을 구하였다." 또다른 그리스 작가 마우리키우스(Mauricius)는 이렇게 적고 있다. "스클라베니, 안테스 사람들은 모두 자유 속에서 살고 있고, 누구도 그들을 지배하도록 놔두지 않는다. … 그들은 지배 권력을 갖지 않고, 언제나 서로 논쟁할 뿐이다."

이러한 史料로 미루어 볼 때, 타키투스에 의해 서술된 다른 종족들처럼 슬라브족들은 전쟁시에만 지도자를 선택하고, 평상시에는 그의 지속적인 권위를 인정하지 않았던 것으로 보인다. 그들의 자유주의적인 태도를 강조하며 마우리키우스는 또한 이들의 노예제도에 대한 이상스러울 정도의 반감에 대해서도 서술하고 있다. "그들은 다른 종족들과는 달리 포로들을 무한정 노예로 삼지 않았다." 노예는 돈을 지불하거나 그에 상응하는 노역을 제공함으로써 스스로 해방될 수 있었다. 이러한 사실은 당시 '루시'[2]에서 광범위하게 사용되었던 10세기의 불가리아 법전에 더욱 상세히 기술되고 있다.

러시아의 연대기 작가 역시, 비록 왕권 통치가 잘 형성된 시기인 후에 쓴 것이기는 하지만, 슬라브 민족이 지배자 없이 살았던 때를 기억하고 있었다. 왕권을 정당화하기 위하여 작가는 슬라브족에 대해 "그들에게는 법률이 없었다"거나 종족 사이에 전쟁이 빈번했다고

---

2) '루시'는 러시아의 옛 이름이다. 루시라는 말은 15세기 후반까지 쓰였고, 이반 3세 때부터 '러시아'라는 명칭으로 바꿔어 불리기 시작하다, 1721년 뾰뜨르 1세에 의해 러시아가 정식 명칭으로 채택되어 오늘에 이르고 있다.

썼다. 그러나 작가는 연대기에서 슬라브 종족들이 그들을 통치할 외국의 왕을 초빙함으로써 이러한 전쟁을 끝내기로 동의하였고, "법률에 따라 우리를 통치해 줄 것"을 요청하였다고, 믿어지지 않는 사실을 그대로 적고 있었다. 그래서 그들은 바다 건너 바랴그족 루시에게로 갔고, "우리들의 땅은 넓고 부유하나, 그곳에는 질서가 없습니다. 부디 이곳에 오시어 우리를 다스려 주십시오"라고 말했다고 작가는 쓰고 있다. 이 연대기에는 또 그들은 세 형제를 선출하였고, 이 세 형제는 862년에 들어와서, 세 개의 다른 지역에 자리잡았다고 언급되어 있다. 그 가운데 최고 연장자가 류리크였는데, 다른 형제들은 곧 죽었기 때문에 류리크 가문에게로 모두 상속되었던 것이고, 이 류리크 단일 가문이 7백년 넘게 권력을 누리게 되었던 것이다.

슬라브족의 인구가 증대하면서 그들의 삶의 터전도 유럽 북부와 아시아의 무역중심지를 잇는 드네쁘르 강 상류와 다른 수로에 걸친 광활한 지역으로 확대되었고, 이것은 그들에게 무역을 통한 상업적 거래의 기회를 제공하였다. 그리고 그들은 스텝 지역의 유목민에 대항할 방어망의 필요성이 증대함에 따라 도시 공동체를 형성하게 되었다. 서유럽 대부분의 농업적 봉건주의 경제와는 대조적으로 그들의 경제는 시장에 필요한 생산물을 포함한 것이었고, 그들은 상업자본주의의 요충지로서 많은 도시를 가지게 되었다. 키예프 루시는 스칸디나비아인들에게 '가르다리키(Gardariki)', 즉 도시 국가로 알려져 있었다. 약 3백여개의 도시가 연대기에 거명되고 있고, 그 가운데 하나가 노브고로드인데, 노브고로드는 한자(Hansa)동맹[3]의 가장 동쪽에 위치한 구성원이 되었던 것이다. 한 연구에 따르면 12세기의 도시인구가 13퍼센트에 달하고 있었음을 나타내고 있는데, 이는 19세기 말까지는 다시 볼 수 없었던 수치를 나타낸다. 이 초기 도시들은 주

---

3) 한자동맹은 13-14세기 북부독일의 여러 도시들로 구성된 도시연맹체였다. 이 한자동맹은 14세기에는 한때 100여개에 이르는 가맹시를 거느려, 해로로는 발틱해의 해산물이나 목재와 영국의 양모를 나르고, 육로로는 이탈리아와 교역하여 북부유럽의 상권을 잡고 있었다.

변의 농촌 지역과 작은 도시들을 지배하는 도시 국가였다. 전성기 노브고로드의 영토는 북쪽과 동쪽으로 뻗어나 오늘날 프랑스의 크기를 능가하는 광범위한 지역을 포함한 것이었다.

10세기까지 이 가운데 9개 도시가 연대기에 기술되고 있다. 그러나 11세기에 이르러서야 그들의 정부 조직에 관한 내용을 알 수 있을 뿐이다. 역사가들은 이들 도시 정부와 고대 슬라브인의 부족적 민주주의와의 연속성에 대해 동의하지 않는다. 그러나 농촌의 기본적 정치 단위인 '베르비', 즉 혈연적 관계에 기초한 농민공동체 속에서 그 상호 연관성을 추론할 수 있어 보인다. 그리고 그것은 뒤에 '옵쉬치나' 또는 '미르'로 알려진 지역적 정치 단위로 발전하였다. 베르비는 도둑이나 살인자들을 찾아내 처벌할 수 있는 집단적인 법률적 구속력을 갖춘 씨족들의 임의적 결합체였다. 베르비의 결정은 씨족장들에 의해 결정되었고, 각 씨족장은 그들 가족들에게 그것을 보고했다.

전통적인 농촌의 정치 단위 베르비가 전반적인 영향을 끼쳤지만, 도시가 점차 커짐에 따라, 정치 조직도 더욱더 복잡해졌다. 가장 발전된 예가 노브고로드였는데, 이 도시는 다섯개의 구역(코네쯔)으로 나누어지고, 각 구역은 큰 거리(소트냐)들로 세분되며, 이것은 다시 작은 거리들로 나누어졌다. 그리고 이들은 각 수준, 각 단위체에서 선출된 장로에 의해 주재되는 가족 대표들의 자치적 모임을 가지고 있었다. 그 위계의 정점에는 '베체'라고 하는 도시 집회가 있었다. 한 연대기는 "노브고로드, 스몰렌스크, 키예프, 뽈로쯔크, 그리고 전 지방의 사람들이 처음부터 베체에 참여하기 위해 몰려들었다"라고 적고 있다.

이와 유사한 집회는 역사상 많은 곳에서 나타났었다. 그것은 고대 그리스에서 아주 일반적인 것이었다. 그리고 그리스 도시들은 이웃 나라들과 무역을 하면서 천년 넘게 흑해 연안에 자리잡고 있었다. 그리스와 슬라브족 도시국가 사이의 어떤 연관성에 대한 확실한 증거는 없다. 그러나 우리에게 잘 알려진 그리스의 집회인 아테네의 에클레시아(Ekklesia)와 베체 사이에는 많은 유사성과 더불어, 뚜렷하게 대비되는 점도 있음을 알 수 있다. 양자는 모두 계급이나 재산에 따른 구별이 없는 전체 시민의 최고 정치 집회로 간주되었지만, 에클레시아가 18세 이상의 모든 아테네 시민에게 열려있었던데 반해서 베체는 가족 대표들로 한정하고 있었다. 또한 양자 모두 토론이 자유로웠고, 투표도 (로마에서와 같이 부분적이거나 종족별로 이루어진 것이 아니라) 개별적으로 행사되었지만, 아테네에 있어서는 결정이 다수결에 의해 이루어졌던 반면, 베체에서는 만장일치적 동의를 요구하였다.[4]

한편 에클레시아의 경우 기원전 507년부터 클레이스테네스 (Cleisthenes) 법률에 의해 그 권력과 절차가 규정되어 있었지만, 베체의 경우는 그렇지 않았다. 에클레시아에 있어 일상적인 회기는 정기적으로 개최되었고, 업무의 순서가 정해졌었으며, 절차가 규정되어 있었다. 반면 베체는 비정기적이었는데, 대체로 비상시에 종을 울림으로써 사람들을 불러모았고, 때로는 군주의 부재시에 개최되기도 하였다. 어떤 도시는 다른 도시보다 활동적이었는가 하면, 그 기능 또한 다양한 공동체의 기본적인 법률적, 방어적 필요의 부산물로서 역할을 담당했을 뿐이었다. 바랴그인들이 오기전 그것은 무언가 입헌적 집회와 같은 역할을 수행하는 전반적인 정치 권력이었다면, 그 후로는 정부 가운데 무언가 토착적이면서 민주적인 요소를 간직한 채 그들과 권력을 공유하는 것이 되었다. 그것은 말하자면 오늘날 행정적, 입법적, 사법적 권력을 갖는 매우 포괄적인 정치 기구였던 것이다.

행정적 경로가 정부 관리들에게 돌아가자, 베체의 역할은 전쟁과 평화의 문제, 군대의 사용, 조공 문제 등 대부분 약탈적인 유목민과 이웃 도시들과의 관계에 관련된 것이 되었다. 노르만 왕이 들어서자 국가 방위는 점점 더 용병에 의존하게 되었다. 당초 예비부대로 있었

---

4) 만장일치를 확보하기 위해 세가지 주요한 수단이 강구되었다: 끝이 없어 보이는 토론, 제비뽑기에 의한 하나님에 대한 직접적인 호소, 그리고 반대자들을 강물에 던져버림으로써 토론을 만장일치로 끝낼 수 있는 육체적 설득 등이었다.

던 왕과 그 측근들은 점차 국가 방위에서 더욱 무거운 책임을 져야 했고, 그 과정에서 그들은 군대에 대해 상대적으로 강력한 힘을 소유하게 되었다. 키예프 시대 베체나 그 군대가 사라진 것은 아니었지만, 공들에 의해 기도된 베체에 대한 그들의 지위 강화 노력과 국방에 대한 역할 증대 정책은 장기적으로 성공적인 것이었다. 그러나 시민정신은 결코 죽지 않았고, 베체가 별로 강하지도 않았던 모스크바와 같은 도시조차 비상시에 베체는 침략자들에 맞서 봉기할 수 있었다. 1382년 몽골이 침략해 왕이 북쪽으로 달아났을 때, 베체는 모스크바의 방위를 위해 다시 조직되었고, 도시를 구하는데 성공했던 것이다.

충세의 입법은 법률의 창제보다는 그것의 명료화에 주안점이 두어졌다. 입법 활동의 명확한 권한이 베체에 있는 것으로 인식되기는 했지만, 이러한 성격은 서유럽에서와 마찬가지로 루시 내에서도 일반적이었다. 예를 들면, 1136년 노브고로드에서 베체는 노브고로드 시민만이 노브고로드 내에서 토지를 소유할 수 있도록 결정했는데, 이 법안은 베체가 권한을 그대로 유지하면서, 악질적인 공의 권력을 제한하기 위한 것이었다. 마그나 카르타에 의해 '영국민의 전통적인 권리'가 보호되었듯이, 그렇게 새로운 법률은 새로운 위협에 당면하여 구질서를 보호하기 위해 만들어졌던 것이다. 15세기초 쁘스코프 시민헌장은 관습을 재검토하면서, 이렇게 덧붙이고 있다. "그리고 만일 어떤 관습법 조항이 이 헌장에서 빠져있을 경우, 시장은 베체에서 그 사안을 새 항목으로 추가하도록 쁘스코프 왕에게 회부할 수 있다. 그리고 만약 이 헌장의 어떤 항목이 쁘스코프 왕에게 불만족스러울 경우는 그 항목이 삭제될 수 있다."

어떤 때는 베체가 고대 아테네의 민중 법정과 같이, 최종 심판 법정처럼 활동하기도 했다. 그런 경우는 일반적으로 公이라든가, 다른 고위직 관리의 심리에 관한 것이었다. 말하자면 그러한 심리는 탄핵이나 소환의 성격을 갖는 것이었다. 그러나 대개 재판 문제는 교회

법정이나 영주 법정에 속하는 것 말고는 선출 관리 혹은 공들과 그 측근들에게 맡겨졌다.

그러므로 공직관리 선출 기능이 베체의 가장 중요한 임무중 하나였다. 베체는 임기가 무한하고 소환 의무가 있는, 영토 관할권을 갖는 시장과 상업적 분쟁을 재판하는 행정수반직 군 사령관을 선출하였다. 그러나 이 두 기관은 영향력있는 가문의 몫이었다. 12-13세기 사이 50여년 동안 노브고로드의 시장은 한 가문에 의해 지배되었다. 그렇게 민주주의적 제도는 귀족정치의 공고화에 일조하고 있었다. 그렇지만 이 기관들이 세습화되지는 않았다. 로마의 호민관처럼 군 사령관은 왕과의 관계에서 시민들의 대변자 역할을 했다. 그러나 군사적 필요는 전쟁 기간 동안 왕과의 협력이 요구되었고, 이러한 이유로 왕은 그의 선출에 영향력을 행사하게 되어 결국에는 임명에 의해 충원되기에 이르렀다. 그렇지만 임명제가 된 후에도 이 기관은 특별히 인민의 대표기관으로 계속 간주되었다. 때문에 그것은 야심적인 왕들의 특별한 목표물이 되었던 것이다. 그 예로 모스크바에서는 그것이 1375년 폐지되었다. 왕족에 의해 그 기관이 다시 개최되었다는 기록은 없는 것 같다.

노브고로드와 때로는 다른 곳에서도 베체는 성직자를 선출하기도 하였다. 그러나 여기에도 역시 다른 세력이 간섭하는 경향이 있었다. 공이라든가, 키예프의 수좌대주교, 혹은 콘스탄티노플의 총대주교에 의한 선택으로 말미암아 그들 도시와 묵인이냐 거부냐의 딜레마 속에서 대립하기도 하였다.

베체는 또한 노브고로드가 자주 그랬던 것처럼 실제로 왕을 선출하기도 했다. 1102년 키예프 대공이 베체의 승인 없이 그의 아들을 노브고로드의 공으로 지명하려 한다는 소식을 접한 노브고로드인들은 이러한 메시지를 그에게 보냈다. "오, 대공이시여, 우리 도시는 당신이든, 당신 아들이든 원치 않는다는 확실한 입장을 전달합니다. 만일 당신 아들이 머리가 둘이라면 보내십시오."

노브고로드의 베체는 더 나아가 그들이 선택한 공들에게 더욱 엄격한 권한 제한을 부과할 수 있었다. 그들은 모두 조약에서 규정한 권한의 제한 속에서 노브고로드에 거주하겠다는 맹세를 하면서 십자가에 입맞춤을 해야만 했다.

다른 도시들은 그들의 선출권을 방어하는데 성공적이지 못하였다. 그러나 그러한 이상은 사라지지 않았다. 때때로 키예프의 베체는 왕위 계승권에 영향력을 행사했고, 혹은 왕권 행사에 제한을 가하는 조약을 체결하기도 하였다. 1146년 군 사령관을 통해 밝히기를, 키예프 시민들은 선왕에 의해 간택된 프세볼로드 올고비치를 거부하고, 대신 류리크의 다른 왕계에서 이쟈슬라프 2세를 추대하기로 결정하였다고 했다. "그대는 우리의 왕이십니다. 우리는 올고비치 왕을 원치 않습니다. … 우리는 작고한 선왕 유산의 일부이고 싶지 않습니다."

이러한 대규모 군중집회는 때로 폭풍우처럼 나타나기도 했다. 이것은 감정의 격화로 말미암아 그들의 격노를 불러일으킨 관리와 지주들의 집을 불사르고 약탈하는 등 폭동으로 변하기도 했다. 그러한 경우 수도원들도 마찬가지로 약탈되었는데, 그것은 수도원의 재산 뿐만 아니라, 대중들에게 수도원이 지배집단과 같은 통속이라는 생각이 자리잡고 있었기 때문이었다.

그러나 정상적인 경우 베체는 이성적이었고, 질서를 갖는 것이었다. 이러한 조화는 부분적으로 자연스러운 지도자와, 왕과 사제가 포함된 관리들에 의한 사전 준비와 의제의 제시에 의해 이루어졌다. 전임 시장과 사령관들은 도시 장로들로서 남아있었고, 혹은 노브고로드에 있어서는 아테네의 '500인 협의회(Boule)'와 유사한 기능의 '영주 회의(Gospoda)' 구성원이 되었다. 고스뽀다는 바울리처럼 정식화된 것은 아니었다. 또 그것은 바울리가 부족에 기반하고 있었던 것처럼 도시의 다섯 구역에 기반하고 있지 않았다. 어떤 의미에서 그것은 상원과 같은 것이 아니었다. 오히려 그것은 베체 내의 운영위원회 같은 성격의 것이었다. 그러나 그것은 당대 지도력있는 모든 사람을 포함한 대규모적인 것(약 300명 이상)이었기 때문에 큰 무게를 갖는 기구였다.

결론적으로 이러한 제도들에 기초한 의식적, 혹은 무의식적 정치 이념, 혹은 태도는 무엇일까. 중요한 다섯 가지의 정치적 가설이 가능하다. 1) 공동체적 연대감. 개인주의와 지도력은 단지 그것들이 일반적인 지지를 갖추었을 때만 받아들여졌다. 공동체적 이익이 어떤 경우든 개인적인 욕구와 야망에 우선하였다. 2) 집단적인 지혜. 대단히 중요한 결정은 개인에게 맡겨지지 않았고, 개인은 단지 그들 지혜에 있어 다중의 확신에 따른 의사결정 과정에 기여할 뿐이었다. 3) 임의적인(자발적인) 참여. 출석과 행위가 임의적이어서 의결 정족수가 필요치 않았다. 또한 도시 배후지의 주민들은 따로 그들의 출석을 규정한 조항이 없었음에도 불구하고, 출석하여 발언할 수 있었다. 4) 만장일치. 중세 유럽에서와 같이 각 개인의 동의보다는 묵종 혹은 건설적 합의가 요구되었다. (확신케 하는 방법이 정신적인 것과 더불어 육체적인 것이 있었지만) 비록 다수라 할지라도 어떠한 집단도 비확신의 소수에 대해 행동을 취할 권리를 갖는다는 신념이 없었다. 5) 행정적, 사법적 기능의 위임. 아테네의 위원회 활용과는 대조적으로 슬라브족은 단일의 행정관이라는 방법에 확신을 가지고 있었다.

여기에다 적어도 10세기 후반부터 왕권 기구라는 류리크 가문의 배타적 요구가 받아들여 더해졌다. 그 후로 베체에 의한 다른 가문으로부터의 왕의 선출이라든가, 강력한 귀족 정치에 의한 위임 통치 같은 시도는 일어나지 않았다. 고대의 슬라브적 정치 질서가 아닌 류리크 왕권 강화의 결과는, 그리스의 도시들이 쇠잔했던 것과 같은 도시 간 갈등을 잠재우면서, 가족적 연대로 루시의 도시들을 하나로 묶을 수 있었다. 그러한 결속이 멀어지고, 불확실해졌을 때만이 어떤 간극이 나타났던 것이고, 그것은 곧바로 몽골족에게 문을 열어주는 계기가 되었던 것이다.

제2장 바랴그인의 초빙

스칸디나비아인들이 처음 이들 도시국가들에 왔을 때, 그들은 침략자로서, 상인으로서, 그리고 용병으로서 들어왔다. 연대기에 나타나듯, 그들 가운데 누군가 루시의 왕으로 '초빙' 되기 전, 이미 상당기간 그들은 유목민과 주변국에 대항하기 위해 루시 도시들에 의해 용병으로서 고용되어 왔던 것으로 추측된다. 바랴그는 '동맹자' 라는 의미의 고대 스칸디나비아어로부터 유래된 명칭이다. 그리고 이들 잘 무장된 일단의 동맹자들은 9세기경 바그다드에 나타나고, 860년에는 콘스탄티노플 습격을 기도하는 등 고도로 기동력을 갖추고 있었다. 키예프를 통치하기 시작한지 3세대가 지난 후에조차, 황금 갑옷과 투구를 걸치고 비잔틴 황제를 만나러 971년 다뉴브 강을 노저어 건넜던 스뱌토슬라프 대공은 아직도 한쪽 귀에 커다란 금장 귀고리를 한 바이킹이었다. 그러므로 그것을 노르만디와 잉글랜드의 정복과 비교하는 것은 재미있는 일이다. 그리고 연대기적 평가는 그들과의 유화적인 부분을 형성하고 있는 것으로 볼 수 있다.

그러나 그들 도시들에 대한 공들의 계속적인 관계는 바이킹과는 사뭇 다른 것이었다. 토착적인 정치 제도의 강화는 슬라브족을 발전시킬 수 있었고, 어느 정도는 도시 관리에 대한 근대적 공동체의 태도를 닮은 왕실 기관이라는 개념을 지속시킬 수 있었다. 슬라브족은 베체가 왕과 그의 수행원들을 고용한 것이라고 믿었다. 왕이 주권자로서 통치하는 것이 아니라, 내외의 약탈자나 범죄자들로부터 도시와 영토를 보호하기 위한 목적의 조약을 규정함으로써 매우 제한된 기능만을 수행하는 왕실을 상정하였다. 이러한 목적을 위해 왕에게는 세금과 벌과금을 거둘 수 있도록 허락되었다. 그러므로 이론대로라면 왕의 행정적 의무와 다른 관리들의 그것과는 분리된 것이었다. 그러나 왕들의 수입원과 기능의 성격은 왕들이 점차 부가적인 의무와 영향력을 흡수할 수 있도록 하는 것이었다.

다른 한편으로 공들에게 그 임무는 다른 의미를 갖는 것이었다. 연대기는 바랴그인의 초빙을 언급하면서 특별히 그들에 의한 많은 도시들의 정복에 대해 상세히 기록하고 있다. 군인으로서 공들의 지위는 처음부터 그들 수행원들의 힘과, 그리고 후에는 상속에 기초하고 있었다. 스칸디나비아에서 그들은 선출 왕권과 '싱스(thing's)'라 불린 군중 집회에 익숙해져 있었다. 그러나 그들은 또한 그러한 선출 왕권의 후보는 언제나 병든 왕의 가계에 국한된다는 것을 알고 있었다. 그것은 실제로 세습 왕조를 의미하는 것이었다. 더구나 스칸디나비아의 군중 집회는 베체와는 달리 지방 자유민에 기초하고 있었다. 그리고 루시 내 준국가적인 베체의 부재는 준루시의 왕임을 강조했던 키예프 대공에게 수도 키예프의 베체를 그들 권위의 원천으로서가 아니라, 인력 충원의 원천으로서 생각하기에 충분한 것이었다. 그러나 베체의 협조가 필요했고, 정치가로서 공들은 보통 아주 심각하게 베체를 공격하는 것을 피했다. 그러므로 그들의 지배는 의무감을 갖는 고용인의 그것이나, 정복자로서의 그것이 아닌, 때와 장소에 따라 다를 수 있는 그러한 것이었다.

키예프 루시에서는 서유럽의 독일 민족과 마찬가지로 가계 상속과 대중 간택이라는 왕권에 대한 두가지 대립되는 원리가 존재했다. 상속 체계가 내적 분규 없이 작용하고, 베체가 원했던 일종의 행정적, 군사적 효율성이 제공되었을 때, 국민들은 기꺼이 새 왕을 받아들였거나, 혹은 적어도 묵인은 했다. 그러나 한편 왕이 도시를 패배로 몰고갔거나, 왕위 계승이 현저히 불만족스러운 후보자였을 경우, 베체는 그를 추방하거나, 거부할 수 있었다. 그럴 경우 베체는 그렇게 할 만한 충분한 정치적 능력을 가지고 있었다. 그러나 베체가 계승을 묵인하지 않으면 선출된 왕은 계승권자의 반대에 부딪칠 것이 분명하고, 그 결과는 틀림없이 계속적인 전쟁으로 귀착될 수밖에 없는 것이었다. 베체는 이러한 사태를 원치 않았다. 그래서 시간이 지남에 따라 선출 원리는 점차 가계 계승에 종속되는 추세가 되었다.

그러나 왕위 계승권에 대한 공인된 형식은 없었다. 게르만족의 경우, 선출 원리가 개입되지 않은 한, 보통 선왕의 아들들이 동등하게 왕위를 계승하여, 그것을 분할 통치하든지, 혹은 연합해 통치하였다. 메로빙 왕조와 카롤링 왕조는 스칸디나비아 왕조와 마찬가지로 그러한 분할과 연합 통치의 예를 보여준다. 선왕에 의해서거나, 혹은 상속인 상호간의 조약에 의해서 만들어졌을 법한 분할의 명확한 성격은 그러나 그것이 대단히 중요한 것임에도 불구하고, 항상적으로 이해되거나 동의된 것은 아니었다. 만일 왕권이 영원히 분할되었다면, 분할 영토는 다시 그 아들들에게 돌아갔을 것이다. 그러나 만일 그 분할이 단지 행정적 편의에 의한 것이었거나, 그들이 연합해 통치하는 것이었다면, 마지막 생존자가 다시 전체를 통치할 때까지 형제들은, 그 아들들을 배제하고, 서로 상속했을 것이다.

그러한 불명확한 왕위계승 패턴을 가지고서는 갈등은 불가피한 것이었다. 블라지미르 대공이 죽었을 때, 그의 아들 스뱌토뽈크는 그 자신이 넷째 야로슬라프에 의해 제거될 때까지 세 이복 형제들을 조직적으로 제거하는 경쟁에 돌입했다. 이러한 사태의 재발을 막기 위해 야로슬라프는 유언에 의해 연합 통치와 '年長者 우선권'을 정립하려 했다. 35년간을 통치하면서 그는 이제 베체의 조언없이 루시의 도시들을 그의 아들들에게 물려줄만한 능력을 갖게 되었다.

그리하여 루시는 분열되지 않고, 키예프의 연장 계승권으로 정치적 통합을 유지하였다. 그리고 야로슬라프는 혈연적 유대가 동족상잔의 야만적 행위에 종식을 가져올 것으로 기대했다. 고대 게르만족의 연합 왕권으로부터 유래한 이러한 상속 체계는 키예프 상속이 가장 연장의 생존 형제, 그리고 마지막 형제 후 장자 혹은 조카에게 상속됨을 의미했다. 자신들의 순서를 기다리면서 형제들은 다른 도시들을 통치했다. 그러나 그들의 보유권은 잠정적인 것으로 여겨졌고, 그들은 각자 결원이 생김에 따라 보다 중요한 다음 왕권으로 진출할 것을 기대했다. 역사가들은 야로슬라프의 유언 속에서 항구적인 도시 위계를 세우려는 노력을 발견했다. 그러나 이것은 의문스러운 것이다. 당시 사회는 대단히 유동적이었고, 도시의 중요성 또한 한 패턴이 안정되기에는 너무나 소란스러운 것이었다.

동족상잔 문제에 대한 야로슬라프의 해결책은 그의 아들들에게만 받아들여졌을 뿐이지, 키예프의 베체에 의해 공인된 것은 아니었다. 도시는 그의 장자를 왕으로 받아들였지만, 그러나 1068년 이쟈슬라프와 그 형제들에 의한 군사적 실패 후 베체는 혁명을 일으켜 왕을 추방하고, 그의 조카 프세슬라프를 옹립하였다. 이쟈슬라프는 1년후 다시 돌아왔지만, 시민들과의 관계를 악화시키자 이번에는 또다시 그의 형제들이 그를 추방했다. 이러한 투쟁에서 왕족 내 관계가 베체의 태도에 강하게 영향받는 것으로 드러났다.

왕권의 순환은 결코 성공적이지 못했지만, 기본적인 가계 연장이라는 개념은 루시의 왕족 사이에서 힘을 더해가고 있었다. 백년후 키예프를 확고히 장악하고 있었던 야로슬라프의 고손자는 그의 아저씨에게 왕위를 물려주면서, "당신은 나의 아버지이십니다. 여기 키예프가 있습니다. 당신 마음대로 처분하시고, 저에게는 나머지를 주십시오"라고 말하였다.

형제들과 조카들 사이의 계승은 불과 몇 세대 안에 극복할 수 없는 복잡성을 띠게 된다. 12세기 중엽부터 루시에서는 공들이 연장자 우선에 동의하지 않게 되었다. 더구나 비잔틴의 단일성 사상의 영향 아래서 연대기를 저술했던 성직자들처럼 공들의 마음 속에 '全 루시'라는 국가적, 왕조적 단일성이라는 개념이 확고히 자리잡고 있었는지도 의심스럽다. 야로슬라프 자신이 유언장을 쓰면서 그보다 먼저 죽었던 그의 형제와 장자의 후손들을 유언 체계에서 배제하고 있었다. 따라서 그의 아들들은 왕위를 둘러싼 불화를 유증받게 되었던 것이다.

더 나아가 순환 체계의 어려움이 더욱 커지게 되자, 공들은 점점 더 세습권을 고려하게 되었다. 연대기는 야로슬라프의 손자 체르니고프의 올레그가 다음과 같은 메시지와 함께 그의 조카에게 무롬으로부터 떠날 것을 요구했다고 적고 있다(1096).

네 부친의 영토인 로스토프로 돌아가라. 왜냐하면 여기는 내 부친의 영토(볼로스트)이기 때문이다. 나는 여기에 머무르려 하며, 네 부친과의 원한을 풀려한다. 왜냐하면 그는 내 부친의 도시에서 나를 쫓아냈기 때문이다. 그대는 내 일용할 양식을 여기에서 먹도록 내버려두지 않겠는가?[5]

이러한 요구에 맞선 조카는 계속된 전투에서 사망했다. 그리고 "올레그는 그 도시로 '입성했고, 시민들의 환호를 받았다." 그것은 연대기 작가의 견해로 "그가 정당했기 때문이었다." 그렇기 때문에 왕권의 순환은 그것이 세습 원칙으로 보충되고, 도전받기 전까지는 실제로 결코 규준화되지 않았던 것이다.

이러한 원칙을 해석하는데 있어서의 갈등은 1097년 왕족 회의를 열어 중요한 합의를 이끌어낼 때까지 야로슬라프 손자들끼리의 분규를 계속하게 했다. 그리고 공들은 그들 아버지들이 야로슬라프로부터 받은 과업을 각자에게 할당했다. 협력의 이상이 남아있었기 때문에 아직 루시는 공식적으로는 분열되지 않았다. 그러나 영토 할당에 있어서의 세습 원칙이 형성되었다. 연장자 개념이 일부 가계에서 계속되기는 했지만, 도시의 위계라든가, 공들의 순환 원리는 한 지역에

---

5) The Russian Primary Chronicle, ed. and trans. Samuel H. Cross and Olgerd P. Sherbowitz-Wetzer (Cambridge, Mass., 1953), p. 185. Anderson, Russian Political Thought, p. 15에서 재인용.

대한 각자의 소유로 귀착되게 되었다. 키예프는 이제 공들에 의해 세습적인 것으로 간주되었고, 연장 도시로서의 위신만을 계속 누리게 되었다.

세습 개념은 오래전부터 토지 소유지에 적용되어 왔었다. 야로슬라프의 법전[6]은 남자 상속인의 동등한 권리를 인정하고 있었고, 유언에 의한 불평등한 상속 권리도 인정하고 있었다. 그러나 과연 러시아 지역에 토지 소유권이 있었을까. 고대 북유럽 전설과 초기 법률은 왕이 토지를 소유하였음을 알리고 있다. 예를 들면, 헤럴드 페어헤어드(Harald the Fairhaired)는 872년 노르웨이를 정복한 뒤, 전임 소유자를 추방하고, 전 국토를 '오달(odal)', 즉 사유지로 만들었다. 이러한 배경과 함께, 공들의 생각은 소유권을 정치적 권위와 같은 것으로 생각하는 경향이 있었음을 알 수 있다. 중세 초기 라틴어 '도미니움(dominium)'이 소유와 권위 모두를 뜻하였듯이, 러시아어에 있어서도 소유와 지배의 의미를 모두 함축하는 몇가지 단어들 - 고스뽀다르, 고스뽀진, 오블라다찌와 오블라다젤, 볼로제찌와 볼로제젤 등 - 이 있었다. 서유럽의 경우 도미니움의 두가지 의미는 봉건주의 제도 속에 함축되어 있었다. 그리고 그것은 12세기 후반 게르만 보유권의 몇가지 모호성을 재규정하려는 로마법 연구가 부활될 때까지 구분되지 않았다. 그 때에도 몇몇 법률가들은 신성로마제국이 두가지 의미에서 도미니움을 썼다고 계속 믿고 있었다.

반면 중세 루시의 경우 그 관계는 서유럽식의 봉건적인 것이 아니었다. 정부의 모든 업무가 베체의 손 안에 있는 한, 소유자와 통치자는 실제로 같은 말이었고, 이러한 조건 속에서 어휘는 발전되어 왔던 것이다. 그러나 바랴그인 공들이 들어오면서 토착민들에게 있어 이러한 동질성은 파괴되기 시작했다. 베체의 마음 속에 공들은 외부인이요 고용인이었지, 소유자도 통치자도 아니었다. 그러나 그들의 힘

---

6) 11세기 초 야로슬라프의 재임중 발간된 이 '야로슬라프의 법전(Pravda)'은 흔히 러시아 최초의 법전으로 알려지고 있다.

이 증대하고, 그들의 지위가 관습화되자, 베체조차 그들이 지배자임을 인정해야만 했다. 한편 공들의 마음으로는 적어도 880년경 키예프에 올레그가 왕조를 세운 때부터 그들은 확실한 통치자였다. 그리고 기존의 언어는 그들에게 그들의 통치가 동시에 소유를 뜻하는 것으로 생각하게 만들었다. 그들이 획득한 사유지와 관련하여 이것은 확실히 정당한 것이었다. 그러나 앞서 살펴본 바와 같이, 베체는 공들의 정치적 지배와 세습적 보유권을 날카롭게 구별하고 있었다. 그럼에도 불구하고 야로슬라프가 그의 아들들에게 그의 지배권을 나누어주겠다는 유언을 쓴 것은 이러한 첨예한 구분이 공들에 의해서 받아들여지지 않았음을 나타내고 있다. 그리고 정치적 문제에 있어 세습권적 사고는 이미 시작되었던 것이다.

그러므로 각 지방에 대한 공들의 세습적 관계를 정식화하려 했던 1097년의 공들간 회의는 순환 개념과 베체의 힘에 의해 제약되어 왔던 공들의 뿌리깊은 태도를 잘 나타내주고 있다. 이 새로운 규정으로 그들 자신의 지방에 대한 지배력을 강화할 수 있게 되었고, 다른 지역에 눈을 돌리는 일이 없게 되었다. 그러면서 분리론적 사고의 기초는 가라앉게 되었다.

그러나 야로슬라프의 유언처럼 1097년의 합의는 베체와 상관없이 이루어진 것이었다. 그렇기 때문에 어떤 때는 베체가 연장자 원칙과 세습 원리를 파괴할 수 있는 것으로 생각했다. 그것은 1113년 블라지미르 모노마흐가 키예프 대공에 초대되었을 때 그러했다. 선출된 공의 충분한 능력과 더불어, 그러한 선출로서, 베체는 왕족에 의해 형성된 합의를 뒤엎을 수 있었다.

공들은 선출을 통해 획득한 보유지를 후에 세습 권리의 기초로서 사용하는데 아무런 저항을 받지 않았다. 그래서 블라지미르 모노마흐의 후손들은 스뱌토뽈크 2세의 류리크 연장 가문에 대항하여 키예프에 대한 권리를 계속 주장했던 것이다. 반대로 선출이 세습 혹은 연장자 권리를 가진 공에게 적대적이면, 공은 그것을 인정하기를 거부하곤 했다. 키예프의 베체가 1146년 세습과 연장자 권리에 대항해 이쟈슬라프 2세를 대공으로 선출했을 때, 그것을 반대한 삼촌 가운데 하나가 수즈달리의 유리였는데, 그는 세습과 연장자 원칙에 기초하여 키예프에 대한 통치권과 전 루시의 대공임을 계속 주장했던 것이다. 그로부터 후에 모스크바에 대한 통치권이 파생되었다.

루시의 영토 분할에 대한 세습권적 사고의 추세는 볼가강 상류 북동쪽 유리의 지방인 수즈달리에서 가장 두드러지게 전개되었다. 드물게는 그와 그의 후손들이 키예프에 대한 권리를 주장할 수도 있었다. 그러나 수즈달리에 대한 지배권이 더욱 견고한 것이었기 때문에, 키예프를 관할할 때도, 수도는 공을 따라야 한다고 강조하면서, 키예프의 이전 지위에 따르기를 거부했다. 그리고 그들은 임명된 연소한 공들을 통해 키예프를 다스렸다. 그들은 공들간 우애의 영향력이 가족 관계가 복잡해짐에 따라 불확실해졌음을 알고 있었기에, 그들 지방의 힘을 결속하는데 보다 현실적인 정책을 선호하게 되었다. 우애에 대한 그들 태도의 지표는 그들의 儀典的 고려에서 잘 나타난다. 가계의 전 가문은 트라이던트라는 공통의 문장을 사용했다. 그리고 그들은 그것을 사자로 바꾸었다. 더 나아가 유리의 아들 프세볼로드 3세는 그가 키예프를 통치하지는 않았지만, 대공이라는 키예프의 명칭을 상정하여, 갈리치아와 랴잔의 공들에게 왕족 구성원들 사이에서 이전에는 사용치 않았던 형태인 군주(고스뽀진)로서 그를 부르도록 내버려 두었다.

수즈달리는 공들의 권력이 확고히 정립된 후에 정착한 프론티어 지역이었기 때문에, 야로슬라프의 후예인 이들 가문에게 이후 정착자들에 대한 봉건적 권리를 주장할 수 있는 기회를 제공하였다. 프세볼로드의 형 안드레이는 더 약한 공들에게 영주의 권리를 행사했다. 그는 또한 키예프 지배권을 획득했지만, 그곳에 가기를 거절하고, 대신 사촌들 가운데 한사람을 가게 했다. 그는 그들의 행동이 마음에 안들자 이렇게 단호하게 말했던 것으로 알려지고 있다. "그대와 그대

형제들이 내 뜻에 따르지 않으려면 키예프와 다비드에서, 브이쉐고
로드와 므스찌슬라프에서, 벨로고로드에서 떠나라. 그리고 스몰렌스
크로 가서, 그대들끼리 그곳을 나누어 가지라." 공들은 그들이 그의
封臣이 아니고, 그렇게 대우받아서도 안된다고 저항했지만 복종했다.
그러나 중세 유럽에서와 같이, 정착된 지위에 부가된 상호간 권리와
의무가 있었다는 확실한 증거는 없다.

수즈달리 공들은 또한 조심스럽게 베체의 권한을 축소했다. 베체가
막강한 힘을 소유해 어려움이 컸던 로스토프와 수즈달리와 같은 옛
도시들은 수도로서 거부되었고, 블라지미르와 모스크바가 새로운 수
도로서 등장했다. 이곳에서는 왕권이 베체의 권한을 능가하고 있었
다.

이러한 일반적인 복종은 대공의 아들들에게도 예외가 아니었다.
1211년 장남에게 화가 난 프세볼로드는 둘째 유리에게 왕권을 넘기
기로 했다. 그는 몇가지 정치적인 의미를 내보이면서 "도시와 농촌의
모든 보야르들, 주교 요안과 성직자들, 상인들, 궁전 신하들, 그리고
다른 모든 사람들"이 다 모이도록 했다. 그런 다음, 미래의 갈등을 막
기 위한 종교적인 승인을 빌려, 그는 그들에게 십자가에 입맞춘 뒤
유리에게 충성을 맹세토록 하였다. 모스크바 공국의 회의체 '젬스키
소보르'의 원형이라고 할 수 있는 이 모임은 이전의 공들간 회의, 보
야르 회의, 그리고 베체를 혼합한 것이었다. 그리고 혼합 그 자체는
안드레이와 프세볼로드가 부과했던 대공에 대한 복종의 공통적 요소
를 나타낸다. 그것은 수즈달리의 전 국민이 참석할 수는 없을 것으로
보았기 때문에, 어떤 종류의 대의제를 포함한 것이었다. 그러한 범상
치 않은 현상을 연대기가 간과할리는 만무하다. 그리고 그러한 집회
가 오래 전에 알려졌을 것임과(일상적인 베체 모임에서는 그렇지 않
았다), 다른 도시들로부터 블라지미르로 여행하려는 사람들이 있었을
것임을 쉽게 상상할 수 있다. 프세볼로드가 다른 어떤 일로 이러한
모든 사회 계층에 자문을 구했다는 기록은 더이상 찾아 볼 수 없고,

또 그럴 것 같아 보이지도 않는다.

지금까지 키예프 루시의 귀족정치적 요소에 대해서는 이야기가 많지 않았다. 바랴그인들이 도래했을 때, 그곳에는 이미 상업적 부를 축적한 개인 혹은 가계들이 있었다. 이들 귀족들에다 공들은 왕족 뿐만 아니라, 수행원(드루지나) 형태의 또다른 엘리트를 추가하였다. 그들은 전쟁에서, 혹은 토지 자산과 상업 문제 운용에서 공들을 보좌했다. 드루지나는 일찍이 몇몇 지방 귀족이 그랬듯이, 그들 자신의 수행원을 확보하면서 차별화되었다. 보야르란 명칭은 크냐지[7]로 불린 류리크 왕족과는 구별되는 이들 상층 구성원들에게 붙여진 것이었다. 보야르들은 또한 '그리드'로 알려진 다른 수행원들과 구별되었다. 그들의 개인적 출신이야 어떻든, 전체 수행원은 자유민이었고, 자발적으로 공을 도왔다. 드루지나라는 말은 '친구'를 뜻하는 말이었다. 그러나 12세기 수즈달리에서 그리드는 자유를 상실하기 시작했고, '드보랴네', 즉 신하라는 새로운 명칭이 붙여졌다. 왕족과는 달리 이들 엘리트 그룹은 곧바로 계급적으로 배타적이 되지는 않았다. 그들은 궁정 업무, 베체 업무, 그리고 개인적인 부를 통해 능력에 따라 얼마든지 열려 있는 채 계속 남아 있었다.

스칸디나비아 지배의 국면이 지방으로 확산되는 탐험과 약탈이 진행되면서, 공에 대한 성공적인 지원은 '오트치나'(혹은 '보트치나')라는 세습적 자산으로서의 토지의 양여로 보상받게 되었다. 흔히 공에 대한 봉직에서 연유하기는 했지만, 서유럽의 봉토에서와 같이 그 이상의 봉직이라는 조건 속에서 이들 자산이 형성된 것은 아니었다. 토지는 광대했고, 일정한 사회 계급에 의해 만들어진 그것의 획득에 대한 법적 제한이 없었기 때문에, 농민들조차 그랬던 것처럼, 지방의 독립적인 보야르들 역시 토지를 자유롭게 확보할 수 있었다. 귀족들의 위신과 힘은, 그리고 그들의 토지는 베체나 혹은 공에 대한 봉직

---

7) '크냐지'는 독일어 konig, 영어 king과 관련이 깊다. 이는 일반적으로 公으로 번역되지만, 王과 같은 의미이다.

으로부터 연유했다는 사실을 잘 기억해 둘 필요가 있다. 귀족과 봉직은 토지 소유권으로부터 연유하지 않았다.

지방의 보야르들은 베체에 참가했고, 그들 가운데 일부는, 예를 들자면 노브고로드의 전임 시장과 사령관처럼, 베체의 공식, 비공식 운영위원으로서 활동했다. 군 사령관을 포함, 그들 가운데 가장 영향력 있는 자는 상임으로서 행정 업무에 참여해 공을 보좌했다. 역사적으로 그들은 공의 선출이라든가, 비잔틴과의 조약, 도시 헌장, 그리고 법전 편찬 등에 참여했다. 그들 가운데 다섯명이 야로슬라프의 세 아들을 도와 법전을 개정했던 것으로 이름이 나와 있다. 그들 가운데 한 사람은 설립자들의 우두머리였다.

중요한 문제에 대해 보야르들에게 자문을 구했던 공들의 행위는 보야르들의 법률적 권리에 기초한 것이라기보다는 공들의 편의와 필요에 의한 것이었다. 수행원 없는 공은 무의미한 것이었다. 그리고 수행원들은 그들에 대한 처우가 불만족스러울 경우 공으로부터 떠날 수 있었다. 도로고부즈의 블라지미르 공은 1169년 키예프를 동맹국들과 함께 공격하기로 하고, 그같은 계획으로 보야르들에게 접근했던 것으로 알려지고 있다. 그러나 그들은 단호히 도움을 거부했다. "이 계획은 당신 생각일 뿐이오, 公. 우리는 그것에 대해 아무것도 아는 것이 없으므로 당신을 따르지 않을 것이오." 보야르들 없이 돌아온 그를 본 동맹국들은 화살을 쏘아 그를 멀리 쫓아버렸다.

개인적이든 그룹이든, 불만스러운 보야르들은 어디서나 복무할 수 있었다. 고대 스칸디나비아의 戰友 관계에 기초한 이러한 '이탈의 자유(freedom of departure)'가 확고히 자리잡고 있었기 때문에, 이것은 키예프 루시에서 봉건적 관계의 발전을 가로막는 중요한 요인 중의 하나가 되었다. 토지의 양여로 보상받은 보야르는 지방에 뿌리를 두고 있었고, 그가 다른 도시로 이주했을 때, 그곳의 공과 합류하고 싶지 않을 수도 있었다. 이처럼 토착화된 보야르들의 자유는 그들 토지의 상실 없이 공들에 대한 복무로부터 떠날 수 있게 되었다. 이것은 확실히 토지 보유권이 복무의 조건이 되었던 서유럽의 봉건적 관습과는 다른 것이었다. 이러한 자유는 단지 오트치나 자산의 사유지 뿐만 아니라, 왕족 내 형제애적 협력 개념에도 기초하고 있었다. 조카나 사촌으로부터의 이탈이 적에게로의 도주는 아니었다.

그러나 이러한 자유는 귀족정치가 실패할 이유가 되기도 했다. 보야르와 공 사이의 갈등이 이탈로서 쉽게 해결되었던 것은 다른 해결책을 잠재우는 꼴이 되었다. 더구나 귀족정치로의 손쉬운 진입은 그 견고성을 해치는 것이었다. 귀족 그룹의 유동성은 공들에 대항한 이익의 결속을 방해하는 것이었다. 말하자면 그것은 마그나 카르타 같은 것을 갖지 못하였고, 또한 그러한 것을 지키려는 응집력이 부족했던 것이다.

다른 한편 공들의 권력은, 심지어 대공의 권력 조차도, 모스크바를 중심으로 한 이후의 발전과는 대조적으로, 키예프 루시에서는 결코 절대화되지 않았다. 적어도 몇가지 실제적인 한계가 이들 공들을 제한했다. 첫째, 그들은 구분되고 협력적인 정부 조직은 아니었지만 그룹으로서의 수행원들에 의존적이었고, 그것의 개별적인 구성원들에 의존하고 있지 않았다. 둘째, 보야르들의 이탈의 자유는 귀족정치에 대한 단호한 태도와 행동을 제한했다. 셋째, 공들은 때로는 실질적인 지원을 이끌어내기 위해, 그러나 자주는 적어도 수동적인 묵인으로 베체에 의존적이었고, 그 의존은 흔히 조약에 의해 면밀하게 규정되었다. 넷째, 공들은 ‘우젤리’라는 몫으로 영토를 나누고, 상호 협력과 존중을 권장한 그들 부친의 유언에 의해 제한되었다. 이러한 뜻은 종교적인 고려와 다른 상속자들의 무력 모두에 의해 강제되었다. 이와 유사한 제약은 공들간의 조약 속에도 포함되어 있었다. 그리고 그것은 조약 파괴자들에 대항해 적용되었다. 다섯째, 교회는 정식 권한과 일반적인 영향력 속에서, 부분적으로 비잔틴과의 관계에 대한 고려와 한차원 높은 문화의 소유라는 의미에서 공들로부터 독립적이었다. 그러나 그러한 독립은 비잔틴 내에서는 누려온 것이 아니었다.

이러한 한계의 실제적인 성격은 명확한 것이다. 그러나 공들이 인식했던 여기에 조응하는 이론적인 한계는 없었다. 정치 이념의 제공자로서 바랴그인들은 권력에 대한 제한이 아니라, 권력의 요소들을 강조했다. 여러 도시들의 초기 공동체적 연대에 대항해 그들은 몇가지 추론과 더불어 지배 집단의 연대를 강조했다. 첫째, 루시의 단결. 오랜 언어적 연대에 더하여 그들은 그들의 내적 차이에도 불구하고 분열을 막을 수 있는 정치적 단결 이념을 추가했다. 다른 하나는 대공의 그것으로, 중추 정치 기관이 베체의 선출에 의해서가 아닌, 왕족지배에 의해 임명된 것으로서 류리크 왕조의 독점적 지위를 갖도록 했다. 그리고 셋째는 가족의 전 구성원이 루시를 협력해 지배함에 있어 각자의 몫을 할당했다. 슬라브족의 민주주의적인 방법에 대항해 바랴그인들은 그들 자신의 戰友愛를 설정했다. 일정 부분 민주적임에도 불구하고 이러한 무사 정신은 루시를 군사 전문가에 의한 점진적인 군대의 형성으로 이끌었다. 더욱 중요한 것은 그것이 귀족정치의 점진적인 분열로 이끌었다는 것이다. 그리고 마지막으로 정부 관리의 책임에 대해 공들은 무책임한 정부, 완곡히 말하자면 교회의 도움으로 인간이 아닌 하나님에 책임있는 정부를 강조했다. 국민으로부터 나오는 권위 대신, 그들은 연장자 원리, 세습적 영토권, 그리고 정치적 유언의 힘이라는 부차적인 것들과 함께 그것을 세습적 권위로 대체했다.

제 3장 비잔틴과 정교의 수용

　루시의 정치적 개념의 세번째 본체는 수도승과 사제들에 의해 비잔틴으로부터 들어왔다. 그들은 이교도 루시인들에게 크리스트교를 가져다 주었을 뿐만 아니라, 루시인들에게 매우 오래되고 고도로 발달된 문화와 접촉케 하였다. 로마 제국의 서쪽 부분은 야만족과 이슬람교도들의 지배하에 있었기 때문에, 제 2로마로서 비잔틴은 그때 크리스트교 세계의 중심지였다. 제 1로마와 고대 그리스로부터 사상과 제도의 유산을 물려받은 것은 그들의 큰 자랑이었다.

　루시인들에게 영향을 준 이러한 복합적인 문명의 많은 요소 가운데, 아마도 정치에 있어 가장 중요한 것은 교회와 국가 사이의 관계를 포함한, 그들 비잔틴인들의 '조화(symphonia)'와 왕권에 관한 사상이었다고 할 수 있을 것이다.

　이것의 기원은 기원전 6세기의 피타고라스까지 거슬러 올라간다. 그는 세계의 본질은 숫자의 질서와 비율, 혹은 조화라는 우주관을 나타내었다. 우주와 이 세상의 모든 물질은 서로 맞고, 조화롭게 움직이며, 각자 적당한 곳에 있게끔 만들어졌다는 것이다. 처음 음악을 위한 수학에서 창안된 그러한 관계는 크게 일반화되어 우주관, 종교, 정치에 있어서도 그러한 것으로 믿어지게 되었다. 비율과 조화의 사상이 흥미를 끌고, 그것이 그리스 사회에 널리 퍼지게 되었다. 그것은 그들의 건축과 조각 부문의 성과에서 명확히 나타난다. 피타고라스 원리의 많은 부분은 신비한 상징 숫자의 탐구로 빠져들게 되었지만, 그의 중심 개념은 플라톤에게 전수되어, 플라톤의 주저『국가론(Republic)』에 큰 영향을 끼치게 되었다. 플라톤의 形象論 속에서, 그리고 보다 명시적으로는 스토아학파의 자연법 사상 속에서 그 개념은 점차 질서와 조화의 세계, 합리적이고 불변의 세계로 완성되었다. 그러한 가운데 최선의 인물 현인 군주는 그러한 세계 공동체의 충순한 봉사자로서 다스려야만 했다. 정치에서 그것은 위계적인 것으로서, 민주적인 개념이 아니었다. 인간은 평등하지만, 평등은 비례적이어야 하고, 보상은 정신과 조화되어야만 했다. 각 계급 혹은 계층은 사회에서 각 자리가 있는 것이고, 정의는 각자가 제 자리에 있는 것을 요구하였다. 더구나 우주의 신성한 계획 개념과 연결될 때, 그러한 사상은 보수주의를 위한 확고한 기초를 제공하였다. 어떠한 변화도 조화를 파괴하는 것이고, 神을 범하는 것이었다.

이러한 사고의 실제적인 적용은 알렉산더의 제국에서 나타났다. 여기에서는 그리스와 야만족 사이의 오랜 갈등조차 조화로운 전체로 통합되었다. 헬레니즘 왕권의 발전에 대한 피타고라스 사상의 영향과, 로마와 비잔틴 시대 이러한 사상의 계속성은 당대의 학자들에 의해 계속 강조되었다. 新피타고라스학파의 한 사람이었던 디오토게네스(Diotogenes)는 당시 널리 퍼져있던 이러한 이론을 잘 설명하고 있었다. "국가는 많은 다른 부분들을 조화롭게 묶은 몸체로서, 우주의 체계와 조화를 닮은 것이다. 황제(basileus)는 누구에게도 책임지지 않는 권위를 행사하고, 그 자신 살아있는 법(Animate Law)으로서, 인간들 가운데 신의 모습을 가지고 있다."[8]

4세기 에우세비우스(Eusebius)가 콘스탄티누스의 크리스트교 황제로서의 지위를 설명하려 했을 때, 그는 잘 정초된 이교도의 이론이

---

8) Stobaeus, Florilegium, Ernest Barker, trans. and ed., From Alexander to Constantine (Oxford, 1956), pp. 364-365 참조. 디오토게네스의 생존 시기는 기원전 4세기부터 기원후 3세기까지 다양하게 추정된다. 이것은 그 자체로 그의 단편들이 상당히 포괄적인 것으로서, 이러한 오랜 기간동안 사상의 유사성이 있었음을 나타내는 것이다.

아주 적절할 수 있음을 발견하였다. 황제를 神으로서가 아니라, 하나님의 대리자로서 규정하는 것만이 필요했다. 과거 이론의 나머지 모든 것은 그대로 놔두었다. 이교도들이 말했듯이, 지상의 제국은 하늘 나라의 그것이었다. 하늘 나라에 하나의 神과 하나의 신성한 법률이 있듯이, 지상에도 중앙집권화되고 전제적인, 그러나 하나의 법률로 통치되는 하나의 보편적인 제국에 하나의 황제만이 있어야 하는 것이었다. 하나님 왕국의 조화를 따르는데 협력하는 것이 모든 인간의 의무였다. 더 나아가 하나님 왕국은 변할 수 없다. 따라서 지상의 그것도 변해서는 안된다. 그렇기 때문에 비잔틴에는 열정적인 보수주의가 자리잡게 되었다. 비잔틴 제국의 천년은 거의 완벽한 독창적 정치사상의 부재로 특징지어졌다.

하나님으로부터 신탁된 것으로 전개된 황제의 권력은 하나님을 따르는 것으로 의무를 수행하였다. 하나님은 원동력, 창조적 힘, 그리고 또한 인자한 것으로 생각되었다. 따라서 일을 완수하고, 자비로우며, 제국의 어려움을 떠안고, 제국 국민의 공복이 되는 것이 황제의 의무였다. 그는 공공의 요구에 부응하는데 책임질 것과, 군대를 이끌고, 정의를 수호하며, 고통받는 자들을 해방시킬 것으로 기대되었다. 황제 마르시안(Marcian)은 제 2법령(Second Novel)에서 "인류의 복지를 증진시키는 것이 우리의 임무이다"라고 말하였다. 빵과 서커스의 제공은 후에 비잔틴에서 중지되었지만, 황제에 대한 의존 심리는 결코 없어지지 않았다.

하늘나라의 조화와 같이하는 것으로 생각된 이 세계와, 훌륭한 목자 역할로서의 황제와 함께, 교회와 국가의 관계 역시 조화로운 것으로 생각되었다. 더 나아가 둘의 목표는 구별되거나 분리된 것이 아니라, 상호 보완적이고 통합된 것으로 보였다. 암브로스(Ambrose)와 겔라시우스(Gelasius)에 의해 서유럽에서 발전된 교회와 국가의 분리라는 신조는 동쪽에서는 지지자가 없었다. 야만족의 침략기 세속권이 붕괴되었을 때 이탈리아에서 있었던 것과 같이, 교회가 세속사에 권위를 행사했던 일이 콘스탄티노플에서는 결코 없었다. 수세기 동안 유럽을 괴롭힌 교황권과 세속권간 투쟁이 비잔틴에서는 일어나지 않았다. 동쪽에서도 세속권에 대해 종교권을 고양시키려 했던 이론가들은 있었다. 후에 루시에서 잘 알려졌던 총대주교 존 크리소스톰(John Chrysostom)은 "성직은, 영혼이 육체보다 숭고한 것처럼, 세속적 존엄보다 숭고하다"라고 말한 바 있었다. 그는 또 "그렇기 때문에 우리는 그들 성직자들을 왕과 공들보다 존엄한 것으로 생각해야 할 것이다"라고 했다. 그러나 실제로 크리소스톰이 황제에 대해 그의 뜻을 내비칠 때, 총대주교를 정부로부터 독립코자 했을 뿐이었고, 이후에도 그것은 마찬가지였다. 아마도 성직은 '보다 숭고한' 것이었지만, 그러한 갈등 속에서 황제는 총대주교보다 높은 성직자임이 드러났던 것 같다.

초기 교회는 황제에게 일종의 성직의 지위를 제공했다. 죽음에 임박해 세례를 받았던 콘스탄티누스는 '최고 승원장(pontifex maximus)'이라는 이교도 명칭을 유지하고 있었고, 교회 밖의 이교도와 이단들의 주교로 간주되었다. 오랜 박해 후 합법적 지위를 얻게 되었던 교회는 이러한 비정상을 수용했고, 황제에게 대규모 종교회의를 통해 정통 교리를 세우도록 협력했다. 동로마 황제들은 후에 이교도 명칭을 버렸지만, 그들은 결코 교회 내 그들의 특별한 지위를 결코 잊지 않았다. 우상파괴자 레오 3세 황제는 로마 교황에게 "오, 교황이여. 나는 황제임과 동시에 사제임을 이해하시오"라고 밝힌 바 있었다.

레오 황제는 황제교황주의(caesaropapism) 독트린에 있어 다른 황제들보다 과도한 측면을 나타내었다. 일반적으로 인정된 독트린은 유스티니아누스 황제의 제 6법령 서문에서 보다 균형있고 분명하게 표현되고 있었다. 이 법령은 큰 권위를 갖는 것으로서, 러시아에서 자주 인용된 것이기도 했다.

성직과 제국은 하나님이 무한한 자비 가운데 인간에게 내린 두가지 가장 큰 선물이다. 전자는 성사와 관련된 것이고, 후자는 인간사를 주관한다. 그리고 둘 모두는 같은 원리에서 출발하여, 인간의 삶을 장식한다. 그러므로 인간의 구원을 위해 하나님께 끊임없이 기도하는 성직자로서 말고, 황제에게 그 어느것도 그러한 보호의 원천이 될 수 없다. 성직이 모든 곳에서 부끄럽지 않고, 하나님에 대한 믿음으로 충만한 제국이 공정하고 현명하게 다스려질 때, 보편적인 선의가 나올 것이고, 무언가 유익한 것이 인류에게 내려질 것이다. … 공정하고 찬양할 만한 교회의 성스러운 통치와 존경스러운 사도들, 하나님 말씀의 수호자들, 그리고 총대주교들이 우리에게 설명하고 보존토록 한 것이 따라질 때, 이러한 뜻이 자리잡을 것이라고 우리는 생각한다.[9]

이러한 노선에 따라 동방 교회는 '조화 이론(theory of symphonia)'을 발전시켰다. 이 이론은 이 땅과 하늘에서 사람들을 구원한다는 사도적 과업에서 두 권력을 분리하기보다는 하나로 묶는 현명한 협의와 상호 존중의 이론이었다.

비록 수정이 되기는 했지만, 주교들은 이러한 오래되고 많은 시련을 겪은 이론을 루시로 들여와서 적용하였다. 초기 루시의 교회는 독립적이지 못했는데, 그것은 수좌대주교가 콘스탄티노플 총대주교에 따랐기 때문이었다. 때로는 이것이 교회 입장의 신축성을 방해했지만, 그러나 그것은 또한 수좌대주교에게 외부의 지원이 되기도 했다. 총대주교는 물론이고, 그와 주교들은 루시의 교회를 어둡고 야만적인 땅에서의 비잔틴 문명의 선교자로서 보는 경향이 있었다. 더구나 공들은 몇몇 황제가 그랬듯이 신학을 잘 몰랐고, 이것은 주교들에게 보다 많은 이점을 제공하는 경향이 있었다. 그러나 공들은 두가지 큰 이점을 가지고 있었다. 첫째는 그들의 비잔틴 황제로부터의 독립적 지위였다. 그리고 둘째는 교회 자체에 있었던 것으로, 세속권에 대한 복종이라는 사도 바울의 교리였다. 루시는 세속권이 실질적으로 행

---

9) The Civil Code, trans. S. P. Scott, ⅩⅥ (Cincinnati, 1932), p. 30. Anderson, Russian Political Thought, pp. 26-27에서 재인용

사되었기 때문에, 레오 3세와 같은 황제교황주의라든가, 이노센트 3세와 같은 神政 정치는 없었다. 루시에서의 우월적 지위는 비잔틴과 비교해 볼 때 공들에게 있었다. 그러나 양자간 세력균형은 내용은 좀 다르지만, 본질적으로는 다르지 않았다. 그리고 루시 내 조화 사상은 고위 성직자와 공들간에 근본적인 협력으로 남아 있었다. 종교적인 문제는 공들의 중요한 관심사였고, 주교들은 세속적인 문제까지 공들에게 조언할 수 있었다.

루시의 크리스트교로의 초기 개종에 관한 역사적인 기록은 모호한 점이 많다. 988년경 블라지미르 대공 때 크리스트교가 공인되기 전, 루시 땅으로의 크리스트교 도입이 몇차례 시도된 적이 있었던 것 같다. 국민적인 통합의 수단으로서 종교를 바라보았던 블라지미르는 처음에는 이교적 판테온 설립을 기도했다. 그는 그러다가 크리스트교로 돌아섰다. 당시 비잔틴 제국은 내적, 외적 갈등에 흔들리고 있었다. 블라지미르는 황제의 여동생 안나를 새 아내로 맞아들임으로써 새로운 신앙을 지키려고 했다. 블라지미르의 새로운 종교정책 문제 중 하나는 비잔틴에 대한 의존을 피하는 것이었다. 교회와 국가의 통합이 비잔틴 황제에 대한 정치적 종속을 뜻하는 것이어서는 안되었다. 그러므로 잘 훈련된 토착 성직자의 창설이 필수적이었다. 이러한 이유 때문에 뾰트르의 선구자로서, 정력적인 블라지미르는 국민들에게 강에 들어가 세례받을 것을 명령했을 뿐만 아니라, 그는 또한 "훌륭한 가문의 아이들을 데려와서, 그들이 책을 읽을 수 있도록 교육받게 (콘스탄티노플로?) 보내라"고 했다. 이 아이들의 어머니들은 아직 신앙심이 깊지 않았기 때문에 슬프게 울었고, 마치 아이들이 죽으러 가는 것처럼 흐느꼈다고 한다. 블라지미르 시대 후에야 비로소 콘스탄티노플에 대한 정상적인 위계적 관계가 성립되었다. 앞으로 살펴보겠지만, 루시 교회의 독립성 문제가 남게 되었다.

블라지미르는 또 루시 내 교회의 기본적인 면제권과 특권을 보장토록 했다. 996년 발효되어 몇 년후 개정된 것으로 추정되는 블라지미르의 교회 법령은 교회와 국가의 관계를 정식화하는데 특별한 중요성을 갖는 것이었다. 부분적으로 살펴보면 이렇다.

그리스의 노모캐논(Nomocanon)을 펼치면서, 우리는 그 속에서 공, 보야르, 재판관들이 이러한 (교회의) 재판과 소송을 판단함이 부적절하다는 것을 발견하였다. 그리고 나는 왕비 안나, 그리고 왕자들과 협의하면서 이 재판권을 교회, 즉 수좌대주교와 루시 땅의 모든 주교관구에 양여하였다.

따라서 내 아들, 손자, 후손들 누구도 교회 신자 혹은 그들 법정의 누구에게도 간섭할 필요가 없다. 그것은 크리스트교도들이 있는 모든 도시와 지방과 농촌에 주어진다. ...

그리고 재판 관리들에게 나는 교회 법정을 침범하지 말도록 명령한다. 그리고 (시민) 법정으로부터 나오는 (벌금의) 아홉 부분은 공에게, 그리고 십분의 일은 성스러운 교회에 주도록 명한다. ...

하나님 교회의 신자들 사이에서는 수좌대주교, 혹은 주교가 범법, 혹은 불화, 혹은 분쟁, 혹은 유산 등을 재판한다. 그러나 만약 다른 사람들과 이들 사이에 소송이 있을 경우는 혼합 법정이 재판한다.[10]

이 교회 법령의 많은 부분은 블라지미르 시기 이후 추가된 것 같다. 그러나 이 법령은 교회가 후에 더 많은 특권을 갖는데 있어 의지하게 된, 정교하고 복잡한 그리스 정교의 교회법을 수용하는 광범위한 선례가 되었다. 교회 관할권은 두가지 일반적인 범주로 구분되었음을 밝혀둘 필요가 있다. 하나는 당사자의 신분에 관계없이 유언에 의한 재산 상속을 포함한 범죄와 분쟁을 담당하는 것이었고,[11] 다른 하나는 분쟁과 범죄의 성격에 관계없이-평민이 포함되었을 때를 제외하고-사원령 토지를 경작하는 모든 농민을 포함하는 인신에 관한 것이었다. 이 법령은 교회와 국가의 상호의존을 공고히 하면서, 루시

---

10) Pamiatniki Russkogo Prava, ed. S. V. Iushkov, Ⅰ (Moskow, 1952), pp. 244-246. Anderson, Russian Political Thought, pp. 28-29에서 재인용.

전 기간을 통하여 공들에 의해 발효된 많은 다른 법령의 모델이 되
었다. 매우 유사한 조문도 나타나는데, 예를 들면 15세기 쁘스코프 헌
장에는 "그리고 대주교의 대리인은 공의 법정에 간섭할 수 없다"(제
2조)라고 적고 있다.

블라지미르가 그리스 정교의 '노모캐논'을 펼쳐 보았다면, 그는 교
회법뿐만 아니라, 비잔틴 세속법의 상당 부분도 접했을 것이다. 심포
니아는 교회와 세속권의 분리와는 거리가 멀었기 때문에, 교회법은
시민법에 의해 강제되었고, 시민법은 종교적 견해를 반영하고 있었
기 때문이다. 이러한 상호 관계는 비록 로마의 이교적 요소가 아직은
지배적이었지만, 6세기 유스티니아누스 대법전 속에 분명히 나타나
고 있었다. 그리고 이후 비잔틴의 모든 법전은 본질적으로 유스티니
아누스 법전의 축약이었기 때문에, 특히 노모캐논을 통하여 그것은
단 한번도 로마의 지배를 받은 적이 없었고, 어떠한 로마법 요소도
갖지 않았던 루시로 전래되었다. 그러므로 수세기 동안 볼로그나 학
파(the School of Bologna)가 열심히 로마법 연구를 부흥시키고, 궁극적
으로 서유럽 전체가-영국은 예외였다-그것을 채택한 것으로 볼 때,
루시의 법률에서 비슷한 수정이 발견되는 것은 그리 놀라운 일이 아
니다. 그러나 그들의 시민법 전체에서 이러한 수정은 상대적으로 적
은 것이었고, 이것은 루시 법률 사상의 독자성을 나타낸다.

한편, 종교적인 법률에 대한 비잔틴의 영향은 처음부터 막대한 것
이었다. 동방 교회는 로마 카톨릭과는 달리 종교 행사에서 지방 언어
의 사용을 권장하였다. '코름차야 크니가' 혹은 '종교 지도서'로 번
역할 때, 13세기 당시 그리스어를 읽을 수 없었던 많은 사람들에게
노모캐논은 널리 알려져 있었다. 뿐만 아니라, 그리스인 주교들은 비

---

11) 이 문제에 대해 학자들마다 견해가 다른데, 그것은 대략 당시의 『루스카야 쁘라브다』
  92조에 세속 관할권 아래서 상속을 규정한 것이 나타나고 있기 때문이다(George
  Vernadsky, eds., A Source Book for Russian History from Early Times to 1917 (New Haven &
  London: Yale University Press, 1972), vol. 1, p. 38 참조). 그래서 몇가지는 교회 관할을 교
  회 신자의 재산에 제한하여 문제를 해결하고, 나머지는 세속 법률을 유언 부재시 상속
  에 제한함으로써 해결하였다.

잔틴 사상에 익숙해져 있었고, 그들이 배운대로 토착 성직자 훈련과 공들에 대한 조언에 그 규율을 적용했으며, 그래서 비잔틴적 태도와 가치가 루시에 퍼지게 되었던 것이다. 이러한 과정에서 종교에 대한 그것의 함의든, 그것을 위한 종교적 함의든, 많은 세속적 관심사들이 포함되게 되었다.

이러한 경로를 통해 로마와 그리스 문명의 완성된 정치적 개념들이 언제나 크리스트교의 색채를 띠면서 루시로 소개되었다. 더구나 그러한 문명의 오랜 경험은 많은 문제들에 대한 해결책을 제공해 오고 있었다. 그래서 루시의 발전에서 비슷한 상황이 나타났을 때, 주교들은 많은 경우 이러한 해결책을 가지고 공들과 국민들 생각을 지도할 준비가 되어 있었다.

세습적 통치자로서, 그리고 베체의 고용자로서 공들의 모호한 지위는 비잔틴적 경험이 오래전부터 해결해 왔던 문제를 분명하게 나타내었다. 이교적 로마인들은 공과 황제를 창조해 왔었고, 그들의 이론에 따라 공과 황제는 비록 세습과 재임 황제의 뜻 역시 영향력이 있었지만, 원로원, 군대, 그리고 로마의 국민들에 의해 선출되었다. 크리스트교 수용후 성직자들은 조화 사상을 들여오면서, 이러한 선출 과정의 모든 요소에 대한 하나님의 뜻을 강조했다. 그리고 그들 가운데 어떠한 갈등은 필경 악마의 짓일 것이라고 지적했다. 거기에는 로마의 원로원, 군대, 그리고 국민 모두가 포함되었다. 마찬가지로 비잔틴에서 그랬던 것처럼, 키예프의 베체에서도 하나님은 그곳에 존재했다. 그러나 모호함이 아니라, 보다 확실히 공은 세습을 말했고, 선왕의 유언에 맹세했다.[12] 그래서 주교들은 공들의 선택에서 민중의 목소리를 알고 있었지만, 비잔틴에서 그랬던 것처럼 그들에게 그것은 대개 심의가 아니라 묵종의 목소리였다. 하나님은 심의가 필요치 않았기 때문이었다. 전반적으로 통치자들의 신성한 선택을 강조하면서, 성직

---

12) 재임중의 왕에 의한 선출, 세습에 의한 선출, 국민에 의한 선출, 그리고 하나님의 뜻에 따른 선출이라는 왕권에 대한 이러한 똑같은 네가지의 권리는, 예를 들면 샤를마뉴 제국에서 볼 수 있듯이, 서유럽의 사상과 실제 속에서도 혼합되어 왔었다.

자들은 공들의 세습권 요구에 그들 종교의 위신을 맡겼고, 베체 목소리의 자유에는 등을 돌렸던 것이다.

마찬가지 다른 방법으로, 성서와 비잔틴 전통에 따르면서 주교들은 왕권 신장과 그 政體의 공고화에 기여했다. 서유럽에서와 마찬가지로 그들은 바울 서한에 따랐다. "보다 높은 권력에 따르라. 하나님 이외에 다른 권력은 없기 때문이다. 세상의 권력은 하나님이 정하신 것이다"(로마서 13장 1절). 콘스탄티노플의 아가페투스 부제(Deacon Agapetus)의 금언이 널리 유포되었다. "그의 육신에 있어 황제는 여느 인간과 같다. 그러나 권력에 있어 그는 하나님과 같다." 겐나디우스(Gennadius) 총대주교의 저작 가운데 일부도 번역되어 사람들에게 영향을 끼쳤다. "모든 그의 권세와 함께 공을 두려워 하라. 제자들은 스승의 회초리를 두려워 한다. 그리고 스승 자신은 말할 것도 없다. 그러니 죄인을 벌하는 하나님과 통치자를 두려워 하라. 그것은 왕이 인간적 은총과 벌함에 있어 하나님의 종복이기 때문이다." 성스러운 말씀을 포함한 그러한 표현은 루시의 민중들에게 베체가 주권적 위치에 있던 이교적 시대의 그것과는 사뭇 다른 우주적 질서 속에서의 그들의 모습을 갖게 했다. 더구나 주교들은 필요하다면 그러한 모습을 더욱 분명히 할 수 있는 다른 표현을 가지고 있었다. 예를 들면, 1135년 수좌대주교 미하일은 베체가 질서를 회복하지 않으면 노브고로드 시를 파문할 것이라고 위협했다.

그러한 감정과 행동과는 별개로, 교회의 통일된 조직 그 자체가 루시 왕조의 단합을 강화시켰다. 모든 주교들은 키예프의 단일한 수좌대주교 밑에 있었고, 왕족의 가문들은 떨어져 있었음에도 불구하고, 교회의 단일성은 유지되고 있었다. 또한 공들과 국민들 눈에 교회는 항상 중앙집권화와 종속성이라는 확연한 패턴을 나타내고 있었고, 결국 모스크바 공국에서 이것은 국가의 패턴이 되기도 했다.

그러나 이러한 공생적 관계에서 주교들과 공들 사이에 언제나 협력이 있었던 것으로 연역할 수는 없다. 주교들은 왕권 통치의 제도에 동의했지만, 언제나 개별적인 공들의 행위에 동의했던 것은 아니다. 크리소스톰(Chrysostom) 자신, 서유럽의 암브로스(Ambrose)가 그랬던 것처럼, 통치 권력과 통치자 개인을 구별했다. 그리하여 바울의 "권력은 하나님의 것이다"라는 성서의 해석을 보다 능동적이고 책임있는 것으로 받아들이는 수정의 기초를 제공했다. 말하자면, 사람의 죄를 하나님이 심판하는 것처럼, 불공정한 통치자는 그 자신이 주교에 의해 바로잡아지는 죄인으로서 책임을 져야 했다. 이것은 아직 복종의 신조 아래 있는 것이었지만, 정신적인 목자는 왕이라는 양을 비난할 수 있었고, 하나님께 나머지 양들로부터 노여움을 거두어 줄 것을 기도하면서, 공을 궁지로 내몰았던 반항적 베체 내 기도자에게 해답을 제공할 수 있었다.

그러나 주교와 공들간의 보다 일반적인 마찰의 원인은 수좌대주교와 주교들 대부분이 그리스인들이었다는 사실에 있었다. 황제는 교회와 국가의 궁극적인 대표자라는 비잔틴 사상에 물들어 있었던 그들은 그러나 루시의 공들을 똑같은 존경으로 보지 않는 경향이 있었다. 이와 동시에 고위 성직자의 민중에 대한 영향력은, 공들에 대한 조언자로서의 긴밀한 관계와 더불어, 그들의 선택이 공들에게 개인적으로, 그리고 정치적으로 중요한 사안이 되게 했다.

초기에 블라지미르는 콘스탄티노플에 의존하지 않고 주교를 선발함으로써 키예프 교회의 독립성을 어느 정도 유지했다. 그러나 야로슬라프 치세때부터 콘스탄티노플 총대주교의 임명에 의한 수좌대주교를 받아들이면서, 이것이 정상적인 패턴이 되었다. 그러나 1051년 하나의 주목할만한 예외가 있었다.

야로슬라프와 … 그리고 그리스인들 사이에 갈등과 조화의 부족이 있었다. 그래서 야로슬라프는 루시 주교들과 만났고, 그들은 신성하고 사도적인 법률과 규칙에 따라 이렇게 결정하였다. … : 두세명의 주교들이 주교를 지명할 수 있다. 그리고 이러한 성스러운 사도들의 신성한 법에 따라 루시의 주교들은 함께 모여 루시인 힐라리온(Hilarion)[13]을 키예프와 전 루시의 수좌대주교로 지명하였다. 그것은 정교 총대주교와 그리스 법률의 경건함으로부터의 분리가 아니고, 루시인들이 지명한데 대해 자랑함이 아니나, 당시 있었던 증오와 악의를 피하려 함이었다.[14]

그러나 후에 힐라리온은 추방되었고, 그후부터 야로슬라프의 후계자들에게 그리스의 영향력은 증대했다. 그러다가 야로슬라프의 증손자 프세볼로드 2세가 이러한 추세를 역전시키려 했고, 수좌대주교에게 루시인들을 주교로 임명하도록 설득하려고 했다. 그러나 그리스인 수좌대주교 미하일은 전 루시를 파문하고 콘스탄티노플로 떠나버렸다(1145). 프세볼로드를 뒤이어 그의 종교정책을 계승한 이쟈슬라프는 주교들을 소집해 루시인 클레멘트 스몰렌스크를 선출하고 미하일을 계승케 했다. 그러나 당시 교회에 대한 그리스의 영향력은 관례화된 것이었기 때문에 노브고로드의 주교 니폰트(Niphont)는 선출된 수좌대주교를 거부하고 있었다.

이러한 논쟁은 계속되어 로스찌슬라프 대공 때 절정에 다다랐다. 로스찌슬라프는 그의 승인 없이 총대주교에 의해 지명된 수좌대주교를 비잔틴으로 돌려보냈다. 그때 그는 황제에게 이렇게 썼다. "금후 총대주교가 우리 모르게 루시의 수좌대주교를 지명한다면, 나는 그를 받아들이지 않을 뿐만 아니라, 대공의 명령에 의한 루시의 주교들에 의해 수좌대주교가 선출, 지명됨으로써 단호하게 이 문제를 해결할 것이다." 이러한 강력한 언급에 이어 그는 1166년 또다른 러시아 주교들의 종교회의를 소집해 세번째 루시인 수좌대주교 콘스탄찐 2세를 선출했다.

비슷한 어려움은 주교의 선출을 둘러싸고 지방 수준에서도 발생했

---

13) 그의 설교집 『율법과 은총』은 초기 러시아 문학과 종교 사상의 독자성을 잘 나타낸 기념비적 작품으로 널리 알려져 있다.

14) Polnoe sobranie russkikh letopisei, IX (St. Petersburg, 1862), p. 83. Anderson, Russian Political Thought, p. 33에서 재인용.

다. 강한 개성을 소유한 수즈달리의 공들이 특히 이러한 언쟁에 휩싸였다. 프세볼로드 3세는 로스토프의 주교로 니콜라이가 지명된 것에 반대하면서 1183년 수좌대주교에게 이렇게 쓰고 있었다. "우리 지역 사람들은 그를 선택하지 않았다. 그러나 만일 그대가 그를 지명한다면 그를 그대가 원하는 곳으로 보내라. 그러나 나에게는 (총대주교) 루크(Luke)를 보내라." 물론 그가 사람들을 들먹인 것은 그가 민주주의를 지지해서가 아니었다. 그의 형 안드레이는 한술 더 떴다. 그는 주교와 몇가지 마찰을 빚자 아예 그를 교회에서 내쫓았다. 그 일로 해서 그는 총대주교로부터 심한 비난을 받아야 했다.

만일 그대가 크리스트의 구원자로서 그대에게 보내진 그의 가르침과 교훈을 따르지 않고, 그를 박해한다면, ... 그대가 온 세상을 성스런 교회와 수도원으로 채운다 할지라도, 그리고 수많은 도시를 세운다 할지라도, 교회와 신도들의 대표자인 주교를 박해한다면, 그것들은 교회가 아니라 畜舍가 될 것이고, 그것들 가운데 어느것도 그대의 보상과 구원이 되지 않을 것이다. 그대의 주교인 그대의 대표자에게 항상 물어보고, 그가 말하는 것은 무엇이든 하나님이 말씀하시는 것으로 믿고 그렇게 행하라. 그대가 주교를 공경하는 것은 크리스트를 공경하는 것이다. 그것은 그가 크리스트의 형상을 하고 있고, 크리스트의 권좌에 앉아 있기 때문이다.[15]

총대주교 루크 크리소베르고스(Luke Chrysobergos)의 이 서한은 그 엄격성과 교회의 주장에 있어 과도한 측면을 나타내고 있다. 그는 그 자신이 황제에 대해 행한 것보다 과도하게 루시의 세속 권력자들에 대한 주교들의 우월성을 강조하고 있었다.

공들과 고위 성직자들간의 이러한 비슷한 언쟁과, 총대주교로부터

---

15) Polnoe sobranie russkikh letopisei, IX, pp. 225-228. Anderson, Russian Political Thought, pp. 34-35에서 재인용.

지지를 얻어내려는 수좌대주교와 지방 주교들에게서 볼 때, 공들이 콘스탄티노플과의 관계를 끊으려 했던 것은 놀라운 일이 아니다. 12세기 중엽 이러한 경쟁에서 공들이 우세하게 나타났던 것 같다. 이 때 약 20년 동안 두명의 수좌대주교가 키예프에서 선출되었다. 그러나 로스찌슬라프의 죽음과 더불어 나타났던 공들간의 갈등은 키예프의 중요성을 약화시켰고, 키예프는 안드레이에 의해 약탈, 방화되어 점차 권력의 중심은 수즈달리로 옮겨지게 되었다. 이러한 갈등이 한창 진행되고, 수좌대주교의 선출과 비잔틴의 잠정적인 인가 추세가 복구되기 전에 몽골이라는 새로운 세력이 나타나게 되었다. 이러한 혼란으로 말미암아 '키예프와 전 루시의' 교회는 15세기까지 계속 비잔틴의 지배를 받게 되었다.

콘스탄티노플과의 밀접한 관계의 또다른 측면은 루시의 정치사상에 보다 지속적인 영향을 미쳤다. 800년 로마 교황이 비잔틴의 여황제 이레네(Irene)의 동의 없이 샤를마뉴의 머리에 왕관을 수여했을 때, 그것은 수세기 동안 나타났던 상호 불신의 폭을 넓히면서 로마와 콘스탄티노플 사이에 쐐기를 박는 것이었다. 비잔틴은 이것을 로마의 순전한 권리 침해이며, 또다른 배반 행위로서 간주했다. 그것은 세기중 후에 포티안 분리(Photian Schism)로 이어졌고, 계속된 상호 비난 속에 1054년 두 개의 교회로 정식 분열되게 되었다.[16]그래서 988년경 블라지미르가 루시에 크리스트교를 수용했을 때, 동서 교회의 분리는 완결된 것이 아니었다. 그러나 동방의 성직자들은 서유럽 교회의 잘못에 대한 그들의 개념을 정립할 수 있는 충분한 시간을 가지고 있었다. 연대기에 나타나듯이, '라틴 이단'은 블라지미르에게 잘 알려져 있지 않았고, 루시인들은 서유럽을 기피하지도 않았다. 그러나 로마와 로마 카톨릭 국가에 대한 지식은 비잔틴에서보다 더 확고한

---

16) 두 교회간 갈등의 중요한 신학적 이슈는 '필리오케(filioque)'라는 말의 라틴 신조에서의 일방적인 삽입이었다. 그리하여 그리스 정교에서 유지되었던 니케아 신조에서는 성령이 오로지 '하나님 아버지로부터' 나오는 것이었으나, 라틴 신조에서는 '하나님 아버지와 아들로부터' 나오는 것으로 규정했던 것이다.

적대감을 낳은 의심 속에서 루시로 들어왔다.

콘스탄티누스가 보스포루스로 온 때부터 그리스와 콘스탄티노플은 로마 제국에서의 그들의 우월성에 자부심을 가지고 있었다. 그리고 로마 제국은 분리된 동로마와 서로마의 황제들에 의해 통치되었을 때조차 단일성을 계속 유지했다. 서쪽 지역의 문화적 영락후, 위대한 유산은 동로마에 의해 열정적으로 보호되었다. 그리고 비잔틴의 아시아인들의 혼합에도 불구하고 끝까지 그들은 자신들을 로마인이라고 불렀다. 이러한 역사적 연대감의 어느것도 루시를 서유럽으로 끌어들이지는 않았다. 그들이 역사의 무대에 등장했을 때, 로마의 위대한 시기는 흘러가 버렸고, 비잔틴의 성직자들이 그들에게 말했던 것처럼, 로마는 오류의 땅으로 멀어진 반면, 비잔틴이 문화와 진실의 근원지였다. 그러므로 지리적, 언어적 고립에 더해, 비잔틴 자체에서는 종교 분리의 영향을 감소시켰던 협력의 기억과 계속적인 지적 교류에 의해 경감되지 않은, 종교적 적대감이 덧붙여졌다. 1439년 플로렌스 종교회의 때 이러한 감정은 비잔틴에 반대하고 나서기에 충분한 것이었다. 한자 동맹과 비잔틴 제국이 붕괴했을 때, 루시는 외부 세계와의 확고한 관계를 결절하고, 결코 포기한 적이 없었던 단절의 길을 나서기 시작했다. 이러한 방어적 고립이라는 심리적 영향은 오늘날에도 계속 엿볼 수 있다.

결론적으로 러시아 정치사상에 대한 비잔틴의 영향은 아래 다섯가지로 요약할 수 있다. 1) 비잔틴 제국에서와 같은 중앙집권화 경향과, 봉건주의와 지역자치에 반하는 경향. 키예프에서 잠정적으로 성공적이었고, 모스크바에서 영속화된 이러한 경향은 아직까지 반전되지 않고 있다. 2) 비잔틴은 여러 계층의 사람들이 조화된 왕정과 위계의 가치를 강조했고, 베체에 있었던 민주주의와 평등의 정신을 방해했다. 주교와 수도승들은 공과 민중들에게 권위와 복종은 신의 섭리에 따르는 것으로 생각하도록 계속 강조했다. 3) 공에 대한 의존이라는 헬레니즘과 로마 제국의 태도가 다시 강조되었다. 지방적 혹은 대중적 발안은 신의 섭리로서의 중앙집권화와 왕정에 대한 무정부적 침해로 간주되었다. 4) 교회와 국가간 분리보다는 협력이라는 '심포니아'의 비잔틴 패턴은 러시아의 패턴이 되었다. 황제와 총대주교로부터 정치적 독립의 유지라는 공들의 문제는 교회가 국가로부터 비잔틴에서보다 덜 독립적인 것으로 만들면서, 국가 제도와 국민의 의식 속에서 교회와 국가의 상호 협력은 둘 사이를 돌이킬 수 없는 것으로 묶었다. 5) 비잔틴에서 독창성을 억눌렀던 진리에 대한 신탁의 태도는 비슷하게 루시인들에게 자유로운 탐구와 개척 정신을 방해했다. 비잔틴의 '문명 선교'는 점증할 수 있는 사고의 기술이 아니라, 이미 얻어진 지식의 전달에 불과한 것이었다. 크리스트교와 문명은 보존되어야 할 寶庫였고, 정교와 보수주의는 필수적인 수단이었다.

2 속령 러시아(13-15세기)

제 4장 몽골 제국

13세기 징기스칸의 군대가 아시아를 휩쓸었다. 징기스칸의 제국은 인류 역사상 가장 큰 제국이었다. 행정적 편의를 위해 그것은 일찍이 '울루스(ulus)' 라고 불린 지역으로 나뉘어져, 징기스칸의 아들들에게 분배되었다. 장남 유치(Juchi)는 대부분 터키인들이 거주하고 있었던 제국의 서부지역을 할당받았다. 유치는 아버지보다 먼저 죽었기 때문에, 가족들은 징기스칸의 셋째아들 우게데이(Ugedey)를 大汗(great khan)으로 간택했다. 비슷하게 그의 아들들에게 분배되었던 유치의 '울루스' 는 법적으로 카라코룸의 우게데이에게 속한 것이었다. 그리고 유치의 둘째아들 바투(Batu)에게는 몽골 제국의 서방 정복 정책을 계속하게 하는 임무가 주어졌다. 터키인 보충 부대를 이용하여 그는 루시의 거의 전 지역을 정복했다. 그리고 우게데이의 죽음과 함께 그는 볼가 강 하류 사라이에 사령부를 둔 채 사실상 독립하게 되었다. 터키적 요소 때문에 이 정복자들은 타타르로 알려졌으나, 지도권은 몽골인들에게 있었다.

몽골 제국에 대한 키예프 루시의 종속이 완전한 '정치적 日蝕'이었다고 말할 수만은 없다. 그 이유 중 하나는 종속이 다른 장소, 다른 시간에, 전혀 다른 문제를 뜻했다는 것이고, 다른 하나는 국가의 다른 부분들에 대한 영향이 다양한 기간동안 지속되었다는 것이다. 침략 기간동안 그것은 흔히 대규모 학살을 뜻하였고, 많은 도시들이 파괴되었다. 후에 그것은 몽골과 타타르의 징세와 징병을 뜻하였다. 종국적으로 그것은 루시인 자신들의 몽골에 대한 인적, 물적 공출을 의미했다. 뽈로쯔크와 쁘스코프 市는 종속을 면했다. 노브고로드는 공물을 제공했지만, 주체적 정부를 유지하고 있었다. 남서부와 북부 도시의 대부분은 부분적으로는 몽골, 부분적으로는 루시 정부를 가지고 있었고, 14세기 초에는 대부분 루시 정부가 되었다. 키예프와 주변 도시들은 철저히 파괴되었을 뿐만 아니라, 1363년까지 몽골에 의해 직접 지배되었다. 남서 지역의 종속은 100년 가량 지속되었다. 중부 키예프 지역은 160년 가량, 그리고 북동쪽은 200년 넘게 지속되었다.

몽골인들은 간혹 묘사되듯, 완전히 무정한 야만족은 아니었다. 그들은 야생마와 정확한 화살뿐만 아니라, 고도로 조직화된 공공정부 체계와 훌륭한 정치 철학을 가지고 통치하였다. 그들은 유럽과 아시아 대륙 대부분을 정복한 침략자이며, 지배자였다. 그들의 지배는 다양한 기간 지속되어 오늘날까지도 깊은 영향을 주고 있다. 특히 러시아에 대한 그들 영향의 강도와 성격은 아직도 역사가들 사이에 논쟁의 주제가 되고 있다. 따라서 러시아인들에 의해 흡수된 몽골 사상으로 이곳에서 제시된 것이 모스크바 공국에서 일부 나타난다고 해서 그것이 곧바로 그러한 흡수의 결과를 뜻하는 것은 아니다.

유사 이래 중앙 아시아의 대평원은 무역과 전쟁을 통해 동과 서, 그리고 남쪽의 고도로 발전된 문화 중심부와 접촉하기 위해 나서면서, 이 방대한 지역을 방랑했던 유목민들의 고향이었다. 남동쪽에는 하늘이 점지한 황제와 더불어 세계 제국의 중심으로 생각하고 있었던 중국이 자리하고 있었다. 남서쪽에는 신으로부터 부여받은 왕권이라는 사상과 제국의 고대 중심부로서, 그리고 보다 근자에는 네스토리우스 크리스트교와 이슬람교라는 두 세계종교의 전달자였던 이란이 있었다. 간헐적으로 유목민들이 거대한 군사력을 이끌고 이러한 지역으로 침입해 들어왔다. 그들은 이미 훈 제국이라는 거대한 제국을 건설한 바 있었다. 중국으로부터 로마에 이르렀던 훈의 정복은 몽골이 중국 또는 이란과 접촉하기 전에 이미 스텝 주민들에게 세계제국이라는 전설을 남겨 놓았다. 역사가 프리스쿠스(Priscus)에 따르면, 훈족의 우두머리 아틸라(Attila)는 후에 징기스칸의 신념에 다시 나타났던 중요한 사상을 전개했던 것으로 알려지고 있다. 그는 '마르스의 검(sword of Mars)' 이라는 전설의 발견 뒤에, 그 자신이 전 세계의 통치자로서 신에 의해 부름받았다고 믿었다. 그는 또한 전쟁은 피할 수 없는 것으로 생각했다(그러나 몽골인들은 조심스럽게 이것을 부인했다). 어떠한 경우든 이러한 중앙 아시아의 환경은 12세기 말경에 징기스칸 개인에 대한 종교적 숭배에 초점이 맞추어진 메시아적 몽골 사상으로 발전하였다.

몽골의 황제로서 테무진에게 덧붙여진 '징기스' 란 이름의 의미는 아직 학자들에게 불분명하지만, 그 역시 중국에서 그들 황제에게 붙여진 '하늘의 아들' 이라는 의미의 天帝로 불렸다. 중세 라틴 학자들은 이것을 '하나님의 아들' 이라고 했는데, 이러한 인격화는 중국의 영향 아래 중앙 아시아에 이르렀던 추상화의 수준에 대한 명백한 곡해였다. 스텝 위로 펼쳐진 끝없는 하늘은 그 자체가 추상이었고, 원시적 샤마니즘이 몽골인들 사이에 널리 퍼져 있었지만, 징기스칸은 끝없는 푸른 하늘을 궁극의 신으로서 인식하였다. 그러한 신은 중국의 하늘처럼 비인격적이고, 추상화된 것이었다.

몽골 이데올로기의 종교적 요소는 매우 뿌리깊은 것이었고, 또한 매우 중요한 것이었다. 1240년경 쓰여진 것으로 알려지고 있는『몽골 비사』에 따르면[17], 징기스칸의 직계 조상에 어떤 초자연적인 현상이 있었고, 그는 일찍이 그가 개인적으로 특별히 영원한 푸른 하늘의 보호를 받고 있다고 생각하게 되었다. 중대한 위기 때 그는 혼자서 이러한 가장 높은 신으로부터 가르침을 이끌어낼 수 있었다. 그는 샤마니즘을 이용하였지만, 그는 또한 하늘의 힘과 직접적인 교류를 할 수 있었다. 그의 추종자들에게도 역시 그의 군사적 승리는 이러한 믿음의 정당성에 대한 확실한 증거가 되었다.

보다 정교한 종류의 또다른 종교적 요소는 특권이 아닌 불가피한 의무로서의 직접적인 신의 天命이라는 개념이었다. 이러한 생각은 지상의 통제로부터 왕권의 자유를 강조했던 서유럽의 왕권신수설과는 확연히 다른 것이었다. 그것은 높은 곳으로부터의 가르침에 의해 통치자를 제한했던 개념, 즉 ‘하늘의 명령’이라는 중국 이론이라든가, 혹은 하나님의 종복으로서의 왕이라는 고대 바빌론 개념에 가까운 것이었다. 그것은 몽골 제국의 팽창에 있어 그것이 종교적 聖戰이라는 성격과 열정을 가져다 주었다. 그들의 군사적 상대는 단순히 적이 아니었다. 그들은 하나님의 적으로서, 죄인이었다. 근대 회교도 역사학자 유바이니(Juvaini)는 징기스칸이 부카라(Bukhara)의 정복민들에게 이렇게 설명하였다고 적고 있다.

오, 인민들이여, 그대들이 큰 죄를 범하였음을 알라. 그리고 그대들이 범한 이 죄 가운데 큰 것 하나를 알라. 만일 그대들이 무슨 근거로 내가 이러한 말을 하는가 묻는다면, 나는 내가 신의 응징자이기 때문이라고 말할 것이다. 만일 그대들이 큰 죄를 범하지 않았다면, 신은 그대들에게 나와 같은 응징자를 보내지 않았을 것이다.[18]

징기스칸은 그렇게 자기 자신을 인류에게 평화와 단결을 가져다주는 큰 사명을 가지고 하늘로부터 보내진 것으로 믿었고, 그의 추종자

---

17) 유원수 역주, 『몽골비사』(서울: 도서출판 혜안, 1994) 참조
18) Anderson, Russian Political Thought, p. 44에서 정리하여 재인용

들도 그렇게 믿었다. 이러한 믿음은 몽골 군대의 진군이라는 측면에서뿐만 아니라, 그러한 군대를 떠받치는 철학적 측면에서 모든 것을 수행하였다. 에릭 보에글린(Eric Voegelin)이 지적했듯이, "몽골 제국은, 그것의 자기해석(self-interpretation)에 따라, 이 세상의 국가들 가운데 한 국가가 아니라, 하나의 형성되는 세계 제국(World-Empire-in-the-Making)이었다." [19]

신이 그의 뜻을 밝혔기 때문에 지상에 독립 국가가 있을 여지는 더 이상 없는 것이었다. 오직 이러한 세계 제국과의 세 가지 관계만이 가능했다. 개별 국가는 大汗에 종속될 수 있었다. 또 개별 국가는 신의 뜻을 알지 못해 떨어져 있을 수 있었다. 그리고 개별 국가는 신의 뜻을 알지만 복종하지 않아 반항할 수 있었다. 오로지 하나의 신만이 존재하였으므로 국가간 평등은 생각할 수 없었다. 그러나 몽골만의 토착적 신이 함축된 것은 아니었다는 점을 지적해 둘 필요가 있다. 여러 국가들은 신에 대한 다양한 이름을 가질 수 있었다. 그러나 하나의 하늘, 하나의 푸른 하늘만이 있었기 때문에 하나의 신만이 존재하였다. 그러므로 몽골에 복종한 사람들이 받아들여야 하거나, 몽골이 정복한 국가들로부터 근절되어야 할 어떤 특별한 종교적 신념 체계가 필요한 것은 아니었다. 그들의 군사적 복음의 목적은 평화를 가져다 주는 것이었고, 따라서 그들은 항상 평화를 제공해야만 했다. 만일 그러한 공여가 거부되고, 반항적인 왕이 신의 거대한 계획 가운데서 그의 종속의 임무를 행하려 하지 않는다면, 그 문제는 신에게 올려졌다. 충실하고 자기희생적인 종복으로서 몽골은 그들의 역할을 다해야만 하였다.

이러한 잘 통합된 사상은 거의 불변의 형태가 되었고, 몽골이 신의 뜻을 알리며 칸 제국 종속을 위한 유능한 사절을 보낼 필요가 있었을 때, 그 메시지 속에 잘 나타나 있었다. 이 가운데 하나는 1246년

---

19) Eric Voegelin, "The Mongol Orders of Submission to European Powers, 1245-1255," Byzantion, ⅩⅤ (1941), p. 404 참조.

또다른 신의 뜻의 소유자인 교황 이노센트 4세에게 보내졌다. 이노센트 4세는 그때 칸에게 크리스트교 수용을 권고하고, 하나님의 노여움으로 칸을 위협하면서, 칸 진영에 외교사절을 보내야 하는 어려움에 처하고 있었다.

끝없는 하늘의 권세 속에서 전체 대다수 인민의 보편적인 칸-이것이 우리의 질서이다. 이것이 위대한 교황에게 그것을 알고, 그것을 이해하도록 보내진 질서이다. ...

또다른 점은 그대가 나에게 이러한 말을 보내왔다. "그대는 마자르인과 크리스트교도들의 모든 세상을 지배하였다. ... 이들의 잘못이 무엇인지를 말해달라." 이러한 그대의 말을 우리는 알 수 없다. ...

징기스칸과 카칸(Kha Khan)은 신의 질서를 알도록 그것을 보냈으나, 신의 질서를 그들은 믿지 않았다. 그대가 말한 그 자들은 심지어 종교회의를 소집하였다. 그들은 거만함을 내보였고, 우리의 외교사절을 살해하였다.

영원한 신은 그들 세상의 사람들을 죽였고, 파괴하였다. 신의 질서에 의해 구원되거나, 그 자신의 힘으로 살아난다면, 어떻게 그가 죽일 수 있고, 어떻게 그가 지배할 수 있겠는가? ...

신의 힘으로, 태양이 떠오르고 질 때까지, 모든 세상은 우리들에게 주어졌다. 신의 질서 없이 누가 무슨 일을 어떻게 할 수 있겠는가? ...

이제 그대는 진정한 마음으로 이렇게 말해야 한다. "우리는 그대의 국민이 되겠습니다. 우리는 우리의 힘을 그대에게 바치겠습니다." 개인적으로 그대는, 왕들의 지도자로서, 모두 함께, 예외 없이, 우리에게 와서 의무와 충성을 다해야 한다. 그러면 우리는 그대의 복종을 인정할 것이다.

그리고 만일 그대가 신의 질서를 알지 못하고, 우리의 명령에 복종하지 않는다면, 우리는 그대가 우리의 적이 됨을 알게 될 것이다. 그것이 우리가 그대에게 알려두려는 것이다.

그대가 복종치 않는다면, 우리가 무엇을 알겠는가? 신만이 그것을 알 것이다.[20]

이 서한들은 『대야사(Great Iasa)』로 알려진 법령집에 있었던 형식과 훈시에 기초하고 있었다. 징기스칸은 이 법령집 안에 관습법을 추가하여 법령 체계를 개선코자 해 왔었다. 이 법령의 얼마만큼이 그 자신의 창의로 이루어졌는지는 알 수 없으나, 예수와 모하메드의 말이 포함되어 있었던 그것은 그의 추종자들에게 신성시되었다. 야사의 전문이·발견되지는 않았지만, 여러 역사가들에 의해 보존된 단편 속에는 다음과 같은 것이 있었다.

1. 반항자들에게 서한을 보낼 필요가 있을 때, 그리고 외교사절을 보내야만 할 때, 거대한 군대의 규모와 군사의 수로 그들을 위협하지 않도록 하라. 단지 이렇게 말하도록 하라. "그대들이 충순히 복종하면, 그대들은 훌륭한 대우와 평안을 보게 될 것이다. 그러나 그대들이 저항한다면, 우리가 무엇을 알겠는가? 영원의 신만이 그대들에게 무슨 일이 일어날지 알 것이다."

5. 세상에 타타르 군대와 같은 군대는 없다. 전쟁 때 그것은 먹이를 향한 야수를 능가하게 승리를 사냥한다. 평시 때 그것은 우유와 털을 선사하는 양떼와도 같다. … 노동과 재난 속에서 그것은 어떠한 분열과 반대로부터도 자유롭다. 그것은 많은 일이 주어진 노예들의 군대이고, 명령에 어떠한 분노도 나타내지 않는다. … 그리고 심지어 전쟁 중에는 … 남자로부터 어떤 개인적인 노동 임무가 필요할 때, 그리고 그가 거기에 없을 때, 그의 부인이 나와서 그의 일을 수행해야만 한다. … 사람들 모두는 열 명 단위로 나뉘어지고, 열 명 가운데 한 사람은 다른 아홉 명의 지도자로 지명된다. 열 단위의 열 지도자 가운데 한 사람은 百人長으로 불리고, 전체 일백 인은 그의 지도하에 있게 된다. 그리하여 그것은 일천 단위를 넘어서 투만(tuman; 10,000) 단위까지 이르게 된다. 그리고 그 지도자는 千人長, 萬人長으로 불린다. …

---

20) Eric Voegelin, The New Science of Politics (Chicago: Chicago University Press, 1952), pp. 56-57.

그곳에는 평등이 존재한다. 각자는 다른 사람만큼 일한다. 그곳에는 아무런 차이도 없다. 그들은 어떤 사람의 재산이라든가, 그의 지위 등에 신경쓰지 않는다. …

7. 그가 소속된 천, 혹은 백, 혹은 열 가운데 누구도 다른 곳으로 떠날 수 없다. 만약 떠나면, 그는 사형이고, 그를 받아들인 두목도 마찬가지이다.

10. 그는(징기스칸은) … 수도승, 코란 지도자, 법률가, 의사, 학자, 기도와 고행에 힘쓰는 사람들에게 세금과 의무를 부과하지 않기로 결정하였다. …

11. 그는 모든 종교는 존중되어야 하고, 그들에게 어떠한 선호도 나타내지 말 것을 명령하였다. 그는 신의 뜻에 따르기 위해 이와 같이 명령하였다.

13. 여행자가 식사중의 사람들 곁을 지날 때, 허락 없이 눌러앉아 그들과 함께 식사를 할 수 있을 것이다. 사람들은 그의 이러한 행동을 금해서는 안된다.

24. 그는 토후들에게 군주의 허락 없이 다른 사람들의 일에 관여하지 말도록 하였다. 누구든 … (관여하면) 사형에 처하였고, 허락 없이 그의 지위를 변경한 자들도 사형에 처해졌다.

34. 자손들은 … 선친의 뜻에 따라 유산을 분배받는다. 유산의 분배는 연장의 아들이 연하의 아들보다 많아야 한다는 원칙에 따라 이루어져야 한다.[21]

이들 법률 속에서 메시아니즘 형태, 의무 노동, 종교적 면제권, 10진법적 행정 구분, 불평등 세습, 사형 제도 등은 특히 주목할만한 것이다. 이 모두는 몽골 지배 후 모스크바 공국에서 나타났다. 그러나 모스크바 공국에서 이러한 형태가 나타난다고 해서 그것이 몽골의 지배 때문이라고 결정적으로 증명하는 것은 아니다. 몽골의 지배가 그

---

21) Anderson, Russian Political Thought, pp. 45-46.

러한 것들이 연유하는 유일한 원천은 확실히 아니다. 농노제도, 불평등 유산, 그리고 엄격한 형벌 등은 당시 서유럽에서도 정착된 것이었다. 그리고 그것들은 특히 리투아니아 지배 기간동안 남부와 서부의 루시로 충분히 흘러들어 왔음직하다. 그러나 그러한 현상 없이 키예프 기간에도 서유럽과의 접촉이 밀접했었다는 사실로 미루어 볼 때, 몇몇은 몽골로부터 유래한 것이 틀림없다는 가설을 충분히 뒷받침하고도 남는다.

제 5장 교회의 번성

그렇게 외래적인 체제 아래서 피정복민의 운명은 어떠한 것이었을까. 특히 몽골인들이 회교도가 된 후(1255년경), 하층 계급 혹은 농촌에서 아직 확고히 정착되지 않았던 루시의 교회는 聖戰에 희생양이 되거나, 혹은 적어도 광범위한 악화를 받을 것으로 생각되었다. 만일 루시가 자신의 종교를 지키는데 실패하고, 더 나아가 이 기간-아퀴나스, 단테, 그리고 오캄이 등장했던 시기-동안 서유럽에서 있었던 종교 사상과 저술의 개화기와 함께하는데 실패했다면, 그것은 그들의 환경 탓으로 돌릴 수 있을 것이다. 사실 루시 종교의 계속된 약점은 16세기와 17세기의 내부 논쟁으로 이끌었고, 궁극적으로 국가에 대한 교회의 완전한 종속으로 이끌었는데, 이러한 약점은 모두 몽골 지배의 혼란 때문이라고 할 수도 있을 것이다.

그러나 반대로 몽골 지배 기간 루시는 교회의 예기치 않은 성장과, 평민들에 대한 교회의 영향력 증대, 그리고 교회의 재산과 권위의 대규모 확장을 경험했던 것으로 드러나고 있다.

루시가 '저항' 상태에 있었을 때, 교회와 성직자들은 국민들에게 안식을 제공하고 있었다. 그러나 몽골의 정복을 당한 후, 그들은 『대야사』의 지역 종교에 대한 관용 조치의 이점을 가지고 있었다. 교회법과는 매우 다른 원리에 기초하고 있었음에도 불구하고, 그것은 블라지미르의 교회 법령에 기초해 누리고 있었던 것과 유사한 면제권을 교회에 제공하고 있었다. 교회 토지를 둘러싼 프랑스의 필립 왕과 교황 보니페이스 8세 사이의 갈등에서처럼, 당시 서유럽에서는 그러한 면제권이 깨지고 있었을 때, 루시에서는 칸 망구-테미르(Mangu-Temir)에 의해 1267년에 양여된 헌장(야를리크)에 의해 더욱 확고히 보장되고 있었다.

루시 내 교회와 국가의 관계는 공들에 의해서 수도원과 교회에 주어진 면제권에 의해 보다 밀접하게 규정되고 있었지만, 이 망구-테미르 헌장은 루시와 몽골을 하나로 묶고 있었다. 성직자들이 언제나 공들의 강제징수로부터 벗어났던 것은 아니었지만, 공들은 그들의 동료 크리스트찬들에 맞서 칸의 헌장을 침해하는 것을 삼갔던 것으로 보인다.

칸들은 계속해서 수좌대주교의 헌장을 개정하였다. 후에 6대 칸 야니베그 칸(Janibeg Khan)은 수좌대주교에게 이 법령의 의무로부터 풀어줄 것을 요구하여, 성직자들에게 세금을 물릴 수 있었지만, 그러한 일을 단념했던 것으로 기록되고 있다. 그러나 이 이야기는 의문이 남는다. 왜냐하면 면제권은 궁극적으로 칸의 헌장보다는 『대야사』에 기초하고 있었기 때문이다. 그러나 그것의 보전은 얼마나 엄격하게 몽골인들이 면제 헌장에 집착했던가를 보여주고 있다. 그들은 물론 이데올로기적 이유뿐만 아니라, 정치적인 이유를 가지고 있었다. 기도자에 대한 칸의 언급은 그들 정부에 대해 가치가 있는 교회의 인정을 뜻하였다.

몽골의 특별면제 내용은 블라지미르 법령의 그것과 똑같은 것은 아니었다. 전자의 주된 조항은 세금 징수와 징발에 대한 특별히 신과 연관된 그들의 보호였다. 반면 블라지미르 법령은 주로 시민 법정으로부터 이들을 제외시키는 것을 규정하고 있었다. 그러나 그 동기와 일반적인 영향에 있어 그 차이는 그다지 중요한 것이 아니었다. 각 통치자는 면제권을 줌으로써 하늘의 권세를 충족시키려 하였고, 비록 양 헌장에서 그러한 느낌의 증거가 빠져 있긴 하지만, 망구-테미르는 블라지미르가 교회법으로로부터 느꼈던 것과 같은 강박을 야사로부터 느꼈던 것 같다. 블라지미르는 징세로부터의 면제를 언급하지는 않았지만, 교회법의 도움으로 형성된 사법적 면제는 그것을 포함하는 것으로 읽혀질 수 있었다. 그리고 망구-테미르는 세속 또는 성직의 법정을 언급하지는 않았지만, 성직자를 보호하는 명령은 그들 법정에도 해당되었다.

그러나 非정교도에 대한 특별한 영향에 있어 두 헌장은 아주 달랐다. 새로운 종교로 인도된 블라지미르는 이단과 이교에 대한 종교 재판을 확실히 허용하였다. 반면 망구-테미르는 종교 재판을 부정했고, 그리하여 랍비, 탁발승, 그리고 비정교 성직자들에 대한 간섭을 금하였다. 더구나 그는 면제권의 새로운 요구에 대한 판단을 신의 몫으로 남겨 놓았다. 주교들에 대항한 그러한 면제권을 위한 비정교도들의 청원은 납득할만한 이유로 우리들에게 알려져 있지 않다. 그러나 종교적 관용 사상은 이미 오래 전부터 루시에 뿌리를 내리고 있었다. 앞으로 살펴 보겠지만, 이것은 몽골의 멍에에서 벗어났을 때 떠올랐던 大종교논쟁[22] 에서 특징적 부분을 형성하였다.

결국 정교 교회는 몽골 시기로부터 정신적, 물질적 양면에서 혜택을 보았다. 종속에 따른 재난과 박해는 국민의 죄에 대한 하나님의 벌이라는 일반적인 견해에 따르면서, 그러한 견해의 기초는 오래전부터 교회의 교의에 있었던 것으로서, 성직자들은 크리스트교 신앙을 고백했지만 행하지 않았던 자들에 대하여 훌륭한 무기를 갖추게 되었다. 이러한 무기에 찔린 양심의 가책은 이 시기 동안 교회와 수도원의 부를 가능케 한 많은 토지의 기부 행위를 초래했다. 토지를 기부할 위치에 있지 않았던 사람들은 수도승이나 수도원 토지의 농노가 됨으로써 헌신할 수 있었고, 양심의 가책이 없었던 자들조차 몽골의 징집을 면하기 위해 이러한 길을 택하기도 하였다. 이와 더불

---

22) 이는 16세기 초 러시아 정교회 내부에서 교회의 재산소유 문제 등을 둘러싸고 발생한 소유파와 비소유파 간의 논쟁을 일컫는다.

어, 세금의 면제는 교회의 경제력 강화를 가능케 했고, 이는 조만간 귀족과 국가로부터 시기심를 불러일으키게 되었다.

공들과 비교해 볼 때 교회의 정치적 지위도 역시 강화되었다. 교회는 이제 결코 공들에게 의존적이지 않은 자신의 독자적인 헌장을 갖게 되었다. 수좌대주교는 아직 콘스탄티노플의 승인을 받아야 했지만, 이제는 공들 역시 칸으로부터 허가권을 획득해야만 했다. 루시 또는 몽골의 왕권 승계에 따라 경신해야만 했던 이러한 허가권에 불확실하게 의존하면서, 공들은 칸의 호의를 얻기 위해 라이벌들과 경쟁하면서 수도 사라이로 잦은 출장을 하였다. 더구나 몽골의 대리인으로 활동하면서, 그들은 공물 징수와 징집뿐만 아니라, 도시민들에 의해 자주 표출되었던 반란에 대해서도 그 충동을 막음으로써 하위 계급의 증오심을 불러일으켰다. 이 기간 동안 루시의 주교들은 그들 종교의 위신, 그들 조직의 단일성, 그리고 교회법의 복잡성 등으로 지원받아, 교황이 서유럽의 왕들에게서는 결코 누릴 수 없었던 그러한 이점을 가지고 있었다.

그러면 왜 루시의 교회는 이노센트 3세에 견줄만한 세속권에 대한 우월적 지위를 확보하지 못했을까하는 의문이 남는다. 이노센트 3세는 1213년 영국의 존 왕을 복종케 한 바 있었다. 종교의 우월성에 대한 크리소스톰의 교의는 손 가까이에 있었고, 그것을 기꺼이 적용하려 했던 인물도 있었다. 그 예로, 공의 세력이 약할 때 재임했던 수좌대주교 알렉세이(재위 기간 1354-1378)는 강력한 세속적 권력과 영향력을 행사하였다. 이반 1세의 代子였고, 그의 정부를 잘 돌보았음에도 불구하고, 그는 비굴함과는 거리가 멀었고, 말과 행동에 있어 그의 목사직의 독립을 주장하였다. 그러나 대체로 성직자들의 권력과 기회는, 그들이 외국의 총대주교에게 종속되어 있었기 때문에, 그렇게 과도한 것은 아니었다. 또한 조국이 이교도들에게 넘어간 마당에 교회권이니 세속권이니 다툴 때가 아니라는 인식이 자리잡고 있었던 것 같다. 알렉세이는 교회와 국가 사이의 관계에 대하여 천년의 정교 전통 속에서 그의 그리스 전임자들로부터 잘 훈련되어 있었다. '심포니아' 의 개념은 결국 이단으로 간주되었던 이노센트의 예보다 훨씬 강력한 것이었고, 이 개념은 계속 성화되어 가장 좋은 기회에서조차 그것을 바꾸지 않았던 것이다. 비잔틴 자체가 사상의 급진주의와는 거리가 멸었다. 비잔틴이 루시의 성직자들에게 그 자신의 종교적 전통을 주체적으로 다루도록 가르치는데 실패했다고 해서 그것이 썩 놀랄만한 일은 아닐 것이다.

그러나 세속 권력은 기존의 심포니아 사상에 덜 만족하고 있었다. 비잔틴 제국이 아직 세계적인 것으로 주장되었을 때, 비잔틴과의 유대는 정신적인 면뿐만 아니라, 세속적인 측면까지 가지고 있었다. 이러한 종속은, 비록 상징적인 것이었지만, 제국의 위신이 쇠퇴함에 따라 공들에게 점차 받아들여질 수 없게 되었다. 더구나 수좌대주교는 대공과의 견해 차이 때, 때때로 그러한 오래된 보편 제국의 이념으로부터 지지를 이끌어내었다. 이것은 1393년 그리스인 수좌대주교 사이프리언(Cyprian)이 성사에서 황제 이름의 언급을 가로막았던 모스크바의 젊은 대공 바실리 1세(재위 1389-1425)를 비난하는 서한을 콘스탄티노플로 보냈을 때 잘 나타났다. 총대주교 안토니우스 4세(Antonius Ⅳ) 자신은 황제를 방어하였다. 명백한 교훈이 필요했던 공에게 교회-국가 관계의 오랜 비잔틴 개념을 다시한번 밝히는 매우 계몽적인 서한이 보내졌다(1393).

그대가 가장 고귀하고 성스러운 전제군주와 황제에 대하여 말한 것을 들으니 참으로 서글프다. 그대는 수좌대주교가 황제의 성스러운 이름을 언급하는 것을 허락하지 않았고(전에는 절대 가능하지 않았던 일이다), 그대가 말하기를 "우리는 교회는 가지고 있지만, 황제를 가지고 있지 않다. 그리고 우리는 그를 알고자 하지도 않는다"라고 말했다고 들린다. 그것은 바람직하지 않다. 성스러운 황제는 교회의 높은 곳에 위치한다. 그는 지방의 공들과 같은 것이 아니다. 아주 초기부터 황제들은 전 세계에 신앙심을 세우고 강화하였다. 황제들은 종교회의를 소집하였다. 그들은 또한 그들 자신의 법률로 성스럽고 영광된 교회법을 준수토록 하였다. … 마지막으로 황제들은 종교회의를 통하여 성직자의 등급을 정하였고, 수좌대주교와 주교관구 지역을 설정하였다. 이러한 모든 이유로 그들은 큰 영예를 가지며, 교회에서 높은 위치를 차지한다. 하나님의 뜻으로 이교도들이 황제의 영토를 포위했지만, 오늘날까지 황제는 교회로부터 봉헌을 받았다. 같은 의례와, 같은 기도자들로 그는 성유 세례를 받으며, 전 로마인, 즉 전 크리스트교인들의 황제와 전제군주로 추대된다. 사람들이 자신을 크리스찬이라고 부르는 곳이면 어디든지 황제는 모든 총대주교, 수좌대주교, 그리고 주교들에 의하여 언급된다. … 크리스찬들에게 교회는 가지면서 황제는 갖지 않는다는 것은 불가능하다. 제국과 교회는 밀접한 단결과 관계 속에 있다. 그리고 하나를 다른 것으로부터 분리하는 것은 불가능하다.[23]

  정교 총대주교와 유일한 황제의 단결을 강조하면서 황제의 역할을 이렇게 강력하게 재규정하는 것은 또한 모스크바인들이 당면한 곤혹스러움을 잘 설명하는 것이었다. 바실리는 그러한 신성한 정신적-세속적 협력을 뒤엎거나, 로마가 그랬던 것처럼 정교 총대주교의 우애로부터 벗어나려는 열망을 가지고 있지는 않았다. 그의 바람은 콘스탄티노플에서 오래전부터 있어 왔던 그러한 관계를 모스크바로 이전시키는 것이었다. 그리하여 '키예프와 전 루시의' 교회 책임자가, 총대주교가 오래전부터 황제를 세속사와 정신사 양면에서 지상 권력의 궁극적 권위와 마지막 보고로서 바라보도록 배웠던 것과 같이, 대공을 바라보도록 하는 것이었다. 그러나 모스크바가 다른 총대주교들에 의해 인정된 총대주교좌가 되지 않으면, 그리고 대공이 어떤 방법으로든 비잔틴 제국의 승계를 주장할 수 없다면, 이러한 똑같은 관계는 이전될 수 없는 것이었다. 그리고 그러한 열망은 꿈의 영역에 속

---

23) Russkaia Istoricheskaia Biblioteka, Ⅵ (St. Petersburg, 1880), pp. 272-274. Anderson, Russian Political Thought, pp. 52-53에서 재인용.

해 있는 것이었다. 비잔틴에 기울어 있는 수좌대주교와 주권의 열망에 사로잡혀 있는 공이라는 이상현상은 계속될 운명에 있는 것 같았다.

그러나 향후 50년 안에 사상보다는 사건이 상황을 격렬하게 바꾸어 놓았다. 주도면밀한 기도 없이 모스크바의 교회는 독립되었다.[24]

오토만 투르크의 압력이 견딜 수 없게 되고, 제국의 몰락이 이미 피할 수 없게 되었을 때, 1439년 황제와 총대주교는 마침내 서유럽의 도움을 목적으로, 라틴 신조와 교황의 우위를 인정하면서 동방과 서방 교회의 통합에 동의하였다. 이러한 교섭에서 근간 루시의 수좌대주교로 지명되었던 그리스인 이시도르는 플로렌스 종교회의에 참가해 그러한 양보를 지지하였다. 그러나 그가 모스크바로 돌아왔을 때, 이단의 라틴과 교섭하러 떠나는 것에 반대했던 모스크바인들은 그를 곧바로 우스벤스키 사원에서 쫓아냈다. 그들 자신의 정교를 확신하면서, 그들은 목자 없는 광야에서 그렇게 이단 세계와의 관계를 단절하였다. 그리고 그들은 더 이상 콘스탄티노플에 새로운 지명자를 요청하지도 않았다.

그러나 주교들과 공은 그들 교회를 독립시킬 수 있는 절호의 기회를 잡지 못하였다. 결정적인 진전이 있기에는 많은 망설임과 불안이 함께 했다. 대공에 의존적인 민족교회는 어떠해야 하는가를 주교들은 알고 있었을까. 그것에 대한 자료는 없다. 그러나 공은 그때 같은 열망을 갖고 있지 않았을까. 보편교회의 개념이 깊이 스며들어 있었기 때문에, 고립된 민족교회의 이념은 실제로 모순된 것처럼 보였던 것 같다. 대공 바실리 2세는 황제와 총대주교에게 루시 주교회의에 의해 수좌대주교가 선출될 수 있도록 허락해 줄 것을 요청하는 편지를 썼다. 그러나 이 서한은 2년후의 비슷한 편지와 함께 보내지지 않

---

24) 이 때부터 모스크바 교회는 독자적인 길을 걷게 되었다. 그러나 앞으로 살펴보겠지만, 모스크바에 총대주교직이 정식으로 설립된 것은 그보다 100여년이 훨씬 지난 뒤인 1589년의 일이었다.

았다. 그리스 이단으로부터의 답신이 긍적적이든 부정적이든 하나님의 축복으로 나타날 것으로 기대될 수 없었다. 7년간의 연기와 리투아니아의 같은 신자들의 확신이 선 후인 1448년에 이르러서야 수좌대주교 선출을 위한 주교회의를 소집하였다.[25]

그러나 종교적 고립을 피하기 위해 그는 그것이 '자긍 혹은 고립'에 의해서가 아니라, '중대한 필요', 즉 전쟁 중 모스크바의 긴박한 어려움 때문이었다고 그 결과를 콘스탄티노플에 보고하였다. 그리고 새 수좌대주교 요나는 조심스럽게 총대주교가 원래의 신앙을 회복한다면, 총대주교의 축복을 받고 싶다는 점을 강조하고 있었다. 죽음에 임박해 있던 바실리는 그때까지도 보편교회의 필요성을 느끼고 있었다. 그는 예루살렘 총대주교의 사면을 요청하고 있었다.

그때부터 콘스탄티노플 총대주교에 대한 의존은 유명무실한 것이 되었고, 로마와의 결합이 폐기된 후에도 그것은 마찬가지였다. 그러나 그들 자신의 교의적 순수성에 만족하고 있었던 모스크바인들은 신앙에 있어 그들의 위대한 확고성을 인정하는 보편교회와의 더욱 튼튼한 연계를 바라고 있었다. 그들의 새로운 지위에 대한 적당한 개념은 단지 다음 세기에나 나오고 있었다. 그래서 모스크바를 정교의 수도로 만드는 '제 3로마' 이론이 등장하게 되었다. 이어 또한 모스크바에 총대주교직 설치라는 보편교회의 승인이 나타나게 되었다.

---

25) 리투아니아의 대공 비토브트는 이미 1415년에 수좌대주교의 지방적 선출을 개최한 바 있었다. Gustave Alef, "Muscovy and the Council of Florence," Slavic Review, Χ Χ (Oct. 1961), pp. 384-401을 참조할 것.

제 6장 모스크바의 성장

교회가 그렇게 富와 독립성에서 성장을 계속하고, 동시에 전통적인 정치적 견해를 확고히 유지하고 있었을 때, 공들의 힘도, 비록 정복자들의 주도에 의해 보다 많은 방해를 받기는 했지만, 역시 강화되고 있었다. 실로 몽골 시기의 가장 중요한 발전은 모스크바公 권력의 성장이었다고 할 수 있다. 많은 요인이 이것을 가능케 했지만, 그 가운데 몇가지만이 정치 이론에서 중요성을 갖는다.

알렉산드르 네프스키에 의해 주도된 몽골과의 유화 정책은 (처음엔 블라지미르에 있었고, 나중엔 모스크바에 위치했던) 수즈달리 공들에게 남쪽에서는 누리지 못했던 어느 정도의 독립성을 가져다 주었다. 그리고 이것은 그들에게 이전 세기 중 시작되었던 지역적 연대를 계속케 하는 기회를 제공했다. 그러나 류리크 왕조의 북부 혈통은 다시 곧 몇몇 중요한 가문으로 나뉘어졌다. 블라지미르 대공 권력을 둘러싼 이들 사이의 투쟁은 1280년에 시작되어, 몽골 지배기간 내내 계속되었다. 몽골은 그들간 일종의 세력균형 정책을 추구했으나, 그들 가운데 가장 유능하고 협조적인 인물을 지지하는 경향이 있었다.

모스크바 가문의 외교적 기술로 이루어진 중요한 이점은 수좌대주교의 존재였다. 1240년 이후 키예프의 파괴와 그곳 공의 부재는 그 도시를 교회 중심지로는 부적절한 것으로 만들었다. 그래서 1299년 수좌대주교는 블라지미르로 자리를 옮겼다. 그 다음 수좌대주교 뾧트르(재위 1308-1326)는 그의 콘스탄티노플 추천에 반대했던 미하일 트뵤르 대공에 크게 분개하여 대신 모스크바에 오랫동안 머물렀고, 미하일의 조치에 반하여 그를 지원했던 그곳의 공과 친해지게 되었다. 솔로비요프는 이 이전이 모스크바의 성장에 있어 '칸의 야를리크보다 중요한' 것이었다고 밝히고 있다. 15세기의 수좌대주교 사이프리안에 의해 쓰여진 뾰트르의 행전에 따르면, 뾰트르는 후에 대공이 된 그의 친구 모스크바의 이반 1세와 한 가지 조약을 체결하였다고 한다.

공, 그대가 내 말에 귀를 기울이면, 그리고 성모의 교회를 세운다면, 그리고 내가 그대의 도시에서 안주할 수 있게 하면, 틀림없이 그대는 이 땅의 모든 다른 공들보다 더 큰 영광을 얻을 것이며, 그대의 아들과 손자들도 그러할 것이다. 그리고 이 도시는 모든 다른 러시아 도시들보다 영광될 것이다. 그리고 성인들이 그곳에 와서 거주하게 될 것이다. 그 손길은 야수와 같은 적들을 물리칠 것이다. 그것은 나의 뼈가 이 곳에 있는 한 영원할 것이다.[26]

그의 동료 쁘로코르 로스토프가 정리한 뾰트르의 초기 생애에서는 이 '협정'에 대해 언급하고 있지 않다. 그것은 아마도 모스크바 성장 후의 설명인 것 같다. 뾰트르의 곧이은 후임자가 그의 자리를 영구히 모스크바로 옮겨 놓았을 때, 그는 그 도시에 몇가지 중요한 이점을 가져다 주었다. 수좌대주교는 공들의 정책에 참여했던 것으로 추정되었기 때문에, 모스크바 공들의 정책은 똑같은 위신을 획득하게 되었다. 모스크바의 적들에 대해 파문이라는 중요한 무기가 가능했고, 실제로 사용되었다. 수좌대주교를 보좌하는 사라이의 주교는 이 등급에서 유일하게 몽골 제국의 수도에서 모스크바의 상임 대사가 되었다. 당연히 다른 모든 도시의 종교 기구는 종속되었고, 사라이 혹은

---

26) V. O. Kliuchevski, A History of Russia, trans. C. J. Hogarth, Ⅰ (London, 1911), p. 290 참조.

비잔틴과 독립적으로 관계하는데 자유로울 수가 없었다.

성직자들에 대한 몽골의 존중은 진정한 것이었고, 그 정도가 어느 정도였는지는 알 수 없지만, 모스크바에 대한 그들의 지지는 사라이 주교나 수좌대주교의 위신에 의하여 인도되었다. 블라지미르에 공의 특권을 시여한 데 있어, 그들은 뾰트르가 트뵤르보다 모스크바를 선호한 것과는 다른 이유가 있었다. 블라지미르가 상업 활동에 더욱 유리한 위치에 있었고,[27] 모스크바의 라이벌이라는데 있었다. 그러나 그들은 트뵤르 공들과 불편한 관계를 갖게 되었고, 모스크바가 좀더 신뢰할만한 곳으로 보였다.

또한 키예프의 몰락과 그곳에서의 직접적인 몽골의 지배 체제는 많은 공들과 보야르들을 남부 루시로부터 몰아내었다. 그리고 그들 가운데 많은 수가 모스크바로 들어갔다. 그러므로 그들 왕족의 약한 공들을 가신으로 묶어 놓는 안드레이와 프세볼로드의 정책은 모스크바의 공들에 의해 용이하게 계속되었다. 새로 온 자들은 북부에 대한 통치권을 갖지 못했고, 그들과 그들 후손들이 영구적으로 모스크바 가문에 충성한다는 서약이 있은 후에야 조정에서 토지와 직위를 수여받을 수 있었다. 그들 공들은 '종복 공들'로 알려지기 시작했고, 이전 보야르들이 가졌던 '이탈의 자유'를 가지고 있지 않았다. 모스크바의 공들은 또한 보야르 계층 밑으로 또다른 종복 계급을 발전시킬 수 있었다. '드보랴네'로 알려진 이들은 일정 기간 혹은 평생을 얽매여 있었고, 그들 가운데 일부는 복무의 대가로 토지를 소유하고 있었다.

일반적으로 귀족 계급은 부의 성장이 있었고, 왕정에서 중요한 위치에 있었지만, 몽골의 압력은 그렇게 귀족의 독립성 박탈이라는 조건을 창출하였다. 14세기와 15세기 초의 협정에서 공들은 "자유 종복은 그들이 원하는대로 여기서 떠나거나 머물 수 있는 자유를 누릴

---

27) 반면 클류체프스키 등은 모스크바가 상업 활동에 더욱 유리한 곳에 위치했다고 주장해 왔다. V. O. Kliuchevski, History of Russia, 제 17장을 참조할 것.

수 있다"고 계속 동의하고 있었지만, 그러나 실제로 이러한 자유는 제약되기 시작했다. 사회적으로 보야르의 위에 있었던 종복 공들의 정치적 지위는 보야르의 권리 또한 제약하는 선례가 되었다. 1374년과 1433년 모스크바를 떠났던 두명의 보야르는 배반을 이유로 재산이 몰수되었고, 그들 가운데 한 사람은 나중에 체포되어 처형되었다. 모스크바는 이 시기 심각한 어려움에 있었지만 전쟁중에 있었던 것은 아니었다. 그리고 그러한 몰수는 전통적인 이탈의 자유를 침해하는 것이었다. 보야르의 자유라는 전통적인 이론은 이제 공에 대한 의무라는 새로운 이론에 자리를 내주고 있었다.

'이탈의 권리'에 대한 제한은 왕에 대한 복무를 확실히 하려는 대공의 의지와 밀접한 관련이 있었다. 칸에 대한 보편적인 복무라는 몽골 이념에 고무된 모스크바의 공들은 전제 정치의 구축에 있어 점차 유사한 보편적 복무를 지향하게 되었던 것 같다. 적어도 이반 1세 때부터 일정한 토지의 보유는 계속적인 복무의 조건으로 제공되었다. 그러나 '우젤르이'와 '보트치느이'의 소유자들은 서유럽의 봉토 소유자들과는 달리 왕에 대한 복무 책임이 없었다. 그렇지만 15세기 후반 대공들은 그러한 소유자들을 효과적으로 제한하였다. 이반 3세는 그의 유언에서 이렇게 말할 수 있었다.

그리고 보야르들과 야로슬라블리의 보야르 자제들은 그들의 보트치나와 재물을 가지고 나의 아들 바실리를 떠나 누구에게도 가서는 안된다. 누군가 떠나는 자들은 그들의 토지를 내 아들에게 놓고 가야 한다. 그러나 그들이 그를 돕는다면, 그는 그들의 토지나, 그들 아내 혹은 자제들의 토지를 범하지 않을 것이다. … 그리고 나의 아들 바실리를 도와 모스크바와 트뵤르 영토에 있는 종복 공들은 그들이 내 아래서 한 것과 같이 그들의 보트치나를 보유할 수 있을 것이다. 그러나 만일 그들 종복 공들 가운데 누군가 나의 아들 바실리를 떠나 다른 내 아들들이나 다른 사람에게 가면, 그 공들의 보트치나는 내 아들 바실리에게 소유된다.[28]

아직 복무가 일반적으로 요구된 것은 아니었지만, 우젤리와 보트치나 소유자들의 전통적인 권리와 면제권은 이제 대공의 뜻에 따른 특전일 뿐이었다. 보야르는 다른 공에게 떠나는 것뿐만 아니라, 단순히 바실리에게 복무하는 것을 그만 두는 것만으로도 그의 재산을 잃을 수 있었다. 바실리 3세와 이반 4세를 통하여 이러한 새로운 개념들이 점차 강화됨에 따라, 자유복무와 강제복무 사이의 구별이 사라지게 되었다. 앞으로 살펴 보겠지만, 이반은 양자 구별 없이 노예 또는 자유 없는 종복이라는 뜻의 단어 '라브'를 쓰고 있었다. 공에 대한 복무는 더 이상 단순한 개인적인 출세를 위한 전통적이고 광범위한 통로가 될 수 없었다. 그것은 이제 사회의 보다 높은 모든 계층에 대한 의무가 되었다.

몽골의 지배라는 조건 속에서 모스크바의 공들에 의해 이루어진 그러한 기민한 정책의 당시 결과는 프랑스와 영국의 왕들이 시민의 도움으로 성취했던 것보다 더욱 완전하게 그들의 왕권을 강화하는 것이었다. 이러한 권력의 공고화는 두가지 전통적인 제도, 즉 인민 주권의 표현이며 잠정적인 반란의 표현인 베체와, 분열과 갈등의 경향이 있는 연장(방계) 승계 체계에 대한 억제가 요구되었다.

서유럽과 마찬가지로 모스크바의 시민들은 귀족정치에 대한 혐오를 나타내었다. 대공들은 이러한 알력을 그들 권력의 강화에 이용하였다. 그러나 칸의 허가권과 토지 분배권을 갖추고 있었던 공들은 하위 계급의 도움이 필요치 않았다. 그리하여 서유럽의 도시들이 상업과 산업의 미래를 건설하면서 그 중요성을 증대시켜가고 있었던 반면, 루시의 도시들은 중요한 정치적 힘을 잃어가는 일련의 타격을 받고 있었다. 정복과 징벌 원정에 따른 황폐화와는 별도로 몽골은 그들 제국을 위해 건설 노동자들과 다른 기술자들을 징발해 갔다. 징발은 루시의 도시들에 큰 부담이 되었을 뿐만 아니라, 기술의 축적도 방해

---

28) Pamiatniki Russkogo Prava, ed. L. V. Cherepnin, Ⅲ (Moskow, 1955), pp. 294-296. Anderson, Russian Political Thought, p. 59에서 재인용.

하였다.

정부에 관한 몽골의 이론은 복종적인 공들을 조절할 수 있었다. 그러나 다루기 어려운 베체는 아니었다. 그래서 몽골의 지배하에서 그것은 아무런 지위와 권리를 갖고 있지 않았다. 예를 들면, 노브고로드인들이 1272년 드미트리 뻬레야슬라블리를 그들의 공으로 선택했을 때, 몽골은 군대를 보내 그들로 하여금 대신 블라지미르의 대공을 인정하도록 강요하였다. 또 공들은 몽골에 대한 저항 운동 속에서 도시민들의 분개를 이용하려는 노력 대신, 새로운 정황 속에서 베체에 대한 이전의 부분적인 의존을 탈피할 수 있는 기회를 엿보고 있었다. 공들의 정복자들과의 협력 정책은, 그것이 편리한 측면도 있었지만, 또한 불만스런 도시민들을 그들의 지배하에 두려는 정책이기도 했다. 공들은 때로 몽골에 대항해 궐기하였던 도시들을 유린하기조차 했다. 반란이 성공하지 못했을 때 도시민들보다 잃을 것이 더 많았던 보야르들 역시 베체로부터 이탈하여 공들의 정책을 지지하는 경향이 있었고, 자신들의 장원 토지에 더 큰 관심을 기울이는 경향이 있었다. 그렇게 이전의 지도자들을 상실한 베체는 때로 고립된 반란을 일으켰으나, 대개 참혹한 결과를 초래하였다. 그러나 그들은 결코 어떤 협조적인 봉기를 성취하지는 못했다. 그리하여 그들은 몽골 시기부터 모스크바 공들의 공고화된 권력에 더 이상 저항할 수 없는 것으로 드러나게 되었다.

왕위 계승의 '방계적 연장 체계'의 억제는 공들의 권력을 공고화하는데 있어 두 번째 진전이었다. 수즈달리의 공들은 세습을 생각했었고, 우젤리를 만들었으며, 키예프 루시 사람들로부터 그것을 효과적으로 분리했던 것을 기억할 것이다. 그러나 그들은 방계적 연장의 기초 위에서 키예프를 요구했고, 15세기까지 류리크 왕족의 승계 패턴으로서 연장 성격을 없애려고 하지는 않았다. 네 세대 동안 각 세대에서 둘째부터 다섯째까지 블라지미르의 왕위를 계승했는데, 계속적인 가족간 알력에도 불구하고 어떤 형제도 그의 아들에게 왕위를 승계하지는 않았다. 같은 패턴은 모스크바 가문에서 두 세대 동안 계속되었다. 그러나 갈등은 없었다. 이러한 두 세기 동안의 방계 연장 원리는 부분적으로는 야로슬라프의 유언 같은 키예프의 선례에 의해서, 그리고 부분적으로는 그들 자신의 방법처럼 성숙한 통치자를 내세운다는 몽골의 선호에 의해서 정착되는 것처럼 보였다.

그러나 방계 연장 승계는 조카들의 잦은 부재로 인해 중단되게 되었다. 그리하여 많은 아들이 있었던 드미트리 돈스코이는 적어도 두 걸음 진전된 연장 승계를 확보하려는 중요한 유언을 남겼다. "그리고 만약 하나님이 나의 큰 아들 바실리 공을 데려가면, 그때는 내 아들 가운데 누구든 (연장순으로) 그를 뒤이을 것이다. 그 아들은 바실리 공의 우젤리를 소유한다." 그때 바실리는 미혼이었다. 후에 그의 아이들이 성장하자 그는 모스크바 전제 정치의 발전에 대단히 중요한 결정을 하였다. 그는 수좌대주교와 모스크바 보야르들의 도움을 받아 돈스코이의 유언을 능가하는, 가능한 한 몽골의 우선적인 승인을 받아 블라지미르 왕권을 그 자신의 장자에게 유증하는 결심을 하였다. 돈스코이가 바실리의 어떤 아들에게 유증치 않겠다는 뜻은 아니었으나, 오로지 바실리가 아이 없이 죽었을 때 후계자를 세우겠다는 것이었다. 그러나 이것은 바실리가 직계 승계를 따르기로 결심한 후 돈스코이의 유언을 읽은 그 후의 해석이었다. 1389년 당시는 재위 공 형제의 생존 가운데 아들의 승계보다 아들의 생존 가운데 형제에 의한 승계가 더 많았던 선례가 명백히 있었다.

연장 승계가 몰고왔던 전쟁 속에서 그것은 패배하였다. 그러나 왕위 승계의 어떤 원리가 승리로 나타났다면, 그것은 안정적인 장자 상속이 아니라, 재위 공의 유언에 따른 불안정한 세습이었다. 그리고 이러한 중요한 문제는 법률에 의해서가 아니라, 개인적인 결정에 의해서 좌우되었다. 더구나 방계 연장권이 왕위 계승권으로서 완전히 사라진 것은 아니었다. 계속해서 그것은 대공 유언의 시행에 의해 억제되어야만 했다. 그것은 실제적인 면에서 독단적인 결정의 습관이 발전하는데 크게 기여했다. 그 결과적인 심리 상태는 이반 3세에 의해 잘 표현되고 있었다. 그는 개인적으로 대공으로서 그의 손자인 드미트리를 '좋아하고 축복하였다'. 그는 나중에 그의 둘째 아들 바실리를 총애하여 드미트리를 몰아내었다. 그리고 "대공, 내가 내 아이들과 내 왕권에 권위를 갖지 않는다 말이오? 내가 뜻을 두고 있는 사람에게 왕권을 줄 것이오"라고 말하였다. 그의 남은 두 아들은 바실리 3세의 승계를 인정하는 조약을 체결했는데, 그것은 그 자신의 연장권이 아닌, 아버지의 뜻이라는 효능에 따른 것이었다.

그러한 개인적인 결정으로 선출된 아들의 지위를 강화하기 위해 대공들은 불평등 세습과 호선이라는 두가지 외래의 관례를 적용하였다. 전자는 몽골과 서유럽에서 사용된 것이었다. 그리고 전통적인 루시의 私法도 불평등 세습을 허용하고 있었다. 그러나 실제로 귀족과 공들은 대체적으로 평등한 세습을 행하고 있었다. 드미트리 돈스코이가 변화를 도모하였다. 후에 그의 손자 바실리 2세는 이반 3세에게 14개 도시를 증여했던 반면, 나머지 네 아들에게는 12개 도시를 나누어 주었다. 그리고 이반은 그의 유언에서 불평등을 증대시켜 66대 30이 되게 하였다. 총애받은 아들에 대한 저항의 원천은 그렇게 부정되었다. 또한 전통적인 비잔틴의 방법이며, 몽골에 의해서도 사용되었던 互選도 적용되었다. 바실리 2세는 그의 승계를 확보하기 위해 이반을 대공과 연합통치자로 선언하였다.[29] 후에 이반은 그의 형제들에 대항해 왕권을 보호할 목적으로 그의 아들, 그의 손자, 그리고 그의 둘째 아들을 차례로 호선하였다. 이러한 두가지 관례는 모스크바 공국에서 개인적인 권력의 요소를 강화시키는데 기여하였다. 이 시기 중 구축된 그러한 요소는 '그로즈니', 즉 雷帝로 알려진 이반 4세의 전제 정치에서 그 절정을 이루었다.

선친의 유언을 능가하려 했던 바실리의 동기 가운데 하나는 그의

---

29) 이러한 호선은 전쟁에서의 바실리의 실명과 밀접한 관련이 있었다. 그리고 부분적으로 이것은 맹인은 통치자로서 부적격하다는 또다른 비잔틴 사상을 반영한 것으로 보인다.

왕국에 대한 통치권뿐만 아니라, 소유권에 대한 명백한 주장이었던 것 같다. 옛날부터 *私法*은 토지에 대한 직계 승계를 보장하고 있었다. 그리고 대공 권력에 대한 방계 승계의 관습은 그것을 개인적인 재산이 아닌 정치적인 지위로서 분리해 놓고 있었다. 형제 상속이라는 이러한 특별한 성격의 제거는 대공 권력에 대한 *私法* 사상의 적용을 의미했다. 그러므로 바실리의 뜻은 단순히 예외적인 부친의 우려의 표현만은 아니었다. 그의 형제 유리의 배제는 모스크바를 사유지로 만드는 과정에서 필수적인 진전이었다.

역사가 그라도프스키는 이러한 토지소유 개념이 기본적으로 몽골로부터 유래한 것으로 생각하였다. 이들 유목민들 사이에서는 권위와 소유, 칸으로부터 관료 조직에 할당된 토지와 인민에 대한 지배권 사이의 구별이 필요치 않았다. 그라도프스키의 분석에 따르면, 루시의 공들은 정복자들이 오기 전에는 토지의 소유자가 아니라, 통치자였을 뿐이었다. 그러나 칸의 대리인으로서 그들은 그들의 허가권으로 이전 소유자들의 어떤 권리와는 별도로 그들의 토지에 대한 통제의 지위에 있게 되었다. 칸의 상속인으로서 그들은 해방 후 통치자와 토지 소유자로서 남게 되었다. 같은 논리로 그들은 전체 인민에 대한 소유자가 되었다고 그라도프스키는 덧붙이고 있다.

확실히 공들은 골든 호르드 수도로의 잦은 방문을 통하여 이러한 몽골의 사상을 흡수했거나, 알게 되었을 것이다. 그러나 몽골 지배하의 통치자로 남아 있는 한, 토지나 인민을 소유할 수 있는 권리의 기초로서 그들의 허가권을 사용할 수는 없었다. 왜냐하면 이것은 궁극적으로 징기스 가문의 것이었기 때문이었다. 더구나 이러한 권리는 단지 대공들이 점차 세를 불려감에 따라 침해될 수 있었던 '이탈의 권리'와 같은 오랜 루시의 관습과 갈등할 수 있는 것이었다. 단지 몽골이 패퇴했을 때만이 이러한 개념들은 완성될 수 있었다. 그러한 패배가 있고, '짜리'라는 단순히 고귀한 명칭이 아니라, 토지와 인민에 대한 실질적인 권력을 행사할 수 있었을 때, 대공들은 칸의 승계를 주장할 수 있었고, 동시에 완전한 소유권을 주장할 수 있었을 것이다.

그러므로 몽골의 전례는 모스크바 공들의 정치적 권위, 토지 소유자로서의 권위와 더불어, 오래고 점진적인, 그러나 매우 어려운 전유 과정에 대한 착수에 영향을 주었다고 결론지을 수 있다. 이러한 과정에서 몽골의 허가권 또한 간접적으로 유용한 것이었다. 그 가운데 블라지미르의 대공의 경우를 포함해, 14세기부터 '오트치나' 혹은 '보트치나'로 번역된 영토에 대한 몽골 용어는 우젤리와는 달리 독립적, 사유적 소유관계와 직계 상속을 강조하고 있었다.[30] 그리하여 대공들이 충분히 성장했을 때, 이러한 허가권은 블라지미르 자체의 세습적 소유권 주장에 기초를 제공하였다. 돈스코이는 그의 유언에서 우젤리를 언급했지만, 1417년 그의 아들 바실리 1세는 이렇게 말하였다. "그리고 나의 아들 바실리 공에게 나는 나의 선친이 나에게 유증한 나의 보트치나, 대공권을 물려준다." 바실리 2세는 그렇게 형성된 선례를 따랐다. 그리고 그후부터 대공권은 계속 소유권으로 간주되었고, 정치적 혹은 행정적 개념이 아닌, 소유 개념으로 유증되었다.

'보트치나'는 아버지라는 말의 '오쩨쯔'에서 유래하였다. 그래서 그것은 단순한 사유지 보유권뿐만 아니라, 특별한 세습을 강조하고 있었다. 그러므로 생존 형제의 부재 때문에 모스크바의 왕권이 3세대 동안 아버지로부터 아들에게로 넘어가고, 또한 블라지미르의 대공으로서 허가권을 받았을 때, 전반적인 대공권이 그들 마음 속에서 보트치나가 되었던 것은 놀라운 일이 아니다. 그들은 왕위 승계의 방법이 보트치나의 권리를 가져왔고, 결과적으로 직접적인 조상에 의해 소유되었거나 통치되었던 토지가 세습으로 주장될 수 있는 것으로 믿게 되었다. 1478년 노브고로드를 장악한 이반 3세는 이렇게 설명하였다. "우리 대공들은 우리의 왕국을 원한다. 우리가 모스크바에 있는

---

30) 동시에 보야르와 종복 공들에 대한 '오트치나'의 수여는 드물게는 연봉으로 할당된 '코르믈레니야(급양)'가 되었다. 그리고 사유 토지는 점점 더 대공 소유물에 한정되었다.

것처럼, 우리는 또한 우리의 '오트치나' 大노브고로드에 있기를 원한다."

　가장 강력한 도시국가 노브고로드의 몰락은 러시아 정부 제도의 발전에 이정표가 되었다. 그것은 계속적인 내적 분규와 군사적 약화의 결과였다. 몽골의 철수와 옛 키예프 국가의 영토내 두 중요한 세력으로서 모스크바와 리투아니아의 등장은 근본적으로 노브고로드의 지위를 바꾸어 놓았다. 그 시대 도시국가의 공화제 정부는 그것의 방대한 영토에도 불구하고 주변국의 왕정 체계와 경쟁하는데 실패했다. 리투아니아 정부는 대체적으로 귀족정으로 운영되었고, 반면 모스크바 정부는 전제정으로 향하고 있었다. 이러한 차이는 당시 보야르 계급의 증대된 부와 권력이 점점 더 다른 시민들로부터 이탈함에 따라 노브고로드 내에서 전개되었던 갈등을 악화시켰다. 보야르들은 팽창하는 모스크바에 대항해 그들 자신과 도시의 자유를 유지하는 가장 최선의 수단으로서 리투아니아와의 동맹을 모색했다. 반면 하층 계급들은 이러한 정책을 보야르들의 계략으로 보았다. 이반 1세 때부터 도시는 그들의 공으로서 보통 모스크바 대공을 선택했다. 조약으로 제약된 그의 권력은 그가 도시에 있을 때만 행사될 수 있었지만, 하층 계급들은 이제 그가 부재시에도 도시의 일에 간여할 수 있도록 초빙함으로써 보호를 요청하게 되었다. 그러한 기회를 포착한 모스크바의 공들은 꾸준히 노브고로드의 독립 해소에 힘을 기울였다. 1456년 군사적 패배 후 베체는 도시의 외교권을 박탈당하였다. 모든 조약은 모스크바 공의 승인을 받아야만 했다. 1471년 노브고로드인들은 리투아니아로부터 종복 공들을 받아들이지 않기로 동의해야만 했다. 그로부터 7년 후 이반 3세는 노브고로드가 권력에 대한 어떠한 조약의 제한 없이 그를 통치자(고수다르)로 인정할 것을 요구했다. 베체는 폐지되었고, 이반 3세는 그 종을 철거하여 모스크바로 옮겨 놓을 것을 명령했다. 1510년 비슷한 내부 논쟁 끝에 쁘스코프 역시 병합되었고, 그 종 역시 제거되었다.

이들 자유 도시들의 복종에 이반과 그의 아들 바실리 3세는 대규모 추방이라는 아주 효과적인 기술을 채택하였다. 1478년후 베체 지도자들에 대한 처형에도 불구하고 노브고로드의 상층 계급들이 계속 소란스럽자, 이반은 그들 가운데 7000명 이상을 모스크바 공국에 집과 토지를 주어 강제 이주시켰다. 혁명후 1489년에는 비야트카 자유 도시의 전 주민이 추방되었다. 바실리는 쁘스코프에서 6800명, 그리고 랴잔에서 수천명을 강제 이주시켜 모스크바 공국에 정착시켰다. 그 도시들은 그렇게 지방적 전통에 뿌리를 둔 지도자들을 빼앗기게 되었다. 그리고 새로운 환경에 방치되었고, 집단은 깨졌으며, 독립이 무산되었던 중소 귀족들은 더 이상 저항에 집결할 수 없었다. 지역적 지방주의는 제국의 단일성에 억눌리게 되었고, 이후 流刑 체계의 뿌리가 확고하게 자리잡게 되었다.

이반 3세는 1497년 '수제브니크'라는 사법 절차에 관한 표준화된 법전의 편찬을 통해 그의 왕국의 통일을 향한 또다른 중요한 발걸음을 내디뎠다. 이 법전은 실체법을 포함하고 있지 않았다. 기존의 관습법과 헌장들을 대부분 그대로 수록하고 있었다. 지역적 지방주의조차 지방의 재판에서 지역 주민의 참여라는 필요에 의해 강화되었다. 그러나 법전은 강력한 중앙집권화 경향을 반영하고 있었다. 재판관으로서의 보야르와 여타 귀족들의 독립성은 정확한 사법 수수료와 제 2 재판관 '지야크(서기)'라는 요건에 의해 제약되었다.[31] 그들의 지식과 행정 능력으로 말미암아 하층 계급으로부터 상승한 이들 서기들은, 귀족들의 충동과 탐욕을 방지하고, 균일한 사법 행정을 추진할 수 있는, 대공의 신뢰할 만한 충복들이었다.

이반의 재위 말(1505)까지 중앙집권화 과정은 아직 불완전했다. 우젤리와 보트치나는 일정한 독립성을 유지하고 있었다. 예를 들면, 수

---

31) 이것은 세르게예비치의 해석이다. 1497년의 수제브니크는 단지 지야크가 있을 예정이라고 밝히고 있지만, 1550년의 수제브니크는 지야크가 재판을 담당한다고 명확히 밝히고 있다. V. I. Sergeevich, Russkaia iuridicheskaia drevnosti, Ⅰ (St. Petersburg, 1902), pp. 408-414, 524-526 참조..

제브니크는 그것들에 적용되지 않았다. 그러나 권력의 추구는 대공들을, 키예프 시기의 왕정 협력과 대몽 관계에 대한 기민한 대응을 통하여, 소유권과 통치권을 결합시킨 중앙집권화된 개인적 권위로 이끌었다. 전제 정치를 위한 기초는 확립되어 있었던 것이다.

3 모스크바 러시아(15-17세기)

제7장 모스크바-제3로마 이론

몽골 영향으로부터의 완화는 이반 3세로 하여금 허가 없이도 부친 왕위의 승계를 가능케 했고, 1480년에는 완전한 독립을 주장할 수 있었다. 그는 또 아버지와 할아버지로부터 세습유증된 것으로서('보트치나 이 제지나' 로서) 전 루시의 첫번째 대공이 될 수 있었다. 골든 호르드의 분열과 쇠퇴는 북동부 루시에 독립을 가져왔으나, 모스크바 권력의 증가 이전에는 다른 자유도시와 마찬가지로 잔류 왕권의 진압과 흡수 능력이 없었다. 이전에 칸은 모스크바 주변의 도시들에 있던 몇몇 公들에게 大公이라는 칭호를 수여했었다. 이반 1세는 '키예프와 전 루시의' 수좌대주교인 동료의 칭호를 빌려 블라지미르의 자신의 명칭에다 '전 루시의' 라는 말을 그때 덧붙이고 있었다. 그것은 그 가문의 야망을 극명하게 표현하는 것이었다. 그러나 이반 1세가 다른 공국에 대한 통치권 표명을 의도한 것은 아니었다. '고스뽀진', 즉 군주라는 말이 공들간 조약에 나타난 것은 100년전의 일이었고, 훨씬 이전에는 '고스뽀다르', 즉 주권자라는 말이 사용되었다. 이반 3세는 그러나 1478년에 노브고로드가 그를 주권자로서 인식하기에 이르자 이러한 말들을 보다 자유롭게 사용하였다. 몽골이 권력으로부터 물러나자 이반은 그들 지역으로 들어가려 했다.

짜리란 말 역시 이반 3세에 의해 이따금 사용되었다. 그것은 이전에 비잔틴 황제가 사용했던 것인데, 그 수도는 짜리그라드로 불렸다. 그리고 그것은 징기스칸의 후예인 타타르 지배자들에 의해서도 유지되었다. 그러므로 여기에는 두가지 연원, 두가지 패턴이 있었는데, 모스크바 공국은 한편으로는 크리스찬, 다른 한편으로는 이교도와 이단을 동시에 묶을 수 있는 것이었다. 아마도 부분적으로는 이러한 이유 때문에 그것의 채택은 늦어지고 주춤거렸던 것이다. 1498년 이반의 손자 드미트리를 황태자로 봉하는 의식은 비잔틴 식에 따랐는데, 어린 황태자는 케사르(caesar)로, 이반 자신은 황제로서 바실레우스(basileus)로 호칭되었다. 이반은 수좌대주교에 의해 '짜리 이반, 대공, 전 루시의 전제군주'로 불렸고, 드미트리는 '모든 정교도로부터 보호되어야 할 존재'로 권고되었다. 그러나 1505년 바실리 3세(이반은 드미트리를 내쫓았다)는 '대공'으로서 왕위에 올랐고, 그리하여 1547년 이반 4세가 '짜리'로서는 실질적으로 첫번째인 왕위에 오르게 되었다.

새로운 명칭을 정당화하는 몇가지 이론을 모스크바는 가지고 있었다. 가장 확실한 것은 이반 3세가 마지막 비잔틴 황제의 조카딸 소피아 팔레올로가(Sophia Paleologa)와 결혼했고, 비잔틴 황제는 1453년 터키에 왕위를 빼앗기면서 죽었다는 사실에 기초한 것이었다. 이 결혼에 의해 이반과 그의 후예들이 로마의 상속인임을 주장할 수 있었고, 주장했다는 것이다. 그러나 당시 이러한 환경은 별로 무게가 없어 보인다. 분명히 모스크바에 더욱 실질적인 것은 지금은 전설이 되어버린 두가지 더 진전된 정당화였을 것이다. 블라지미르 1세의 개종 때 비잔틴 황제가 (그의 누이 안나와 함께) 황관을 넘겨주었다는 것이 강조되었다. 그리고 비잔틴 공주의 아들인 블라지미르 2세(모노마흐)가 유사하게 제국의 어떤 기장을 넘겨 받았다는 것이 강조되었다. 궁중 의식이 좀더 비잔틴화됨에 따라 이러한 전설들은 대관식 행사의 부분이 되어갔다. 그러나 더욱 실질적인 정당화는 타타르 권력의 쇠퇴에 기반한 정당화였다. 250년동안 칸들에 대한 복종을 설교한 이후, 교회는 교회 의식의 그러한 부분들을 버릴 필요가 있었고, 타타르 짜리를 다른 것으로 대체할 필요와 열망을 가지고 있었다. 비잔틴의 짜리 부재 속에서 대공은 가장 확실한 후보자였다. 이러한 이유가 1480년 칸에 대항하도록 이반 3세를 설득하는 로스토프의 대주교 바시안이 제기한 논쟁의 이면에 숨어 있었다.

그리고 만일 누군가 그대 선조의 맹세가 짜리에 대항하여 손을 들 수 없도록 되어 있다고 주장한다면, 신을 사랑하는 짜리에 귀를 귀울이십시오! 만일 맹세가 필요 때문에 만들어진 것이라면, 우리들은 그것을 깨는 것을 허락할 준비가 되어 있습니다. … 그리고 예언자나 사도들, 성인들 가운데 누가 이러한 신에 부끄러운, 악의 짜리에게 복종하도록 가르쳤다면, 그대는 어떻게 러시아 땅의 위대한 크리스챤 짜리가 될 수 있겠습니까? [32]

그러한 칸에 대한 비하와 대공에 대한 격상은 카잔의 칸에 대한 이반 3세와 바실리 3세의 군사적 승리와 나란히 이루어진 것이었다. 그래서 카잔과 아스트라한의 마지막 정복에 대한 기대 속에서 이반 4세는 그 원정의 시작 전에 짜리로서 왕위에 올랐던 것이다. 이 두 몽골 지배 국가의 모스크바로의 흡수는 이반을 이 두 칸 국가의 계승자로 만들었다. 이러한 논의의 광범위한 유포는 모스크바 공들이 루시의 파괴자들로부터 권력을 회수하는데 별다른 저항을 느끼지 않았음을 알려주는 것이었다.

---

32) Polnoe sobranie russkikh letopisei, Ⅵ (1853), p. 228. Anderson, Russian Political Thought, p. 70 에서 재인용.

짜리라는 칭호 자체는 전래된 비잔틴과 몽골에 있어 그것에 함축된 의미보다는 덜 중요한 것이었다. 칸의 계승자로서 짜리는 후에 몽골 제국의 추가부분에 대한 권위를 주장함으로써 어떤 정당성을 획득할 수 있었다. 동방으로의 러시아 제국주의의 기초는 확립되었던 것이고, 실제로 짜리는 후에 징기스칸 유산의 많은 부분을 획득하였다. 더구나 전 영토와 국민의 칸 소유라는 몽골 개념과 세계 정복, 그리고 동양적 정치사상의 다른 부분들이 포함되었다.[33] 그러나 교회가 非크리스찬적 연원에서 강조된 권력의 문제에 생생히 살아 있었다. 카잔 정복 전에 이루어진 이반의 대관식은 이것의 한 지표이다. 또다른 측면은 모스크바 왕위를 비잔틴의 그것과 밀접히 연결하려는 노력에서 엿볼 수 있다. 이러한 목적에서 모노마흐의 '왕관' 혹은 모자의 전설이 16세기 일찍이 창조된 것이었다. 그리고 같은 목적에서 제3로마로서의 모스크바라는 좀더 일반적인 독트린이 발전되었다.

우리가 보았듯이, 콘스탄티누스 황제 때인 330년경 티버에서 보스포루스로 옮겨 거기에 '새 로마'를 건설했는데, 그곳은 공식 크리스트교의 요람이 되었고, 7개 종교 회의의 중심지였으며, 정교 황제와 총대주교들의 고향이었다. 천년이상 그것은 이 세상에서 하나님을 인간들에게 알리는 것과 함께, 세가지 위대한 유산, 즉 고대 그리스의 유산, 로마 제국의 유산, 그리고 교회 교부들 유산의 보전을 신성한 의무로 생각하였다. 그 시기 동안 황제와 교회는 복합적으로 얽혀 있어서 성직자는 황제 없는 크리스트교를 상상할 수 없게 되었다. 이것의 당연한 결과는 제국은 크리스트교 그 자체와 함께 존재해야 한다는 사상이었다. 그러나 콘스탄티노플은 이교도에게 떨어졌고, 제국은 멸망했다. 그 자신의 짜리를 주장했던 불가리아 역시 정복당하였다.

물론 서유럽에 황제가 있었지만 서유럽은 이단이 되었다. 모스크바의 짜리는 유일한 정교 황제였다. 그리고 거기에는 비잔틴의 정통적

---

33) 동양적 전제주의로서의 러시아에 대해서는 칼 비트포겔(Karl A. Wittvogel) 저, 『동양적 전제주의(Oriental Despotism)』, 구종서 역(서울: 법문사, 1991)을 참고하라.

후예라는 그의 주장에 색깔을 더할 수 있는 충분한 역사적 맥락이 존재했다. 이전 세기동안 이미 지적되었지만 루시의 성직자들은 공들의 세력확장에 큰 도움을 주었다. 그리고 그들은 여러 공들이 교회의 충실한 아들들로서 그들을 이용하기 훨씬 전부터 모스크바 공들에 대해 높은 칭호를 수여하는데 있어 지도적 역할을 한 것으로 간주되었다. 마찬가지로 몽골 이후의 새로운 상황에 직면하여 모스크바는 비잔틴의 유산을 획득하는데 열성적이었다. 그들은 터키가 발칸지역을 정복함에 따라 북으로 올라온 남부 슬라브 성직자들의 영향에 의해 그들의 새로운 독트린을 창출하는데 도움을 받을 수 있었다. 14세기 불가리아인들은 콘스탄티노플의 계승자로서 그들의 수도 투르노보를 생각하고 있었다. 어쨌든 15세기 말 대공 바실리 3세에게 보낸 편지에서 쁘스코프의 수도승은 완전히 부풀린 새로운 비전을 제시하고 있었다. 수도승 필로데우스(또는 필로페이)는 이렇게 말하였다.

　　짜리가 지배하고, 위대한 것이 영광되고, 힘있는 자가 정의를 베푸는 것은 하나님의 절대적이고, 전지전능하시며, 모든 것을 주관하시는 바른손으로부터 나오는 것이기 때문에, 그대 가장 평온하시고 절대적이신 군주, 대공, 정교 짜리, 그리고 모두의 주인님이시며, 하나님의 성스런 왕관을 소유하신 통치자는 성스럽고, 전크리스트교적이며, 사도적 교회인 것입니다. … 그것은 로마와 콘스탄티노플에서 빛났습니다. 그러나 고대 로마의 교회는 아폴리나리안(Apollinarian) 이단의 배교로 멸망했고, 제 2로마 교회의 성문, 콘스탄티누스의 도시는 하가르(Hagar) 후예의 전쟁 도끼로 산산히 부서졌습니다. 그러나 종교회의의 성스런 사도 교회, 그대 주권의 이 세번째 새 로마의 성 사도 교회는 정교 크리스트교 신앙 아래서 지구 끝까지 퍼져 나가며, 태양보다 환하게 하늘 아래 모든 것을 비춥니다. 그리고 경건한 짜리여, 그대의 통치는 정

---

34) 그 편지의 시기에 대해서는 Nikolay Andreyev, "Filofey and his Epistle to Ivan Vasil'yevich," Slavonic and East European Review, X X X Ⅷ (Dec. 1959), pp. 1-31을 참조할 것.

교 신앙의 모든 제국이 그대의 유일한 제국으로 모여듦을 알 것입니다. 전세계에서 그대만이 크리스찬에게 훌륭한 짜리이십니다. … 오 경건한 짜리여, 모든 크리스트교 제국이 그대에게로 모이는 것을 보고 주의하시면, 두 로마는 멸망하였으나, 세번째는 살아서 영원할 것이며, 그리고 네번째는 없을 것입니다. 그대의 크리스찬 제국은 '다른 민족에게 떨어지지 않을 것'이기 때문입니다(다니엘서, 2:44에서).[35]

그러므로 세계 문화유산의 보전이라는 위대한 의무가 모스크바로 넘어온 것이었다. 모스크바 공국은 로마의 영광을 알지 못했고, 고대 그리스의 지혜를 알지도 못했지만, 그들의 것으로 소화한 위대한 신앙의 지혜와 영광으로 충만해 있었다. 기본적으로 그들이 보전하려 한 것은 크리스트교 전통이었다. 그 의무는 보편적인 동시에 배타적인 것이었다. 하나님이 하나의 교회만 지었기 때문에 보편적인 것이며, 그것은 보편적 제국의 것이었다. 비잔틴 시기 많은 형태의 이단과 새로운 종교들이 사람들을 꾀어 내갔다. 교회는 국가의 교회가 되었고, 대다수 야만인과 이단들은 제국을 분열시켰다. 그러나 보편적 교회와 국가의 이상은 남아 있었다. 아마도 하나님의 영광에 대한 큰 신앙심의 보상으로 잃어버린 것을 남겨야만 하는 것이었다. 오직 하나의 보편적 제국이 가능할 수 있었는데, 그렇기 때문에 그 의무는 모스크바만이 진정한 신앙을 유지했으므로 모스크바에 배타적으로 속하는 것이었다. 플로렌스 종교회의 이후 모스크바의 고립 감정은 이제 모스크바의 종교적 전도의 새로운 열망 속에 가라앉았다. 패퇴하는 몽골과 함께 키예프 루시의 모든 옛 영토를 모스크바로 '모으는' 시초가 이루어졌다. 앞서 언급한 바대로 1498년 대관식에서의 모든 정교 신앙에 대한 짜리의 징당화를 보려 했던 교회의 의지는 명

---

35) "Poslanie startsa Pskovskago Eleazarova Monastyria Filotheia k Velikomu Kniaziu Vasiliiu Ivanovichu," *Pravoslavnyi sobesednik* (Kazan), March 1863, pp. 343-344, 347. Anderson, *Russian Political Thought*, pp. 72-73에서 재인용.

백한 것이었다. 19세기에 들어서도 이러한 신앙적 선교 정신은 범슬라브주의 주 흐름의 하나로 남아 있었다. 콘스탄티노플과 다르다넬리스로 향한 러시아의 강한 열망은 단지 해상 전략에 불과한 것만은 아니었다.

그러나 비잔틴의 경우 강조점이 팽창에 있지 않았다. 비잔틴은 보수주의적이었다. 그들에게 유증된 이론적, 제도적 구조의 완벽과 안정성에 고무되어 그들은 모든 가능한 마음의 힘을 그들것의 유지에 힘쏟았다. 유사한 보수적 태도는 모스크바에서 제 3로마 이론이 갖는 영향의 또다른 측면이었다. 콘스탄티노플의 몰락이라는 환경에서도 이러한 경향은 악화되었다. 몰락은 그리스 교회가 로마에 복속한지 14년만의 일이었고, 루시의 견해로는 이러한 의무의 포기는 이단에 속하는 것이었다. 교훈은 심각한 것이 되었는데, 그것은 진실한 신앙에서의 일탈과, 로마 이단과의 관계라는 이중의 위험에 대한 교훈이었다. 그래서 새 독자성 확보 초기에 모스크바는 보수주의로 휩쓸려 들어갔고, 외부 특히 서유럽으로부터의 배교 영향에 대항하여 이를 근심스럽게 지켜보게 되었다. 그것은 러시아에서 뒤에 일어나는 사상과 사건을 해석할 때, 러시아가 천년 가까이 그 자신을 절대 신앙의 소유자로 간주하고, 그것의 배타적 후견인임을 자처하는 것을 생각나게 한다.

같은 시기 서유럽은 보다 어지럽고, 세인의 관심을 끌게 되었다. 발칸으로의 오토만 투르크의 진출은 많은 서구화된 슬라브인들을 키예프, 쁘스코프, 그리고 노브고로드까지 북으로 올라가게 만들었고, 유럽에서의 르네상스를 자극했다. 더구나 북유럽에서 개신교가 수용됨에 따라 로마 이단의 위험은 줄어들었다. 모스크바의 독립 강화는 서유럽에서의 문화적, 상업적 활동의 시기와 일치하고 있었다. 제 3로마 이론으로 재강화되었던 고립의 습성을 갑자기 버릴 수는 없었지만, 점차 불가피하게 다양한 측면으로 서유럽과 관계하게 되었다.

이러한 맥락에서, 그리고 부분적으로는 발칸으로부터 유입된 사상

에 반응하면서 모스크바 교회는 첫 내부적인 지적 동요를 경험하게
되었다. 이로 말미암아 150년후 니콘 총대주교 아래 분리주의가 탄생
하게 된다. 크리스트교의 두 흐름은 하나는 정신적, 금욕적이었고, 다
른 하나는 행정적, 교조적이었다. 이것은 언제나 있어 왔던 것이었으
나, 이제 새로운 두가지 상황에 직면하면서 보다 강하게 나타났다.
즉, 노브고로드와 쁘스코프에서의 이단의 확산과, 교회 토지를 둘러
싼 대공과 보야르간의 이해 대립이 그것이었다.

모스크바 대공의 새로운 권력과 행동의 자유는 서유럽에서의 당시
지배자들처럼 토지 확장을 탐하게 되었다. 그 토지는 몽골 시기와 그
이전 시기부터 누려 왔던 세금면제의 결과로 축적되었던 교회의 토
지였다. 노브고로드 정복후 이반 3세는 그곳의 많은 수도원 토지의
장악과 그의 지지자들에 대한 분배에 있어 수좌대주교의 지지를 확
보할 수 있었다. 이상하게도 당시 일단의 성직자 그룹은 교회 재산의
일반적 세속화를 주장했는데, 그들은 비소유파라 불렸다. 이들은 금
욕적 그룹으로서 북동지역의 황야에서 암자나 작은 수도원에 거주한
'볼가유역장로(Trans-Volga Elders)'로 알려져 왔다. 그들의 강력한 대
표자는 닐 소르스키였다. 그는 이렇게 강조하였다.

우리는 우리의 주님과 성모의 가르침대로 성스런 교부들로부터 우리의 일
용할 양식을 노동을 통해 얻으라는 가르침을 받아왔다. '노동하지 않는 자,
먹을 수 없다'고 사도는 말한다. … 그것은 다른 사람의 노동으로 이루어진
결실을 취하지 말라는 것이다. 우리는 세속적인 것들을 소유하려는 욕심의
마약같은 것에 저항하고 피해야만 할 것이다.[36]

교회는 유혹을 물리쳐야 하고, 그 땅을 포기해야 하는데, 그것은 이
반이 그것을 원해서가 아니라, 신앙심이 청빈을 요구하기 때문이었

---

36) A Treasury of Russian Spirituality, ed. George P. Fedotov, trans. Helen Iswolsky (London, 1950), pp. 91-92. Anderson, Russian Political Thought, p. 75에서 재인용.

다.

그러한 이론은 이반의 목적에 부합되는 것처럼 보였다. 대공은 그 것에 의지하였다. 그러나 장미에는 가시가 있는 것이었다. 소르스키 가 원한 바는 세속적인 일로부터 교회가 초연해야 한다는 것이었고, 교회의 정신적 의무를 강조한 것으로, 결과적으로 그것은 교회에 대 한 모든 세속적 간섭을 줄여야 하는 것이었다. 더구나 그는 그가 강 조한 바, 개인적인 기도와 수행이라는 관점에서 교회내 조직의 영향 력을 줄이는 것을 강조한 것이었다. 이것은 어느곳의 지도자도 알지 못했던 새롭고 시도되지 않았던 이론이었다. 간혹 묘사되었듯, 단순 한 반동이 아니라, 그는 높은 수준의 학문과 도덕성을 갖춘 개혁자였 다. 그는 그리스 아토스(Mt. Athos) 수도원의 헤시카스트(Hesychasts)[37] 의 영향을 강하게 받았다. 그리고 그는 성서의 이해를 통하여 구원을 찾을 것을 강조한 것이었다. 그의 영향 아래 교회는 통치자의 뜻대로 쉽게 들어오지 않았다.

이러한 견해는 교황 요한 22세와 프란시스코 수도원간 복음적 청 빈을 둘러싼 14세기 논쟁의 뒤이은 반향같아 보인다. 실제로 소르스 키의 이러한 태도는 위대한 프란시스코 학파 윌리엄 오캄(William of Occam), 마르실리오 파두아(Marsilio of Padua)와 유사성을 보인다. 윌 리엄은 청빈을 강조하였고, 종교적 진리에 대한 연구와 수행의 필요 성을 강조했으며, 토마스 아퀴나스가 주장했던 중세의 지적 성취로 포장되었던 교회 제도의 견해에 기초한, 신앙과 이성의 통합에 대하 여 공격했다. 그리고 윌리엄은 교황 통치로부터 자유로운 이성보다 신앙에 대한 강조를 기본 모티브로 하였다. 즉, 재산과 이성은 교회가 이 세상의 너무 많은 부분을 소유하게 하고 있어, 정신적 신앙을 방 해하고, 세속적 간섭을 초래했다는 것이었다.

소르스키가 스콜라 철학의 저작을 접했는지에 대한 확실한 증거는

---

37) ˙헤시카스트˙는 14세기에 그리스 아토스 산의 수도승들이 일으킨 신비주의의 한 교파
　　로서, 신비적 정적주의자(quietist)의 일종이다.

없다. 그러나 그는 그리스 수도원 학파의 분위기에서 교육받았고, 약간의 서유럽 학자들은 당시 모스크바에 존재하고 있었다. 소르스키가 이론 구성에 있어 오캄의 영향을 받은 것으로 볼 수는 없겠지만, 한가지 점에서 그는 서유럽의 진보적 측면에 서 있었다. 이단의 징벌에 대한 교회의 권리를 부인했던 마르실리오는 징벌로부터 교회를 배제하고자 했던 것은 아니었다. 단지 그는 세속적인 침해에 대하여 그것을 주장했던 것이다. 소르스키는 여기서 더 나아갔다. 그는 이단에 대한 육체적, 세속적 혹은 정신적 징벌의 타당성을 부인했다. 교회라는 세계가 정신적인 것이기 때문에 단지 정신적 방법의 설득만이 일탈된 정신을 회복시키는데 쓰여져야 한다는 것이었다.

이러한 관용의 이론에 대한 문제 제기는 몽골의 관용적 태도에 기인한 것이었다. 그들의 경우가 모스크바 공국 교회에 있어 평가되었지만, 그래도 역시 그들은 이교도들이었다. 소르스키는 그의 견해를 크리소스톰(Chrysostom)에게서 찾은 것 같다. 서유럽의 크리소스톰은 아우구스티누스 앞에서 폭력의 사용을 부정했었다. 그는 그곳에서 정당성을 발견했다.

'볼가유역장로들'의 사상 패턴이 비록 서유럽의 요소를 포함하고 있었지만, 이러한 요소들이 서유럽이나 장로들 가운데서 우세한 의견은 아니었다. 전체적으로 소르스키 추종자들은 신비주의, 도덕성, 분권화라는 측면에서 그리스 수도원적 전통에 서 있었다. 당시 유럽 크리스트교의 태도를 이용한 것은 소르스키의 중요한 반대자였던 모스크바 근교 볼로콜람스크 수도원의 지도자 요셉 사닌 혹은 볼로쯔키였다. 모스크바 크리스트교의 행정적이고 교조적인 흐름인 요셉의 견해는 교회의 공식 견해가 되었다.

초기 러시아의 혁명 옹호자, 짜리 절대주의의 지지자 등으로 다양하게 해석되는 요셉은 어려운 상황에 직면하여 매우 성공적인 해결을 찾아내었다. 한편으로 그는 세속화에 대항하여 교회재산을 보호해야 했고, 다른 한편으로는 이단에 대항해 교회 조직과 신도들을 보호하면서, 왕권의 발판을 얻어내야 하는 불화에 직면하기도 했다. 이 때문에 그는 대공의 도움이 필요했다.

1503년의 종교 회의에서 이반 3세가 소르스키와 그의 추종자들이 지지할 것을 믿고 토지 문제를 제기하자 요셉은 마지막 승리를 구상했다. 노쇠한 대공이 토지문제 보다는 개인적인 구원을 원하고 있다고 기민하게 파악한 볼로쯔키는 이 문제에 대해 이반에 반대하도록 회의를 설득하고, 그러나 그러면서도 복종의 모델을 추구하였다. 그는 세속화로부터의 면제를 청원하고, 교회법에 의거해 이단에 대한 시민적 기소를 청원함과 동시에, 정교에 남으려는 이반의 열망을 이용했다. 그는 회의에서 그의 태도를 다음과 같이 명확히 기술하고 있었다.

신성 규칙은 짜리를 숭배하도록 명령하고 있습니다. 그와 다투지 말도록 하고 있습니다. 보편적, 지방적 회의에서 옛 성직자들은 감히 이렇게 하려 하지 않았습니다. 네 총대주교가 안 그랬고, 로마 교황이 안 그랬습니다. 회의에서 황제나 대공에게 이의를 말하려 할 때, 그들은 먼저 말할 수 있는 허락을 황제에게 얻어야 했습니다. 그리고 황제가 명령했을 때, 그들은 성서에 의거하여 겸손하게 말해야 했습니다. [38]

비잔틴에서 알려진 것처럼 왕은 신의 선택이고, '조화'에 의거해 복종하고 협력해야 하는 것이었다. 이러한 긴밀한 관계는 교회가 왕의 정신적 안내자임을 허용하는 것이었다. 그리고 회의를 통해 요셉은 이반을 블라지미르 교회법과 콘스탄티누스 유법(Donation of Constantine)의 바른 이해로 안내했다. 이 모두 교회 토지의 세속화에 반대하는 성스런 방패막으로서 교회법이었다. 이반은 그의 통치의 공고화와 확장에 성직자의 도움이 몹시 필요했기 때문에 자신의 뜻

---

38) Vasili Zhmakin, Mitropolit Daniil i ego sochineniia (Moskow, 1881), pp. 93-94. Anderson, Russian Political Thought, p. 77에서 재인용.

을 포기해야만 했다.

그러나 그 안내는 여기서 끝난 것이 아니었다.

그러므로 귀기울이십시오. 그리고 권력이 그대에게 주어진 것은 신으로부터 말미암은 것이라는 것을 이해하셔야 합니다. 당신은 하나님의 종입니다. 늑대로부터 양들을 지키는 목자로, 그리고 백성의 수호자로 하나님은 당신을 이곳에 있도록 하신 것입니다. 하나님은 스스로 당신을 선택하셨으며, 그의 왕관을 주시고, 생명을 주셨으며, 당신 손에 축복하셨고, 당신께 칼을 주심은 하나님의 손에서 나온 것입니다. 그러므로 당신은 진실에 대하여 거짓을 행하면 안되며, 하늘의 낫을 두려워하고, 악마의 고삐를 풀지 말아야 합니다. ... 그리고 만약 그들이 악을 범하면 죄가 그들의 영혼을 지배할 것이며, 그것은 왕이나 공들, 그리고 세속적 판단에도 그러한 것입니다. 그리고 만약 이러한 지배자들이 사악한 무리에 권력을 주면 심판의 날에 신으로부터 그들은 고통을 감수해야 합니다. [39]

말하자면 왕은 이단의 징계에 그의 칼을 써야 한다는 것이었다. "왕은 인간을 징벌하고 용서하는 하나님의 종이다. 인간을 지배하는 왕 자신이 탐욕과 폭력같은 악마의 감정과 죄악으로 통치되면 ... 그러한 왕은 왕이 아니라 지배자이며, 하나님의 종이 아니라 사탄의 종인 것이다." 그리고 그는 아랫사람들에게 훈계했다 "여러분들 역시 그가 고문하고 죽음으로 위협한다 해도 불경하고 사기적 행위로 이끄는 그러한 왕이나 공에게 복종하지 마시오. 그것이 왕과 공들을 구하는 길입니다."

그러나 이것은 혁명적인 새로운 이론은 아니었다. 베드로의 '우리는 인간이 아닌 하나님에게 복종해야 한다' 라는 언명에 기초한 초기 교부들에게서도 비슷한 언명들이 발견된다. 그들의 권력이 신으로부

---

39) Joseph Volotski, Prosvetitel' (Kazan, 1896), pp. 488-489. Anderson, Russian Political Thought, p. 77에서 재인용.

터 나온다는 사상을 모스크바 지배자들에게 다시한번 강조한 것은 전혀 새로운 것이 아니었다. 보다 중요한 것은 몽골 지배의 오랜 기간 이후 필요해진 교회와 국가에 관한 비잔틴 독트린의 훌륭한 재강조였다는 점이다. 수도원 규칙의 개편, 교회의 세속적 이해의 보전, 그리고 이단에 대한 시민적 징벌의 정당화라는 측면에서 요셉은 유럽의 그것과 유사하게 모스크바 공국에 적용했다. 그러나 그는 분명하게 소르스키의 태도에 내재하고, 그리고 훗날 레프 톨스토이의 아나키즘에서 나타나는, 그러한 세속에 대한 교권의 우위라는 불필요한 주장을 피하고 있었다.

교회 조직과 교회 재산을 둘러싼 사상의 이러한 두 학파간 투쟁은 계속되었다. 대부분은 요셉을 지지했으나, 보야르들은 성직자들의 청빈 덕을 보았다. 그러나 결정적 전환은 이반의 아들 바실리 3세 때 나타났다. 비소유파 바아를람(Vaarlam) 수좌대주교가 바실리에 대한 찬성을 거부하여 분리가 필요해졌다. 바아를람은 제거되었고, 선거의 공식적 형태도 없이 요셉파 다니엘(Daniel)이 바실리에 의해 지명되었다.

다니엘은 통치자의 정치적 독트린의 훌륭한 해석자였으며, 요셉보다 더욱 왕에 복종적이었다. 그는 성서와 교부들로부터 하나님은 교회를 통해서뿐 아니라, 세속적 권력을 통해서도 행한다고 주장하고, 양쪽에 대한 복종은 의무라고 강조했다. 그러므로 신앙을 버리는 자는 교회의 적일 뿐만 아니라, 국가의 적이기도 했다. 이단은 반역이었다.

반대 사상에 대한 다니엘 운동의 희생자 가운데 한 사람이 그리스인 막심(Maxim the Greek)이었다. 대공의 요청에 의해 번역자로서 아토스 산으로부터 모스크바에 왔던 비극적 인물인 그는 매우 고립되어 있던 러시아 땅에 서유럽 르네상스의 숨결을 들여오기도 하였다. 그는 이탈리아에서 10여년동안 공부했고, 사보나롤라(Savonarola)를 들었고, 마르실리오 사상을 흡수했으며, 윌리엄 사상을 흡수했고, 종교회의의 이론가였으며, 그때 서유럽의 신학적 유산에 젖어 있었다. 모스크바 공국의 종교서적에 대한 정정의 필요가 자주 눈에 띄어서 그는 열심히 그 일을 했다. 그러나 그 일은 위험을 내포한 것이었고, 불행히도 그는 소르스키의 추종자로 낙인찍혔다. 그래서 소르스키의 적대자들이 수좌대주교 주위에 몰리자 막심은 수감되었다.

재판에서 막심은 바실리 3세를 '박해자이며 무신론적 지배자'라고 했다는 혐의로 기소되었다. 그리고 그는 "성직자가 세례와 왕관을 수여하고, 짜리를 인정하는 것이지, 짜리가 성직자에게 그러는 것이 아니다 … 성직이 세속적 짜리보다 위대한 것이다"라는 로마 독트린을 유포한 것으로 드러났다. 그러므로 그는 이반 3세와 소피아로부터 시작된 왕권의 고양에 대한 반대자였다. 그의 수감을 전후하여 그는 종교와 마찬가지로 사상적, 정치적 불순자로 규정되었다.

정부에 대한 영향력 약화 속에 있던 종복 공들의 점증하는 불만은 바실리 태도의 모호한 성격으로 더욱 악화되었고, 그것은 모스크바 공국의 통치 그룹을 두 적대적인 진영으로 점차 나뉘게 했다. 하나는 대공과 요셉파 성직자였고, 다른 하나는 보야르와 '볼가유역장로들'이었다. 그러나 전제권과 귀족권간의 대립이 확실히 드러난 것은 아니었는데, 막심의 동료들은 바실리와 요셉파에 대한 적대감을 하나로 뭉치게 했다. 그들은 정치적 상황이 나빠지는 것을 눈치챌 수 있었는데, 누구도 그 추세의 중요성을 알아차리지 못했다.

가장 보수적인 인물중 한 사람으로서 불만스런 보야르의 대표적 대변가였던 인물이 이반 베르센-베클레미쉐프였다. 그는 막심에게 다음과 같이 말하였다.

그대는 자신이 잘 알고 있다(우리도 역시신중한 사람들로부터 그것을 들었지만). 옛 관습을 버리는 땅은 오래 가지 못한다는 것을. 보라, 여기 우리의 옛 관습을 바꾸려는 우리의 宗主 公이 있다! 그러므로 그가 어떻게 우리로부터 존경을 받을수 있겠는가? …

그리스가 여기 우리 땅에 온 뒤부터 한때 평화와 고요 속에 살았지만 그리스는 여기 우리 땅에 혼란을 가져왔다. 종주 왕후 소피아가 그대 그리스의 그것을 여기에 가져온 후부터 그대 짜리 하의 짜리고로드와 같이, 그러한 싸움이 우리 가운데서 일어났다.[40]

베르센은 그렇게 과거의 변화 속에서 대공 정치가 비잔틴적 전제 정치로 유기적으로 연결되면서 통치되는 보야르들의 불만의 요체를 보았던 것이다.

---

40) V. O. Kliuchevski, A History of Russia, Ⅱ (London, 1912), p. 64에서 재인용.

제 8장 이반 4세의 통치

1542년 또다른 요셉파인 마카리우스(Macarius)가 바실리의 사망 후 보야르들에 의해 제거된 수좌대주교 다니엘의 뒤를 이었다. 마카리우스는 고아였던 이반 4세의 교육을 도왔다. 이반 4세의 반세기에 걸친 엄격한 통치(1533-1584)는 그에게 '그로즈니'라는 별명을 가져다 주었고, 영토 팽창 정책을 계속케 했으며, 과거의 사상 내지 습관과 강력한 중앙집권적 정부라는 새로운 요구 사이에 결정적인 갈등을 몰고 왔다.

보야르들이 권력을 다투었던 이반의 소년 시기, 그는 독서를 했다. 구약 성서를 접할 수 있는 연대기와 종교 서적이 그에게 가장 흥미가 있었다. 그리하여 그는 이러한 자료에 정통하여, 당대의 신학적 논쟁에 참여할 수 있게 되었다. 헤브류의 여러 왕들을 통해 그 자신의 역할과 하나님과의 관계, 그리고 그 자신의 개인적인 책임에 따른 보상과 징벌이라는 모습을 보았기 때문에 구약은 그에게 아주 매력적인 것으로 보였다. 특히 모세의 모습을 통해 그는 그의 목적에 합치하는 하나님의 권세라는 두 형상의 예로서 교권과 왕권을 성공적으로 결합한 지도자를 볼 수 있었다.

이러한 학습은 그로 하여금 다른 어떤 선임자들보다도 분명하게 권력에 대한 모스크바의 입장을 강화케 했고, 성직자들은 왕을 가르치고 따라야 한다는 '심포니아'에 대한 요셉파 해석을 그가 적절히 이해할 수 있게 하였다. 그러나 왕으로서 그는 그 혼자만이 신탁된 정부에 책임이 있기 때문에, 성직자들의 가르침을 들었을 때, 논리적으로 그것을 거부할 수도 있어야만 하는 것이었다. 하나님은 그러한 책임의 수행에 보상을 내리든지, 혹은 징벌을 내리든지 할 것이지만, 그러나 지상의 누구도 왕을 재판할 수는 없는 것이었다. 그러므로 이반의 이상한 통치는 '왕은 하나님의 지상의 대리인'이라는 요셉파의 가르침을 받아들인 의식적인 작업으로 가장 잘 이해될 수 있다. 바로 이러한 연원으로부터 대부분의 당대 인물들과 후대 사람들이 간과했던 이반의 정치사상 일단이 형성되었던 것이다. 하나님 뜻의 수행자로서 그는 피비린내나는 징벌에 있어서조차 일종의 의무로서 행동했던 것이다. 쿠르프스키 공이 이반을 '불결한 양심'을 가진 것으로 비난했을 때 지적했던 것은 바로 이러한 것이었다. 객관적 목적이라는 생각이 그의 양심을 경감시키고 만족시켰던 것이고, 그것이 그로 하여금 잔인성을 보이게 했던 것이다. 이반이 '신의 섭리'라는 몽골의 이론을 알고 있었다는 증거는 없다. 그러나 신의 임무와 저항의 결과라는 두 개의 개념이 어떻게 밀접해질 수 있는가를 보는 것은 대단히 시사하는 바가 크다.

이렇게, 모스크바 공의 권력을 강화시키는 힘에 이반은 하나님에 대한 보다 행동적이고 개인적인 책임이라는 확신을 덧붙였다. 이반의 생각에 이것은 비잔틴으로부터 차용한 '전제군주(사모제르제쯔)'라는 공의 새로운 명칭에 대한 재해석을 필요로 하는 것이었고, 이러한 명칭은 '짜리', 그리고 '대공'과 함께 사용되었다. 그렇게 사용되기 전에 그것은 외부 혹은 외국 권력으로부터의 독립성을 함축하고 있었다. 이반은 더 나아가 그 명칭을 법률, 제도, 혹은 관습에 구애받지 않는 내적, 국가적 제약이나 권위로부터의 독립성을 요구하는 것으로도 사용하였다.

이반은 또한 모스크바 공국의 개념을 '보트치나'로, 그의 권력을 '보트치니크'로 재해석하였다. 그의 선조들은 공국의 영토를 그들의 사적 재산으로서 다루어 왔다. 그러나 그들은 '자유 공복'의 자유를 존중해 왔다.[41] 이반은 국민들 역시 재산으로 간주하였다. 차별 혹은 예외 없이 모든 사람은 그의 '노예'였다. 이것은 자유 농민들이 떠날 수 있는 일상적인 '보트치니크'의 권한을 넘어선 것이었다. 오히려 그것은 몽골의 영토와 인민에 대한 보유권 개념으로부터 유래한 것처럼 보인다.

이러한 해석은 종주 공과 보야르 사이의 오랜 갈등에 대한 이반의 해결책을 구성하였다. 전제군주, 짜리라는 명칭, 제 3로마 이론, 새로운 대관 의식, 쌍두 독수리(이것 역시 비잔틴에서 차용한 것이다), 이 모든 것은 권력을 그의 수중에 집중시킴으로써 팽창하는 제국 속에서 정부 구성의 어려움에 당면한 공의 권력을 강화하려는 의도였다. 이와 동시에 행정 과정에서 점증하는 많은 사람들의 참여를 필요로 하는 또다른 접근방법이 있었다. 그리스의 원로원에 해당하는 보야르 두마인 '신클레쩨'가 확장되었다. 새로운 법전이 반포되었다. 행정 부처가 신설되었다. 지방 정부가 재구성되었다. 젬스키 소보르라는 새롭고 큰 규모의 회의체가 간헐적으로 개최되었다. 이반은 이러한 방법을 지원했지만, 그는 그것이 보야르들 때문에 그의 전제 권력이 희석될 수 있는 위험성을 조심스럽게 회피하고 있었다.

이반은 역사가 보여준 두가지 선택적인 정부 체계를 명확히 보고 있었다. 모스크바 공국의 정부가 귀족정으로 발전해가는 리투아니아, 폴란드, 그리고 스웨덴의 당시 정부처럼 단지 그들 왕의 강력함만으로 그들 귀족들의 근시안적인 정책을 극복할 수 있을 것인가, 혹은 권위와 통합으로 발전하여, 중앙집권화된 권력이 건설적인 목표를 확보하고 추구할 수 있을 것인가하는 문제였다.[42] 한 세기 동안 권력은 대공의 손에 집중되었고, 귀족들은 힘을 잃었다. 드미트리 돈스코

---

41) 베르센-베클레미쉐프가 스몰렌스크에 대한 침략에 반대했을 때, 바실리 3세는 "천박한 놈, 내게서 없어져라! 나는 더 이상 네가 필요치 않다"라고 폭언을 하였다. 그러나 화가 났지만 바실리는 '라브(노예)'라는 말을 쓰지 않고, 아직은 어느정도 자유가 함축된 '스메르드'라는 말을 사용하였다.

이는 초기 전통을 반영하면서 그의 유언 속에서 그의 아들들에게 이렇게 가르쳤다(1389). "너희들은 보야르들을 사랑해라. 그들의 도움을 받으려면 그들을 존경하여라. 그들의 동의 없이는 아무것도 하지마라." 네 세대가 지난 후 보야르들의 지위는 아주 악화되어, 보야르 베르센-베클레미쉐프는 바실리 3세가 그의 침실에서 모든 것을 결정하고 있다고 비난하기에 이르렀다. 바실리 재위중 대공과 보야르간 갈등은 쌓여만 갔다. 그러나 바실리의 죽음과 더불어 진자는 더욱 반대의 극단으로 치달았다. 1533년부터 1547년까지 이반의 어린 시절은 보야르들이 지배하였다. 그러나 그들 사이의 당파 싸움은 그들의 지위를 공고화하는데 방해가 되었을 뿐이었다. 그들을 지배하에 두고, 회복할 수 없는 전제주의를 건설하는 것이 이반의 중요한 목표였다.

그러나 국내적 제약이 없는 것으로 간주된 전제정치는 짜리가 관리를 선발하고, 선발된 관리와 상의를 하든지 말든지, 그리고 그들의 충언을 받아들이든지 거부하든지 하는 자유를 필요로 하는 것이었다. 이러한 점에서 그는 보야르들, 그리고 교회 모두와 갈등에 들어갔던 것이다.

그들 역시 공들이었던 보야르들은 그들이 고위직에 오를 수 있는 관례적 권리를 가지고 있고, 세속의 보좌 기능을 독점할 수 있는 것으로 믿고 있었다. 이러한 것들은 '우젤리' 공들의 전통적인 권위의 잔재들이었다. 그들은 더 이상 루시의 개별적인 부분을 다스릴 수는 없었지만, 대공들에 의해 점진적으로 모인 '우젤르이'로서 모스크바에 와서, 그 우젤르이의 할당 부분을 다스렸던 전반적으로 똑같은 '연장 체계'의 협력 통치를 실현하려고 하였다. 15세기 초부터 그 결

---

42) 이반은 외국 지도자들에게 보낸 불손한 서한 속에서 자주 이러한 대안들을 비교하였다. 1572년 그는 스웨덴의 국왕 존에게 이렇게 썼다. "그대의 왕국이 완벽한 것이라면, 조언자, 대주교, 그리고 전 국민은 그대 부친의 동반자가 될 수 없다. 그리고 모두는 대 군주국의 신민이 될 수 없다. … 그리고 그대의 부친은 볼로스트의 장로처럼 그들 위에 있을 것이다. … 그러므로 대 군주가 되는 것은 그대에게 불가능하다. 왜냐하면 대 국가에서는 그러한 관습이 유지될 수 없기 때문이다"(Sbornik imperatorskogo Russkago istoricheskago obshchestva, C X X IX (St. Petersburg, 1910), pp. 236-237 참조).

과는, 다른 자격과는 관계없이 출생에 의해서만 주어진, 군사권을 포함한 공직의 할당이라는 '메스트니체스트보'였다. 그러한 체계는 졸부와, 대공의 자의적인 정실 인사로부터 종복 공들과 다른 보야르들을 보호하기 위해 마련되었던 것이다. 그러나 그것은 또한 각자에 대한 방패막이 되었고, 그리하여 그것은 수면하에서의 우위를 확보하기 위한 지속적인 다툼으로 말미암아 능력과 창의력을 방해하였다. 그것은 귀족들의 응집력을 탕진했고, 전제 정치에 대한 저항을 약화시켰다. 그러나 동시에 그것은 뿌리깊은 비효율성으로 말미암아 전제 군주로 하여금 전통적인 관습의 고리를 끊을 수 있도록 자극하였다.

행정과 보좌 기능 사이의 구분이 오늘날과 같은 명확성에는 못미쳐, 보야르들은 '메스트니체스트보'가 또한 대공 회의체인 보야르 두마의 구성원으로 되기를 원했다. 두 개의 구별되고, 또한 부분적으로 갈등했던 이러한 제도 속에서, 사상과 역사적 발전의 경로는 융합되어 있었던 것이다.

이러한 경로의 옛 모습은 초기 류리크 왕조에 대한 바랴그인 수행원들의 관계에서 엿볼 수 있다. 이러한 초기의 군사적 동반 관계는 마음대로 떠날 수 있는 권리와 행동을 가진 모든 '자유 종복들' 가운데 자리하고 있었다. 그리고 거기에는 통치 가계의 상시 구성원이란 없었다. 그룹에의 입문은 공의 판단에 따른 것이었다. 이론적으로 공은 마음대로 그들에게 자문을 구하는 것이었지만, 실제로 그들은 법률적 의무의 문제뿐 아니라, 실질적 정책의 문제를 포함한 모든 중요한 결정에서 공을 자문하였다. 그들은 공에 대한 협력을 거부할 수 있었고, 그들 혹은 그들의 충언이 무시되었을 때는 다른 아무곳에서나 자리를 잡을 수 있었음은 이미 지적해 둔 바 있다. 다른 측면에서 본다면, 공은 직간접적으로 그가 싫어하는 수행원들을 쫓아낼 수 있었다. 이러한 조건 속에서 공과 보야르들은 부분적으로는 독립적이고, 부분적으로는 의존적이었다. 그 누구도 상대방 없이는 많은 일을 성취할 수 없었다. 그러나 이탈의 자유는 충원의 자유와 함께 각자에게 개인적 견해차의 해결을 위한 손쉬운 길을 마련해 주었다.

사고의 두번째 경로는 점차 종복 공들의 출현과 함께 이러한 방법에 영향을 주기 시작했다. 대공에 대한 가족적 관계에 심하게 기울어 있던 사람들은 (후에 몽골계, 리투아니아계, 독일계 등이 추가되긴 했지만) 바로 류리크 왕족들이었다. 그들은 야로슬라프의 유언으로 소급되는 국가 정부내 그들의 몫이라는 가족적 관습에 의한 권리를 믿고 있었다. 대공이 더 이상 그들에게 독립적인 우젤르이를 제공할 수 없다면, 적어도 그는 그들을 협의체에 놔두고, 모든 중요한 국사에 자문하도록 하며, 그리고 그들의 충언에 귀기울일 의무는 있었다. 그들 관점에서 본다면, 대공에 대한 두마의 관계는 독립적인 권리 혹은 특권의 문제일 뿐만 아니라, 협력자들 사이의 노동의 분업과 같은 것이기도 했다. 그러나 그들의 수가 증가함에 따라, 그 성격을 급격히 바꾸지 않고는 모두 두마에 포함될 수 없었다. 점차 그들은 그들의 독립과 함께 그들이 생각했던 것보다 더 많은 것을 내주게 되었음을 알게 되었다.

16세기에 이르러 대공의 지위는 크게 강화되었다. 그리고 보야르들의 지위는 공들의 강제 의무와 보야르들의 전통적인 이탈의 자유 상실을 통해 대단히 악화되었다. 그리하여 대공들은 류리크 왕족의 전통적인 권리를 부인하는 두마에 대한 초기 해석으로 기울게 되었다. 권력으로부터 배제된 자들이 다른 곳에서 일할 것이라는 두려움 없이 대공은 그들을 선발할 수 있었고, 메스트니체스트보는 그 구성원을 결정토록 허용되지 않았다. 이반 3세는 고위 두마 직책에 있어서 공들에 대한 선호를 보이긴 했지만, 총 구성원에 있어서는 하위 계층인 '오콜리니치'의 비율을 증대시켰다. 반면에 바실리 3세는 이 비율을 감소시켰고, 두마를 10인으로부터 15인으로 늘렸으며, 그 규모는 이반 4세의 유년기 동안 유지되었다.

이반 4세는 점진적으로, 그러나 단호하게 그 규모와 성격에 있어 두마를 변화시켰다. 그의 재위중 그 구성원의 40퍼센트가 공들이었으나, 이반은 그들이 종복 공들임과, 모든 등급에 차별없이 '라브', 즉 노예라는 말이 적용되며, 한층 더 낮아진 유사어 '콜로프'라는 말이 적용된다는 점을 강조했다. 그는 1564년 47명에 달할 때까지 그 수를 늘렸고, 그리하여 그는 개별 성원들의 능력과 그룹의 친밀성을 삭감시켰다. 그는 더 나아가 1553년부터는 공이나 보야르 출신이 아닌 사람들을 충원함으로써 귀족정치의 제도적 기구로서 가졌던 두마의 응집력을 침식하였다. 대부분의 행정 관리들은 '지야키'였는데, 이들은 출신에 의한 권리를 갖지 않은, 오로지 이반에 의해 발탁된 낮은 신분의 관리들이었다. 이반은 그들에게서 보야르들에게서보다 안전함과 덜 의심스러움을 느꼈다. 재판의 독립성은 더욱 일상화되었고, 보야르들은 이반에게 더욱 반감을 갖게 되었으며, 그리하여 하나님에 책임있는 전제군주로서의 그의 지위에 의문을 갖게 되었다. 1564년 그는 관리들로 구성된 '두므이 드보라네'라는 제 3의 두마를 창설하였다. 그러나 그는 그들로 하여금 귀족 계급을 압도하도록 허용하지는 않았다.[43)]

그 옛날 베체처럼 보야르 두마는 대표성의 원리를 구현하지 않았다. 그러나 베체와는 달리, 그것은 대공 부재시 업무를 위탁했을 때를 제외하고는 의사결정 기구가 아니었다. 대공이 모스크바를 떠나 있었을 때, 두마는 "군주의 지시에 따라 보야르들은 결정하였다. …"라는 행동 규준을 정해 놓고 있었다. 간혹 그러한 결정들은 대공에 의해 사후에 재가되었고, 때로는 그의 승인 없이 법전에 올려지기도 했다. 대공 주재시 그 규준은 "군주가 지시하고, 보야르들이 결정하였다. …"라는 것이었다. 1550년의 법전(제 98조) 속에서 새로운 법률들은 오로지 "군주의 공표와 모든 보야르들의 결의에 의해" 발효됨을 나타내고 있었다. 이 속에서 세르게예비치는 어린 이반을 단순한 보

---

43) 당시 두마 내에는 33명의 보야르들과 9명의 '오콜리니치'가 있었던 반면, 그들은 단지 5명에 불과하였다.

야르 두마의 의장으로 만들려는 기도를 보았고, 이반의 서한 속에서 어떤 부분은 그가 그러한 기도가 있었다고 생각했던 것을 보여주고 있다고 보았다. 한편 지야코노프는 1550년 이전의 예와, 이와 같은 규준이 사용되었던 이반 통치 후반으로 볼 때, 그것은 특별한 의미를 갖는 것이 아니라고 결론지었다. 어쨌든 이반의 통치기에도 두마의 보야르들은 일상적으로 조언자 역할과 섭정자들로서 입법과 정책결정 과정에 참여했음을 나타낸다. 그러나 그러한 참여의 기반이 명확히 형성되었던 것은 아니었고, 따라서 그것에 대한 견해의 다양성은 충분히 가능하다 하겠다.

정부에 대한 개인적인 통치가 가능하게 된 16세의 이반은 1550년 부활절 아침에 붉은 광장에서 성직자와 귀족들의 집회가 개최됨을 알렸다. 첫번째 젬스키 소보르로 알려진 이 집회에 참여하게 된 모스크바의 많은 평범한 시민들에게 이 모임은 관심을 끌기에 충분했다. 이 집회에 대해 많은 것이 알려져 있지는 않지만, 이반은 수좌대주교의 도움을 요청하고, 보야르들의 실정을 비난하면서, 국민들에게 구약 스타일로 "짐은 그대들에게 재판관과 수호자가 될 것이다. 짐은 부정을 척결하고, 부패한 약탈자들을 응징할 것이다"라고 약속했던 것으로 알려지고 있다.

그러나 이반은 그것이 귀족내 응집적 세력이라기보다는 분열적이라는 것을 잘 알고 있었기 때문에, 메스트니체스트보나 보야르들에 대해 전쟁을 선포하지는 않았다. 그는 평화와 단결을 호소하였다. 요셉파에 의해 주도된 익년의 종교회의에서, 이제는 자율적인 모스크바 교회가 그리스의 교회법에서 벗어났을 때임에도 불구하고, 단일성은 유지되었다. 상대적으로 평온했던 10년동안 평민 출신의 두 사람, 알렉세이 아다쉐프와 사제 실베스트르[44]가 이반의 최측근 조력자였다.

이 새 기구 젬스키 소보르는 1566년 이반에 의해 또다시 소집되었는데, 앞으로 살펴 보겠지만, 이 기구는 일정한 생존력을 갖게 되었다. 그것은 모스크바에서 정부의 점증하는 중앙집권화를 반영하였고, 보야르 두마로부터의 자유로움에 대한 열망뿐 아니라, 다수의 관리들에 대한 짜리의 의존성을 반영한 것이었다. 소보르는 대의체는 아니었지만, 관리들의 중요한 회의체였다. 관리들은 몇몇 구성원들이 상인이나 지방 귀족들의 연합체로부터 선출되긴 했지만, 대부분 개별적인 초대에 의해 모였다. 그들은 짜리에게 충언하였고, 짜리로부터 그들의 행정적 능력에 따른 지침을 받았다. 그러나 성직자와 귀족들과는 별도로 경제적, 재정적으로 중요한 상인들만이 포함되었고, 이들은 단지 몇몇 도시들로부터만이 왔다. 회의는 일정한 기간이나, 독립적인 지위, 혹은 어떤 확정된 권한을 갖고 있지 않았다. 클류체프스키는 그것을 이렇게 묘사하고 있다. "16세기 모스크바의 사상은 국민이 대표자를 지명할 수 있는 아무런 권리를 갖지 못하였다. 그것은 이미 모스크바에 어떤 목적을 위한 전통적이고 적절한 권위, 말하자면 신탁된 정부와 그 대리인이라는 하나님으로부터 부여된 권위가 존재하고 있었기 때문이었다." 그러나 젬스키 소보르는 다른 어떤 기구보다 광범위한 기초를 가지고 있었기 때문에, 간혹 국민적인 것으로 운위되어 왔다.

이러한 제도와, 교회와 세속 법률의 새로운 편찬 말고도, 이반은 모스크바 공국에 인쇄기를 들여왔고, 국가의 근대화를 위한 다른 여러 시도들을 벌였다. 모스크바 공국의 정책이 유럽의 세속적 사상과 기술의 가치에 대한 각성으로 형성되기 시작한 것은 그의 재위중의 일이었다. 이러한 각성은 이반의 서방 주변국들이 모스크바 공국에 대한 첫번째 방위선은 모스크바 공국의 후진성에 놓여 있다는 인식과, 그러므로 그들이 모스크바 공국의 군사력을 강화시킬 수 있는 물자의 공급을 거부했던 것과 일치하고 있었다. 1547년경 이반은 일단의 서유럽 기술자들과 학자들을 모스크바로 초빙하려 했다. 독일인 슐

---

44) 실베스트르는 대중적 교훈서 『도모스트로이』의 저자로 알려지고 있다.

리테(Schlitte)와 120여명의 기술자, 학자들이 뤼벡 지방에 모여들었다. 그러나 근대화된 모스크바 대공국을 두려워한 이 한자(Hansa) 도시는 슐리테를 체포하고, 그의 군대를 해산시켰다. 그는 석방되어 그 사업을 계속했지만 허사였다. 이러한 길이 막히자 이반은 좀더 강력한 수단을 강구하였다. 리보니아 기사단(Livonian knights)에 대한 그의 공격은 뾰트르 대제가 달성했던 '서유럽으로의 창' 발트해를 열려는데 목적이 있었다.

어떤 면에서 그렇게 그는 서유럽을 향해 움직였지만, 그의 중요한 정책 가운데 하나는 당시 서유럽에서는 대부분 폐기했던 봉건주의를 확장시키는 역사상 후퇴의 길을 가고 있었다. 1556년의 법령으로 그는 토지의 다과에 따른 귀족의 직책을 규정하였다. 그렇게 함으로써 그는 임무가 자의적이었던 보트치느이 소유자들과, 그들의 토지가 항상 업무에 따라 조건지어졌던 '뽀메스찌야'와 '코르믈레니야' 소유자들 사이의 구별을 없애려 했다. 전통적인 '자유 공복들'의 몰락은 법률적으로 완결되게 되었다. 짜리에 대한 봉헌은 전 귀족 계급에게 의무적인 것이 되었다. 그리고 이것은 봉건적 의무로부터 해방된 에너지가 서유럽을 유례없는 기술적, 과학적 발전으로 이끌고 있었던 바로 그때였다. 앞으로 살펴보겠지만, 한 세기 안에 영주를 바꿀 수 있는 농민의 자유라는 잔존 자취마저 없어지게 되었고, 강제적 충성이 모스크바 공국 사회의 상층부로부터 맨아래에 이르기까지 보편적인 것이 되었다.

이러한 전개 과정에서 부분적으로 훗날 러시아인의 정치적 삶의 몇가지 중요한 성격을 추적할 수 있을 것이다. 모든 계층의 사람들이 조정, 후에는 공직에 들어갈 수 있다는 기대는, 근무의 비효율과 함께, 능력이 부족한 많은 사람들이 정부에 존재함을 의미했다. 그러나 보다 중요한 것은, 정부 밖의 자유로운 능력인들의 부재가 경제적, 문화적 분야에서 개인의 창조성을 방해했다는 것이다. 짜리에 대한 충성은 순종을 야기하고, 공직 채널을 협소화시키는, 주관적이고 개인적인 기반 위에 공직 충원을 처하게 했다. 그래서 국가의 광대한 지역과 폭넓은 다양성에도 불구하고, 그리고 지방 정부를 개선시키려는 이반과 후에 예카쩨리나의 노력에도 불구하고, 행정은 중앙집권화된 채 남아 있었고, 지방 자치는 실질적으로 방해받고 있었다. 군사적 복무에 기초한 관료주의는 많은 가정에 삶의 방식이 되었고, 모든 공적인 문제에 반응할 수 있는 단 하나의 패턴이 되었다.

1560년에 있었던 이반의 첫째 부인의 죽음은 그의 통치에 전환점이 되었다. 그는 그의 최측근 조력자들이 그녀의 죽음에 관련이 있는 것으로 의심하게 되었다. 아다쉐프와 실베스트르는 유배되었다. 이반의 공격적 성격, 충언에 대한 혐오, 오랫동안 쌓인 적대감 등이 이제 표출되었다. 어떤 사람은 그가 정신적 균형을 상실하였고, 무고한 살인자로 빠져들었다고 믿게 된다. 또다른 이들은 그의 즉위전 보야르들과의 경험, 1550년 젬스키 소보르에서의 그들에 대한 비판, 그리고 1553년 이반의 와병중 그들의 모반, 그들중 다수가 그의 어린 아들에 대한 충성에 반대를 보였던 때를 상기하고, 그의 전반적인 통치는 계급으로서 그들에 대한 공격이었다고 믿는다. 또한 마르크스주의 역사학자들은 그들의 약탈자에 대항한 하층 계급의 지지자로서 그를 평가하고 있기도 하다.[45]

그의 드라마틱한 성격과 함께, 이반이 귀족 정치가들에게 공공연한 혐오감을 나타냈던 것은 사실이다. 그리고 그의 통치기간 내내 괄목할만한 일관성을 보인 것 또한 사실이다. 그러나 그의 정책이 보야르 계급의 분쇄에 목적이 있었는지, 혹은 그들의 영향력 제거에 있었는지는 분명치 않다. 그가 처형했던 수천명 가운데 보야르들의 이름은 많지 않다. 사실 보야르들은 행정적으로 그에게 필요했다. 그러나 형제간 평등이라는 우젤리 심리는 그의 의심많고 광포한 성격과 더불

---

45) 옛 소련의 대표적인 마르크스주의 역사학자 뽀크로프스키(M. N. Poklovskii)는 이반의 오쁘리츠니나가 상인 등 하층계급의 성장에 큰 도움을 주었다고 평가하였다. M. N. Poklovskii, Russia in World History, (ed.) Roman Szporluk (Ann Arbor: The University of Michigan Press, 1970), pp. 70-71 참조.

어, 전반적인 이반의 정부 이론과도 갈등 속에 있었다. 더구나 그것은 사적인 보트치나로서 대공 권력이라는 개념과 갈등 속에 있었다. 이러한 심리는 특히 쿠르프스키와 같이 류리크 왕족의 연장 가문에서 유래한 공들과(모스크바 가문은 원래 연하 가문이었다), 슈이스키와 같이 한때는 똑같이 대공 권력을 가졌던 다른 우젤리의 모스크바에 의한 통합에 분개했던 공들 사이에서 생존하고 있었다. 이반이 그의 가장 가까운 친척을 포함하여 모두를 복종케 함으로써 근절하기로 마음먹은 것은 바로 이러한 심리였다. 그러한 종속은 왕의 뜻에 효과적으로 저항할 수 있을만한 권력의 독립적인 기반의 제거라는 바실리 2세에 의해 시작된 과업의 완성을 요청하였다. 그의 선조들이 목표로 했듯이, 모스크바 공국은 그의 개인적인 전유물이어야만 했다. 이반은 심지어 전통적인 토지소유자의 규준을 채택하여, 그것을 모두에게 적용했다. "우리는 우리의 종들(콜로삐이)에게 보상할 자유가 있다. 그리고 또한 그들을 벌할 자유도 있다." 귀족 정치의 기초는 몇몇 공들이 그들의 우젤르이와 보트치느이에서 보유했던 토지의 소유가 아니라, 왕정에 대한 복무여야만 했다.

이러한 목적으로 그는 '오쁘리츠니나'라는 것을 생각해 냈다. 천명(뒤에는 5천명)의 이 기마대는 안장에다 개의 머리와 빗자루를 묶은 채, 수도승 차림을 하고 있었다. 그들은 이반의 무자비한 명령을 그대로 수행했다. 그들의 도움을 받아 그는 그의 할아버지가 그랬던 것처럼, 이전의 토지 소유자들을 새로운 땅으로 아무곳에나 이전시킴으로써, 모스크바 공국 토지의 거의 절반을 다시 배분하였다. 이러한 방법으로 그는 그들의 경제적 지위를 약화시키고, 개인적인 추종자들을 감소시키며, 그리고 그들의 과거와의 연결고리를 차단하면서, 많은 보야르들을 그들의 전통적인 물적 기초로부터 몰아내었다. 그래서 국가는 전통적인 관리들과 새로운 오쁘리츠니나라는 두 개의 분리된 행정 기구가 불가피해진 두 부분으로 나뉘게 되었다. 새로운 기구에서 그 직무는 메스트니체스트보에 덜 종속적이었고, 이반은 좀

더 자유롭게 '하층 인물들'을 기용하게 되었다. 그러나 오쁘리츠니나는 계급으로서 보야르들에 맞선 것은 아니었다. 복종을 선택한 자들은 그들의 지위와 토지를 유지할 수 있도록 했다. 12년여에 걸친 오쁘리츠니나의 약탈 후, 이반은 그것에 싫증을 느꼈고, 다시 두 기구를 합쳤다. 그러나 모든 보야르들은 복종 가운데서 엄중한 교훈을 감내해야만 하였다.

절대적 권위에 대한 이반의 주장에 보야르들은 복종이냐, 도망이냐, 혹은 죽음이냐의 세가지 선택이 있었다. 자유 이탈이라는 전통적인 권리의 약화는 이미 언급한 바 있다. 법률적으로 그 권리는 남아 있었지만, 이반 시기 우젤리 시절 있었던 것처럼 우애적 연대에 의해 뭉쳤던 루시의 독립적 부분은 없었다. 자유 이탈의 실질적인 기초는 사라졌던 것이다. 모든 우젤르이가 합쳐진 것은 아니었다. 얼마간 리투아니아와 폴란드에 남아 있긴 했지만, 이것은 어떤 의미에서 전통적인 우젤르이가 결코 있어본 적이 없는 외국이었다. 그러나 이곳에서조차 한때 조약에 의해 전통적인 이탈 체계(departure system)에 포함된 적이 있었다. 그리고 다수의 보야르들은 이반에 굴복하기보다는 모스크바를 떠나려 했다. 몇몇은 그러한 기도로 목숨을 잃기도 하였다.

도망쳤던 인물들 가운데 가장 잘 알려진 사람이 안드레이 쿠르프스키였다. 그는 연장 류리크 왕족 가운데 한사람으로 한때 이반의 절친한 친구이기도 했고, 1564년 군사적 패배로 짜리의 분노를 일으키기 전까지는 이반의 훌륭한 조력자였다. 폴란드와 리투아니아의 국왕 지기스문트 아우구스투스(Sigismund Augustus)에게 훌륭히 영접된 쿠르프스키는 그곳에서 이반과 신랄한 논쟁을 벌였고, 『모스크바 대공의 역사』를 집필하였다. 이반의 답신과 더불어, 이 저작물들은 비록 체계적인 사상을 나타내지는 못했지만, 귀족 정치와 전제 정치라는 두 위상에 대한 가장 훌륭한 진술을 구성하고 있다.

쿠르프스키의 저작 속에서 기대처럼 '이탈의 권리'에 대한 방어를 발견할 수는 없다. 그는 변명 없이 이러한 태도를 취하였다. 대신 공의 의무에 대한 유기라는 점에서 이반을 공격하고 있다. 쿠르프스키는 소르스키 학파의 학생이었고, 그것의 엄격한 도덕성을 적용하는 경향이 있었다. 그는 관습적인 권리에 따라 행동했음직 하지만, 언제나 의무라는 말을 사용하였다. 이반은 보야르들의 조언을 받아들여야 하고, 현명한 판단을 내려야 하며, 전통적인 재산 소유를 존중해야 할 의무를 갖는 것이었다.

이러한 인식 뒤에는 이성의 힘과 가치에 대한 깊은 신뢰가 담겨져 있다. 그리고 특히 집단적 사고와 협조자의 조언에 대한 신뢰, 심지어 "성스러운 천사들은 조언과 지혜로서 다스려진다"라는 깊은 신뢰감을 엿볼 수 있다. 소르스키처럼 쿠르프스키는 인간 영혼은 하나님의 가장 훌륭한 선물중의 하나이며, 이승과 저승의 구원을 위한 도구라고 믿었다. 이반에게 보낸 편지 가운데 하나에서, 키케로에 대한 긴 번역을 보낸 다음, 그는 이렇게 충고하였다.

오 짜리여, 주의깊게 보시오. 이교 철학자들은 자연법에 따라 놀라운 지혜로 그러한 진리와 이해를 얻었습니다. … 그리하여 이러한 이성으로 하나님은 그들에게 전 우주를 지배하도록 하였습니다. 그러나 우리는 자신을 크리스챤으로 부르고 있고, 율법학자와 바리새인들의 진리를 얻을 뿐 아니라, 자연법에 의해 살아가는 사람들의 진리도 얻습니다. 오 슬픈 일입니다. 크리스트의 심판에 우리가 어떤 대답을 할 수 있을지? 그리고 무엇으로 우리 자신을 정당화할 수 있을지?[46]

자연 이성과 더불어, 구약과 신약의 성서를 가지고 그것을 사용하는 것은 크리스챤들의 의무였던 것이다. 쿠르프스키는 전제주의라는

---

46) The Correspondence between Prince A. M. Kurbsky and Tsar Ivan Ⅳ of Russia, 1564-1579, ed. and trans. J. L. I. Fennell (Cambridge, 1955), p. 229. Anderson, Russian Political Thought, p. 92 에서 재인용.

이반의 새로운 사상을 그의 자의적인 의지의 지배로 짜리의 합리적인 능력이 포기되는 것으로 보았다. 이러한 과도한 방종으로 세가지 해로운 결과가 나타났다. 첫째, 짜리는 다른 사람들로부터 조언받기를 거부하게 되었고, 그러므로 그 자신의 제한된 능력에 따라 현명치 못한 행동을 취하게 되었다. 둘째, 조언을 무시하고 행동하는 이반의 의심많은 성격은 그로 하여금 '이스라엘의 강고함'을 파괴하고, 그들의 자산을 몰수케 했다. 이와 관련하여 쿠르프스키는 언제나 단순히 귀족 정치가들이 아닌, 조언자와 장군들, 국가 종복들을 말하고 있었다. 그리고 세번째, 이반의 태도는 '부끄러움 없이 진실을 말하는' 그러한 사람들로부터 그를 격리시켰고, '가장 나쁜 기생충과 아첨꾼들'의 먹이가 되도록 내버려 두었다는 것이다. 그리하여 그와 그의 신민은 자기강화와 자기영속적 오류의 희생자가 되었던 것이다.

그러한 제안에 대해 이반은 경멸적으로 답하였다. "그 자신이 다스리지 못한다면, 그러한 사람이 어찌 전제 군주라 불릴 수 있겠는가?" 쿠르프스키와 같이 그는 이성에 대한 깊은 신뢰를 가지고 있었지만, 그것은 언제나 다른 사람의 것이 아닌 자기 자신의 것이었다. 전제주의는 제약뿐만 아니라, 충고의 부재를 필요로 한다고 그는 주장하였다.

우리는 크리스트의 충만의 시기(즉 33년)에 다다랐다. 그리고 하나님과 가장 순결한 성모님과 모든 성인들의 자비와는 별개로, 인간들로부터 아무런 가르침을 필요로 하지 않는다. 그것은 많은 사람들을 다스릴 때, 다른 사람들의 이해를 구한다는 것은 적절치 않기 때문이다.[47]

그는 조언자들과의 협력이라는 쿠르프스키의 사상을 그룹에 의한 통치라고 비웃었다.

---

47) Fennell, Correspondence between Kurbsky and Ivan, pp. 153-155. Anderson, Russian Political Thought, pp. 92-93에서 재인용.

그러면 다수의 통치를 보라. 그들이 한 사람의 권위 아래 있지 않으면, 그것은 여인들의 어리석음과 같을 것이다. 한 여인이 그녀의 마음을 정할 수 없는 것처럼-그녀는 한때는 이런 길을, 다른 때는 저런 길을 찾는다-그것은 왕국의 다수 통치가 그러하다. 한 사람은 이것을 원하고, 다른 사람은 저것을 원한다. 그렇기 때문에 다수의 열망과 마음은 여인들의 어리석음과 같은 것이다.[48]

그때 이반은 처음부터 쿠르프스키의 왕권 찬탈 음모를 꾸짖고 있었다. "그대는 사제(실베스트르)와 더불어 나는 말뿐인 군주가 되어야 하고, 실제로는 그대와 사제가 주권자가 되어야 한다고 말하였다. 이러한 이유로 모든 일들이 벌어진 것이다." 그는 이러한 증거를 1550년의 법전 98조에서 발견했다고 주장하였다. 그것은 그로부터 권력을 빼앗아 "왕국의 명성을 위해 오로지 (보야르 두마의) 의장으로서만이 영예를 갖도록 할 것을" 기도하고 있었다고 말했다. 훗날 동료들에 의한 이러한 배신을 발견하자, 이반은 아무도 신뢰하지 않고, 그의 전제권을 주장하기로 결심했던 것이다.

쿠르프스키는 음모라는 이반의 비난을 반박하는 것조차 경멸하였다. 대신 그는 前주교 바시안 토쁘르코프가 분격시킨 뱀같은 말들 속에서 이반의 변화된 모습을 설명하고 있었다. 이반은 바시안에게 이렇게 물었다. "어떻게 하면 잘 다스릴 수 있으며, 위대하고 강력한 사람에 대한 복종을 이끌어낼 수 있겠는가?" "그대가 전제 군주가 되려면, 그대는 누구보다 훌륭하기 때문에, 그대보다 현명한 단 한사람도 없어야 합니다. 그래야 그대는 그대의 왕국에서 확고해질 수 있고, 그대의 손 안에 모든 것을 둘 수 있습니다. 그대 곁에 그대보다 현명한 자들이 있다면, 필연적으로 그대는 그들에게 복종해야만 할 것입니다"라고 바시안은 응답했다. 쿠르프스키가 밝힌 답변은 "짜리

---

48) Fennell, op.cit., p. 61. Anderson, *Russian Political Thought*, p. 93에서 재인용.

자신은 머리와 같아야 하고, 그의 현명한 조언자들을 수족같이 사랑해야만" 하는 것이었다. 이것은 '의장'보다 이반에게 합치되는 것이었다.

베르센-베클레미쉐프보다는 덜 보수적이었지만 쿠르프스키는 중앙정부의 견해에서 협력 통치라는 전통적인 우젤리 개념을 반영하고 있었다. 그러나 그 자신의 영역을 지배하는 태도에 있어서는 전제주의적이어서, 신하들을 판단하는데 있어 독립성을 강조하고 있었다. 보다 큰 전제군주에 반대하는 작은 군주의 이러한 일관성의 부재는 전제주의에 대한 전반적인 반대가 아니라, 현명치 못한 전제주의를 반대한 것으로, 정치 사상가로서 쿠르프스키의 취약성을 나타낸다고 말할 수 있을 것이다. 그러나 그만이 그러한 취약성에 있었던 것은 아니라는 점에서, 그것은 부분적으로 이반 반대 진영의 실패에 기인한다고 할 수 있다.

쿠르프스키는 과거를 대변한 단순한 시대착오자는 아니었다. 오히려 그는 전통적인 관습과 새로운 문제들 사이의 타협점, 좀더 진보된 귀족정 형태 속에서의 타협점을 표현하고자 했던 것이다. 그는 아다쉐프와 실베스트르와 같은 '하층 인물들'을 지지하였고, 이반의 팽창하는 제국은 신분과는 무관한 유능한 인물들을 필요로 한다는 것을 인식하면서 신분제(메스트니체스트보)를 극복하려고 하였다. 그는 그의 표현대로 '인민의 대표들'이 포함된 젬스키 소보르의 수립에 열정을 가지고 있었던 것으로 보인다. 아마도 현실적으로 그는 다른 어느곳보다 귀족에 대한 보다 광범위한 권한을 고려했던 것으로 보인다. 그는 또한 1550년의 법전을 보야르 두마와의 협의라는 전통적인 패턴에 대한 이반의 정식 수용으로 생각했고, 아마도 그것을 관습의 법률적 권리로의 전환으로 생각했던 것 같다. 그러나 그의 생각으로 제98조가 짜리의 결정에 대한 두마의 비토를 위한 규정이라든지, 더구나 이반이 주장하듯, 그것이 짜리를 의장 역할로 축소하려 했던 것으로는 생각하지 않았다.

쿠르프스키는 짜리의 권력은 하나님으로부터 나온다고 생각했고, 이반 자신이 그랬듯이 하나님의 법률에 따라 통치하는 것은 짜리의 의무라는 주장을 계속 견지하였다. 그는 두마가 아닌 짜리가 정치체의 '머리'라고 보았다. 더구나 그는 시대가 변했음과 일정한 제도의 개편이 필요함을 인식하고 있었다. 이반이 계속적으로 유럽으로부터의 고립을 청산하려고 했던 것처럼, 쿠르프스키는 유형중에도 집필과 번역 활동을 통해 모스크바 공국에 계몽 사상과 서유럽 문화를 소개하려고 하였다. 이전 친구들 사이에 존재한 견해의 넓은 간극은 그들을 등돌리게 한, 보다 날카로운 대립으로 이끌게 되었던 것이다. 쿠르프스키와 이반은 모스크바에 닥친 변화에 해결책을 제공하였다. 쿠르프스키에 의해 전개된 귀족 정치의 해결책은 이반의 것과는 사뭇 다른 것이었다. 그는 공화정, 정부의 정치적 본질, 전통의 중요성, 그리고 가용 지적 자산의 적절한 사용을 강조하였다. 반면 이반은 그의 개인적 영역, 그 자신의 무제한적 절대권, 그리고 그의 신하들의 절대적인 복종이라는 적절한 태도를 통하여 모스크바 공국의 사적인 측면을 강조했던 것이다. 쿠르프스키의 위상에 대한 조심스런 평가는 귀족 정치의 발전만이 러시아 정부에 가능한 유일한 해결책이 아니었음을 나타낸다.

제 9장 류리크 왕조에서 로마노프 왕조로

장자를 죽이고, 둘째 표도르에게 기대를 갖지 않았던 이반은 두마에 후계자를 선택하도록 요청했다. 누구도 감히 나서려 하거나, 표도르를 제외한 어느 누구를 내세우지도 않았기 때문에, 이반은 그를 지명했다. 바실리 1세에 의해 시작되고, 그의 선친의 유언으로 강화되었던 장자에 의한 상속이라는 관행은 표도르의 정신적 결핍을 상쇄하기에는 충분한 것이었지만, 필경 그에게 왕위 계승에 대한 충분한 정당성을 제공하기에는 불충분한 것이었으리라. 그리하여 이반이 죽은 후 세번째 젬스키 소보르가 소집되어, 상속권, 짜리의 유언, 선출, 그리고 신의 뜻이라는 모든 의미가 포함된 그의 정당성을 확인하였다.

그러나 실질적 권력은 이반의 총신 보야르 보리스 고두노프의 손에 쥐어졌다.[49] 보리스 정부와, 이반이 남긴 유산의 징표로서 당시 영국의 특사였던 질리스 플레처(Giles Fletcher)가 남긴 표현은 상당히 예리한 것이었다. 1588년 새로운 짜리의 등극을 축하하기 위해 모스크바를 방문한 그는 이렇게 썼다.

---

49) 고두노프는 14세기 모스크바 공국에 편입된 타타르 귀족 출신이었던 것으로 보인다(그러나 이러한 전통적인 견해에는 논쟁의 여지가 있다). 1580년 이반은 보리스의 누이를 아내로 맞아들였다. 그리고 이반은 그가 죽기 바로 전 보리스와 (이반 첫째 부인과 남매간이며, 훗날 짜리 미하일 로마노프의 할아버지였던) 니키타 로마노비치가 포함된 다섯명의 측근으로 표도르를 위한 협의체를 구성하였다. 니키타는 다음해 그냥 죽었고, 나머지는 보리스의 계략으로 제거되었다. 그리고 보리스는 그의 누이의 도움으로 짜리를 조종할 수 있게 되었다.

정부의 관례는 터키풍을 많이 닮았다. 그들은 그 국가를 모방한 것처럼 보인다. 그리고 그것은 정치 문제에 있어 그들 능력의 한계를 남기게 될 것이다. 국가와 그들 정부의 형태는 모든 것이 왕의 뜻에 따라 이루어지듯 완전히 폭압적이다. 그리고 그것은 아주 공공연하고 야만적인 관례에 따라 이루어지고 있다.

국내의 이러한 절망적 상황은 대다수의 국민들에게 어떤 외국에 대한 침략을 기원케 한다. 그들은 그것이 그러한 폭압적 정부의 무거운 멍에로부터 벗어날 수 있는 유일한 수단이라고 생각한다.[50]

그러나 불가사의한 인물 보리스는 세계에서 가장 큰 종을 주조케 했다. 종은 그 옛날 베체 시대부터 자유의 상징이었다. 그는 대규모로 외국인 학자를 초빙하고, 국가의 젊은이들을 유학케 함에 있어 뾰트르 대제를 100년 앞서고 있었다. 그러나 이와 동시에 그는 주인을 바꿀 수 있는 농민들의 전통적인 권리를 법률로 제한함으로써 농노제도의 확립에도 일조하였다.

종교적인 측면에서 고두노프는 수좌대주교직을 총대주교직으로 승격시킴으로써 모스크바의 미래에 중요성을 갖는 오랜 숙원의 해결에 지도력을 발휘했다. 모스크바가 제 3로마가 되었으므로, 사실상의 독립뿐 아니라, 법률적으로도 독립할 필요가 있었다. 정교 총대주교와의 지리한 교섭 끝에 보리스와 표도르는 콘스탄티노플 총대주교 예레미야의 방문을 받아들였다. 회교 군주와의 어려움에 처해 있던 그는 1588년 모스크바를 방문하는 것이 좋겠다고 생각했다. 처음에 그들은 그의 자리를 크리스찬 땅으로 옮길 것을 설득했다. 그러나 의심많은 보리스는 그가 모스크바에 영구히 있도록 하지 않았고, 대신 옛 수도 블라지미르에 거처하도록 했다. 예레미야가 이러한 지방으로의 좌천을 거부하자 그들은 그로 하여금 새로운 총대주교직을 창

---

50) Giles Fletcher, Of the Russe Common Wealth (1591), passim. Anderson, Russian Political Thought, pp. 96-97와 L. Kochan & R. Abraham, The Making of Modern Russia (London: Macmillan, 1983), pp. 53-59 등에서 발췌하여 재인용.

설하도록 요청 혹은 명령했다. 여기에 그는 동의했다. 재위중의 수좌 대주교 욥이 하나님의 '허락', 짜리의 '뜻', 그리고 예레미야의 '축복'으로 선출되었고, 그에 적당한 의식과 함께 승급되었다. 이 의식에서 십자 홀장은 예레미야가 아닌 표도르에 의해 욥에게 넘겨졌다. 이것은 당시 모스크바에 퍼져 있던 세속권의 우위를 나타내는 상징이었다.

예레미야가 보리스로부터 벗어나 콘스탄티노플로 돌아왔을 때, 그는 모스크바에서 있었던 일을 확인하기 위해 종교회의를 소집했다. 이 종교회의는 승인과 함께, "새로 창설된 모스크바의 총대주교 욥이 총대주교로 불림을 종교회의는 선포한다. 그리고 다른 총대주교를 고려하여, 그의 지위와 찬양을 예루살렘 총대주교 다음으로 한다(말하자면 그것은 맨마지막이었다). 그리고 그는 다른 총대주교들과 마찬가지로 콘스탄티노플의 사도적 직위를 우두머리(아르콘; 나찰로)로 대우하고 간주해야 한다"는 서한을 발송하였다. 이에 대해 (총대주교가 아닌) 짜리는 이렇게 회답했다.

가장 성스러운 하나님의 사도, 정교 율법의 지도자이신 예레미야님께 이곳 종교회의는 그대가 첫째로 지명되어야 하고 … 그리고 그대 다음으로는 알렉산드리아 총대주교, 그리고 그 다음은 우리의 방대한 영토의 수도 모스크바의 총대주교, 그리고 그 뒤로 안티오크와 예루살렘 총대주교들이 지명되어야 함을 결정하였습니다.[51]

그렇게 예레미야는 완전한 합의를 이룰 수도 없었고, 모스크바의 지위를 수용하기 위해 다른 총대주교들을 흔들 수도 없었던 것으로 나타나고 있다. 어떠한 경우든 모스크바 측은 오래전부터 사실상 독립되어 있었기 때문에, 그들은 콘스탄티노플 종교회의와 다투는데

---

51) A. N. Murav' ev, A History of the Church of Russia, trans. R. W. Blackmore (Oxford, 1842), pp. 338-339. Anderson, Russian Political Thought, pp. 97-98에서 재인용.

망설이지 않았다. 그러나 그들은 콘스탄티노플과의 불화를 원치 않았다. 짜리는 이미 정치적 우위를 확보하고 있었고, 법률상 교회의 독립을 보호하는데 주도권을 가짐으로써 외부의 지원을 차단할 수 있었다. 그리하여 교회를 전보다 더 세속 권력에 의존하도록 만들었다.

1598년 표도르의 죽음과 함께 류리크 왕조는 종말을 고하게 되었다. 그러나 젬스키 소보르에 의한 표도르의 추대라는 선례는 일찍이 이러한 어려움의 해결에 어떤 방법을 제시하고 있었다. 그리고 실질적인 권력과 함께, 이반과 표도르의 말년에 보리스 고두노프가 점하고 있었던 지위는 그로 하여금 소보르 내에서 지도적인 후보자가 되게끔 하였다. 그러나 그렇게 간단한 문제는 아니었다. 표도르의 재위 초기에 억눌렸던 보야르의 시기심과 야심이 새롭게 타올랐다. 이반에게 먹혀들었던 보리스의 무모한 행태는 보야르들에게는 불쾌한 것이었다. 그리고 그의 출세는 메스트니체스트보 사고방식에 대한 중대한 침해였다. 그는 소보르를 매수한 것으로 기소되었고, 표도르의 이복형제 드미트리를 살해함으로써 왕좌에 오르려 했다는 소문도 퍼졌다. 다른 한편으로 잔존 류리크 왕족은 단합되어 있지 않았고, 강력한 로마노프 일파에 맞서 있었다. 총대주교 욥은 10년전 자신의 승급을 떠올리며 보리스 편에 섰고, 표도르가 제거하려 했던 황후(보리스의 여동생)는 소보르에 대신 보리스를 천거했다. 그의 선출과 계속적인 권력 장악은 적어도 당시 진행중이었던 냉혹한 권력투쟁에서 일정한 휴지기를 가져 왔다. 1605년까지 그가 왕권을 장악할 수 있었던 것은 순전히 그의 능력에 따른 것이었다.

보리스의 통치를 뒤이어 '동란시대'로 알려진 시기가 계속된다. 이 시기는 왕권을 위한 투쟁, 이반 4세 때 잃어버린 지위를 회복하려는 보야르들의 노력, 그리고 왕정 업무에서 중요성을 갖게 된 '하층 관리들'의 기득권 방어 노력 등으로 특징지어진다. 이 기간이 영국의 시민 전쟁에 견줄만한 정치적 문헌을 내지는 못했다. 출판 전통과 광범위한 공공 출판 모두 부족했다. 쟁점은 날카롭게 차별화되지 않았

다. 투쟁은 정책만큼이나 인물 중심적이었다. 그러나 공적인 자료 몇
몇은 당시의 사상적 추세를 나타내고 있다. 이반의 전제정치 하에서
오랫동안 잠수해 있었던 전통적인 정의와 소유의 개념이 짜리 바실
리 슈이스키에게 강요된 대관식 맹세 속에서 다시 나타나고 있었다
(1606).

나, 위대한 군주는 법정에서 보야르들과 함께 협의함 없이 어떠한 사람도
사형에 처하지 않는다. 그리고 그들이 그와 동조하지 않았다면, 그의 보트치
나, 가옥, 또는 동산 등을 그의 형제들이나 아내, 혹은 자식들로부터 몰수하지
않는다. 그리고 상인과 무역업 종사자들 또한, 재판과 조사 후에 사형에 처해
짐이 마땅하다 하더라도, 그들이 공모하지 않았다면, 그의 아내와 자식들로
부터 가옥이나 상점, 혹은 상품 등을 몰수하지 않는다.[52]

공정한 재판의 약속이 포함되어 있긴 하지만 표현되고 있지 않은,
상인들에 대한 특별한 언급은, 첫번째 구절의 '어떠한 사람'이 단지
귀족들에게만 해당되었음을 나타낸다. 보야르들 견해의 보다 포괄적
이고 명확한 표현은 폴란드의 왕 지기스문트(Sigismund)의 아들을 짜
리로 선출하기 위한 교섭에서 보야르들에 의해 작성된 1610년의 조
약문에 잘 나타나고 있었다. 그것은 짜리에게 두마가 찬성하지 않는
어떠한 일도 할 수 없도록 하여, 쿠르프스키가 의도한 바 있었고, 그
보다 한층 더 나아간 것이라고 할 수 있는, 의무적인 협의를 규정하
고 있었다. 다른 여타의 제약들 가운데서 보야르들은 이렇게 강조하
고 있었다.

그리고 지기스문트의 아들 블라지슬라프 공이 러시아 국가의 군주가 될
때, 그는 모스크바와 전 모스크바 공국의 모든 도시와 마을에 있는 성스러운

---

52) Sobranie gosudarstvennykh gramot i dogovorov, Ⅱ (Moskow, 1819), pp. 299-300. Anderson,
   Russian Political Thought, p. 99에서 재인용.

교회를 이전 관습에 따라 존중하고 보살펴야 한다.

그리고 주교들, 사제들, 그리고 다른 성직자들, 그리고 모든 정교 크리스찬들은 이전처럼 그리스 법률의 정교 신앙 속에 있어야 한다. … 그러나 수도 모스크바에는 왕과 함께 폴란드와 리투아니아인들을 위한 하나의 로마 교회가 있을 수 있다. 그리고 범죄에 대한 수사와 모든 보야르들과의 협의 없이, 그 누구도 처벌될 수 없고, 명예를 박탈당할 수 없으며, 투옥되지 않으며, 뽀메스쪄야, 보트치느이, 그리고 가옥 등이 몰수될 수 없다.그리고 군주가 행하는 모든 것에 있어, 그는 보야르들과 전체 두마의 결의(쁘리가보르)와 협의에 의거할 것이다. 그리고 협의와 결의 없이 그러한 사안들을 종결해서는 안된다. … 군주는 이전의 군주 때와 마찬가지로 이전처럼 국세를 징수하도록 명령할 수 있다. 그리고 이전의 관행을 넘어서, 그는 보야르들과의 협의 없이 아무것도 덧붙일 수 없다.[53]

그러나 젬스키 소보르에 대해서는 아무런 규정도 없었다. 그러한 점에서 보야르들은 그들의 단견을 나타내고 있었던 것이다.

한가지 확신은 있었다. 그것은 새 짜리는 이반 그로즈니가 행사했던 무제한적 권력을 가져서는 안된다는 것이었다. 60여년의 전통 속에서 젬스키 소보르 역시 그것이 합의할 수 있을 때는, 짜리를 선출할 수 있을 뿐만 아니라, 그 권리의 조건들을 규정할 수 있는 충분한 능력을 갖게 되었다. 특히 중요한 경쟁자들 간의 교착상태가 미하일 로마노프의 선출을 가져왔을 때, 이것은 충분히 가능한 것으로 나타났다. 그러면 과연 어떠한 조건들이 미하일에게 부과되었을까. 우리는 그것을 알 수 없다. 어떤 것이 강요되었는지 확실치 않다. 그것은 아마도 여러 이유 때문에 자료가 공식 문서로 나오지 않은 것 같다. 그러한 가운데 미하일 통치의 실질적인 수단이 나온 것 같고, 그 가운데 특이한 것은 총대주교와 젬스키 소보르, 하층 귀족의 기구가 모

---

53) Sobranie gosudarstvennykh gramot i dogovorov, Ⅱ, pp. 393-396. Anderson, Russian Political Thought, pp. 99-100에서 재인용.

두 정부에 참여했다는 것이다.

총대주교 필라레트는 짜리 미하일의 정신적 대부였을 뿐만 아니라, 실질적인 스승이기도 했다. 그리고 그는 보리스 고두노프가 왕권 경쟁자로서 그를 제거할 목적으로 수도원으로 몰아넣은 적이 있었던 강력한 개성의 소유자이기도 했다. 1619년 총대주교가 된 필라레트는 짜리와 마찬가지로 '위대한 군주'로 불렸다. 1633년 그가 죽을 때까지 짜리보다는 오히려 그가 실질적인 통치자였다.[54] 비잔틴의 심포니아 정신이 밀접한 협력 속에서 이루어진 적은 없었지만, 그러나 그것은 어디까지나 정식적이고 이론적인 관계라기보다는 개인적이고 실질적인 것이었다. 오로지 또다른 그러한 인물, 즉 니콘 총대주교가 후에 그러한 관계를 하나로 합치려 했을 때만이 이론적인 함의는 중요성을 가질 수 있었다.

젬스키 소보르의 위상에 대해서는 좀더 충분한 분석이 필요할 것 같다. 왜냐하면 미하일의 재위중 그것은 계속해서 회의를 개최했기 때문이다. 소보르와의 협의 없이는 아무런 중요한 결정도 이루어지지 않았다. 이것은 모스크바 공국이 의회적 정부를 건설했던 것에 가장 근접해 있었다.[55] 그러나 17세기 이전 영국에는 왕의 요청에 따라 소집되는 정규적인 의회가 있었다면, 모스크바에서는 젬스키 소보르가 이러한 정규적 지위를 확보하고 있지 않았기 때문에 아직 '의회'라고 하기에는 무리가 따른다.

소보르는 의견을 나타내고, 짜리를 선출하고, 지방 혹은 중앙의 행정담당자로서 그들이 수행할 훈령을 받기 위해 함께 모인 관리들로 대부분 구성되어 있었음은 앞서 지적해 둔 바 있다. 비록 이전보다 귀족정의 요소가 상당부분 퇴색되기는 했지만, 이러한 모습들은 17

---

54) J. L. H. Keep, "The Regime of Filaret (1619-1633)," Slavonic and East European Review, ⅩⅩ ⅩⅧ (June 1960), pp. 334-360을 참조할 것.

55) 유럽의 의회에 조응하여 사용되었던 '소브라니예' 대신, 종교적 함의를 가진 '소보르'라는 용어를 선택했던 것은, 처음부터 그것이 서유럽 제도와의 구별이 의도되어 있었음을 나타낸다.

세기 소보르에서 기본적으로 바뀌지 않은 채 남아 있었다. 이 행정 기구에는 얼마간은 서유럽의 의회와 유사하고, 또 얼마간은 모스크바 공국에 특수한 요소가 있었음을 염두에 두어야 한다.

첫째, 젬스키 소보르에는 짜리에 독립적인 어떠한 계급도 실질적으로 없었다. "각 계급은 국가를 수호하거나, 그것을 위해 일한다는 의무감 아래 있었다. 사령관, 군사, 그리고 노동자들은 있었지만, 시민들은 없었다"고 클류체프스키는 말한다. 모스크바 공국 전체의 소유자(보트치니크)로서 이반 4세는 어느정도 독립적이었던 우젤르이와 보트치느이로서의 여타 토지소유권을 효과적으로 박멸했기 때문에, 귀족의 특권은 이제 한층 더 그들의 토지가 아니라, 그들의 국가 봉직에 기초하게 되었다. 하급 귀족의 이해는 어떤 독립적인 소유권의 복구에 맞서면서 이러한 국가 봉직이라는 요청을 보전하는데 있었다.

정당화로서의 국가 봉직과 함께, 이전의 자유 농민들은 아직 법률화되지는 않았지만 사실상 그들 영주들에게 속박되어 있었다. 도시의 상인들은 짜리의 재정 담당자들이었고, 국가에 의존적이었던 성직자들은 실질적인 의미에서 국가 봉직을 강요당하고 있었다. 결과적으로 자신의 뜻을 관철시킬 수 있는 독자적인 힘에 필요한 경제적 기초가 없었고, 그러한 의지를 체계적으로 대변하려는 요구가 부재했으며, 그리고 소보르 내 적정한 구성원이라는 견지에서, 혹은 정식적인 투표 기제의 방법에 대한 요구도 없었다. 짜리는 회의체의 뜻이 아니라, 그것의 의견을 참조할 뿐이었다. 그것이 선출 기구로서 활동했을 때조차, 그것은 이러한 성격을 바꿀 수 없었다.

둘째, 소보르의 의견을 들음에 있어 짜리는 대중적 견해가 아닌, 최선의 지혜를 찾으려 하고 있었다. 그리고 이러한 정치적 고려는 그 구성원의 면면에 영향을 주었다. 결정되어야 할 사안이나 문제들이 의견이 찾아질 수 있는 집단을 결정했다. 이러한 이유로 많은 종류의 소보르들이 열렸다. 군사적 혹은 종교적 문제에 대한 고려에서 상인들이 배제될 수 있었다. 다른 한편으로 때로는 별개의 상인들만의 소보르가 상업적 문제들을 다루기 위해 개최되었다. 고위 성직자들은 종교적인 문제들을 결정하기 위해 소보르에 모였고, 사실 그들의 성서에 대한 특별한 지식과 더불어, 神的인 영감에 대한 그들 능력에 대한 기대는 성직자들을 어떤 회의에서건 늘 필요한 구성원으로 만들었다. 한 번은 군사적인 결정을 위해 소집되기도 했다. 보야르들 역시 그들의 지혜를 존중받았고, 1551년 스토글라프 종교회의의 예에서 보듯이, 때로는 교회 소보르에 참가하기도 했다. 불행히도 지방 귀족들은 거리상의 어려움이나 다른 이유로 말미암아 제외되기도 했다. 그러나 지방민 부재 속의 회합은 젬스키 소보르로 받아들여지지 않았다. 그러므로 '젬스키'라는 말은, 적어도 17세기에 있어서는, 모든 층의 관리들이 포함되고, 다소간 모스크바 이외의 지역에서 와야만 하는, 그 회의의 주제가 일반적인 의미와 필요가 있었을 때만 사용된 필수적인 성격의 형용사였다. 그리하여 동란시대부터 현명한 결정에 대한 추구는 국가의 먼 부분들이 참가해야 한다는, 결코 잘 정의되지 않은 신념에 의해 조건지어졌던 것이다. 확실히 그것은 전 계층과 지역이 모든 주제에 대해 의견을 개진할 수 있다는 생각은 아니었다. 오히려 그것은 좋은 의견은 특수한 분야에서 경험을 갖춘 사람들로부터 나오고, 먼 지방의 견해는 색다르고 쓸만할 것이라는 생각이었다. 때로 소보르 내 그룹들은 필요한 자격의 부족을 내세우면서 어떤 문제에 대한 견해를 밝히기를 거부하기도 했다. 다른 한편으로 의견이 소수에 속한다고 해서 취소되지도 않았다. 때로는 개인 단독으로 짜리에게 개별적인 견해를 밝히기도 하였다.

셋째, 젬스키 소보르는 각 지방이나 각 계급, 혹은 국민 각 계층의 이해가 아니라, 중앙 정부의 목적을 위한 기구였다. 확실히 청원은 흔히 대리인들을 통해 이루어졌으나, 이러한 것들은 짜리가 부과한 문제와 동떨어진 어떤 전반적인 토론, 조사, 혹은 조언의 기초를 형성시키지 않았다. 지방 공동체는 그 회의를 그들의 가용 수단, 그리고 필요하거나 요망되는 대의체로 간주하기는 커녕, 자주 대리인 파견을 회피하려 했다. 모스크바 공국의 대표자들은 의무를 면제키 위해 회의에 참석했던 것이지, 어떤 권리를 행사하기 위해 온 것이 아니었다.

넷째, 소보르 구성원의 중요한 특징은 소보르의 충언을 들은 뒤 짜리에 의해서 결정된 결의사항을 수행한다는 그들의 개인적이고 집단적인 책임감이었다. 집회 막바지에 이러한 결의사항을 지지하는 맹세가 있었고, 관리와 공적인 충복으로서 구성원들은 각자의 위치로 돌아가 그것을 수행했다. 이러한 특징으로부터 몇가지 결과가 전개되었다. 1) 회의중 의견의 다양성은 나타날 수 있었지만, 마지막 결론은 짜리의 결정이었고, 불만은 반역을 뜻했기 때문에, 불찬성이란 가능할 수가 없었다. 2) 소보르의 결정을 수행할 수 있는 자리에 있는 사람들만이 초청되었거나, 혹은 구성원으로서의 자격을 가질 수 있었다. 3) 역으로 소보르에 참가할 대표들을 선발하는 자치 그룹들은 점차 그들의 귀환을 행정 관리들로서 받아들이는데 동의했다. 그러므로 선거는 대체적으로 필요치 않았다. 이미 공직에 있던 사람들이 단순히 참가하고 있었다. 4) 지혜의 소유자들과 정부 관리들에 대한 정부의 동일시는 어떤 의견의 타당성과 심지어는 정당성에 대한 부인도 관리들에게서 나오지 않는 것을 본래적인 것으로 하였고, 그것은 점차 공개적인 것이 되었다.

이러한 특징들을 염두에 둔다면, 젬스키 소보르가 영구적인 의회로 발전할 수 없었던 것에 놀라지 않을 것이다. 너무나 많은 환경과 너무나 많은 전통적인 개념들이 그것의 발전을 가로막았다. 그렇지만 그것의 행적과 태만 모두를 포함한 젬스키 소보르의 행태는 그것의 쇠퇴를 초래한 모스크바 공국 정치사상의 여러 측면을 나타내고 있었다. 그것은 세습적인 왕정의 복구를 모색하였고, 아마도 법률이 아닌 도덕에 의해서 힘을 억제했던 것 같다. 내적인 응집력과, 어떤 점에서는 짜리의 그것과 분리된 어떤 목적의 결핍 가운데서, 소보르는 전제정치의 성격을 바꾸기보다는 그것의 위신을 되살리는 역할을 했던 것이다.

미하일이 선출되었을 때, 젬스키 소보르는 이미 표도르, 보리스 고두노프, 바실리 슈이스키, 그리고 폴란드인 블라지슬라프를 선출한 바 있었다. 그러나 동란시대의 유혈과 무정부 상태는 선출의 정례화를 방해했다. 젬스키 소보르는 그것을 짜리 선출 기구로 만들려고 하기는 커녕, 과거 상태로의 복귀를 기도하면서, 미하일의 선출을 과거 왕조 마지막 짜리의 사촌임을 강조하며 정당화했고, 그와 그의 자손들에게 충성의 맹세를 거행했다. 그것은 슈이스키 때 짜리의 권력에 제한을 가했던 것과 같은 대관식 선언의 공개를 주장하지도 않았고, 어떤 유사한 입헌적 조치도 요구하지 않았다. 후손들에게 그것은 단지 잦은 소보르라는 전통을 남겼을 뿐, 훗날 힘을 얻을 수 있는 영국의 마그나 카르타(Magna Carta)와 같은 법률적 업적을 남기지는 못했다.

선출된 왕에게 후기 류리크 왕들이 그랬던 것처럼 보트치나로서의 모스크바 공국이라는 주장을 지속하기란 쉬운 일이 아니었다. 그래서 이러한 주장은 자취를 감추었다. 한편 소보르는 토지에 대한 짜리의 관계를 뒤엎으려 하지 않았다. 모스크바에 모인 관리들은 그들 왕의 지위나 권한을 재규정한다는 관점에서라기보다는 동료 관리들에 대한 자신들 지위의 개선이라는 관점에서 사고했다. 그래서 어떤 역사학자는 젬스키 소보르의 쇠퇴를 그들의 영향력을 지방 관리들과 나누어 갖기를 싫어한 두마 보야르들의 계략 때문인 것으로 보았다. 어쨌든 미하일은 1645년에 죽었고, 그는 권력을 유언에 의해 승계하려고 하지 않았다. 모든 문제들은 소보르의 손으로 넘겨졌고, 소보르는 의무감을 가진 채, 16세의 그의 아들 알렉세이를 선출했다. 알렉세이 역시 추정 상속인으로서 그의 장자 표도르를 공식적으로 내비치기는 했지만, 왕위의 유증을 삼가고 있었다. 그러나 로마노프 짜리 3대에 이르러 뾰트르는 이반 3세의 '내가 원하는 자에게 왕권을 주겠다'는 방식을 확고히 하였다. 그러나 그 때에도, 젬스키 소보르는 없어졌지만, 뾰트르는 상당한 정당화가 필요하다고 생각하고 있었다.

아마도 소보르의 가장 결정적인 실수는 알렉세이 선출 때 어떤 제한 혹은 면제 헌장을 작성하는 것에 실패한 데 있는 것 같다. 동란시대의 망령은 사라졌고, 젬스키 소보르는 많은 경험을 축적했으며, 새 짜리는 아직 어렸기 때문에 그러한 계획은 상대적으로 쉽게 달성될 수 있었다. 훗날 슬라브주의자들이 주장하듯, 모스크바 공국은 그들의 사상을 로마가 아니라 비잔틴의 통합적이고 조화로운 패턴으로부터 가져왔기 때문에 법률적이지 않았다는 설명은 적절치 않다. 그때 그들은 공들간 조약에서부터 영주와 경작 농민간의 계약에 이르기까지 모든 것에 정식 문서를 사용하고 있었다. 열쇠는 두마의 보야르들과 젬스키 소보르의 다른 구성원들 사이의 관계 속에 있었다. 그 속에서 우리는 고위 귀족 정치가들의 오만뿐 아니라, 정책결정자의 행정에 대한 무시, 궁정 신하들의 관료들에 대한 경멸 등을 감지할 수 있다. 보야르들은 폴란드의 블라지슬라프를 왕좌에 앉히려는 기도의 실패후 잇따른 위신의 실추에서 서서히 벗어나고 있었다. 그래서 1645년 짜리의 권력에 대한 어떤 정식적인 제한은 두마가 아니라 젬스키 소보르에서 생겨나게 되었고, 젬스키 소보르를 통해 그들은 정책 결정에 계속 참여하게 되었다. 그들은 자신들의 뜻대로 전제정치에 대한 제한을 확보할 수는 없었지만, 그것을 막을 충분한 힘은 가지고 있었다. 전통의 무게와, 확신에 의해서건 굴종에 의해서건 적극적으로 전제군주를 도왔던 사람들의 무게는 이러한 결과를 가져왔다. 그러나 그것은 동시에 상호 질시와 분열의 교착상태로 말미암은 것이었다. 이반에 의해서, 그리고 또다시 보리스에 의해서 억압되고, 그리고 동란시대로 더욱 약해진 보야르들은 쿠르프스키와 우젤리 시기의 협력적 지배라는 이상을 완화했고, 짜리에 대한 비타협적 태도를 상실했으며, 그리고 그에 대한 영향력을 통해 보좌 기능으로부터 하위 계층을 배제하는 길을 모색하였다. 한 세기 후 안나의 승계시 전제정치를 제한할 수 있는 또다른 확실한 기회에, 더욱 공개적이고

치열했던 고위 귀족과 하위 귀족간 비슷한 갈등은 또다시 전제군주
를 보호하게 되었다.

제 10장 짜리와 총대주교

신흥 정치세력들이 왕에 대항해 한 곳으로 결집했던 당시의 영국과는 대조적으로, 모스크바 공국에서는 알렉세이 하에서 다양한 정치세력들이 짜리의 지지를 확보하기 위해 노력했다. 그것은 짜리로 하여금 자신의 이해득실에 따라 그들의 상이한 이해관계를 이용할 수 있도록 했다. 전제주의는 당연한 것으로 받아들여졌고, 정치 투쟁은 세속 귀족과 고위 성직자들간, 그리고 고위 공직자와 하위 공직자들간의 보다 낮은 수준에서 진행되었다. 전제 군주와 보야르들 모두 권력의 성장을 맛보고 있었지만, 그러나 하층 귀족들이 정부 내에서 계속해서 중요한 역할을 담당하고 있었음에도 불구하고, 젬스키 소보르는 소집되고 있지 않았다. 알렉세이 재위 초기 8년 동안 다섯 차례의 젬스키 소보르 집회가 열렸지만, 나머지 23년 동안은 한 차례도 없었다. 두마는 고두노프 때와 비교하여 그 규모에서 두배가 되었고, 그리하여 그것은 지혜의 보고로서 성장하게 되었으며, 젬스키 소보르로부터 상대의 힘을 흡수하게 되었다. 짜리와 보야르들간의 잠정 협정이 이루어졌다. 짜리는 그들을 조언자들로 받아들였고, 흔히 그들의 충고에 따랐다. 그들은 짜리가 소보르 없이 왕정을 수행하도록 독려했고, 그것은 전제주의를 가속화시켰다.

짜리와 보야르들간 새롭게 규정된 협력의 초기 결과들중 하나가 1649년의 『울로제니예』라는 러시아에 일찍이 없었던 가장 포괄적인 법전의 편찬이었다. 이 법전에서 교회법은 부분적으로 계속해서 시민법 속으로 통합되고 있었고, 모스크바 공국의 선례와 마찬가지로 다른 나라들로부터 차용한 전통적인 규칙들이 계속해서 새로운 법률이라는 실제적인 입법조치보다 선호되고 있었다. 그러나 울로제니예는 대체로 보야르들의 이해를 반영하고 교회의 영향력을 줄이는 다수의 새로운 법률들을 포함하고 있었다. 성직자의 왕정에의 참여는 분명한 것이었다. 그리고 그들은 모든 보야르들과 오콜리니치[56] 와 더불어, 비준 협의체에서 다른 계층의 '선발된' 대표들(물론 자유 농민과 농노들은 배제되었다)과 함께 자리했다. 그러나 성직자들의 영향력은 점차 쇠퇴하고 있었다. 마찬가지로 세속적인 하위 계층도 보야르들의 '보고'를 그대로 받아들였다.

법전의 다른 부분에서는 '공평한 정의와 재판'에 의해 신분과 지위에 따른 권리와 의무의 차별적인 규정이 침해받지 않도록 규정해 놓았으며, 새로운 법률적 경향은 포함되지 않았다. 각각의 신분은 똑같이 관습적인 지위와 편익이 주어졌으며, 각각의 신분 내에서만 개인들은 공평하게 대우받고 있었다.

농민들에게는 농노라는 표현이 적절한 것이었다. 이 법전에 의해 그들은 법률적으로 그들의 영주를 바꿀 수 있는 어떠한 권리도 상실하게 되었다. 몽골의 조사로 시작되었던 이전의 토지에 대한 자유경작자라는 제도는 그렇게 결말이 났고, 그것은 젬스키 소보르에 의해 승인되었다. 그러나 러시아의 농노제도는 유럽의 농노제도와는 다른 것이었다. 러시아의 농노는 아메리카의 노예와 같이 토지 없이 팔릴 수 있었다. 그러므로 농노는 토지가 아니라 영주 개인에 속한 것이었다고 말하는 것이 좀더 정확한 것이다. 그렇게 농노는 영주의 토지를 사용한 대가로 속박된 것이 아니었다. 이반 4세 시대의 격변과 더불어, 코르믈레니예와 뽀메스찌예라는 소유 체계하에서의 잠정적 소유

---

56) '오콜리니치'는 보야르 바로 다음 등급이었다.

라는 오랜 경험은 농민들에게 영주가 실질적으로 토지를 소유한 것은 아니라는 사실을 각인시켰다. 클류체프스키에 의해 인용된 16세기부터의 농민 격언은 이것을 잘 나타내고 있다. "대지는 우리가 점유하지만, 그러나 그것은 짜리에게 속하는 것이다." 토지는 짜리에게 속하는 것이기 때문에 농노들 마음 속에서 노역은 짜리를 제외한 누구에게도 토지 사용의 대가로 지불될 수는 없는 것이었다. 영주에게 토지의 사용이 부여된 것처럼, 노역은 영주가 짜리를 보좌하는 동안 그를 지원하기 위해 그에게 부여된 것이었다. 그러므로 농노제도는 농민의 견지에서는 귀족의 국가 봉직과 밀접하게 연계되어 있는 것이었다.

1649년의 법전을 통해 성취된 보야르들의 또다른 목표는 교회가 오랫동안 누려왔던 특권과 면제권을 제한하는 것이었다. 구원으로 인도되는 것으로 생각되어 노년에 수도원에 입적하는 유행 현상은, 그러한 수도승과 수녀들이 남긴 재산에 대한 성직자들의 관할권 행사와 맞물리면서, 중세 유럽에 비교될 정도로 종교적인 부문에 있어 엄청난 재산의 축적을 가져왔을 뿐만 아니라, 이러한 노년의 신자들이 남긴 재산의 세속적 상속인들 사이의 분배에 있어 교회의 간섭을 자극하는 결과를 초래하였다. 이러한 교회 재산의 증가는 또한 그곳 거주 농민들에 대한 교회 통제를 가져왔고, 세속 납세자, 보야르 소작인, 그리고 군사적 충원의 명부에서 그들을 제외시키는 결과를 초래했다. 소르스키와 볼로쯔키 사이의 논쟁후 150여년 동안 더욱 첨예해진 이러한 복합적인 문제에 당면하여 보야르들과 알렉세이는 두가지 측면에서 공격을 가했다.

첫번째로, 새로운 세속적 기구가 전래의 교회 관할 문제를 심의하기 위해 창설되었다(제 13장 1조).

짜리이시며 전 러시아의 대공이신 알렉세이 미하일로비치 폐하는 (세속적, 상업적 계층의) 청원에 따라 이제부터 수도원 담당부서가 별도로 조직될 것이며, 청구인들이 수좌대주교, 대주교, 주교, 그들의 관리와 종복들, 하급 보야르와 그들의 농노들, 수도승, 수도원장, 수도원 물자 관리인, 교구 수도승과 수도원 종복과 농노들, 사제와 교구 관리들에 대해 불만을 나타내는 모든 경우 수도원 담당부서에 의해 처리될 것임을 명하였다.[57]

이러한 새로운 조치로 총대주교와 그의 직속 종복들은 부분적으로 제외되었지만, 모든 종교 기구와 하급 성직자들이 포함되었다.

두번째로, 1573년 이래 별 효과 없이 계속 금했던, 총대주교를 포함한 교회나, 혹은 그 어떤 관리들에 대한 토지의 양여가 재차 금지되었고, 법률은 강제 환수 조항을 통해 이것을 보강하였다(제 17장 42조). 기부자의 친척들은 미하일의 몇몇 양보 조항에도 불구하고, 기왕의 법률에 따라 그러한 재산을 되찾을 수 있었다. 만약 친척들이 되찾으려 하지 않았을 때는 "보트치나는 군주 소유가 되었고, 울로제니예에 따라 짜리 재정에서 체트베르찌(약 1.35에이커)당 1.5루블을 수도원에 현금으로 제공하고 국가에 귀속시켰다. 그러나 수도원은 부동산을 소유할 수 없었다." 더 나아가 총대주교, 수좌대주교, 대주교, 주교들은 "저당으로서 사거나 받는 것이 금지되었고, 봉직의 대가로 수여받았거나 사서 유증된 보트치나를 수도원이 소유하는 것을 금하였다. 그리고 어떠한 경우든 누구의 영혼을 위해 기도한다는 약조로 그것을 받을 수 없었다. 그러한 보트치나는 총대주교, 수좌대주교, 대주교, 혹은 주교의 이름으로 토지부에 등록될 수 없으며, 보트치나 소유자는 그것을 수도원에 기부할 수 없었다." [58] 토지는 팔릴 수 있었고, 그래서 교회에 대한 기부는 아직도 유효했다. 그러나 자본이 광범위하게 축적되지 않았던 나라 안에서 이러한 새로운 법률은 사실상 교회에 대한 부의 유입을 감소시켰다. 이러한 새로운 제한 수립 과정

---

57) Anderson, Russian Political Thought, p. 109.
58) Vernadsky, A Source Book for Russian History from Early Times to 1917, pp. 223-228 참조.

에의 성직자들의 참여와 그것의 수용은 한 세기 반에 걸친 요셉파 노선의 결과로서 나타났던 그들 영향력의 쇠퇴를 알리는 것이었다. 볼로쯔키의 종속은 그의 방어와 교회법의 사용보다도 더 많은 것을 배웠던 것이다.

마치 이러한 세속법 제정의 도전을 조우하려고나 한 듯이, 이때 러시아의 교회는 니콘으로 잘 알려진 니키타 미닌(1605-1681)이라는 아주 뛰어난 정치적 수완가를 배출했다. 니즈니-노브고로드 근교에서 농민으로 태어난 그는 발군의 능력과 인내심으로 종교 교육을 받았고, 비상한 영감을 가졌다는 평판을 받았다. 그리고 38세에 이르러서는 이미 한 수도원의 책임자가 되어 있었다. 1646년에 그는 젊은 짜리 알렉세이를 알현한 적이 있었는데, 그에게 그는 아주 깊은 인상을 심어 주었다. 그 짜리의 도움으로 니콘은 불과 6년 안에 노브고로드 수좌대주교를 거쳐 총대주교에까지 오르게 되었다.

알렉세이를 가장 만족시킨 것 가운데 하나는 그가 후원하고 있었던 교회 개혁 운동에서의 니콘의 탁월한 지도 능력이었다. 그들은 여기에 긴밀한 합의점를 가지고 있었다. 수세기에 걸친 학문의 결핍으로 많은 오류들이 러시아 교회의 종교서적과 교회의식 속에 스며들어 있었다. 이러한 오류에 대해 그리스인 막심의 노력과 같은 결정적인 교정 노력이 있었지만, 이것은 니콘 전의 총대주교 필라레트의 보수성과 무기력으로 인해 지지부진되고 있었다. 니콘은 이러한 상황을 바꾸려 했고, 그리하여 일단의 학자들을 불러들였다. 니콘의 목적은 사도들과 초기 교부들의 연구를 통해 도덕적, 정신적 순수성을 북돋고, 종교서적들의 출판을 장려하기 위한 것이었다. 그러나 그는 다른 고문들과 마찬가지로 서유럽 종파의 교리가 혼합되는 것을 우려하고 있었다. 그러나 알렉세이 치하 키예프의 문화적 우월성은 그 학자 그룹에 키예프 출신 학자들을 충원케 했고, 그들은 근대적이고, 철학적이며, 심지어는 서유럽적인 종교 사상에 대해 보다 관용적인 태도를 가지고 있었다.

장사제 아바쿰에 의해 지도되었던 그룹의 옛 멤버들에게 플로렌스 연합(Florentine Union)의 오명은 그리스 교회에 아직도 남아 있는 것이었고, 그렇기 때문에 당시의 그리스는 신뢰할 수 없는 것이었다. 그렇지만 옛 그리스 교부들은 러시아 교회를 초기 성인들의 종교적 순수성으로 다시 인도할 수 있는 정신적 등불의 원천이었다. 아바쿰은 이렇게 말하였다.

그대 철학, 변증학, 그리고 수사학에 몰두하는 자들이여, 그대 선조들의 말로를 보라. 이러한 세계에는 영광이 없다. 그들의 과거는 아직도 공기를 더럽히고 있다. 소수의 어부들만이 세상을 거두어 들였다.…신앙심과 소박함의 미덕, 혹은 신성한 지혜는 철학과 수사학, 그리고 외적 지혜보다 우월한 것이다. 자비심을 가진 크리스트 안에서의 소박함은 과장된 자만심의 이성을 교화한다.[59]

다른 한편, 알렉세이와 니콘에게 중요한 것은 계시된 지식의 순수성이었다. 그들은 그것을 다른 정교 교회와의 종교적인 통일성과 동일시하고 있었다. 그들은 또 정교의 정치적 중심으로서의 모스크바의 지위에 상응한 종교 사상에서의 존경이라는 위치를 확보하려고 했다.

이에 대한 합의는 니콘에 대한 짜리의 존경을 더 한층 강화시켰다. 그러나 두 사람의 드러난 목적에는 서로 다른 동기가 숨겨져 있었다. 종교인으로서 알렉세이는 콘스탄티누스와 유스티니아누스의 후계자로서 그의 의무를 잘 수행하려 했고, 전체 교회에 정신적인 조화를 가져다 주려고 했다. 그는 또한 그의 제국 밖으로 영향력을 넓히고, 제 3로마 이론의 메시아주의를 확장하려는 생각을 마음 속에 품고 있었던 것 같다. 한편 성직자로서 니콘은 그러한 조화 속에서 또다른

---

59) Anderson, Russian Political Thought, p. 111에서 재인용.

가능성을 엿볼 수 있었다. 그것은 옛 수좌대주교들이 세속권과의 논쟁시 지원을 이끌어냈던 콘스탄티노플과의 끊어진 고리를 대체할 수 있는 것이었다. 러시아 교회와 다른 정교 교회와의 통일성이 이루어지고, 지속된다면, 짜리는 그러한 통일성을 저해하지 않거나, 혹은 그의 정치 권력 뒤에 자리한 고위성직자들의 승인을 얻지 않고는 교회의 지위를 약화시킬 수 없는 것이었다.

니콘은 알렉세이로부터 별다른 어려움을 느끼지 않았다. 알렉세이에 대한 그의 개인적인 영향력은 그만큼 큰 것이었다. 그러나 짜리에 대한 그의 접근은 그 자체로 모스크바 교회의 권력이 자리했던 것에 대한 그의 경각심을 잘 나타내는 것이다. 그는 교회내 개혁이라는 이상의 실현과, 또한 그가 보야르 정책의 요체로 보았던 교회에 대한 세속적 침해의 교정을 위해 짜리와의 친분에 과도하게 의존하고 있었다. 그러한 친분관계에 따라, 1652년 그는 한차례 솜씨를 발휘했다. 그는 총대주교직 수용을 사절했다. 알렉세이의 계속된 간청에 니콘은 우스뻰스키 사원에서 짜리와 소집된 보야르들과 성직자들 앞에 섰고, 니콘은 총대주교직 수용의 조건을 발표하였다.

가장 신앙심 깊은 짜리와 존경하는 보야르, 그리고 모든 성직자들과 모든 크리스트교도 사람들이여, 우리의 겸손함으로 그대들의 총대주교가 될 수 있는 것이 그대들의 기쁨이라면, 크리스트의 복음 교리와 성 사도와 성부들의 법률, 그리고 경건한 황제들의 법률들을 그대로 두기 위하여, 우리의 주님이시며 구원자이신 예수 크리스트 앞에, 그리고 성스러운 복음 앞에, 그리고 가장 성스러운 성모 앞에, 그리고 하나님의 성스러운 천사들과 모든 성인들 앞에, 이 성스러운 사도적 대사원에서 내게 약속하고, 맹세하시오. 그대들이 또한, 그대들의 웃사람과 목자와 가장 빛나는 교부처럼, 진심으로 우리를 따르기로 약속한다면, 이러한 이유로 말미암아, 그대들의 바람과 그대들의 청원에 하나님의 교리와 법률을 그대들에게 알려야 한다는 모든 점에서, 나는 이러한 커다란 대주교직을 거절할 수 없을 것이오.[60]

모두가 그의 뜻에 경의를 표했던 것은 그의 마력과 같은 힘이었다. 이 발언은 니콘이 교회의 최고책임자로서 개혁의 종교적 개념을 교리와 교회의식의 순결성을 확보하려는 것뿐만 아니라, 교회 이익의 보호에도 사용하려 했음을 명백히 나타내고 있다. 그는 심지어 노브고로드의 수좌대주교로서 그 도시에서 1649년의 법전에 의해 교회로부터 앗아간 몇가지 법률적 권위를 회복하기 위해 짜리를 설득할 수 있었을 정도였다. 이제 그는 종교서적의 출판을 통해 토지에 대한 성직자들의 특권에 방어막을 치려고 했다. 그의 선구자 요셉은 『코름차야 크니가』라는 교회 법전의 출판을 시도한 바 있었다. 이 법전은 이전에 모스크바에서 출판된 적이 없었다. 이것은 이제 니콘 판으로 대체되었다. 여기에는 필라레트 총대주교의 교회의식 소개와 서유럽에서는 이미 오래전 불신되었던 유명한 콘스탄티누스 유법(Donation of Constantine)[61] 에 대한 새로운 번역을 포함한 몇가지 추가적인 자료들이 들어 있었다. 콘스탄티누스 유법에 포함된 성직자의 면제권과 관할권에 대한 강력한 언급은 러시아 교회에 블라지미르의 법령보다도 더 근원적이고 광범위한 지지를 주었다고 니콘은 믿고 있었다.

이제는 알렉세이에 의해 행사되었던 왕권으로부터 초기의 세속적 통치자들에 의해 부여되었다고 할 수 있는 이러한 헌장들은 훗날의 통치자들에 의해 취소될 수 있다는 것을 니콘이 고려치 않았다는 점을 지적해 둘 필요가 있다. 그것들은 통치자들 의지의 강령이라기보다는 하나님 뜻의 그들을 통한 계시였다고 할 수 있다. 그리고 그것들이 더욱 오랫동안 지속될 수 있는 한, 더욱 분명히 그것들은 종교적인 승인을 필요로 하는 것이었다. 그러므로 그에게 그것들의 권위

---

60) "Pis' mo Patriarkha Nikona k Tsaregradskomu Patriarkhu Dionisiiu (1666 god)," in Russkoe arkheologicheskoe obshchestvo (Leningrad), Otdelenie russkoi i slavianskoi arkheologii, Zapiski, Ⅱ (1861), pp. 512-513. Anderson, Russian Political Thought, pp. 111-112에서 재인용.

61) 콘스탄티누스 유법이 교황에 대해 언급했던 것은 틀림없다. 그러나 그리스의 정교를 따라서 모스크바 러시아의 정교는 로마 교회가 그것의 유산을 버렸음에도 불구하고, 콘스탄티누스의 유증이 전체 교회에 해당되었던 것으로 생각하고 있었다.

는 울로제니예의 그것보다 훨씬 더 큰 것이었다.

비슷한 식으로 니콘은 교회법 안에다 황제와 총대주교의 존엄과 권력을 규정한 유스티니아누스 제 6법령, 에클로가(Ecloga) 서문, 에파나고게(Epanagoge)의 여러 부분들을 포함시켰다. 그리고 그는 또 모스크바 총대주교 창설에 대한 여러 자료들을 여기에 포함시키고 있었다. 이 모든 것들은 고전 시대 비잔틴에서 팽배했던 교회와 국가간의 심포니아 사상의 러시아에서의 재생산이라는 그의 비전을 나타내고 있었다.

그러나 이러한 노력에 있어 니콘은 볼로쯔키가 보여주었던 정교함을 缺하고 있었다. 그는 많은 것을 성취했다. 그러나 그것은 거대한 갈등과 파괴를 수반한 것이었다. 보편교회적 강조 속에서 치러진 그의 종교서적과 교회의식에 대한 개혁은, 니콘 진영 학자들 속에서 그 영향이 의심되었던 라틴 이단의 위험보다는 차라리 그들에게 편안했던 옛 오류들을 선호했던 아바쿰과 좀더 민족적인 성직자 진영을 공격했다. 제 3로마 교의는 오래 전부터 순수한 민족교회 방향으로 발전하고 있었다. 니콘은 이러한 추세에 대한 역전을 감행했고, 보편교회적 유대를 강화하기 위해 그 교의를 역동적으로 사용하려 했다. 이렇게 요셉파의 보수주의적, 고립주의적, 의식주의적 경향은 세계적이고 행정적인 경향과 맞닥뜨리게 되었다. 아바쿰도 니콘도 소르스키의 정신적 후계자는 아니었다. 그리고 둘 모두는 관용이라는 미덕을 찾을 수 없었다. 결과는 분열(라스콜)이었고, 그러한 거대한 종교분리는 결코 치유되지 않았다.

아바쿰은 유형에 처해졌고, 후에 1666년 종교회의에 의해 처벌되었다. 이 종교회의는 또한 니콘도 해임 조치했다. 그러나 니콘이 해임된 것은 분리주의를 위한 것이 아니었고, 하물며 개혁주의를 위한 것도 아니었다. 사실 그는 교회 조직 전체로부터 그의 개혁에 지지를 받고 있었다. 세속적 침해로부터 교회를 보호한 것은 그의 노력이었다. 그러나 그는 방어적 자세에서 극히 도전적 태세를 취함으로써 무리하고 있었다. 그는 국가의 행정적, 재정적 필요와, 교회의 전통적인 관할권과 특권 사이에 갈등이 없음을 인정하면서도, 새로운 법률들은 보야르들의 탐욕의 작품으로 보았다. 심포니아에 대한 그의 해석 또한 보야르들을 자극했고, 그들의 적의와 짜리에 대한 영향력은 결국 그를 좌천시켰던 것이다.

짜리 미하일과 짜리의 대부 필라레트의 선례에 따라, 니콘은 알렉세이의 암묵적 동의와 함께 짜리의 칭호 '벨리키 고수다르', 즉 대군주를 상정하고, 그러한 칭호와 더불어 그는 또한 필라레트가 했던 것과 같은 역할을 담당하려 했다. 그는 자신의 행정적 능력과 짜리의 믿음을 세속사에 개입하는데 이용했다. 1655년 간행된 미사 典書 서문에서 그는 계속 '드보이짜' 즉, 한 짝 혹은 이원성으로서 자신을 짜리와 연계시키고 있었다. 이로부터 그는 한 대군주의 부재시 다른 한사람이 두 권력을 행사할 수 있고, 짜리 없이는 물론 성사를 거행할 수 없는 것으로 명확히 추론했다.

그러나 니콘은 심리학자보다는 법률가로서 더 적당할 것이었다. 필라레트가 대군주였던 때 이후로 보야르들은 눈에 띄게 자신감을 회복하고 있었다. 1649년 법전으로 그들은 성직자들의 면제권에서 유래한 국가 내 국가를 영원히 종식시킬 것으로 생각했다. 이제 그들은 짜리를 현혹한 이 득의양양한 한 농부에 의해 망가지고 있는 그들의 작업을 목격하게 되었다. 특히 알렉세이가 군대와 함께 원정에 참가하고 있는 동안, 국가 업무가 니콘의 손에 달리면서, 보야르들에 대한 그의 오만한 태도는 그의 출신이 그들의 귀족주의적 자부심에 주었던 심리적 상처를 더욱 악화시켰다.

보야르들의 반발과 니콘 교회 당국의 강압성을 발견한 몇몇 성직자들의 불만은, 군사적 경험이 알렉세이에게 가져다 준 점증하는 자신감과 맞물리면서, 총대주교에 대한 짜리의 태도에 변화를 몰고 왔다. 1658년 그는 니콘의 영향력을 조용히 축소키로 결심했다. 불편한 관계 후 그는 믿음직한 공 로모다노프스키를 그에게 보내, 더 이상 그가 자신을 '벨리키 고수다르'로 부르지 말 것을 요청했다. "우리는 짜리라는 단 한사람의 대군주만 가질 뿐이다. … 짜리 폐하는 그대를 대부와 목자로서 존경했지만, 그대는 이것을 이해하지 못하였다." 그러나 니콘은 자부심을 가지고 있었다. 그는 총대주교직을 사임하고, 보스크레센스키 수도원으로 들어갔다.

불안정한 상황을 타개하기 위한 마지막 행동을 취하기전 8년 동안, 그는 그곳에서 휴식을 취하면서 자신의 정치철학을 가다듬고 있었다. 그가 쓴 것은 물론 특별한 변론으로 채색된 것이었지만, 그 내용이 전통적인 사상의 흐름에 있어 마지막 극단적인 언명이라는 점에서 중요하다. 이 전통적인 사상의 흐름은 일찍이 수좌대주교 알렉세이에 의해 예시된 바 있었고, 이반 4세에 대한 축복을 거절했던 그의 후계자 필립에게서 다시 볼 수 있는 것이었다. 이들 성직자들은 세속 통치자를 인도하는 교회의 사명을 심각하게 받아들였고, 그 사명의 수행에 있어 독립성을 강조하고 있었다. 보야르들의 유사한 독립적 태도는 이반 노력의 목표물이었다. 이제 그것이 교회 내에서 모색되었을 때, 그것은 전제정치에 대한 또 한번의 파문이었다. 총대주교가 잠재적으로 까다로울 수 있음을 보여준 니콘의 사상과 행동은, 권력에 있어 위험한 참여는 아닐지라도, 결국은 뾰뜨르 1세 하에서 총대주교직의 폐지로 이끌었던 것이다.

니콘은 세속적 침해에 대항해 교회를 방어하려고 했다. 그러나 그러한 일을 도모함에 있어 그는 이노센트 3세의 우월적 지위는 아닐지라도, 그레고리 1세의 성직자 권위를 심포니아 사상 속에서 찾으려는 야심을 드러내었다. 심포니아 사상은 교회와 국가의 분리, 혹은 상호 고립을 뜻하는 것이 결코 아니었다. 세속 정부에서의 경험과 참여 취향을 가졌던 니콘은 교회의 독립에 만족하지 않았다. '드보이짜'라는 여러차례 강조되었던 그의 개념은 이러한 그의 사상에 깊이 뿌리를 두고 있는 것이었다. 그리고 그러는 가운데 그는 그레고리가 나아갔던 것보다 더욱 나아갔던 것이다. 그는 인간의 양면적 본질은 양두 정치(dyarchy)에 의한 통치가 요구되는 것으로 확신했고, 총대주교는 자신의 당연한 몫으로서 세속 권력을 나누어 가져야만 하는 것으로 믿고 있었다. 세속적 영역과 정신적 영역을 구분하는 전통적인 비잔틴 규준을 재차 강조하면서, 그는 이렇게 나아갔다. "그렇지만, 주교는 세속적 판단에서, 그리고 타당한 문제에 있어, 그것의 보다 나은 방향성을 위하여 어떤 권리를 가지고 있다. 그러나 짜리는 교회와 영적인 부분에서 그 무엇도 갖지 않는다."

더구나 니콘은 정신적 영역을 정함에 있어 세속적 기부행위는 하나님 뜻의 표현이라는 사고를 적용하는 경향이 있었다. 교회에 헌정된 재산과 사람들은 하나님께 바쳐진 것이고, 하나님의 뜻에 따라 그것은 세속권에 의해 다시 반환 청구될 수 없는 것이었다. 그래서 교회법 안에 명시된 모든 교회 토지와 관할권은 정신적 영역에 속하는 것이었다. 이에 반하는 어떠한 입법도 불경스런 것이었고, 특히 1649년의 『울로제니예』가 그랬다. 초기 법률들과 교회법들을 수집하면서 니콘은 이 법전이 "모두 새로 쓰여진 것이고, 정교에 낯선 것이며, 성 사도들과 성스러운 교부들의 교회법, 그리고 그리스 정교 황제들의 시민법에도 낯선" 것으로 보았던 것 같다. 이러한 과장된 묘사는 "새로 쓰여진 것"과 "정교에 낯선 것"을 동일시하는 것으로 나타나고 있다. 그리하여 그것은 입법 권력으로서 짜리를 부정하는 것으로 나타나게 되고, 세속적 영역에서조차 어찌됐든 교회법이나 그리스 시민법에서 벗어나는 것은 모두 부정하는 것으로 나타난 것이다.

니콘은 그의 좌천으로 말미암아 짜리와 보야르 조력자들과 함께 상세하고 날카로운 논쟁을 벌였다. 보야르들은 교회에 적당하게 만들어진 기부에 대한 그의 관례적인 해석을 단호히 부인했다. 보야르 지도자들 가운데 한사람이었던 세멘 스트레슈네프는 총대주교 자신의 자료를 이용해 그가 그의 권력을 짜리로부터 부여받았음을 확증하려 했다. "그는(알렉세이는) 콘스탄티누스 대제가 로마 교황 실베스터(Roman Pope Sylvester)에 대한 커다란 존경으로부터 그 교황에게

주었던 것과. 같은 그러한 모든 특권을 그에게 수여하였다." 이것은
물론 하나의 짜리가 또다른 짜리에게 주었던 것은 줄 수도 있고, 다
시 환수할 수도 있음과, 모스크바 공국내 교회의 지위는 교회법에 달
린 것이 아니라, 짜리의 뜻에 달려 있음을 의미했다. 그렇게 보야르들
은 짜리의 권위를 끌어들여 그들 울로제니예의 조항들을 방어했다.
그 법전 자체는 젬스키 소보르의 재가를 받은 것이었지만, 그들은 홀
로 지탱하기에 충분한 힘이 있다고 생각하지 않았다.

　이러한 논의에 대해 총대주교는 경멸적으로 회답하였다.

　그대는 성직자의 최고 권위는 짜리들로부터 받는 것이 아니라, 오히려 통
치자들이 제국에 임명되는 것은 성직자들에 의해서라는 것을 배우지 않았는
가?그러므로 성직자가 왕위보다 더 위대하다는 것은 아주 명백한 것이다.[62]

　성직의 우월성에 대한 이러한 주장은 더욱 상세하게 전개되었다.

　왕권이 하나님으로부터 이 세상에 주어진 것은 사실이다. 그러나 그것은
노여움 속에 주어졌다. ... 그러나 우리들에게, 그 스스로 왕관을 쓰더라도, 그
는 주님이 명령하듯이 주어진 은총의 의무감과 만물에 대한 복종심 아래 있
는 것이다. ... 그러나 그대는 ... 우리를 왕들에게 복종하도록 하려 하고 있
다.[63]

　이러한 길을 따라 니콘은 짜리가 하나님의 율법에 따르지 않는다
면 그를 파문하겠노라고 힘을 과시하기에 이를 때까지 한걸음 한걸
음 더 나아갔다. 보스크레센스키의 담장은 러시아의 현실로부터 니
콘을 더욱 고립시켰다. 그는 그러나 그러한 힘의 행사를 결코 기도하

---

62) The Patriarch and the Tsar, ed. and trans. William Palmer, Ⅰ (London, 1871), pp. 189-190.
　　Anderson, Russian Political Thought, p. 116에서 재인용.
63) Palmer, Patriarch and the Tsar, Ⅰ, pp. 234-238. Anderson, Russian Political Thought, p. 116에서
　　재인용.

지는 않았다.

그러나 이러한 주장과 유사한 것이 5백여년전 로마에서 있었고, 동로마에서도 그러한 주장을 발견할 수 있다. 베드로의 "우리는 사람들보다 하나님께 복종해야 한다"(사도행전 5:29)는 말씀은 콘스탄티노플의 신비한 인물 니콜라스(Nicholas the Mystic of Constantinople) 총대주교에 의해 행해졌다. 예를 들면, 그는 912년에 교황 아나스타시우스 3세(Pope Anastasius Ⅲ)에게 이렇게 썼다. "만일 황제가 악마에 이끌려 하나님의 율법과 배치되는 명령을 내리면, 아무도 그에게 복종할 의무가 없다. … 만일 그가 자신의 감정대로 통치한다면, 어떤 신민들도 율법에 배치되는 행정 조치들에 대항하여, 그리고 심지어는 황제에 대항하여 궐기할 수 있다." 더 나아가 니콜라스는 이러한 교의를 황제 레오 4세에게 적용하였다.

니콘이 자신에 대한 재판을 부인했던 두 번의 지방적 종교회의 끝에, 알렉세이는 마침내 1666년 모스크바와 더불어, 알렉산드리아와 안티오크의 총대주교, 그리고 외국의 또다른 고위 정교 성직자들을 포함한 대 종교회의를 소집했다. 니콘에 대한 기소는 니콘 자신이 이전에 모스크바에 초대한 바 있었고, 전에 팔레스타인 가자(Gaza)의 수좌대주교였던, 달변에 아첨꾼이지만 훌륭한 교육을 받았던 그리스인 파이시우스 리가리데스(Paisius Ligarides)에 의해 이끌려졌다. 니콘에 대한 많은 죄과 가운데 첫 두가지는, 그리고 가장 무거운 것은 "그가 가장 뛰어나고 가장 정교적인 짜리를 네 총대주교에게 보낸 서한 속에서 배교자요 폭군이라고 묘사한 것"과 "그가 가장 훌륭한 보야르 두마 전체를 라틴화되었다고 주장한 것, 그리고 그 자신의 동료들을 중상하면서 … 이단 교의에 빠진 것" 등이었다. 이러한 訴因으로 자신만만한 니콘은 탄핵되었다. 니콘에 대한 탄핵에 있어 종교회의는 교회법에 의거하지 않은 채 영적인 것의 우월성에 대한 어떠한 주장도 부인했을 뿐만 아니라, 짜리에게 그의 세속권적 자유를 각인시킴으로써 정상 궤도를 벗어나고 있었다. 파이시우스는 윤색 없이 유스티니아누스의 105번째 법령을 들었다. "그러나 황제는 우리가 작성한 법률에 구애받지 않는다. 그것은 하나님이 육화된 법률을 그를 통하여 인간에게 내림으로써 그의 통치를 받도록 스스로 법을 창조하셨기 때문이다." 이러저러한 권위로부터 그는 대체적인 찬성과 함께 "그러므로 지상의 왕은 가장 존귀한 자로서 어떤 명문화된 법률에 의해서도 제한받지 않으며, 누구에 의해서도 간섭받지 않는다"는 것으로 나아갔다.

그러나 여기에 두 러시아 수좌대주교가 반대하고 나섰다.

그리고 ... 우리는 보야르들의 많은 잘못을 참으며 지나치고 있지만, 그러나 우리는 국가가 교회보다 우위라는 것이 결정되고 불변의 원리로 될 때, 악이 팽배하고 더욱 나빠질 것이라는 생각에 전율하여 몸서리치게 된다. 그리고 우리는 하나님을 수호하는 매우 행복한 정부와 영광스런 황제, 우리의 군주 알렉세이 미하일로비치의 이러한 가장 행복한 시대에, 어느 정도는 잘못되거나 상처입을 것이라는 것을 우리들 마음 속에서 의심을 갖고 있지는 않지만-전능하신 하나님은 우리가 그러한 생각을 영원히 속이도록 허락지 않으신다-그럼에도 불구하고 우리는 내일을 걱정하게 된다.[64]

그들은 보야르들에 대한 우려를 나타내었지만, 그러나 짜리에 대한 그들의 비굴한 모습은 보야르들의 지지 속에 교회일 속으로의 전제권 확장이 그들 생각의 저변에 자리잡고 있었음을 나타낸다. 그들이 우려했던 국가의 우위는 곧 교회로부터 교회법의 보호막을 벗기게 되었다. 두 주교는 자신들의 견해를 철회했다. 그럼에도 불구하고 그들은 총대주교와 종교회의에 대한 항명과 짜리에 대한 신뢰를 저버렸다는 이유로 종교회의에 의해 징계되었다.

그러나 짜리에 종속적인 종교회의는 니콘의 작업을 중단하지 않았다. 종교회의는 고집센 성직자들을 좌천시켰지만, 그것은 또한 교회

---

64) Palmer, Patriarch and the Tsar, Ⅲ, p. 234. Anderson, Russian Political Thought, p. 117에서 재인용.

에 대한 방어를 지속했다. 두 주교의 항거가 전적으로 무익한 것은 아니었다. 교회법이 세속법과 짜리보다 우위에 있는 것으로 다시 확인되었다. 교회 재산에 대한 면제권이 계속되었고, 교인들에 대한 기소와 재판에의 성직자 참여가 블라지미르 법령의 정신에 따라 다시 확립되었다. 전체적인 결과는 니콘 지위와 보야르 지위간의 타협이었고, 그것은 요셉 볼로쯔키의 전통적인 패턴보다 밀접한 것이었다.

그러므로 알렉세이의 오랜 통치의 끝무렵, 러시아의 전제주의는 류리크 왕조로부터 로마노프 왕조로의 교체가 있었던 동란시대 동안 상실되었던 권력과 지위의 많은 부분을 회복했다고 할 수 있다. 이와는 대조적으로, 보야르와 니콘간, 그리고 이들과 하층 귀족간의 투쟁은 귀족 정치와 교회의 권력을 약화시켰다. 젬스키 소보르는 새 왕조의 창조자로서의 역할에도 불구하고, 훗날 절대권력 소유자들을 당황케 할 수 있는 아무런 자료도 남기지 않은 채 중단되었다. 보야르들은 짜리에 대한 종속적 협력이라는 지위에 만족해 하고 있었다. 그들의 상태는 표면적으로 이반 3세 하의 그것과 유사했다. 그러나 이제는 베르센-베클레미쉐프와 쿠르프스키를 고무시켰던 우젤리 심리로부터 벗어나 있었다. 그들은 알렉세이가 교회에 대한 토지의 기부를 허용했을 때, 그들의 울로제니예를 수호할 수 없었다. 그것은 짜리가 법 위에 위치한다는 원칙을 명백히 확립하는 것이었다. 의회의 우위를 영구히 확립했던 영국과 같은 시기, 모스크바 러시아에서는 짜리의 우위를 다시 강화하고 있었다.

전제주의에 대한 잠재적인 억제의 세번째 원천인 교회는 그것의 관할권을 훌륭히 방어했다. 그러나 실제로 그것은 몇가지 방향에서 기반을 상실했다. 보편교회적 단일성을 추구하면서, 그것은 적대적인 양 진영의 상호간 비방을 통해 위신을 크게 실추시킴으로써, 그것이 보유했던 국민적 단일성마저 상실하게 되었다. 세속 권력에 대항해 무리하게 나섬으로써 그것은 세속사에 있어서의 종속적 지위를 공개적으로 확인시키는 꼴이 되었다. 제 2의 주권자에 의한 도전은 교회 내에서조차 그 첫번째 주권자인 짜리의 우위를 명백히 하는데 도움을 제공했다. 마지막으로, 종교회의를 통한 교회법 해석을 통해 교회는 그것의 개인적인 首長의 중요성을 삭감했다. 그것은 총대주교를 불필요하게 만들었다.

투쟁과 실험의 기간후 나타난 옛 규준의 재규정은 그러나 그것에 대한 일반적인 찬성을 뜻하지는 않았다. 그 영향력을 발휘하는데는 오로지 인간적인 방법만이 요구되는, 두 개의 극단적으로 잠재적이고 혁명적인 세력이 발전하고 있었다. 아래로는 공식 러시아의 표면으로 1649년의 법전으로 악화된 농민들의 불만이 절정에 달하고 있었다. 스쩬코 라진을 통해 그들은 첫번째의 광범위한 혁명을 위한 지도자를 발견했다. 이 봉기는 유혈 참극 속에 분쇄되었지만, 그를 대중적 영웅으로 만들었고, 수많은 민담과 민요의 주제가 되었으며, 훗날 그를 따르려는 자들에게 용기를 불어 넣었다. 두번째 세력은 반대로, 러시아가 제도적으로, 기술적으로 서유럽에 뒤처졌다는 자각에서 발생한 불만이 고위층에서 나타나게 되었다. 짜리 뾰트르는 이 세력의 대표적 인물로 나타났다.

제2편
근대 및 현대 러시아

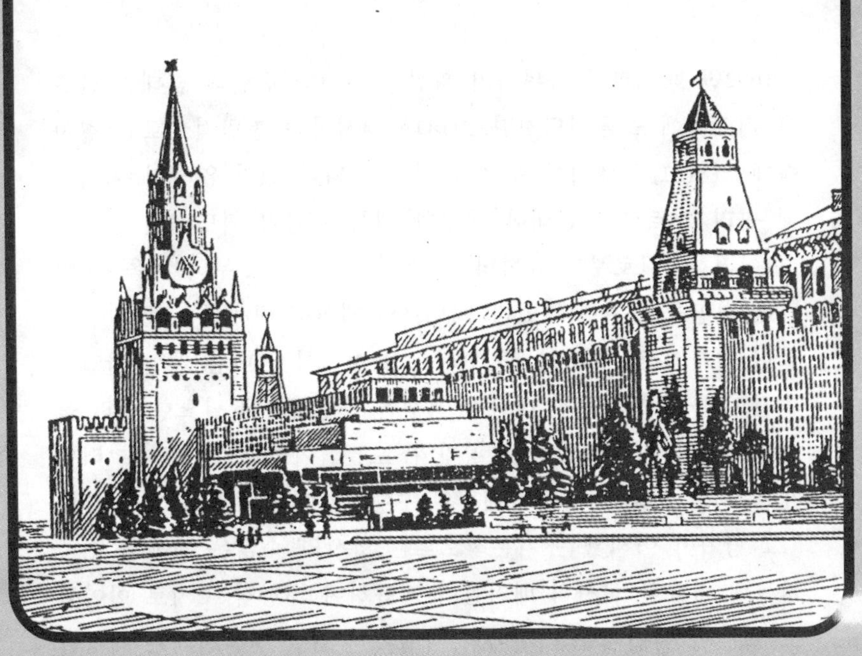

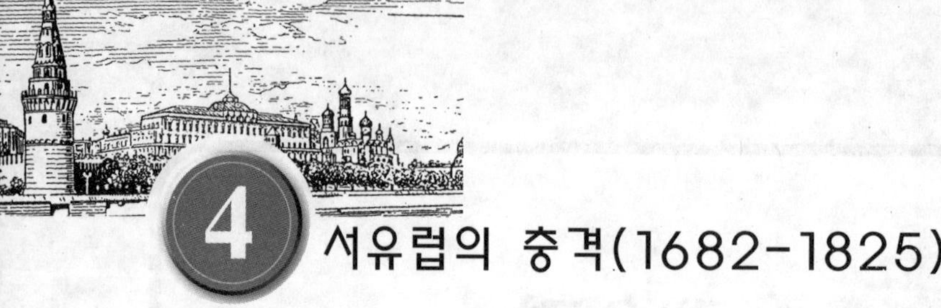

4 서유럽의 충격(1682-1825)

제 11장 위로부터의 혁명: 뾰트르의 근대화

1682년 뾰트르가 즉위하기 훨씬 전부터 서유럽의 근대화 물결은 러시아에도 들이닥쳤다. 그러나 러시아는 전반적으로 구질서 속에 있었고, 근대화를 수용할 태세가 되어 있지 않았다. 이러한 때 짜리 뾰트르의 근대화, 서구화 개혁은 가위 혁명적인 것이었고, 이러한 '위로부터의 혁명'은 개혁이 왕권으로부터 나올 수 있다는 희망을 가져다 주었다. 뾰트르의 개혁에 대해서는 두가지 엇갈린 평가가 있어 왔다. 즉, 뾰트르의 러시아에 대한 개혁 작업은 순간적인 절박성, 특히 대북방 전쟁을 수행하는데 필요한 여러 특별조치들의 연속이었다는 평가와, 포괄적이고 급진적인, 그러나 새롭고 잘 통합된 일련의 계획의 수행이었다는 평가가 그것이다.

그 평가야 어찌됐든, 기본적으로는 당시의 수많은 전쟁을 수행하는데 필요한 군사적 배려들이 거듭하여 재정적 조치로 이어졌고, 그것이 이번에는 러시아의 상업과 공업을 진작시키는 칙령들로, 그 다음에는 행정 체계의 개선 없이는 그런저런 칙령들이 효과가 없는 것으로 드러나자 행정 체계의 변경으로, 그 다음에는 교육이 부재하면 근대적인 행정의 수행이 어렵게 되자 교육을 증진시키기 위한 시도로 계속해서 이어졌던 것은 틀림없어 보인다. 그리고 그러한 과정에서 러시아의 전반적인 근대화가 요청되었고, 뾰트르는 그 근대화가 서구화를 통해 가능하다고 믿었던 것이다.

뾰트르는 먼저 광범위한 징병제도를 실시하고, 군대를 재편함으로써 러시아군을 근대화시키려 했다. 그리고 이에 따른 정부의 재정 확충을 위해 전 산업으로 세금을 확대했고, 정부의 전매권을 크게 늘렸다. 그는 또 1718년에는 기존의 가구세와 토지세 대신 인두세를 도입했다. 인두세 도입을 위해 1718년부터 1722년까지 광범위한 인구조사를 실시했다. 이러한 인구조사 뒤에 농노들은 영주의 서면 허가를 얻어야만 장원을 떠날 수 있게 되었는데, 이것은 농노들의 통행허가 제도가 시작되는 것이었다. 1722년 뾰트르는 '14관등표'를 제정해 관료제도의 기반을 확립했다. 그리고 그는 자신의 명칭을 짜리에서 황제로 바꿈으로써 유럽식 전제정치를 실시하려 했다. 이와 동시에 세나트(원로원)와 콜레기야(참의원) 제도를 설립하여 근대적인 행정 기구를 꾀했다. 그 외에도 뾰트르는 국립학교와 학술원, 출판사 등을 설립토록 했고, 과학과 기술 등 실용적 학문을 장려했다. 그리고 그는 국민들의 반대를 무릅쓰고, 유럽식 복장과 생활 양식, 관습 등을 도입하려 애씀으로써 러시아를 서구화하려고 했다.

그러나 뾰트르의 개혁 가운데 무엇보다 중요한 것은 종교에 대한 것이었다. 1700년 총대주교 아드리안이 죽었을 때, 그는 러시아의 총대주교직을 공석으로 놔두었다. 그리고 1721년 수좌대주교 쁘로코뽀비치의 도움을 받아 새로운 종교법을 반포했다. 새로운 종교법은 10명(후에는 12명)의 성직자들로 구성된 '신성종무원'이 총대주교를 대체하는 것으로 되어 있었다. 또한 이 종무원의 원장을 세속 관리인으로 임명함으로써 교회를 세속권 아래 두고자 했다. 모스크바 러시아가 짜리와 총대주교라는 두명의 최고 지도자(드보이짜)를 가지고 있었다면, 이제 뻬쩨르부르그의 제정 러시아에는 한명의 짜리만이 남게 되었던 것이다. 그 뿐 아니라, 뾰트르는 교회의 관할권을 축소하고, 궁극적으로 교회의 재산을 통제하기 위한 여러 입법조치들을 취했다. 한편 이 개혁자는 다른 종파들에 대해서는 비교적 관대히 대하려 했다. 그것은 러시아내 구신도들도 마찬가지였다. 그러나 구신도들이 그의 개혁에 반대자임을 알게 된 황제는 단호한 탄압을 가하기 시작했다.

뾰트르의 서구화를 통한 근대화 달성 노력은 가위 혁명적인 것이었다. 이러한 '위로부터의 혁명'은 그러나 전통적인 질서 속에 안주하고 있던 구신도를 포함한 러시아 민중 대다수의 저항을 불러일으켰다. 뾰트르는 짜리 알렉세이의 아들이 아니라, 외국여행 중에 진짜 짜리와 바꿔치기된 외국인이며, 反크리스트라는 소문이 퍼지고, 전설로 자라났다. 그리고 훗날 그는 정부 이데올로기 지지자들과 서구주의자들로부터 칭송을 받기도 하지만, 구교도들을 포함한 러시아의 민중들과 슬라브주의자들로부터는 슬라브적인 질서의 파괴자로 비판을 받는다. 뾰트르의 근대화 노력은 역사적인 필연이었다. 그리고 그러한 노력은 이후 황제들에 의해 지속되어야 할 것이었다. 그러나 뾰트르는 러시아의 근대화가 서구화를 통해서만이 가능한 것으로 과도하게 집착함으로써 전제 정부와 민중간의 괴리를 더욱 증폭시켰다. 그것은 서구화가 근대화의 필요충분조건이 될 수 없으며, 근대화의 달성에 국민적인 지지와 통합이 얼마나 중요한지를 교훈으로 남기고 있다.

뾰트르의 개혁은 러시아가 이제 과거의 중세적 관념인 '크리스트교적 세계관'으로부터 근대적인 '이성의 시대'로 들어섰음을 알리는 것이었다. 이와 동시에 러시아에는 이러한 국가적 개혁을 이론적으로 뒷받침하려는 사상가들이 등장하기 시작했다. 그러나 그들의 세계관은 아직 봉건적인 한계의 많은 특징들로부터 벗어 나지 못하고 있었다. 그들은 대체로 러시아의 기술적, 정치적 후 진성을 벗어나기 위해 노력했지만, 그러나 이와 동시에 이 후진성 의 경제적 토대인 농노제적 체제를 전면적으로 해체하려는 노력 을 기울이지는 않았다. 그들은 또 학문과 교육을 교회와 종교의 비호로부터 해방시키고, 인간적, 과학적 지식을 위한 길을 개척하 려고 했지만, 과학과 문화의 진보의 길 위에 가로놓여 있는 커다 란 장애물이었던 종교적 이데올로기에 적극적으로 반대하고 있 지는 않았다. 이 시대(18세기 전반기) 이러한 대표적인 사상가로 페오판 쁘로코뽀비치와 이반 뽀소쉬코프, 바실리 타찌쉬체프, 그 리고 미하일 로모노소프 등을 들 수 있다.

1. 페오판 쁘로코뽀비치(1681-1736)

우크라이나 출신인 쁘로코뽀비치는 키예프 신학교를 졸업하고, 이후 한때 이 학교의 교사로 봉직했으며, 그 후 러시아의 진보적 인 교회 성직자로서 뾰트르 1세의 훌륭한 조력자가 되었다. 홉스 와 푸펜도르프에 정통했던 쁘로코뽀비치는 많은 정치적 논문, 종 교적 설교, 시 등의 저작을 저술했다. 특히 러시아에서 정치사상 사적으로 중요한 의의를 지니는 것은 『짜리의 권력과 영예에 대 해 논함』, 『교회법』, 『군주 의지의 권리』 등이다.

쁘로코뽀비치는 국가의 기초는 '인민의 의지', 즉 인민과 국가 의 계약이라고 생각했다. 그렇지만 인민은 '하나님의 의지'-이에 따르면 권력은 군주에 속한다-를 취소할 수는 없고, 군주의 부정 이라는 '그야말로 불법적인 것'에 응해서는 안된다고 주장했다. 그의 견해에 따르면, 군주의 사명은 '전 인민의 이익', '나라 전체 의 공통의 행복'을 위해 일하는 것이다. 쁘로코뽀비치는 전 인민의 이익이라든가, 나라 전체의 공통의 행복이라는 것을 영주 및 상인의 국가적 이익과 동일시하고 있었다.

뾰트르가 그의 아들 알렉세이에 대한 왕위 승계를 거부하기로 결심했을 때, 쁘로코뾰비치는 『군주 의지의 권리』라는 책을 썼다. 훗날 쉬체르바토프는 이것을 "통치자의 독단성에 바친 아첨과 굴종의 기념비"라고 혹평했다. 그러나 그것이 나타냈던 특별한 목적에 의해 상당히 제한받기는 했지만, 홉스와 푸펜도르프의 사상에 기초한 이 짧은 저작은 쁘로코뾰비치와 뾰트르의 정치적 이념에 대한 가장 일반적인 언명이었다.

당시 서유럽에서 유행하던 사회계약이론을 찬양하면서, 그는 "인민 의지의 진정한 해석으로부터, 우리는 또한 왕권 승계의 지명에 있어 군주의 자유롭거나, 혹은 부자유한 의지에 많은 빛을 비출 수 있을 것이다"라고 밝히고 있다. 그러나 그는 계약의 본질로부터 짜리의 권력을 이끌어낸 것이 아니라, 오히려 실제로는 짜리의 권력으로부터 계약의 본질을 이끌어낸 것이었다. "왕정 자체의 모습과 형태로부터 달리 인민의 의지를 해석하기란 불가능하다. 어떠한 왕정이든 그것은 또한 인민의 뜻이고, 그러한 왕정의 기초에 있다는 것을 이해해야만 한다"는 것이었다. 그는 군주의 권력을 제한하는 어떠한 논의도 나타내지 않았을 뿐만 아니라, 오히려 간단히 그것을 경멸하고 있었다.

쁘로코뾰비치는 본원적 계약을 인민 의지의 표현일 뿐만 아니라, 하나님의 의지의 표현(신앙인이 됨으로써)이라고 보았다. 그러나 그는 더 이상 어떠한 근거에서 인민의 의지가 하나님의 의지라고 말하게 됐는지에 대해서는 언급하고 있지 않았다. 그의 사상적 경향은 그러한 의지의 일치에서 나올 수 있는 민주적인 결과를 도외시하고 있었다. 인민은 하나님의 의지에 대한 권위를 갖지 않았고, 그렇기 때문에 전통적인 계약을 역전시키기에는 힘이 부족한 상태로 남아 있었다. "인민은 그들의 의지를 폐지하려 할 수 있지만 … 그들은 그러나 인민의 의지를 활동케 하고, 그것과 함께 행동하는 하나님의 의지를 폐지할 수는 없다." 그들 의지의 한 행동으로 그들은 영원히, 그리고 모두, 어떤 계속적인 의지를 스스로 포기하였다. 그리하여 러시아 전체에서 짜리를 제외한 누구도 의지를 가질 수 없었고, 정부내에도 인민의 대표가 필요치 않았으며, 어떠한 경우에도 정부는 인민에 대한 의무가 없는 것이었다. "그리고 그러한 각 전제 군주는 인간의 법률을 지킬 의무가 없고, 결과적으로 그가 인간의 법률을 침해했다고 해서 재판받지 않는다. 그는 하나님의 가르침을 따라야 하며, 그것을 어겼을 경우 그는 오로지 하나님에게 답할수 있을 뿐, 인간에 의해 판단되지 않는다." 이러한 논조는 쁘로코쁘비치가 뾰트르의 통치에 얼마나 우호적이었는지를 나타낸다. 그는 하나님 심판의 두려움이나, 정의로운 통치를 위한 경건한 훈계는 고사하고, 지상의 존재에 대한 어떠한 책임으로부터도 제외시킴으로써, 완전한 전제주의를 지지하고 있었던 것이다.

2. 이반 뾰소쉬코프(1652-1726)

뾰트르의 개혁을 이론적으로 뒷받침한 가장 두드러진 인물로 이반 뾰소쉬코프를 들 수 있다. 그는 당대의 가장 뛰어난 사상가이며 경제학자였다. 그가 추구하고자 한 사상적 기초는 러시아 신흥 부르조아지의 이익을 대변하는 새로운 이데올로기의 창출이었다. 그는 처음에는 농민이었다가 후에 상인이 되었다. 뾰소쉬코프가 쓴 그의 대표작 『빈곤과 부』(1724)는 100년 이상이나 러시아에서 금서가 되었다. 그 이유는 이 책의 내용이 반귀족적 경향을 지니고 있었고, 새로운 법전 편찬을 위해 농민까지 포함한 '모든 관등급의 사람들'로 구성된 젬스키 소보르를 짜리 밑에 설치할 것을 요구했기 때문이었다.

뽀소쉬코프는 러시아의 국가적 빈곤과 무질서를 비판하고, 경제적, 정치적 개혁의 계획을 발전시켜 국내 매뉴팩처의 육성, 국내 상업과 외국 무역의 장려, 교육의 대중적 보급, 농민 생활 상태의 개선 등을 요구했다. 또한 모든 사회 문제에 대해서는 구제도의 근본적인 재검토를 두려워하지 말고, 새로운 준칙을 세워야 한다고 주장했다. 즉, 그는 러시아에 정치, 경제적으로 '새로운 질서'를 확립해야 한다고 강조했던 것이다.

뽀소쉬코프의 대표적인 저서 『빈곤과 부』는 "무익한 빈곤은 어디에서 연유하며, 풍요로운 부를 어떻게 증대시킬 수 있는가," 그리고 국가의 번영을 어떻게 보장할 수 있는가 등의 문제를 설명하는데 주목적을 둔 책이었다. 뽀소쉬코프는 이 책 서문에서 자신의 책이 뾰뜨르 1세에게 개인적으로 바치는 '上申書'임을 밝혔다. 정부의 관심이 어디에 있는지를 잘 알고 있었던 그는, 서유럽에서 새로운 이론을 처음 개진하는 사람들이 그랬던 것처럼, 자신의 계획이 실현될 경우, 이의 즉각적이고 직접적인 결과로서 국가 세입이 증대할 것임을 단언했다. 그리고 자신의 이 성실한 책이 악의적이고 시기심 많은 사람들과 거짓말쟁이들의 손에 들어갈 것임을 예언적으로 선언하고, 짜리에게 자신의 보호를 요청하고 있었다.

그러면, 그 자신 끊임없는 개혁의 실천자였던 군주 뾰뜨르 1세에게 뽀소쉬코프가 건의한 개혁은 무엇이었는가. 이 질문에 대한 즉답은 쉽지 않지만, 우선 그의 개혁안은 뾰뜨르의 노선과 상당부분 일치하고, 한걸음 더 나아가 상공계급의 이익에 더욱 직접적으로 부응하는 것이었다는 점을 지적할 수 있다. 이러한 측면에서 그의 개혁안은 뾰뜨르 1세의 견해와 정책보다도 더욱 진보적이고 민주주의적인 성격을 띠었다고 할 수 있다. 이밖에 뽀소쉬코프가 제의한 여러 가지 개혁안들은, 근절되지 않은 과거의 관행이면서, 동시에 대부분 뾰뜨르 개혁의 부작용으로 인해 더욱 심각해진 제반

악폐들을 시정하기 위한 것이었다.

뽀소쉬코프가 제시한 개혁안 가운데 상공계급과 관련한 개혁안이 가장 흥미롭고 중요하다고 할 수 있다. 나아가 그의 사상 전반에 열렬한 애국심이 넘쳐 흐르고, 조국의 번영에 대한 순수한 애정이 짙게 깔려 있음을 알 수 있다. 뽀소쉬코프는 확신에 찬 왕정 옹호론자였지만, 러시아의 민중, 특히 인구의 대다수를 차지하고 있으며, 그 자신의 출신 계층이기도 한 농민의 복지 문제에 큰 관심을 가지고 있었다. 그는 "빈곤한 농민은 빈곤한 국가, 부유한 농민은 부유한 국가"라는 중농주의 공준을 정립했다.

뽀소쉬코프는 농노제를 절대적으로 반대하지는 않았지만, 인도주의적 관행과 경제적 양식의 중요성을 강조했다. "농민은 영주의 영구적인 재산이 아니다. 이를 핑계삼아 영주는 농민을 정당하게 돌보지 않고 있다. 그러나 농민의 진정한 주인은 전 러시아의 주권자(짜리)이기 때문에, 지주는 일시적으로 농민을 소유하고 있다 하더라도, 농민을 빈곤하게 만들어서는 안되며, 황제의 칙령에 의거하여 농민을 보호해야만 한다. 그리하여 농민은 거지가 아니라 진정 농민일 뿐이며, 농민의 부가 곧 황제의 부가 되는 것이다." 지주는 국가가 위임한 농민의 보호자라는 것이 러시아의 전통적인 인식이었다. 뽀소쉬코프는 이 원칙에 충실했다. 지주의 농민 소유는 그 권리와 더불어, 국가와 농민에 대한 의무를 동반하는 것이었다. 뽀소쉬코프는 지주의 농민에 대한 부역량을 법률로 제한하고, 지주 소유 토지를 농민들에게 점차 양도함으로써 궁극적으로 농민에게 토지를 영구적으로 귀속시키는 방안을 제시했다. 그렇게 함으로써 그는 농업 생산을 급격하게 증대시킬 수 있을 것이라고 생각했다.

뽀소쉬코프는 또 국내 상공업의 진흥과 관련하여, 국가의 적절한 규제와 보호를 통해 상공업을 발전시켜야 한다고 주장했다. 상인계급과 상업의 중요성, 대외 무역회사의 창설, 수입의 축소, 원료수출의 불허, 국내 수출산업의 육성 등에 대한 그의 논의는 중상주의적 경향을 나타내고 있었다. 그러나 뽀소쉬코프의 중상주의는 많은 측면에서 서유럽의 중상주의와는 상이한 것이었으며, 이보다 더 광범하고 풍부한 내용을 담고 있었다. 특히 중요한 점은 부의 내부적 원천, 즉 국내 생산력의 발전에 뽀소쉬코프가 각별한 관심을 기울였다는 사실이다.

그러나 이러한 진보적인 정치, 경제적 개혁안에도 불구하고, 몇 가지 측면에서 뽀소쉬코프는 보수적이며 노골적으로 반동적인 견해를 취하기도 했다. 이 점에서 그 역시 전 시대를 완전히 벗어나지 못한 인물이었다고 할 수 있다. 다른 종교적인 저서 『맑은 거울』(1709), 『아들에게 주는 아버지의 유언』(1719)에서 볼 수 있듯이, 그는 종교 문제에 관한 한 극도로 보수적이고 비타협적이었으며, 과도한 민족주의적 경향에 빠져 있었고, 러시아 민중의 경제와 일상생활을 극히 사소한 부분까지 조직화하려는 조바심을 나타내기도 했다. 그는 말년의 노작 『빈곤과 부』를 뾰트르에게 헌정하려 했지만, 뾰트르의 죽음으로 그의 손에 다다르지 못했다. 오히려 뽀소쉬코프는 이 책으로 말미암아 뻬트로 빠블로프스크 요새 감옥에 투옥되어, 그곳에서 생을 마감하게 되었다.

3. 바실리 타찌쉬체프(1686-1750)

1686년 가난한 귀족의 가정에서 태어난 타찌쉬체프는 일찍이 군사봉직에 들어가 뽈타바 전투에서 용맹을 떨쳤다. 뾰트르는 이 충성스럽고 유능한 장교를 발탁해 자신의 생애 끝까지 돌보아 주었다. 타찌쉬체프는 뾰트르에게 충성을 다하고, 그가 하는 일 전부를 전폭적으로 지지했다. 그러나 때때로 자기주장을 앞세우는 바람에 불이익을 당하기도 했다. 그는 매우 독립심이 강하고, 결단력이 있는 인물이었다.

타찌쉬체프는 정부나 뾰트르가 개인적으로 부여한 비밀임무를 수행하기 위해 여러 해를 독일과 스웨덴 등지에서 보냈다. 외국에 체류하는 동안 유럽의 학문, 특히 역사와 철학에 심취했던 그는 1719년 자신의 필생의 과제가 될 한가지 계획을 세웠다. 그것은 당대 역사학의 발전수준에 부응하는 최초의 러시아 역사책을 쓰는 일이었다. 그는 이 거대한 목표를 이루기 위해 수많은 희귀본과 초고들을 온갖 노력과 정성을 기울여 섭렵했다.

타찌쉬체프는 한때 커다란 역사적 사건에 운명적으로 휩쓸리게 되었다. 1730년 초 아직 소년이었던 뾰트르 2세가 사망하고, 안나가 왕위 계승자로 선출될 당시 러시아는 정치적 기로에 서 있었다. 절대권적 전제정인가, 아니면 과두제 기구의 소수 권력자들이 농간하는 전제정인가, 아니면 군주가 최고 주권자이되 비교적 광범위한 귀족계층을 대표하는 의회 기구의 조력을 받아 통치하는 귀족정인가. 타찌쉬체프는 이 가운데 마지막 대안을 지지함으로써 러시아에서 처음으로 의회주의를 주창한 인물이 되었다. 그러나 뜻을 같이 했던 사람들이 의회주의 대안을 포기하자 그 역시 자신의 생각을 접어두지 않을 수 없었으며, 안나는 궁정 근위대에 의해 무제한적 전제군주로 선포되었다. 그후 몇 년 동안 타찌쉬체프는 안나의 호의를 받는 듯 했으나, 여제와 그녀의 情夫 비론, 그리고 다른 권력자들은 그의 의회주의 사상과 러시아 전제정의 애국적 지도자 역할을 용서하지 않았다. 그 결과 타찌쉬체프는 모스크바와 상트 뻬쩨르부르그에서 영원히 추방되었다.

타찌쉬체프는 1745년 삭탈관직 당하고, 모스크바 근교에 있는 자신의 영지로 추방되었으며, 여기서 끊임없는 재판과 투옥의 위협 속에 살다 5년 후 사망했다. 그러나 그의 강인한 정신은 조금도 굽힐 줄 몰랐다. 이 시기에 그는 『러시아 역사』를 비롯해 수많은 저술들을 집필했다. 이 가운데는 『학문과 학교의 효용에 관한 두 벗의 대화』,『농촌의 경제적 개요』 등이 포함돼 있었다.

타찌쉬체프는 러시아의 개혁적 절대주의의 옹호자로서, 경제 분야에서 국내 매뉴팩처와 상업의 확대를 주장했다. 그는 매뉴팩처와 상업을 국가 발전의 중요한 원천으로 보았으며, 러시아에 근대적인 학문과 계몽을 보급하자고 주장했다. 동시에 귀족정치가로서 그는 귀족은 그 모든 특권, 특히 토지의 소유권을 가지고 있어야 한다고 생각했다. 타찌쉬체프의 생각에 따르면, 군주와 신민 간의 계약은 사회생활의 자연법칙에서 나오는 것이었다. 타찌쉬체프는 자유를 인간이 가장 존중해야 할 재산으로 생각하고는 있었지만, 그러나 인간의 이익을 위해서는 인간의 의지에 자유를 제약하는 구속을 가해야 한다고 생각하여 농노제와 전제적 질서를 정당화했다.

타찌쉬체프는 역사에서의 모든 행위는 英智나 愚昧로부터 생겨난다는 역사관을 피력했다. 그러나 그의 이러한 사상은 역사상의 모든 사건을 신의 뜻에 의해 예정된 것으로 보는 신비적, 숙명론적 견해에 비추어 보면, 한걸음 더 나아간 것임에 틀림없다. 그의 견해에 따르면, 역사 진보의 원동력은 전세계적인 계몽이었다. 타찌쉬체프는 역사상의 사건들은 인간 자신의 활동에 의해 좌우된다는 사상을 제창하고, 국민의 사회 생활과 국가 생활의 형태는 영원한 것이 아니라, '그 지방의 상태와 국민의 상태'에 의해 변화한다는 것을 증명하려 했다. 동시에 그는 당시 서유럽의 철학자들처럼 사회의 발전을 인간의 신체에 비유했다. 그는 상업을 혈액의 순환에 비유하고, 상업과 상인의 자유는 인체 내 심장의 움직임과 혈액 순환처럼 사회 생활의 자연적인 영구불변의 상태라고 생각했다.

타찌쉬체프는 계몽 철학에 제 1의 의의를 두었다. 그는 자신의 노작 『학문과 학교의 효용에 관한 두 벗의 대화』에서 철학의 필요성을 다음과 같이 밝히고 있다. "가장 기본적인 과학은 인간이 자신을 인식하기 위한 것이다." 타찌쉬체프는 철학으로부터 윤리학과 법률학 등과 같은 '특수 과학'이 점차로 분화되고 있음을 밝히고, 철학은 '일반 철학'에 포함되는 가장 중요한 과학적 문제에만 종사하는 것이 올바르다고 생각했다. 타찌쉬체프는 진정한 철학은 유용할 뿐 아니라, 필요하기도 한 것이라고 말하고 있다. 그는 이렇게 말한다.

　철학을 가르치는 것을 금지하는 자는 진정한 철학이 어떠한 것인가를 모르는 가장 무식한 사람이든가, 아니면 일부 간교한 성직자들이다. 그들은 신의 뜻에 반하는 지배 권력을 확립하고 재산을 획득하기 위하여, 인민을 배움에서 배제하고, 진리에 대한 일체의 사고력을 갖지 못하게 하며, 그들의 말과 명령을 맹목적이고 노예적으로 믿게 하려고 온갖 노력을 다하고 있다.[65]

　타찌쉬체프는 슬라브-그리스-라틴 아카데미에서 스콜라 철학을 가르치는 것에 반대했다. 이 아카데미에서의 철학 연구는 결국 중세의 종교적 관념론 체계를 교조적으로 서술하는 것에 불과했다. 그는 데카르트와 그로티우스 등의 새로운 철학설과 사회학설을 연구하고, 자연 및 인간 사회의 자연법칙을 연구할 것을 주장했다. 당시의 가장 진보적인 사상가이며 정치가의 한사람이었던 타찌쉬체프는 철학과 과학을 종교 및 교회의 예속으로부터 해방시키기 위해 노력했고, 종교적 관용을 설파하며 반계몽주의를 폭로하고 나섰다. 그러면서 동시에 그는 교육과 과학, 그리고 기술의 발전을 호소하고 나섰던 것이다.

---

65) 타찌쉬체프, 『학문과 학교의 효용에 관한 두 벗의 대화』(모스크바, 1887), 58쪽. 소비에트과학아카데미 철학연구소 편, 『러시아철학사』, I 권, 최준혁 역 (서울: 녹두, 1989), 175쪽에서 재인용.

4. 미하일 로모노소프(1711-1765)

러시아의 계몽주의는 로모노소프에 이르러서 첫 결실을 맺는다. 로모노소프는 1711년 아르한겔스크 연해의 가난한 농민의 집안에서 태어났다. 1730년까지 그는 고향에서 생활했고, 그 후에는 모스크바와 키예프의 아카데미에서 공부했다. 1736년에 그는 러시아 과학원 부설 대학에 보내졌으며, 뒤이어 학업 완성을 위해 독일로 파견되었고, 독일에서는 특히 크리스찬 볼프의 밑에서 공부했다.

로모노소프는 불요불굴의 의지를 가진 인물이었다. 뾰트르의 개혁 정책, 그리고 그의 치세 막바지에 밀어닥친 사회적 소용돌이는 로모노소프와 같은 '밑바닥 출신'의 일부 유능하고 활기찬 청년들에게 출세할 수 있는 기회를 제공했다. 그러나 로모노소프의 입신과 관련하여, 다음 두가지 점을 지적해 둘 필요가 있다. 첫째, 뾰트르의 사회적 개혁에도 불구하고, 당시는 여전히 하층민과 귀족 간의 장벽을 극복하기란 사실상 불가능했으며, 둘째, 로모노소프는 뾰트르의 치세가 아니라 암울했던 안나의 치세에 청년시절을 보냈다는 점이다. 이 시기는 뾰트르의 개혁 조치들은 빈 껍데기만 남고, 그 정신마저 거의 실종되고 없던 시기였다. 그렇기 때문에 당시 로모노소프가 이루었던 학문적, 사회적 활동과 공헌은 그 자신의 힘으로 이루어낸 순수한 업적이었다.

로모노소프는 뾰트르 대제에 대한 열렬한 찬미자였다. 당시의 시대적 분위기는 뾰트르가 위대한 군주와 군사적 지도자로서 공식 추앙되던 때였다. 뾰트르에 대한 숭배는 특히 엘리자베타 여제의 치세(1741-1761)중 절정에 달했다. 로모노소프가 백과전서적 대작을 집필했던 시기도 바로 이때였다. 궁정 시인과 역사 편찬가로 있으면서 그가 쓴 저술들은 대부분 뾰트르에 대한 칭송으로 일관하고 있었다. 의심할 바 없이, 그 개혁가 짜리에 대한 로모노소프의 찬미는 순수한 동기에서 비롯된 것이었다. 러시아의 위대함, 후진성의 극복, 계몽주의의 확산과 경제발전, 이러한 것들은 바로 로모노소프가 추구한 목표들이었는데, 이를 위해 과연 누가 뾰트르만큼 노력했던가.

실제 로모노소프가 개인적으로 생애의 마지막 부분을 행복하게 장식할 수 있었던 것은 뾰트르가 베푼 은덕 때문이었다. 왜냐하면 뾰트르가 창설한 과학 아카데미가 있음으로 해서, 러시아 학자들은 많은 어려움에도 불구하고, 특히 외국인 학자들의 횡포에도 불구하고, 창조적인 연구활동에 몰두할 수 있었기 때문이다. 뾰트르가 러시아 국가라는 배에 강력한 동력장치를 달아주었고, 엘리자베타가 그의 위업을 계승하고 있었다. 이러한 노력이 없었더라면, 아마도 모스크바 대학은 1755년에 설립되지 못했을 것이다. 당시 로모노소프의 발의로 설립된 모스크바 대학은 이후 철학을 포함하여 모든 학문의 발전에서 핵심적인 역할을 담당해 왔다.

학계의 몽블랑과 같은 존재였던 로모노소프를 비롯하여, 엘리자베타 시대의 걸출한 인물들은 자신들을 '뾰트르의 둥지에서 태어난 새들'(뿌쉬킨의 표현대로)로 여겼으며, 실제로도 그러했다. 그러나 이 표현은 그들 각자의 상이한 연령과 사회적 신분을 고려해 볼 때, 사람마다 그 의미가 약간씩은 달랐을 것이다. 로모노소프는 자신을 계몽군주 뾰트르의 정신적 후계자로 생각했다. 그리하여 로모노소프는 이후 많은 사람들이 그랬던 것처럼, 사회적 출신을 초월한 인재의 등용 등 뾰트르의 '민주적' 방식을 의식적, 무의식적으로 과대평가하는 경향을 나타내기도 했다.

로모노소프는 잘 알려져 있듯이, 물리학과 화학, 천문학과 역학, 지질학과 지리학, 철학과 언어학 등 매우 다양한 과학 지식의 분야에서 새로운 길을 개척했던, 백과전서적인 교양을 지닌 자연과학자이자, 계몽주의 사상가였다. 뿌쉬킨은 로모노소프에 대해, "그는 새로운 시대의 가장 위대한 지성이다. 그는 학문에 가장 강력한 변혁을 가져오고, 학문에 하나의 방향을 제시한 인물이다. 학문은 지금 그 방향으로 나아가고 있다"고 말하고, " ... 그는 최초의 대학을 설립했다. 사실 그 자신이 우리의 최초의 대학이었다고 하는 편이 더 맞는 말일 것이다"라고 했다. 로모노소프에 대한 이 이상의 적절한 표현은 없을 것이다.

백과전서적 학자로서 로모노소프는 러시아의 기술적, 경제적 후진성을 극복하기 위해 노력했고, 당대의 진보적인 과학자, 사상가, 계몽주의자로서 활동했다. 그는 한 나라가 번영하기 위한 불가결한 조건은 정치적, 경제적, 문화적 자립이고, 자국의 상업, 과학, 문화의 발전이라고 생각했다. 그리하여 로모노소프는 러시아의 학술기관과 국가기관 내에서 외국인들이 압도적인 세력을 가지고 있는 것에 반대해 싸우고, 러시아의 국내 상업과 외국 무역의 발전을 위해 활동하기도 했으며, 국내 매뉴팩처의 육성, 교통로의 발전, 광산업의 개발을 위한 국내 천연자원의 광범한 조사를 요구하고, 발전해가고 있던 광업, 상업, 국가 행정을 위한 세속적인 지식의 보급, 자국인 전문가의 육성 등을 주장했다.

그러나 로모노소프는 국민 대중이 나라의 경제 생활과 문화 생활을 전면적으로 개혁할 수 있는 세력이라고는 아직 보고 있지 않았다. 그는 뾰트르 1세의 '위로부터의 개혁'의 의의를 과대평가하고, 그 개혁의 귀족적 한계를 이해하지 못했으며, 계몽적 군주제가 당시 러시아의 후진성을 타파하는 과제를 해결할 수 있는 것으로 생각하고 있었다. 이렇듯 자연과학에서의 혁명가였던 로모노소프는 사회, 정치 분야에서는 혁명적이지 못했다. 그렇지만 로모노소프는 사회 내에 존재하는 온갖 형태의 '나태함'은 용서할 수 없었다. 그는 간접적이기는 했지만, 18세기 러시아의 농노제도에 대해 비판을 가했다. 계몽적 절대주의의 귀족정치가들과는 달리, 그가 제기했던 것은 인민들에 대한 계몽과 물질적 복지의 문제였지, 귀족의 특권을 보호하는 문제가 아니었다.

로모노소프는 18세기 러시아 사회가 당면한 개혁의 필요성을 이론적으로 기초지으려고 노력했다. 그는 사회사상에서는 계몽주의적, 합리주의적 견해에 동조하고 있었으므로, 계몽과 도덕의 보급을 통해 사회 생활을 개선하고, 나태, 빈곤, 무지를 극복할 수 있다고 생각했다. 로모노소프는 사회 생활의 문제에는 "심오한 판단력, 국정 문제에 대한 노련한 설명 기술, 신중한 실행력"이 필요하다고 생각하고, 계몽 사상에 모든 희망을 걸었다.

로모노소프의 사회와 역사에 관련된 저작들은 그의 민족주의적 사상으로 일관되고 있었다. 그는 자신의 연구『고대 러시아사』(1754-1758)에서 러시아 민족의 자주적인 생활 능력과 창조 능력을 부정하고, 인류사에서의 러시아 민족의 커다란 역할을 부정했던 외국 역사가들의 잘못된 견해를 논박했다. 그는 이렇게 쓰고 있다.

러시아 민족은 아득히 태고의 어둠에 싸여 있던 시대로부터 금세기에 이르기까지 자신의 운명에서 많은 변천을 경험해 왔다. 따라서 러시아의 내란과 외부로부터의 침략 전쟁을 고찰해 보면, 무수하게 거듭되는 분할과 억압에 러시아 민족이 의기소침하지 않았을 뿐만 아니라, 최고의 위대함, 역량, 영광을 쟁취했다는 것에 놀라움을 금치 못할 것이다. …

러시아는 외국의 많은 저술가들이 생각하고 있는 것만큼 그렇게 무지몽매하지 않았다는 증거가 적지않게 있다. 외국의 저술가들이 자신들의 선조와 러시아인의 선조를 대비시켜, 이들 민족의 기원, 행동, 관습, 성향을 비교해 보게 되면, 그들은 그들의 생각을 바꾸지 않을 수 없을 것이다.[66)]

---

66) 로모노소프, 『전집』, 제 6권 (모스크바, 1952), 169-170쪽. 소비에트과학아카데미 철학연구소 편, 앞의 책, 204쪽에서 재인용

과학의 창조적 발전을 위한 노력의 과정 속에서, 로모노소프는 러시아 민족이 세계 문화의 발전에서 담당한 역할을 과소평가하려는 것에 단호히 반대했다. 그러나 그는 민족간 불화와 갈등을 부추기던 당시의 반동적 민족주의 역사가들과는 달리, 다른 민족의 문화에도 높은 경의를 표했으며, 서유럽의 사상가들과 동시대인의 업적을 높이 평가하고, 그것을 한 단계 발전시키려고 노력했다. 로모노소프가 데카르트와 보일의 발견을 높이 평가하고, 오일러, 베르누이 및 그 밖의 외국의 선진적인 학자들과 긴밀한 교류를 취하고 있었던 것은 바로 이것을 증명하는 것이다.

러시아의 수많은 위인들-러시아 민족의 자긍이자 영광인 수많은 작가, 과학자, 철학자들-은 로모노소프에게서 큰 배움을 얻었다고 할 수 있다. 왜냐하면 로모노소프는, 뿌쉬킨의 적절한 표현대로, 러시아 최초의 종합대학이었기 때문이다. 18세기 러시아에서 前시대의 종교적 관념론과 신비주의를 극복하고 계몽주의자로서 우뚝 선 로모노소프의 사상은, 러시아의 진보적이고 과학적인 철학 사상의 발전뿐만 아니라, 전 세계의 선진적인 자연과학의 진보에도 커다란 영향을 주었다.

제 12장 예카쩨리나 2세와 러시아 계몽주의

뾸트르 사후 계속된 궁정쿠데타 가운데 1730년의 사건이 보여주었듯이,[67] 귀족들은 자신들의 힘으로 전제군주로부터 권력을 빼앗을 수는 없었지만, 다음 세대에는 전제군주의 자발적인 권력의 완화라는, 위로부터 公布된 자유의 기운을 누릴 수 있게 되었다. 전제군주는 귀족들이 분열되어 남아있는 한, 그들의 지원을 얻을 수 있다는 것을 알게 되었던 것이다. 1762년 짜리 뾸트르 3세는 귀족들을 국가 봉직의 의무로부터 완화시키는 법령을 만들었다. 처음으로 국가적 의무도 없고, 세금도 내지 않는 계급이 탄생한 것이었다. 그러나 이러한 귀족의 자유는 더욱더 러시아 인민을 그들 정부로부터 멀어지게 했다.

앞서 언급한 바 있듯이, 농민들은 귀족들에 대한 자기들 자신의 의무를 국가에 대한 귀족들의 의무와 연결시키고 있었다. 농민들은, 짜리가 영주를 필요로 했지만 그들에게 지불할 돈이 없었기 때문에, 그들 영주들에게 봉직했던 것이다. 그들은 이러한 단순한 논리를 가지고 전체 사회를 바라다 보았고, 그 속에서 자신들의

---

67) 1730년 2월 궁정쿠데타에 의해 새로운 여제로 추대된 안나는 당시 귀족들이 실권을 쥐고 있던 '추밀원'과의 협의의무 조항이 들어있는 계약서를 많은 귀족들이 보는 앞에서 찢어버리고, 자신을 전제 군주로 선포했다. 이는 러시아의 귀족정이 실패했음을 보여주는 극적인 사건이었다. 추밀원은 곧 해산되었으며, 귀족들은 점차 궁정 정치에서 밀려나기 시작했다.

위치를 파악했다. 그러므로 이러한 사회적 통합이 무너지자, 농민들은 그들도 역시 해방되어야 한다거나, 혹은 해방되었지만 귀족들이 억압하고 있다고 믿게 되었다. 신앙심 깊은 러시아의 농민들은, 크리스트의 대리인이며 지상의 정의의 수호자인 것으로 가르침 받아온 짜리가 귀족들에게만 자유를 주었다고 믿을 수 없었다. 그리하여 이러한 새로운 상황 전개는 귀족들이 그들을 억압하고, 짜리로부터 진실을 가로막는 유일한 적이라는 전통적인 믿음을 확고히 하는 것처럼 보였다. 12년 후 러시아는 '뿌가초프의 난'이라는 전례없는 규모의 농민 봉기를 목격하게 되었다.

이 지극히 불안한 요소를 지닌 법령은 그러나 궁정 근위대가 뾰트르를 폐위, 살해하고, 그의 독일인 아내 예카쩨리나를 여제로 선포했을 때는 문제가 되지 않았다. 휘몰아치는 폭풍을 만나야 했던 것은 바로 그녀였다. 大帝로 알려진 예카쩨리나 2세의 통치(1762-1796)는 전쟁, 반란, 그리고 폴란드 분할과 더불어, 부분적으로 그녀의 서유럽 계몽주의에 대한 지원에 힘입은 커다란 지적 성과를 가져왔다.

러시아의 계몽주의 사상은 수십년에 걸쳐 천천히 싹트기 시작했다. 물론 그 과정이 뾰트르의 개혁과 러시아의 강압적인 서구화에 의해 시작되기는 했지만, 그럼에도 불구하고 많은 역사학자들은 18세기 후반, 혹은 예카쩨리나 여제의 통치 초기까지는 계몽의 싹이 트지 않았다는 점을 인정하고 있다. 뾰트르 개혁의 최대 목표는 급속하고도 가장 효율적인 러시아 국가의 군사적, 기술적 근대화였으나, 쁠레하노프(G. Plekhanov)가 지적한 바와 같이, 18세기 전반의 사상가들은 '즉각적인 실리라는 관점에서' 계몽을 문제삼았던 것이다. 때문에 그들은 정치, 사회 체제에 대한 철저한 개혁의 필요성을 그다지 심각하게 문제삼지는 않았다. 그것은 러시아 제일의 계몽 학자로 평가받는 로모노소프에게도 마찬가지였다.

재위 초 프랑스 사상의 유입을 장려한 예카쩨리나는 프랑스 계몽철학을 자신의 국내외 정책의 도구로 이용하려 했다. 그녀는 상부에서 조정할 수 있는 지성 운동을 장려함으로써 자신이 그 주도권을 장악하고자 했던 것이다. 그렇기 때문에 예카쩨리나가 '계몽 군주'로 불리기도 하지만, 그러나 그것은 철저히 허구적인 것이었다. 그럼에도 불구하고 러시아 사상사에서 예카쩨리나의 존재를 결코 무시해서는 안된다. 그것은 그러나 러시아 철학에 대한 그녀의 직접적인 공헌 때문이라기보다는, 그 시대 모든 저명한 러시아의 사상가들이 여제의 사상에 주목하지 않을 수 없었고, 공개적이거나, 혹은 위장된 방법으로 그녀와 토론을 벌였기 때문에 그렇다는 것이다.

왕위를 계승하면서 예카쩨리나는 볼테르나 디드로 등 프랑스의 백과전서파 사상가들과 활발한 접촉을 가졌다. 그녀는 자신을 그들의 충실한 제자로 표현하면서, 그들의 목적을 실현하겠다고 약속했다. 프랑스에서 백과전서파들이 어려움에 처해 있는 모습을 보고, 심지어 그녀는 러시아에서 그들의 책을 출판해 주겠다고까지 했으며, 이러한 여제의 제의는 '철학자의 공화국'에 열정적인 반응을 불러 일으키기도 했다. 예카쩨리나는 그녀 자신이 근본적으로 공화주의자이며, 전제정치를 점차적으로 폐지하려 한다는 인상을 심으려고 노력하기도 했던 것 같다. 그녀는 심지어 루소와 같은 급진적인 사상가들과도 친분을 맺고, 그를 러시아로 초청하려 했지만, 루소는 그녀의 초청과 10만루블의 기부금 제의를 거부하면서, 이를 후세에 자신의 이름을 더럽히려는 '러시아 독재자'의 음모라고 비난했다.

예카쩨리나는 한걸음 더 나아가 '계몽 군주'라는 명성을 얻기 위해 중요한 법률 개정 작업에 착수했다. 1767년 그녀는 '입법위원회'를 소집했으며, 몽테스키외의 저서에서 차용한 형식을 나름대로 적용하여, 자신이 직접 이 위원회에 '나카즈(지침)'을 하달했다. 그녀는 계몽철학의 자연법 이론을 확신하고, 러시아를 만인의 자연권을 존중하는 법치국가로 발전시킬 것을 약속했다. 여제는 "입법조치가 완료되면, 이 세상에서 러시아보다 더 공정하게 통치되고, 더 부유하게 발전될 나라는 하나도 없을 것이다. 만약 우리의 입법 의지가 구현되지 않는다면, 나는 더 이상 살아서 그러한 불행을 보려 하지 않을 것이다"라고 선언하였다.

그러나 여제가 외국 독자들을 위해 자신의 '지침'을 수개국어로 번역해 출판했지만, 정작 국내 보급을 금지했다는 사실은 그녀의 진실성에 의심을 갖게 한다. 또한 입법위원회는 전국 각계각층에서 모인 564명의 대표로 구성되었으나, 정작 농민의 대다수를 차지하는 농노들의 대표는 배제되고 있었다. 이들 각계각층에서 모인 대표들은 매우 다양한 목소리를 내게 되었고, 이러한 논쟁이 걷잡을 수 없이 확산되자, 예카쩨리나는 1768년 발생한 터키와의 전쟁을 구실로 위원회를 해산시켰고, 그 후 이 위원회는 영구히 폐지되었다.

'뿌가초프의 반란'(1773-1774)은 예카쩨리나의 통치 철학에 결정적인 전환을 초래케 했다. 이제 그녀는 자연법 이론을 배격하고, 영국의 보수적 법학자 윌리엄 블랙스톤을 자신의 정신적 지주로 삼았다. 그녀가 새로 제정한 법률은 이전의 자유주의적 문구들이 사라진 대신, 보편타당하면서도 실제적인 색채를 띠게 되었다. 입법의 주목적은 짜리 관료제에 예속된 자치기구를 설립함으로써 결과적으로 귀족의 지위를 강화하려는 것이었다. 예카쩨리나는 이제 자신의 유명한 '지침'을 "쓸데없는 수다"로 치부하고, 자신의 집권 1기의 노력을 이렇게 평가했다. "나의 야망 그 자체는 나쁘지 않다. 그러나 나는 사람들이 이성적이고 정의로우며, 행복하게 될 것이라는 스스로의 믿음에 너무 집착했던 것 같다."

예카쩨리나 통치 말기에 불어닥친 프랑스 혁명의 열기는 여제에게 커다란 충격이었다. 처음 예카쩨리나는 이 혁명이 루이 16세의 전술적 잘못에 의한 것으로 보았다. 한 측근과 대화하면서, 여제는 이렇게 말했다. "내가 프랑스 권좌에 있었다면, 나는 야망에 찬 라파에트를 내 편으로 끌어들여, 그를 나의 수호자로 삼았을 것이오. 내가 권좌에 오른 후에 내가 어떻게 했는지를 잘 살펴 보시오." 그녀의 이 발언은 자신의 전술, 특히 '자신이 벌인 '철학과의 유희' 등을 긍정적으로 평가하는 것이었다. 그러나 사태의 진전은 이러한 자신의 전술을 적용하기에는 상황이 너무도 심각하다는 것이 명백해졌다. 프랑스 왕의 처형은 "망치로 맞은 것과 같은 충격"을 그녀에게 주었으며, 백과전서파와 완전히 결별하는 계기가 되었다. 그리고 이와 동시에 예카쩨리나는 진보적인 러시아의 계몽 사상가들을 박해하기 시작했다. 라지쉬체프는 1790년에 시베리아로 유배되었으며, 노비코프는 1792년 공식 재판절차 없이 쉴뤼셀부르그 요새에 감금되었다.

1. 미하일 쉬체르바토프(1733-1790)

예카쩨리나의 동시대인들 가운데 그녀에게 실망한 것은 백과전서파 사상가들뿐만이 아니었다. 여제에 대한 러시아의 비판가들은 우파와 좌파 양쪽에서 모두 나타났다. 전자의 대표적인 예가 류리크 왕가의 후손이면서, 타찌쉬체프와 같이 보수적 역사가이기도 했던 미하일 쉬체르바토프 공이었다. 1762년의 법령으로 군사의무로부터 면제된 그는, 그후 곧바로 국가 봉직에 참여하여, 1779년에는 원로원 의원이 되기까지 했다. 그는 쿠르프스키의 옛 자리였던 야로슬라블리의 귀족 대표로서 예카쩨리나의 입법위원회에 파견되어, 그 곳에서 농노제도 폐지 자체와, 귀족계층 밖으로 농노 소유가 확대되는 것 모두에 반대하고 나섰다.

쉬체르바토프는 입법위원회가 소집되었을 때, 뛰어난 웅변가적 소질을 발휘하여 뾰트르의 관등표로 인해 그 존재마저 위협당하고 있던 옛 귀족들의 전통적인 권리들을 열렬히 옹호하고, 군주만이 귀족의 지위를 수여할 권리가 있다고 주장했다. 군인이나 관료계층에게 자동적으로 귀족의 지위를 준다는 것은 결국 출세주의와 노예근성의 원인이 되며, 군주제를 전제 관료제로 발전시키는 배경이 되는 것이었다. 쉬체르바토프는 또한 농노제에 대한 법적 제한 등과 같은 농민에 대한 전적인 양보와, 도매상품 공장 설립을 허가하는 등의 상인에 대한 양보에도 반대했다.

실제로 그는 명예와 자유의 보루로서, 그리고 노예근성이나 아첨 없이도 독립성을 유지할 수 있는 유일한 집단으로서의 귀족사회와, 세습 귀족의 전통적인 특권을 침해할 우려가 있는 모든 것에 반대했다. 그는 출판되지 않은 한 논문에서 러시아의 정치체제는 진정한 군주체제가 아니라, 가장 나쁜 정부형태로서 失政이며 "독재의 미친 채찍질만이 난무하는 무법 폭정"인 전제 체제라고 공개적으로 비난했다.

쉬체르바토프는 1610년까지의 러시아 역사 7집을 저술한 역사가로서, 전제 정치가 러시아에 고유한 정부 형태가 아니라는 견해를 피력했다. 이전의 러시아 대공이나 짜리들은 그들의 권력을 보야르들과 나누어 가졌으며, 서로가 밀접하게 유착된 보야르와 짜리의 동맹은 러시아의 획기적인 국력 신장의 주요 요인이었다. 그는 이러한 개념을 독재적이기는 했지만 정치적으로는 성공을 거둔 이반 뇌제의 통치기에 적용시키고자 이반의 지배기를 전기와 후기의 두 시기로 구분했다. 전기는 짜리가 자신의 정열을 억제하고 보야르 두마의 충고에 귀를 기울였기 때문에 이로운 시기의 러시아였지만, 후기에는 냉혈한 독재자가 되어 자신의 조언자들을 살해하고 국가를 황폐하게 만들었다는 것이다.

그러나 뾰트르 대제의 통치기는 쉬체르바토프의 개념을 적용하기에는 무리가 있었다. 보야르에 대한 가혹한 탄압과 관등표의 도입에도 불구하고, 뾰트르는 러시아의 국력을 강화, 신장시켰다. 쉬체르바토프는 이러한 사실을 부인하지는 않았지만, "너무나 많은 대가를 지불한 피상적인 성공"에 불과했다는 점을 제시하려고 했다. 그는 자신의 이러한 생각을 『러시아내 도덕의 붕괴에 관한 고찰』(1788)이라는 제목의 책 속에서 발전시켰다. 이 에세이는 검열을 통과할 수 없었기 때문에 출판을 목적으로 집필한 것은 아니었다. 그의 글은 1858년이 되어서야 게르N)에 의해 해외에서 출판되어 그 빛을 보게 되었다.

쉬체르바토프는 "도덕적 퇴보의 대가로 얻어진 진보의 개념" 속에 내재되어 있는 모순을 '고찰'의 출발점으로 잡았다. 자신의 이론을 증명하기 위해 그는 원시부족 생활을 이상적인 모습으로 묘사하고, 그 소박함을 문명의 유혹과 대비시켰으며, 나아가 이러한 부족사회의 재산공유와 같은 원시적인 평등주의를 찬양하기까지 했다. 그러나 문명의 진보는 사회적 분화를 의미하기 때문에, 그러한 이상이 존속될 수 없다는 점을 그는 또한 지적하고 있었다.

많은 점에서 쉬체르바토프의 사상은 일반적인 계몽주의 유형과는 차이가 있다. 그가 본 부족생활은 자연상태에서 평화롭게 존재한 것이 아니었다. 반대로 가장 주목할 특징은 사회적 응집력이 강했다는 점이다. 쉬체르바토프가 문명 국가의 전형인 내적 방종, 이기주의, 그리고 도덕적 혼란을 부족생활과 비교한 것은 '자연적인 자유'가 아니라, 바로 사회적 응집력이었다. 그는 원시 부족들에게는 모든 감각적 기호를 만족시켜야 하는 무절제한 충동이나, 불건전한 욕망과 손을 잡으려고 하는 미묘하고도 인위적으로 이끌리는 필요성이 끊임없이 많아진다거나, 혹은 남에게 감동을 주려고 하는 욕망과 같은 '육욕'의 개념이라는 것이 없었다고 주장했다. 쉬체르바토프의 견해는 문명 이전의 시대를 먼 선사시대에 두지 않고 비교적 가까운 과거에 둠으로써 원시 부족과 문명 국가의 안티테제가 뾰트르 이전의 러시아와 그 후의 러시아와의 안티테제와 일치한다는 점을 밝히려 했다는 점에서 매우 독창적이었다.

쉬체르바토프는 지난날 러시아의 생활이 매우 단순하고, 과도한 사치가 없었다고 단언하였다. 아이들의 교육은 완전히 종교에 의한 것이었으며, 그것이 비합리적인 미신을 조장했다는 문제는 있었지만, '하나님의 율법'에 대한 건전한 두려움을 가르친 것은 사실이었다. 당시에는 정부의 직책에 따라 귀족의 지위가 정해졌던 것이 아니라, 귀족 가문의 특권과 전통(메스트니체스트보)에 따라서 직책이 정해졌다. 이러한 원칙은 개인의 야망을 억제하여, 그것을 가문과 계급적 이익의 하위 개념에 두게 함으로써, 대신 공공의 미덕을 꽃피우게 한 것이었다.

러시아에서 도덕이 붕괴하게 된 또다른 원인은 개인적인 야망을 부추기고, 정부 관료를 귀족보다 우위의 개념에 두었던 뾰트르의 관료적 계층구조 때문이었다. 쉬체르바토프는 이렇게 묻고 있다. "어렸을 때부터 상사의 손에 쥐어있는 몽둥이를 무서워했던 사람이 과연 미덕과 강직한 성격을 간직할 수 있을까?" 무자비한 개혁의 폭풍은 국가의 도덕에 큰 해를 가져온 것이 사실이었다. 미신을 과감하게 척결하려 했던 뾰트르를 가리켜 쉬체르바토프는 "나뭇가지를 잘못 자르는 경험없는 정원사"로 비유했다. "미신은 많이 없어졌지만, 믿음 또한 많이 없어졌다. 지옥에 대한 비굴한 두려움도 없어졌지만, 하나님과 하나님의 율법에 대한 애정 또한 사라졌다."

뾰트르의 개혁을 비판하고, '고대와 근대의 러시아'라는 문제를 예리하고도 종합적으로 다루었다는 점에서, 쉬체르바토프는 어떤 의미에서는 게르첸이 지적했던 것처럼 슬라브주의자들의 선구자였다. 중요한 것은 슬라브주의자들과 마찬가지로 쉬체르바토프도 수도를 옛 보야르들의 거점인 모스크바로부터 관료적 전제정치의 절대권을 상징하는 신흥도시 뻬쩨르부르그로 옮긴 것을 강력하게 비판했다는 점이다.

그러나 쉬체르바토프와 슬라브주의자들을 같은 맥락에서 비교한다는 것은 매우 피상적이며, 신빙성도 없어 보인다. 그의 『러시아내 도덕의 붕괴에 관한 고찰』에는 러시아와 유럽의 안티테제가 없으며, 사법적 문제, 사회 체제 및 정치적 권리의 중요성에 대한 그의 주장은 당시의 계몽주의 영향을 받은 서유럽적인 것이었기 때문에, 낭만적 민족주의와 러시아 인민을 이상화한 슬라브주의자들의 그것과는 거리가 있었다. 귀족 정치의 역할에 대한 그의 신념 역시 '서구적'이었으며, 뒤에 소개되겠지만, 슬라브주의자들은 '귀족 정치'를 부정적인 것으로 보고 있었다. 왜냐하면 그것은 고대 러시아의 '진정한 크리스트교적' 원리와는 전혀 성질이 다른 것이기 때문이다.

쉬체르바토프가 『러시아내 도덕의 붕괴에 관한 고찰』을 내기 몇 년전 썼던 자신의 정치적 이상을 담은 공상 소설 『오피르로의 여행』(1784)은 또다른 관심을 불러 일으킨다. 독자가 이해하기 쉽도록 풀어서 쓴 이 책은 '질서정연한 경찰국가'의 이상적인 모습을 제시하고 있다.[68] 그러나 이 작품은 슬라브주의자나 몽테스키외의 취향과는 걸맞지 않은 것이었는데, 쉬체르바토프는 실제 이 저서 속에서 전제 정치에 대한 자신의 비판적인 견해를 확고히 하는 여러 가지 논쟁점을 도출해 냈던 것이다.

오피르의 사람들은 자유민 계층과, 저자가 단순히 '노예'라고 호칭한 농노 계층으로 각각 굳게 봉인된 채 분리되어 있었다. 모든 거주민들의 일상생활은 세세하게 통제되며, 지나친 사치와 도덕이 해이해지는 경우에는 엄격한 처벌을 받게 된다. 물론 계급에 따라 시민들은 어떠한 옷을 입어야 하는지, 얼마나 큰 집에 살아야 하는지, 몇 명의 하인을 둘 수 있는지, 어떤 가정용품을 쓸 수

---

68) M. Raeff, "State and Nobility in the Ideology of M. M. Shchervatov," The American Slavic and East European Review (Oct. 1960), p. 374 참조.

있는지, 혹은 어느정도 보수를 받아야 하는지를 엄격히 규제받는다. 이러한 이상국가에서 관료제와 전제 정치의 지지자들은 전제적이고도 관료적인 생활의 통제를 지나치게 엄격화하고 있다. 그러나 쉬체르바토프에게 있어서 엄격한 도덕적 통제는 정치적 자유와 모순되는 것이 아니었기 때문에, 그 국가는 아무런 모순이 있을 수 없는 것이었다.

결국 오피르에는 기본적인 권리 보장, 각 계급의 이익 보장, 사병의 폐지 등과 같은 전제 정치에 반대하는 여러 가지의 보장만이 있을 뿐이었다. 쉬체르바토프에게 있어서 자유를 보장하는 가장 중요한 조치 가운데 하나는 농민이 자신의 주인을 고소하지 못하도록 금하는 것이었다. 쉬체르바토프의 눈에는 황제에게 탄원하는 권리가 농민들의 '훌륭한 짜리'에 대한 투박한 믿음만을 굳게 해주고, 반면에 지배자는 국민의 지지를 의식하게 되어 전횡을 일삼는 독재자로 변할 가능성이 많아 보였던 것이다.

어떤 면에서 쉬체르바토프의 유토피아는 자신의 프리메이슨 경험과 형식주의, 계급 구조 등에 대한 메이슨적인 동경에서 비롯된 듯 하다. 이러한 경향은 특히 교육과 종교에 관한 부분에서 더욱 두드러지게 나타난다. 오피르에서는 계급마다 정도의 차이가 있기는 하지만, 모든 시민에게 의무 교육과 자유 교육이 적절히 보장된다. 종교는 신에 대한 합리적 숭배 형태로 격하되었으며, 종교의식을 베풂으로써 따로 생계를 이어가는 성직자도 없다. 성사, 헌금, 그리고 모든 성찬식이 폐지되고, 기도 또한 짧고 간단하며, 공동의 기도를 설정한 것도 메이슨 의식과 유사했다. 그러나 무신론은 금지되었고, 교회 예배는 신성한 의무이며, 이에 불참할 때는 처벌을 받게 된다.

유토피아의 어떤 요소가 메이슨적 유래와 상응하는지를 일괄하여 설명할 수는 없지만, 쉬체르바토프의 소설을 가장 잘 이해할 수 있는 열쇠는 '고대와 근대의 러시아'에 관한 그의 주장에서 찾을 수 있을 것이다. 지금까지의 관심은 치밀한 관료체제가 뾰뜨르 이후 러시아의 특정한 모습과 일치하고 있다는 사실에 쏠려 있었다. 그러나 『오피르로의 여행』에서의 모습과 『러시아내 도덕의 붕괴에 관한 고찰』에서 묘사된 뾰뜨르 이전의 러시아 모습을 비교하는 것이 보다 효과적인 접근방법이 될 것이다. 두 경우 모두 개인의 사생활은 엄격한 규율과 기준에 따라 구속되고 있는데, 하나는 합법적인 법령에 의한 통제이며, 다른 하나는 신성시된 전통과 종교에 의해 통제된다.

두 경우 모두에서 보여지는 계급의 구분과, 그러한 계급의 철저히 밀봉된 단절화-특히 귀족의 고립화-는 모두가 사회적 응집력을 확보하고, 공공 미덕을 확보하기 위한 것이었다. 마지막으로 두 경우는 다같이 엄격한 도덕을 적절히 요구함으로써 음흉한 '육욕'의 만연을 방지하고 있다. 중요한 것은 고대와 근대 러시아의 차이점을 고찰하면서 쉬체르바토프는 엄격한 통제와 도덕 규범이 전제정치와 혼동되어서는 안된다고 확신했다는 점이다. 그는 고대 러시아가 대체로 전제군주제 사회였지만, 짜리를 포함한 모든 사람들의 활동영역이 대체로 이미 설정된 전통적인 생활방식에 충실했기 때문에 전횡적 통치를 방지할 수 있었다고 주장했다. 반면에 근대 러시아에서는 전제정치가 "가장 충실한 동맹자로 삼았어야 하는 도덕이 타락"하는 결과를 초래했다고 보았던 것이다.

2. 알렉산드르 라지쉬체프(1749-1802)

예카쩨리나의 계몽주의에 대한 매우 다른 종류의 비판은 좀더 서구화되고, 러시아적 환경과 예카쩨리나의 공식적 서구주의의 곡해로부터 좀더 자유로웠던 알렉산드르 라지쉬체프라는 인물로부터 급진적인 형태로 나타났다. 라지쉬체프를 통해 러시아의 정치사상과 철학은 아주 놀라우리만큼 용이하게 형이상학적 사유로부터 사회에 대한 비판으로, 그리고 다시 형이상학적 사유로 옮겨 갔다.

라지쉬체프는 1749년 모스크바에서 대지주 귀족의 한 교양있고 탁월한 집안의 아들로 태어났다. 그는 사라코프 지방에 있는 아버지의 영지에서 자랐으며, 여덟살이 되어서는 새로 설립된 모스크바 대학의 공직에 있던 그의 아저씨와 함께 모스크바로 이주하게 되었다. 열세살 때 라지쉬체프는 뻬쩨르부르그 궁정에서 봉직하게 되었으며, 그 후 4년 동안 그는 새로운 통치자인 예카쩨리나 2세의 곁에서 지내게 되었다. 라지쉬체프는 어린 시절을 이처럼 러시아 생활의 정치적, 사회적, 그리고 지적 중심지에서 생활하였다.

라지쉬체프는 서유럽에의 여행과 공부를 통해 서유럽 사상에 직접 친숙하게 되었고, 그 영향은 영원히 그의 사고의 방향과 성격을 결정했다. 1766년 예카쩨리나는 라지쉬체프를 비롯해 다른 11명의 귀족 자제들을 라이프찌히 대학으로 유학보냈는데, "라틴어, 독일어, 프랑스어, 그리고 가능하면 슬라브어 계통의 언어들까지 … 윤리학, 사학, 그리고 특히 자연법과 국제법을, 그리고 로마 제국의 법률을 공부해 오라"는 것이었다. 또한 그녀는 "자신이 원하는 어떤 학문이든 마음대로 공부해도 좋다"고 덧붙였다. 라지쉬체프는 이 기회를 충분히 이용했고, 5년이 끝날 무렵 그는 서유럽의 계몽주의 사상가들에 심취해 있었다.

그는 프리스틀리(Priestly)와 로크(Locke)를 공부했다. 그는 라이프니츠의 추종자인 에른스트 플래트너(Ernst Platner) 교수의 강의를 들었다. 그 후 라이프니츠의 강한 영향력이 라지쉬체프에게 남아 있게 되었다. 또한 그는 헤르더(Herder)를 존경했다. 그러나 가장 분명한 영향력은 프랑스의 사상가들에게서부터였다. 엘베시우스, 볼테르, 루소, 그리고 몽테스키외, 그리고 정도는 좀 덜 했지만 레이날(Raynal)과 마블리(Mably)같은 사람들이 있었다.

1771년 라지쉬체프가 러시아로 되돌아왔을 때, 그는 행정부와 군대에서 자신의 생애를 다시 시작하게 되었는데, 여기에서 그는 탁월함을 나타내었고, 1790년에는 뻬쩨르부르그 세관장이 되었다. 1775년에 한 행복한 결혼은 1783년 그의 아내의 이른 죽음으로 막을 내렸다. 그러나 그의 계몽주의 사상에 대한 관심은 식을 줄을 몰랐다. 라지쉬체프와 당시의 교육받은 귀족 집안의 다른 사람들은 외국의 출판물에 있는 이러한 사상을 아주 흥미있게 추적했으며, 그들 자신의 저술에 시험적으로 다소간 이를 원용하기도 했다. 1773년 라지쉬체프는 마블리의 『그리스 역사에 대한 고찰』을 러시아어로 번역했으며, 여기에서 그는 註解를 통해 전제정치를 혹독하게 비판했다. 1783년 그는 『자유』라는 제목이 붙은 장시를 완성했으며(그의 사후에야 전체가 출간되었다), 여기에서 그는 전제군주제와 러시아의 제국주의를 비판했다. 그러나 라지쉬체프의 정치철학에 있어 가장 급진적인 것은 시 모음이며, 나아가 러시아의 정치적, 사회적 생활의 여러 모습을 다룬 『뻬쩨르부르그에서 모스크바까지의 여행』이라고 할 수 있다. 이것은 1790년 출판되었는데, 당시 러시아의 진보적인 사상을 가장 정확하게 담은 것이었다.

이 저술은 뻬쩨르부르그에서부터 모스크바까지 단계적으로 여행하는 상상의 여행기 형식을 갖는 것이었다. 여기서 話者는 러시아의 전제정치에서 나타나는 악들, 특히 농노제의 악습을 발견하여 그것을 기술하고 있다. 당시 농노제의 어둡고 비참한 참상에 관한 라지쉬체프의 완곡한 묘사는 이 책에서 추려 재출판된 '미래를 위한 계획'이란 이름을 붙인 유토피아적 묘사에서 잘 요약되고 있다. 여기에서 라지쉬체프는 러시아 사회를 분명하고 일관성있는 법률에 의해 공표된 이성이 '편견과 미신'에 승리를 거둔다는 하나의 완전성의 극치를 향해 나아가는 것으로 풍자해 나타내고 있다. 그곳은 권력이 나뉘어 있고, 종교적인 자유가 있으며,

‘소유의 평등’이 있고, 평화가 있으며, ‘대중교육’이 보장되어 있다. 그러나 남아있는 하나의 악이 나머지 업적들을 무색하게 만들고 있으니, 그것이 바로 농노제였다.

그렇다면 이 농노제가 왜 악이란 말인가. 그것은 첫째, 자유와 평등에 관한 인간의 자연권에 대한 위반이다. 둘째, 그것은 인간의 소유에 관한 자연권에 반하는 것이다. 라지쉬체프의 노동가치설에 따르면, 토지는 그곳에서 일하는 사람에게 귀속되어야 하며, 그 사람들이야말로 모든 가능성으로부터 참다운 실제 가치를 창출하는 사람들이라는 것이다. 세번째, 그것은 경제적으로도 비능률적이라는 것이다. 자기이해에 의해 움직이는 인간은 자기노동의 결과가 자신에게 되돌아오지 않는다면, 그 생산을 극대화하지 않는다는 것이다. 넷째, ‘노예제도의 동반자’인 계속적인 농노제는 도덕적으로 해롭기 때문에 한편으로는 자만심을, 다른 한편으로는 노예근성을 길러줄 뿐이라는 것이다. 마지막으로 농노제는 시민사회의 존재를 위협한다. 억눌린 자들이 일어나면, “죽음과 방화 같은 황폐화만이 자신들의 거친 대우와 비인간성에 대한 보수로서 도래될 뿐”이라는 것이다.

라지쉬체프는 자연법과 시민법을 구분하고 있었다. 전자는 不文的인 인간의 천부적 권리, 양도할 수 없는 인간의 본성으로, 후자는 사회계약이 성립된 후에야 효력을 발생하는 성문법으로 본 것이다. 최악의 정치체제는 전제정치이다. 그곳에서는 통치자의 전횡적 의지가 모든 법률의 상위에 있기 때문이다. 라지쉬체프가 이상화하고 있는 정치 체제는 민주적인 공화제였다. 그는 작은 국가에서만 공화제가 실행가능하며, 커다란 국가에서는 불가피하게 군주제로 통치할 수 밖에 없다는 루소의 견해에 철저히 반대했다. 그는 이렇게 말한다.

몽테스키외와 루소의 사색은 많은 폐해를 가져왔다. 몽테스키외는 고대 공화국, 앗시즈적 통치, 프랑스 등을 염두에 두면서 공상적인 것을 삼권분립이라고 생각했다. 루소는 역사에서 도움을 구하지 않고 善政은 작은 나라에서나 가능하고 큰 나라에서는 폭력이 불가피하다고 생각하였다.[69]

라지쉬체프는 훗날 제카브리스트들이 그랬던 것처럼, 고대 로마와 노브고로드 및 쁘스코프의 '상인 공화국'을 이상화하려는 경향이 있었다. 그는 『뻬쩨르부르그에서 모스크바까지의 여행』에서 "노브고로드가 인민의 정부였다는 사실이 '연대기'를 통해 알려져 왔다. 공들이 있기는 했지만, 그들은 권력을 행사할 수 없었다. 정부의 모든 권력은 시민과 군부의 대표자들(시장과 군사 귀족)에게 위임되어 있었다. 그리고 민주적인 의회였던 베체의 구성원들이 실질적인 군주와도 같았다"라고 말하고 있다. 이는 러시아 사람들이 태어나면서부터 자유를 사랑했지만, 전제정치가 폭력을 통해 권력을 장악하게 되었다는 증거이다. 전제정치를 싫어했기 때문에 라지쉬체프는 뾰뜨르 대제에 대해서도 매우 비판적이었다.

라지쉬체프가 『자유』 송시와 『뻬쩨르부르그에서 모스크바까지의 여행』에서 나타낸 이러한 급진적인 견해는 그가 혁명을 임박한 위험이라고 간주한다는 것을 명백히 말해 준다. 그는 파국을 피하고자 했으며, 혜택받은 사람들에게 "가서 자신의 형제들이 사는 곳을 보고, 그들의 대지에 변화를 가져다 줄 것"을 주장했다. 이것은 라지쉬체프를 존경했고, 훗날 '인민에게로(브 나로드)'라는 운동을 고무했던 게르쩬에게 주는 충언이었다. 그러나 라지쉬체프의 이러한 개혁과 혁명 사이의 차별화는 예카쩨리나에 의해 묵살되었다. 그녀는 『뻬쩨르부르그에서 모스크바까지의 여행』

---

69) 라지쉬체프, 『철학적, 사회적, 정치적 저작 선집』 (모스크바, 1952), 570쪽. 소비에트 과학아카데미 철학연구소 편, 앞의 책, 231쪽에서 재인용.

에 대해 아주 부정적인 견해를 가지고 있었다. 그녀는 "이 책의 저자는 프랑스의 광란에 몹시 사로잡혀 모든 가능한 방법으로 권위에 대한 존경심, 그리고 권위를 갖춘 사람들을 부수려고 작정하고 있으며, 사람들에게 그들의 윗사람에 대해 반감을 갖고 정부에 반대하도록 부추기고 있다"고 선언하였다. 이 책은 배포가 즉시 중지되었으며, 라지쉬체프는 처음 사형을 언도받았다가 후에 시베리아로 추방되었다.

시베리아 유형생활중 라지쉬체프는 비록 정치경제학이나 철학에 있어서 덜 민감한 주제를 다루기는 했지만, 다시 공부를 계속했고 글도 썼다. 이 때 집필한 그의 중요한 철학 저술이나 글들은 러시아의 철학사에 있어서 가장 최초의 중요한 이론적 논문을 구성한다.『인간, 그의 필멸성과 불멸성에 대하여』라는 제목이 붙은 이 저술은 총 4권으로 구성되어 있는데, 그가 시베리아에 도착한 1792년에 시작되어 1796년에 완성되었다. 이 뛰어난 저서의 제 1권에서 라지쉬체프는 인간의 불멸성의 문제를 다루고 있고, 아울러 인간의 도덕적이고 지적인 힘에 대해 논하고 있다. 이어 제 2권에서는 이러한 불멸성에 대한 유물론적인 경우를 제시하면서, 마음이나 정신적인 현상은 단지 물질의 어떤 특별한 구조의 기능이라는 명제를 발전시켰다(이러한 논의에 힘입어 과거 소비에트 철학자들 사이에서는 라지쉬체프가 미하일 로모노소프와 더불어 '러시아 유물론 철학'의 공동 시조로 추앙받았다). 그러나 제 3권과 4권에서 라지쉬체프는 불멸성을 선호하는 결정을 한다. 영혼이란 신체와 구별되는, 그러나 신체에 작용하는 소박한 실체적 힘으로 보면서, 이러한 힘은 결코 파괴될 수 없음을 에너지 보존 법칙으로 설명하고 있다. 더구나 영혼은 신체를 생존 가능케 하고, 좀더 완전한 상태로 다시 육신을 구성해 준다고 하였다.

라지쉬체프의 육신화(reincarnation) 이론은 라이프니츠를 연상케 하는데, 그는 몇몇 소논문을 통해 이것의 인식론적, 형이상학적 제 특징들을 제시하고 있다.[70] 또 그는 라이프니츠와 마찬가지로 경험론과 합리론의 화해를 주장한다. 그는 '경험'을 지식을 얻는 유일한 기초로 받아들이고 있지만, 사물의 연관관계에는 감각적인 경험 이외에도 '합리적인 경험'이 있다고 하며 엘베시우스에 반대했다. 또한 사물 그 자체는 인간에 의해 알려질 수 없으며, 인간의 개념은 단지 실재의 사물에 대한 상징일 뿐이라고 했다. 그러나 라지쉬체프는 라이프니츠의 단자론을 받아들이지는 않았다. 그는 어떤 철학적인 체계를 찬성하지도, 창조하지도 않았지만, 몇 개의 개념적인 도구들을 빌려 고유한 철학적 발견을 이루었던 것이다.

1796년 예카쩨리나가 죽고 빠벨 1세가 왕위에 올랐을 때, 라지쉬체프는 다시 모스크바에 있는 그의 영지로 돌아올 수 있도록 제한된 허가를 받았으며, 아울러 1801년 알렉산드르 1세의 즉위가 몰고온 진보적 정신과 함께 그는 완전히 사면되고, 그의 모든 권리는 회복되었다. 그는 뻬쩨르부르그에 있는 특별공립위원으로 임명되어 제국의 법을 개정하는 자리에까지 오르게 되었다. 그러나 그의 자유와 평등을 실현코자 하는 이상에도 불구하고, 그의 제안은 너무 급진적이라는 평가를 동료들로부터 듣게 되었다. 성공은 고사하고 그에게 또다시 죄목이 씌워질 위험에 직면하자, 라지쉬체프는 그가 『뻬쩨르부르그에서 모스크바까지의 여행』에서 '압제 하에는 아무곳에도 성역은 없다'는 것을 마침내 발견한 사람에게 충고했던대로, 1802년 스스로 자신의 삶을 마감하였다.

라지쉬체프의 이론적인 저술이 비록 당대에 커다란 영향을 끼치지는 않았지만, 그것은 러시아의 정치사상과 철학에 있어 커다란 진보를 약속해 주었다. 그의 사회 비판은 뿌쉬킨이나 제카브리스

---

70) 라지쉬체프의 철학 논문에 대한 라이프니츠의 영향을 언급한 자세한 내용은 V. V. Zenkovsky, A History of Russian Philosophy, trans. George Kline (New York: Columbia University Press, 1953), vol. 2, pp. 86-90을 참조할 것.

트들, 게르쩬 , 그리고 도브롤류보프와 같은 인물들에게 큰 영향을 미쳤으며, 그는 급진적인 러시아 인텔리겐찌야의 최초의 대변자로 간주되었다. 그들은 라지쉬체프가 그렇게 기억되기를 희망했던대로, 그를 '우리들에게 있어 자유를 주장했던 최초의 인물'로 기억했다.

제 13장 약속과 종말 :
알렉산드르 1세와 조력자들

아버지 빠벨이 궁정 쿠데타에 의해 살해되고 23세의 나이로 왕위에 오르게 된 알렉산드르 1세(재위기간 1801-1825)는 자신의 왕위승계 선언문에서 "할머니 예카쩨리나 대제의 법률과 정신에 따라 통치할 것임"을 선언함으로써 러시아에 희망의 물결을 자극하였다. 어린 시절 그의 교육은 옛 여제에 대한 특별한 관심을 갖는 것이었고, 11년 동안 그는 스위스의 공화주의자 라 하르페(La Harpe)에 의해 지도되었다. 그의 취임사에 나타난 이러한 표현과 행태는, 빠벨 황제의 별나고 의심많은 변덕 이후, 그가 예카쩨리나의 법률뿐만 아니라, 여제 초기의 활발한 개혁 의지를 받아들일 것이라는 기대를 한껏 부풀렸다.

러시아의 모든 사람들은 알렉산드르 1세가 제위에 오른 것을 크게 반겼다. 엄하고 예측하기 힘든 폭군이었던 빠벨 대신 그들은 아주 매력적이고 분명히 많은 것을 약속해 주는 젊은 통치자를 얻었다. 알렉산드르 1세는 교육받은 러시아인들이 다양한 방식으로 열렬히 추구하던 계몽주의의 여러 이상들-예컨대 자비, 진보, 인간 존엄성의 인정, 그리고 자유 등과 같은 것들-을 대변하는 것처럼 보였다. 새 황제의 첫번째 조치들은 그러한 기대를 확인시켜 주었다. 대규모 사면 조치로 빠벨 시기 파면된 1만2천여명에 달하는 사람들이 이전의 지위로 복직되었고, 해외여행과 외국 서적, 정기간행물은 물론이거니와 외국인의 러시아 입국에 대한 규제 조치도 폐지되었다. 검열제도가 완화되고, 사설 출판사가 문을 열 수 있도록 인가되었으며, 수사에서 고문이 폐지되고, 예카쩨리나

2세에 의해 귀족 및 시민 계급에 부여된 헌장은 다시 완전한 효력을 발생하게 되었다.

그러나 이러한 조치들은 알렉산드르 1세의 자유주의적 개혁 계획의 시작에 불과했다. 그들이 당면한 핵심적인 문제는 국가의 전반적인 후진성과 행정기구의 비적합성 및 부패, 그 밖에도 농노제도와 전제정치의 문제 등이 있었다. 예카쩨리나 여제나 빠벨과는 대조적으로 알렉산드르 1세는, 그 노력의 구체적인 결과는 미미했지만, 이러한 문제들을 구체적 검토의 대상으로 올려 놓았다는 데 큰 의의가 있다. 알렉산드르 1세의 자유주의적 개혁 시도는 1801년부터 1805년까지, 그리고 1807년부터 1812년까지의 두 시기로 나누어 볼 수 있는데, 이 두 시기에 뒤이어 러시아는 프랑스와의 전쟁에 휩쓸리게 된다.

알렉산드르 1세가 즉위한 직후인 1기는 그 목표가 가장 원대했고, 또 가장 희망에 차 있던 시기였다. 새 황제는 노보실쩨프, 스트로가노프, 코추베이, 짜르토리스키 등 4명의 젊은 자유주의적 조력자들, 이른바 '비공식위원회' 멤버들의 도움을 받아 러시아를 개혁하려고 했다. 이 비공식위원회는 원로원의 지위를 격상시키고, 뾰뜨르의 콜레기야를 근대적인 부처제도(미니스트르)로 바꾸었으며, 1803년에는 '자유농민법'을 제정하여 지주의 자발적인 농노 해방을 허용하는 등 많은 개혁 활동을 수행했다. 그리고 알렉산드르 1세 개혁의 제 2기는 '스뻬란스키의 개혁'으로 대표되는데, 스뻬란스키는 뒤에 살펴보겠지만, 러시아에서 법률과 합법적 절차에 확고한 기반을 둔 강력한 군주체제를 수립하여, 독단성, 부패, 그리고 혼란으로부터 이것을 해방시키고자 했다.

그러나 제 1기의 개혁 시도와 마찬가지로 스뻬란스키가 주도한 2기의 개혁 시도도 귀족들의 반대, 황제 자신의 의심과 우유부단 등으로 지지부진하다가 1812년의 전쟁으로 중단되었다. 전쟁후 외교 활동에 몰두한 황제는 국내에서는 어떠한 전진적인 법률도

제정하지 못했고, 또 그러한 방향의 계획조차 갖고 있지 않았다. 한편 전쟁을 통해 유럽원정에 참여했던 젊은 장교들은 알렉산드르 1세 치하의 이러한 정세에 불만을 갖게 되었고, 그것은 '제카브리스트들의 봉기'로 이어졌다. 알렉산드르 1세 초기의 약속과 희망은 결국 쓰라린 환멸을 맛보면서 종말을 고하게 되었던 것이다.

1. 미하일 스뻬란스키(1772-1839)

 미하일 스뻬란스키는 1772년 블라지미르 현의 한 작은 마을에서 시골 사제의 아들로 태어나 순전히 자신의 재능과 노력으로 출세했다. 그는 블라지미르 지방학교의 수석 졸업생 자격으로 상트 뻬쩨르부르그에 있는 알렉산드르 네프스키 수도원 신학교(후에 종교 아카데미로 승격됨)에 입학했다. 그는 여기서 약관 20세의 나이에 수학과 수사학을 가르쳤다. 그는 곧 쿠라킨 공의 개인비서로 활동하다가 그의 후원을 받아 국가 봉직의 길로 나섰다. 국가 봉직에 나선지 불과 수년만에 그는 놀랄만한 속도로 승진에 승진을 거듭해 27세의 나이에 벌써 5등 문관의 관등까지 올라갔다. 이로써 그는 세습귀족의 반열에 끼게 되었고, 농노가 딸린 5만 4천 에이커의 토지 소유주가 되었다.

 이러한 급속한 출세로 말미암아 붙여진 '벼락출세자'라는 칭호 혹은 별명은 평생 동안 그를 따라다녔다. 그의 직속 상관과 최고위 관리, 그리고 심지어 황제까지도 그의 재능을 높이 샀다. 그러나 귀족을 중심으로 한 상류사회와 관료들 대부분은 이러한 그를 질시하고 경원시했다.

 1801년 알렉산드르 1세가 즉위함에 따라 스뻬란스키는 자신의 능력을 마음껏 발휘할 수 있는 좋은 기회를 맞이했다. 알렉산드르 1세의 집권 첫 10년 동안 스뻬란스키 본인 및 그의 활동은 당시

정부내 새로운 분위기의 화신이었다. 수많은 보고서들을 통해 그
는 러시아의 개혁을 기획했다. 그의 개혁안은 낡고 비효율적인 군
주국가를 청산하고, 잘 짜여진 행정체계와 안정된 경제적 기반을
갖춘, 그러면서도 개인의 자유를 보장하는 근대적 국가의 수립을
지향하고 있었다.

스뻬란스키는 러시아의 기존 질서에 대해 극히 비판적인 태도를
취했고, 때때로 대담한 발언도 서슴지 않았다. 1802년에 작성한
한 보고서에서 그는 이렇게 말하고 있었다.

... 자유 러시아 인민들이 귀족이나 상인 등 여러 자유 계급으로 구분된
다고 허풍들을 떨고 있지만, 나는 러시아에서 오직 두 개의 신분, 즉 군주
의 노예와 지주의 노예만을 볼 수 있을 뿐이다. 전자는 오직 후자와 대비
되는 측면에서만 자유롭다. 사실상 러시아에서는 거지와 철학자를 빼고
는 아무도 자유롭지 못하다.[71]

스뻬란스키는 농노제가 러시아를 파괴하고 있다고 생각했기 때
문에 그것에 철저하게 반대하는 입장에 서 있었다. 그러나 그는
농노제를 조속한 시일 내에 폐지하자는 주장을 하지는 않았다. 농
노 해방은 그의 개혁안에서 가장 시급한 문제가 아니었다. 왜냐하
면 "정치적 자유가 확립된 국가에서 공공 노예제도는 자연스럽게
소멸된다"고 보았기 때문이다. 스뻬란스키에게 공공 노예제도는
농노제의 다른 표현이었으며, 정치적 자유는 입헌적 정부의 도입
을 의미했다. 그러나 그의 이러한 견해는 제카브리스트들, 특히
니콜라이 투르게네프의 신랄한 비판을 받았다. 이들은 농노제의
폐지 없이는 정치적 자유도 있을 수 없다는 주장을 일관되게 주

---

71) M. M. Speransky, Projects and Notes (Moscow-Leningrad: Publishing House of the USSR
Academy of Sciences, 1961), p. 43(러시아어). 아니킨, 『러시아사상가들』, 김익희 역 (서
울: 나남, 1994), 131쪽에서 정리하여 재인용.

장하고 있었다.

1809년 스뻬란스키는 황제의 요청에 따라 포괄적인 헌법안을 제출하게 되었다. 스뻬란스키는 평소의 지론대로 러시아의 사회계층을 다음의 세 가지 범주로 나누었다. 첫째로 귀족, 그 다음은 상인, 장인, 농민 또는 일정액의 재산을 소유한 소자산가들을 포함하는 '중류환경'의 국민들, 그리고 마지막으로 농노, 하인 및 견습공을 포함하는 노동자들이 바로 이 세가지 범주였다. 이 계획에는 또한 세 종류의 권리가 규정되어 있었는데, 일반 시민권, 봉직의무의 면제 등과 같은 특별 시민권, 그리고 재산 자격에 따른 정치적 권리가 그것이다. 귀족들은 당연히 모든 권리들을 누릴 수 있도록 되어 있었다. 중류환경에 속하는 자들은 일반 시민권을 받았으며, 그들이 재산 소유 요건을 갖추고 있는 경우에는 정치적 권리도 받을 수 있었다. 그러나 노동자들은 일반 시민권을 받을 수는 있었으나, 정치에 참여할 수 있는 충분한 권리를 부여받지는 못하고 있었다.

스뻬란스키는 또 이 헌법안에서 러시아를 볼로스찌(읍 단위), 우예즈드(군 단위), 구베르니야(도 혹은 현 단위), 그리고 전국이라는 4단계 행정 단위로 재조직하고 있었다. 그리고 각 단위에는 전 러시아의 '전국 두마'를 정점으로 하는 입법의회(즉 두마), 원로원을 정점으로 하는 사법체계, 그리고 최종적으로 각 부와 중앙집권적 행정으로 통합되는 행정원 등의 기구를 설치할 계획이었다. 스뻬란스키의 체계 가운데 가장 흥미로운 부분인 전국 두마는 이 정치가의 조심성을 잘 나타내고 있었다. 왜냐하면 유권자에게 재산소유 정도에 따른 제한조치를 부과한 것 외에도, 이 기구는 일련의 간접선거에 의존하고 있었기 때문이다. 면 의회는 군 의원을, 군 의원들은 도 의원들을, 도 의원들은 전국 두마, 즉 국회의원들을 연쇄적으로 선출하는 것으로 되어 있었다. 또 전국 두마의 활동은 아주 제한적이었음이 분명하지만, 그러나 다른 한편으로 전국 두마는 대중들이 입법과정에 참여할 수 있는 기회를 제공하고 있었다.

이러한 정치 개혁안이 그가 계획한 기능 분화, 엄격한 법률존중주의, 대중에 의한 법관 선출 등 다른 조항들과 함께 성공적으로 시행되었더라면, 적절한 시기에 러시아를 개혁시켰을지도 모른다. 실제로 스뻬란스키의 4단계 지방자치제와 전국 입법의회 계획안은 러시아의 미래에 대한 선견지명 있는 계획이었다. 그러나 이 미래는 실현되는데 너무 많은 시간을 소모하면서, 너무나 소규모로, 그리고 너무나 늦게 실시된 계획의 한 고전적 사례가 되었다. 즉 러시아에서는 1864년의 소위 젬스트보 개혁에 의해 군과 도에서 자치제가 실시되었고, 두마는 1905년에야 겨우 설치되었으며, 면의 자치제는 이보다 더 늦은 1917년에 이르러서야 도입되었다.

1809년과 그 후 몇 년 동안 알렉산드르 1세는 스뻬란스키의 계획을 시행하는데 실패했다. 1812년에 스뻬란스키는 보수적인 관리와 귀족들의 반대, 황제의 의심과 우유부단함, 그리고 그가 친 프랑스주의자였던데 비해 황제는 나폴레옹과 결별했던 것 등의 이유로 자리에서 물러나게 되었다. 이후 스뻬란스키는 다시 공직에 돌아와 니콜라이 1세의 통치하에서도 보다 유익하고 중요한 일들을 하기는 했지만,[72] 1809년에 가졌던 그러한 절호의 기회를 결코 다시 갖지는 못했다.

---

72) 스뻬란스키는 니콜라이 1세 통치 초기인 1830년대 초에 『신법전』을 편찬했다. 이 법전은 러시아 법률 체계에서 커다란 업적이며, 하나의 이정표로 기록되고 있다. 1649년 짜리 알렉세이에 의해 정리, 편찬된 구법전(울로제니예) 대신 1835년에 공식 채택된 이 법전은 1917년 제정이 끝날 때까지 제국의 법전으로서 계속 사용되었다.

2. 니콜라이 카람진(1766-1826)

니콜라이 카람진은 알렉산드르 1세의 통치기에 러시아 정부의 역사가로 봉직했다. 문학 활동에서 그는 라지쉬체프도 관여했던 러시아 감상주의를 대표한 인물이었다. 그러나 카람진은 라지쉬체프와는 달리 시민의 미덕이나 사회 개혁보다는 도덕적 자기완성이라는 이상에 더욱 많은 관심을 기울였다. 젊은 카람진은 고독한 명상과 "달콤한 고독, 따뜻한 영혼의 정열"을 좋아하여 "세상의 떠들석함"을 거부했다. 이러한 감상적인 자기중심적 자세는 1789-90년에 걸친 유럽여행을 기술한 『러시아 여행자에게서 온 편지』에서 두드러지게 나타나고 있다.

러시아 감상주의를 대표하는 두 인물, 즉 카람진과 라지쉬체프를 이해하기 위해 이 『러시아 여행자에게서 온 편지』와 라지쉬체프의 『뻬쩨르부르그에서 모스크바까지의 여행』을 비교해 보는 것은 두 작품 모두가 기행문 형식이라는 점에서 유익하다. "나는 이웃을 둘러 보았다. 그리고 내 영혼은 고통받고 있는 사람들로 인해 상처를 입었다"라고 라지쉬체프는 쓰고 있다. 그러나 카람진은 자신이 유럽에 머무는 동안 프랑스 혁명이 발발했지만, 사회문제에는 전혀 관심을 기울이고 있지 않았다. 그는 자신의 '편지'는 단순히 주관적인 느낌을 적은 "서정적 팜플렛"일 뿐이라고 말하고 있다.

그러나 카람진은 밖에서 일어나는 일로부터 언제나 자유로울 수는 없었다. 그는 사회적, 정치적 범주에 대해 생각하지 않을 수 없게 되었다. 아마도 프랑스 혁명이 발발하면서 그의 마음 속에 자리잡고 있던 어떤 막연한 동정심이 싹트게 되었는지도 모른다. 그러나 어쨌든 왕에 대한 길로틴 처형과 자코뱅 테러로 요약되는 혁명의 후반기 국면은 그를 공포에 떨게 했다. "혁명은 우리의 사상을 분명히 해주었다"라는 말은 그의 가치 체계에 큰 변화가 있었음을 묘사한 것이다. 그는 자신의 감상주의적이고도 다소 관념적인 인도주의 정신을 포기하고, 유일하고도 영원한 구질서의 보루로서 전제정치를 지지하게 되었다. 이제 그는 자신이 과거에 신뢰했던 유럽을 가리켜 혁명, 분열, 그리고 혼란의 온상이라고 비난하면서, 정착된 사회 질서와 계몽적 절대 정부, 그리고 흔들리지 않는 크리스트교적 신앙을 간직한 나라인 러시아를 그 안티테제로서 칭송하게 되었다.

나폴레옹 전쟁에서 러시아의 전세가 불리하게 되고, 알렉산드르 1세의 초기 자유주의, 특히 황제의 명령을 받은 스뻬란스키가 다분히 의도적인 사법 및 행정 개혁을 입안하면서부터 카람진의 보수주의적 견해는 더욱 굳건해졌다. 보수주의 반대자들은 국가의 개혁 사업이 왜 하필 러시아의 적일 뿐아니라 왕위 찬탈자인 나폴레옹의 법전을 모델로 하고 있는가에 격분했다. 스뻬란스키의 영향력이 절정에 달했던 1811년 카람진은『고대 및 근대 러시아 회고록』을 통해 만연된 불만의 기운을 상세히 고찰하고, 정부 정책에 대한 대담하고도 철저한 비판을 가했다.

『고대 및 근대 러시아 회고록』에 담긴 중심사상은 전제정치 내에 존재하는 건전한 세력과 극단적인 역사의 연속성 개념에 대한 확신이었다. 이 개념은 지나치게 극단적이어서, 민족적 전통에 기원하지 않고 외국적 이론과 모델에 기초하는 어떠한 법률도 거부하고 있다. 알렉산드르 1세가 전제정치에 대해 헌법적 규제를 가하려 한다는 지나친 염려에서 카람진은 다음과 같은 편지를 황제에게 썼다.

황제께서 전제주의의 남용을 관대하게 혐오하시어 펜을 드시고, 신이 하사한 법이나 폐하 양심 밖의 법을 인준하신다면, 진실로 선량한 러시아 시민들은 주제넘게 폐하의 손을 붙들고 고하게 될 것입니다. "폐하, 폐하는 폐하 권한 밖의 일을 하셨습니다. 오랜 불행을 겪은 러시아는 신

의 성전 앞에서 러시아를 고결하게, 그리고 분할시키지 말고 통치해 달
라고 전제 권력을 폐하의 선왕들께 위임하였습니다. 이러한 관계가 폐하
권한의 초석이며, 폐하는 그 이상의 권한을 가질 수가 없습니다. 폐하는
무엇이든지 할 수 있습니다. 그러나 폐하께서는 당신의 권한을 법으로
제한할 수는 없는 것입니다."[73]

　이러한 견해를 이해하기 위해서는 카람진이 전제정치를 무한의
권력으로서가 아니라, 분할되지 않은 권력으로 생각했다는 점을
알아야 한다. 짜리의 권한은 국가에 관한 한은 절대적이지만, 정
치 세계의 밖인 개인의 영역에까지 미치는 것은 아니었다. 이러한
전제를 받아들일 때 우리는 카람진의 견해에서 개인의 자유가 자
코뱅적인 '인민의 주권' 하에서보다도 전제정치 하에서 더 무한
하고 고귀한 것임을 깨닫게 된다. 물론 카람진에게 개인의 자유는
귀족 계급에 국한된다는 점을 먼저 이해해야 할 것이다. 그가 무
엇보다도 "독재적 인민 통치"를 두려워 하고, 군주제를 "최후로
의지할만한 닻"으로 간주한 점은 평온한 전원으로의 귀향과 비정
치적 자유를 찬양했던 그의 초기 감상주의와 맥락을 같이하는 것
이었다.

　정치적으로도 카람진은 통치자가 전횡적 통치를 하지 말아야 한
다고 생각했다. 통치자의 권한은 그 어떤 성문법이나 헌법으로도
제한되지는 않지만, 관습과 도덕적 확신 속에 깔려 있는 불문의
역사적 전통에 의해서는 제한을 받는다. 이러한 전통을 존중하지
않는 군주는 전제정치와 귀족계급, 그리고 정교와의 삼각동맹에
의지하는 경우가 많기 때문에 독재자가 될 위험이 있는 것이다.
이러한 개념을 토대로 카람진은 헌법 제정을 통해 절대정치를 억

---

73) R. Pipes, Karamzin′s Memoir on Ancient and Modern Russia (Cambridge, Mass., 1959), p. 139
　　에서 재인용.

제하려던 귀족 계급의 기도뿐 아니라, 그들의 희망과 이익에 역행했던 짜리들의 정책까지도 통렬히 비난했다. 그는 이반 뇌제를 가리켜 시저나 네로보다 더 나쁜 독재자라고 불렀지만, 그러나 이것이 쿠루프스키를 반역죄로부터 면제시키는 것은 아니라고 주장했다. 뾰트르 대제 역시 역사가 카람진에게는 독재 통치자로 보였다. 그는 뾰트르가 추구한 러시아의 근대화를 긍정적으로 평가하기는 했지만, 그 방법은 잔인한 민족적 전통에 대한 말살이며, 개인의 사생활에 대한 정치 권력의 불법적 개입이라고 보았다.

카람진이 전제정치를 이상적인 정치체제로서가 아니라, 단순히 인간의 불완전성에서 비롯되는 역사적 필연으로 생각해 지지했다는 사실은 반드시 지적되어야 할 것이다. 그러므로 고대 러시아의 부족 집회나, 혹은 카람진이 키예프 시대에서의 역할을 크게 강조했던 베체, 그리고 노브고로드나 쁘스코프와 같은 러시아의 상인공화국 전통에 대해 그가 어떻게 생각했는지를 살펴볼 필요가 있다. 카람진이 1803년에 썼던 『노브고로드 정복』을 살펴보면, 승리를 거둔 전제정치의 원칙을 옹호하는듯 하면서도 노브고로드 시민들의 '공화제 장점' 또한 칭찬하고 있음을 알 수 있다. "풍요로운 자유"의 몰락은 우울한 애가조로 생생하게 묘사되고 있으며, 『고대 및 근대 러시아 회고록』과 『러시아 국가의 역사』에는 과거 러시아의 공화국 제도와 전제군주제와의 투쟁을 이와 유사하게 묘사하고 있다. 그러나 카람진이 이러한 감상적 공화주의에 빠져 있기는 했지만, 계속해서 그는 전제정치를 "러시아의 수호신"이라고 칭송하고 있었다.

카람진 보수주의의 근본 개념은 전제정치 지배의 합법적 부분인 정치를 개인 생활과 구분하는 것으로서, 이는 이중적 기능을 하고 있었다. 한편으로 그것은 권력의 전횡적 개입으로부터 비록 소극적이고 부분적이기는 하지만 개인을 보호하려는 시도였으며, 다른 한편으로는 비록 최소한의 개혁이지만 귀족들에게 유리한 현존 질서를 타개하려는 어떠한 움직임에도 단호하게 저항한다는 의미를 지니고 있었다. 농노제를 제한하는 어떠한 조치에 대한 강력한 반박으로서, 카람진은 역사의 연속성을 특별히 강조하고 있었다. 카람진을 통해 러시아의 귀족 계급은 정치적 권리 확보를 위한 투쟁을 포기하고, 대신 자신들의 사회적 지위가 지속적으로 안정되고 강화될 수 있는 보장을 요구하게 되었다.

카람진과 곧 등장하게 될 제카브리스트들을 비교해 보면, 당시 러시아의 귀족 계급을 대표한다는 양자의 견해가 얼마나 크게 다른지 분명히 알게 된다. 카람진은 개혁이 지나치게 원대하다는 이유로 황제의 개혁안에 반대했지만, 제카브리스트들의 움직임은 이 계획의 진실성에 의문을 갖게 되면서부터 태동했으며, 정부의 정책이 전보다 더욱 반동으로 흐르게 되면서 그 기반을 넓혀 나갔던 것이다. 그렇다 하더라도 제카브리스트들은 카람진의 역사책을 열심히 탐독하고, 그의 이반 뇌제에 대한 비판을 높이 평가했다. 또한 제카브리스트들은 카람진의 견해에 전적으로 동의할 수는 없었지만, 러시아 역사에서 볼 수 있는 '공화제적 전통'에 관한 풍부하고도 흥미있는 정보를 그로부터 제공받을 수 있었다. 제카브리스트들과 많은 접촉을 가졌던 뿌쉬킨은 카람진의 '역사'가 완전히 새로운 발견이었다고 쓰고 있다. "콜럼부스가 아메리카를 발견한 것처럼 카람진은 고대 러시아를 발견했다."

제 14장 아래로부터의 혁명 :
제카브리스트의 봉기

알렉산드르 1세의 초기 개혁 계획은 그의 회의주의와 함께 지지부진하게 진행되었고, 나폴레옹 전쟁을 치르게 되면서 그러한 계획의 의지마저도 완전히 사라지게 되었다. 특히 1815년 '신성동맹'의 창설을 제안하는 등, 알렉산드르 1세가 종교적 신비주의에 빠지면서부터는 보수주의와 반동 정책이 러시아를 짓누르게 되었고, 이는 알렉산드르 1세의 약속에 한가닥 희망을 걸고 있던 많은 사람들을 실망케 하였다.

한편 많은 러시아의 젊은이들은 퇴각하는 프랑스군을 따라 파리까지 입성하게 되었고, 그리하여 나폴레옹 전쟁은 러시아인들에게 그 어느때보다도 더욱 그들의 정치적 후진성을 자각케 하였다. 외국 원정에서 조국으로 돌아온 청년 장교들은 러시아의 농노제도가 조금도 변함이 없고, 전제정치의 다른 보루들 역시 요지부동인 현실을 비통한 감정으로 바라다 보아야만 했다.

당시 빈번한 농민 봉기가 있기는 했지만, 기존 질서에 조직적으로 저항할 수 있는 유일한 집단은 교육받은 귀족들이었다. 최초의 비밀결사를 조직했던 청년 장교들은 조국의 번영을 군사적 영광뿐 아니라 농노 해방에서도 찾았다. 1816년 제카브리스트 최초의 비밀결사인 '구제동맹(소유즈 스빠세니야)'이 뻬쩨르부르그에서 조직되었다. 이 동맹은 기본 목표를 자유주의적 헌법 제정과 농노제 폐지에 두고 있었다. 1818년에는 이보다 더 광범위하고 다양한 회원들로 구성된 '복지동맹(소유즈 블라고젠스트비야)'이 결성되어 개혁 투쟁과 계몽주의 확산에 주력했다. 이 동맹은 1821년 초에 공식 해체되었다. 그러나 바로 직후 다른 두 개의 결사, 즉 뻬쩨르부르그의 '북부협회(세베르노예 옵쉬체스트보)'와 우크라이나 주둔군이 소재하고 있던 툴친의 '남부협회(유즈노예 옵쉬체스트보)'가 결성되었다.

이러한 제카브리스트들의 다양한 정치적 견해 가운데 가장 독특하고 발전된 사상은 니키타 무라비요프의 사상과 빠벨 뻬스쩰의 사상이라고 할 수 있다. 상트 뻬쩨르부르그에 중심을 두고 있던 북부협회는 1822년부터 1825년까지 제카브리스트 운동의 초기 지도자들 가운데 한사람이었던 무라비요프에 의해 지도되었고, 남부협회는 반란 주모자들 가운데 가장 활동적이었던 뻬스쩰에 의해 지도되었다. 북부협회의 회원들은 보다 다양한 정치적 견해를 가지고 있었지만, 전체적으로는 뻬스쩰대령이 이끌었던 남부협회보다 훨씬 온건한 입장이었다. 이 두 인물을 중심으로 제카브리스트들의 사상을 살펴 보기로 한다.

1. 니키타 무라비요프(1796-1843)

니키타 무라비요프가 중심적으로 활동했던 북부협회의 이데올로기에는 특히 예카쩨리나 2세 시대의 귀족 반대파 미하일 쉬체르바토프의 정치사상을 연상케 하는 독특한 요소들이 있었다. 이 계열의 제카브리스트 운동에 가담한 회원의 대다수는 한때는 세력이 있었으나 현재는 몰락해버린 보야르 가문의 후예들이었다. 니키타 무라비요프는 이 운동이 노브고로드와 쁘스코프의 전통, 12세기의 보야르 두마, 1730년 모스크바의 귀족들이 안나 여제에게 제시했던 헌법적 요구, 그리고 빠닌 형제와 18세기 귀족 반대파의 헌법 개혁안 등에 뿌리를 두고 있다고 주장했다.

니키타 무라비요프의 『헌법초안(콘스찌투찌야)』은 이러한 북부협회의 정치적 견해를 잘 나타내고 있는 가장 중요한 문서이다.

그의 초안은 농노제의 전면적 폐지를 명시하고 있었으나, 토지 분배에 대해서는 아무런 언급이 없었다. 반면에 모든 토지가 귀족의 소유임을 명백히 하고 있었으며, 그나마 농민에게 가옥과 약 5에이커의 경작지를 소유할 수 있도록 허용한 수정안이 채택된 것은 보다 급진적인 북부협회내 다른 회원들의 압력 때문이었다. 당시 러시아 농업의 후진성을 감안할 때, 그렇게 적은 경작지로는 가족을 부양조차 할 수 없었다. 이러한 사실을 고려한다면, 무라비요프는 농노제의 폐지 이후에도 지주에 대한 농민의 경제적 예속 상태를 지속시키고자 했음을 알 수 있다. 최종적인 초안에서 삭제된 한 헌법 조항에는 농민이 마을을 떠나려면 지주에게 지불해야 할 노동력 상실 보상액을 규정해야 한다고 명시하고 있었다.

무라비요프 헌법의 또다른 특징은 시민의 자격에 대해 높은 수준의 재산소유를 요구하고 있었다는 점이다. 적어도 500루블에 상당하는 부동산을 소유하고 있거나, 그 가격의 두배에 해당하는 재산을 소유한 사람들만이 '시민'이라는 칭호를 쓸 수 있도록 제한하고 있었다. 공직 임용자격은 고위직으로 갈수록 더욱 비쌌는데, 최고위직은 적어도 6만 루블 이상의 영지를 가진 사람들에게만 문호가 열려 있었다. 초안의 마지막 수정 단계에서 무라비요프는 이러한 장벽을 낮추어 러시아 국가의 모든 거주민에게 '시민'이라는 칭호를 부여했다. 그러나 마지막 수정안에서도 지주와 자본가들에게만 완전한 투표권을 부여한 반면, 대다수 주민들의 능동적인 정치참여 기회를 박탈하고 있었는데, "예외나 차별 없이 모든 사람"에게 기회가 주어진 유일한 공직이라면 공동체(미르)의 장이었다.

무라비요프는 미합중국의 정치체제를 기초로 러시아에 대한 자신의 계획을 세웠다. 미래의 러시아는 각 주마다 수도를 가지고 있는 14개 주의 연방이 되는 것이었다. 예컨대, 러시아에는 "성 뾰트르"를 수도로 하는 볼호프 주, 키예프를 수도로 하는 차르노프주, 그리고 하리코프를 수도로 하는 우크라이나 주 등이 있게 되며, 주의 경계가 반드시 인종의 분류 기준과 일치하지는 않았다. 모든 주는 양원의 의회를 구성하며, 경제, 행정, 문화 분야에서 독립성을 유지할 수 있으나, 입법권을 가질 수는 없도록 되어 있었다. 전체 연방의 최고 권한은 '최고 두마'와 '하원'으로 구성되는 '국민의회(나로드노예 베체)'에 부여되었다. 짜리는 연방의 고위직 인사에 지나지 않았다. 궁정 파벌의 나쁜 영향을 피하기 위해 황실 근무자들의 정치적 권리는 잠정적으로 유보되었다. 게다가, 황제가 외국인들의 사악한 선동에 귀를 기울이지 못하도록 황제의 외국여행을 금지하는 조항까지 있었다.

무라비요프 헌법의 가장 전진적인 면이라면 시민의 자유를 주장한 것이었다. 종교, 집회, 언론의 완전한 자유 보장은 물론, 검열제도 폐지의 필연성과 학문, 예술, 교육 활동에 대한 국가의 간섭도 배제시키고 있었다. 그러나 사회 문제, 특히 농민 문제에 대한 무라비요프의 안은 귀족 계급의 사회 인식에 근본적인 한계가 있다는 것을 너무도 분명하게 보여주고 있었다. 많은 제카브리스트들은 단순하게 농노제를 폐지하는 것만으로도 농민들이 이를 크게 환영할 것이라는 확신을 가지고 있었다. 이에 대한 한 예가 있다. 제카브리스트 야쿠쉬킨이 자기 소유의 농노들을 해방시켜 주자, 이 때 농민들은 토지를 요구하고 나섰다. 그는 분노를 참을 수가 없었다. 토지는 지주의 소유가 된다는 그의 말을 듣고 농민들은 "그렇다면 지금 이대로가 더 낫다. 우리는 지주에게 예속되어 있지만, 토지는 우리 마음대로 할 수 있으니까"라고 대답했다는 것이다.

니키타 무라비요프의 헌법은 그의 동료들의 생각에 지대한 영향을 주었지만, 그것이 북부협회 전체의 공식적인 견해로 받아들여질 수는 없었다. 어쨌든 헌법에 대한 최종적인 선택은 정부가 전복된 후에 소집될 제헌의회에서 다루어져야 한다는 것이 그들의 입장이었다. 무라비요프로 대표되는 이러한 경향과는 달리, 북부 협회 내에는 입헌군주제가 아닌 공화제를 목표로 하는 보다 급진적인 견해를 가진 그룹도 존재했는데, 이러한 경향을 주도한 사람은 바로 사형당한 5인 가운데 한 사람인 시인 르일레예프였다.

2. 빠벨 뻬스쩰(1793-1826)

제카브리스트의 남부협회를 이끈 인물은 빠벨 뻬스쩰 대령이었다. 그의 정치적 견해는『러시아의 정의(루스카야 쁘라브다)』라는 제하의 자신의 헌법초안에서 상세히 설명되고 있다. 러시아에서 채택되어야 할 미래의 정치체제를 상세하게 기술한 이 책은 러시아의 정치사상 발전에 중요한 의의를 갖는 것이었다. 북부협회의 견해와는 달리 뻬스쩰은 헌법의 문제가 미래의 의회에서가 아니라 사전에 결정되어야 하며, 군사 쿠데타의 성공 후에는 독재권을 쥔 과도정부가 수립되어야 한다고 주장했다.

『러시아의 정의』내용 가운데 가장 관심을 끄는 것은 토지 개혁에 관한 부분이다. 뻬스쩰은 토지는 자연의 선물이며, 따라서 공동의 소유물이라는 이론과, 토지는 그것을 경작하는 사람의 소유물이어야 한다는 토지에 관한 두가지 이론을 비판적으로 분석함으로써 자신의 주장을 전개하고 있다. 두 이론 모두 일정 부분 진리를 내포하고 있다고 판단한 뻬스쩰은 모든 인간은 존재를 위한 자연권을 가지며, 그렇기 때문에 기본적인 생계를 유지할 수 있는 충분한 토지를 소유할 권리가 있고, 잉여의 부를 얻는 자만이 그것을 즐길 권리를 갖는다는 가정 하에 두 이론을 자신의 헌법안에 결합시키고자 했다.

그리하여 뻬스쩰은 짜리 정부를 전복한 후 토지를 동등하게 둘로 나누어, 하나는 공동 소유, 더 정확하게는 공동체 소유로 하고, 또다른 부분은 개인 소유의 토지로 할 것을 제안했다. 공동소유

토지는 모든 사람의 최저생계를 보장키 위한 것인 반면, 개인소유는 잉여의 부를 만들어 내도록 하는 것이었다. 모든 시민은 가족을 충분하게 부양할 수 있는 정도의 토지 분배를 공동체에 요구할 수 있고, 공동체가 보다 많은 토지를 소유하고 있다면 더 많은 분배 요구도 가능한 것이며, 그 밖의 지역은 개인 소유가 된다. 뻬스쩰은 자신의 계획이 모든 개인에게 공동체의 토지 분배 형식을 통한 일종의 사회복지를 보장해 줄 뿐만 아니라, 동시에 사유지에서 부를 축적할 수 있는 무한한 가능성과 기회를 제공할 것으로 생각했다.

러시아의 토지소유 관계는 전통적으로 공동체적이면서 동시에 사적이었기 때문에 뻬스쩰은 자신의 계획이 분명히 성공할 것이라고 믿었다. 여기에서 그는 분명히 러시아의 농민공동체를 생각한 것이었지만, 뻬스쩰은 공동체는 구성원들의 행동이나 개인의 자유를 구속하지 않으며, 개인의 납세의무에 공동 책임을 부여하지 않았다는 점에서 봉건제적 옵쉬치나와는 본질적으로 다른 것이었다는 점을 유념할 필요가 있다.

농민공동체가 러시아의 미래 사회체제에 씨앗이 될 것이라는 생각은 러시아 정치사상사의 일대 변혁이었다. 어느 정도는 뻬스쩰이 이러한 개념의 선각자로 평가될 수 있겠지만, 그러나 그가 이 농민공동체를 어떠한 사회주의적 경향들과도 연관시키지 않았다는 점은 주목할만 하다. 뻬스쩰은 대규모의 자본주의적 소유관계가 중요하다고 믿었으며, 그러한 그의 경제사상은 아담 스미스의 영향을 강하게 받은 것이었다.

뻬스쩰의 헌법은 귀족을 포함하는 봉건 계급에 대해 다소 불투명한 태도를 보이고 있었다. 그는 가급적 그들의 지위를 손상시키지 않으려고 했으며, 더 나아가 덕망이 높은 시민들에 대한 특정한 권리가 보장되어야 한다고 주장하기까지 했다. 그는 『러시아의 정의』에서 다음과 같은 3개의 주요 원칙을 지침으로 제시해 놓고 있었다.

1. 농노제로부터 농민이 해방된다고 해서 귀족이 자신의 토지에서 얻는 수입이 박탈되는 것은 아니다.

2. 이 해방으로 국가의 혼란과 무질서가 초래되어서는 안되므로 최고 행정부는 공공질서 파괴자들을 가차없이 처벌할 의무를 갖는다.

3. 이 해방은 농민들에게 현재보다 더 나은 상태를 보장하기 위한 것일 뿐, 결코 방종을 허용하는 것은 아니다.[74]

이렇듯 뻬스R)은 농민과 귀족 모두에게 수용될 수 있는 태도를 나타내고 있었고, 러시아 인민에 대해서는 엄격한 통치방식을 선호하고 있었다. 그러나 북부협회 회원들과는 달리, 뻬스쩰은 옛 귀족정치에 대한 미련을 가지고 있지 않았다. 그가 이와 비슷한 생각을 가진 것이 있다면, 그것은 출신이 아니라 정부 직위에 따라 사회적 지위를 차지하게 되는 관리 귀족에 대해서 뿐이었을 것이다. 이러한 생각은 사회 문제에 대한 결정을 거의 전적으로 정부 관리들에게 일임하고 있는 『러시아의 정의』에서 잘 나타나고 있다. 새로운 러시아에서는 모든 사적인 동맹이나 결사, 그리고 협회 등이 법으로 금지되었으며, 심지어 개인에 의한 학교나 자선단체의 설립도 금지되어 있었다.

『러시아의 정의』에 나타난 뻬스쩰의 토지개혁안은 북부협회의 개혁보다 훨씬 급진적인 것이기는 했지만, 그러나 그 역시 대지주들과 타협하려는 경향을 보이고 있었다. 그의 토지개혁안은 세 단계로 구분되었는데, 1만 제셴(약 2만 5천 에이커) 이상의 토지를 보유한 지주는 보상 없이 토지의 절반을 포기해야 하고, 5천-1만

---

74) 아니킨, 앞의 책, 164쪽

제센을 보유한 지주는 토지의 절반에 대한 보상을 일부 받을 수 있으며, 소규모 토지를 보유하고 있는 사람은 토지의 절반을 완전히 보상받거나 그에 상당하는 토지를 인구 희소 지역에서 분배받을 수 있는 권리가 주어지도록 했다. 이 개혁안은 농민의 이익을 위해 전 경작지의 절반 정도를 모든 공동체의 공유지로 확보하기 위한 것이었다. 그렇게 토지개혁이 완료되면, 사유지의 상한선이 없어지고 농노제는 즉각 폐지되나, 의무 노동은 10-15년 정도의 전환기 동안은 지속되어야만 했다.

무라비요프와는 달리 뻬스쩰은 재산에 따른 시민 자격 부여에 강력히 반대했다. 국가의 이익이라는 관점에서 부자의 존재를 긍정적으로 보았으나, 정치적 특권과 부와의 어떠한 연계도 부정했던 그는, 금권에 의해 좌우되는 귀족정치가 혈통에 의한 귀족정치보다 더욱 나쁘다고 생각했다. 뻬스쩰의 이론에 따르면, 러시아는 20세 이상의 모든 남성에게 참정권이 부여되는 공화국이 되어야 했다. 입법권은 단원의 '국민의회(나로드노예 베체)'에 부여되며, 행정권은 5년 임기로 국민의회에서 선출된 5인의 '국가두마'에 일임했고, 사법권과 감독 기능은 종신제로 선출된 120명의 '최고위원회'에 일임되었다.

뻬스쩰의 헌법은 시민의 자유와 정부 구조에 관한 견해에 있어서도 무라비요프와는 차이가 있었다. 『러시아의 정의』는 신앙과 거주 이전의 자유, 가정의 불가침, 그리고 언론의 자유에 대해서는 직관적인 고찰을 하고 있었지만, 그 어떤 결사나 협회의 설립도 금지했으며, 모든 국정과 시정을 관료제에 일임하고 있었다. 뻬스R)은 강력한 중앙집권 정부를 선호했으며, 무라비요프의 느슨한 연방정부는 공국으로 분열되었던 중세 러시아를 연상케 하는 것으로서, 이러한 분열 때문에 러시아가 타타르의 침입에 속수무책이었다고 생각했다. 그는 심지어 러시아 제국을 형성하는 소수민족들에 대한 자치권의 부여를 반대했는데, 이는 그들이 하나의 대러시아 민족으로 동화되어야 한다는 이유 때문이었다.

뻬스쩰이 이처럼 러시아내 소수민족들의 운명을 쉽게 결정하게
된 이유는 그의 애국주의 때문이 아니라, 민족을 관료주의적인 관
점에서 보려는 추상적 합리주의의 소산이었다. 『러시아의 정의』
저자에게 있어서 자신과 동료들을 연결시켜 주는 유일한 합리적
인 고리는 사법에 관한 조항들이었다. 러시아어 '옵쉬체스트보'
가 지닌 폭넓은 의미를 이용하여 뻬스쩰은 '사회'라는 것은 "뚜
렷한 목표를 달성하기 위하여" 모인 시민들의 연합체라고 주장했
다. 민족에 대한 그의 정의는 "개인과 전체의 복지를 실현하기 위
해 시민들이 사회를 형성하고 있는 하나 혹은 동일한 국가 구성
원 전체의 연합체"였다. 이러한 공리주의적 정의로는 언어적인,
혹은 문화적인 민족 구분을 무시했을 때, 민족과 해당 국가의 국
민을 구분할 수가 없게 된다. 사회의 기초가 특정한 목표를 성취
하기 위한 단합 행위에 그 기반을 두고 있다면, 이러한 사회는 해
체될 수 있으며, 혁명가가 생각해 낸 새롭고 우월한 원칙에 따라
서 새로운 연합체가 형성될 수도 있을 것이다. 뻬스쩰의 견해는
사회가 기획될 수 있으며, 그러한 기획은 중앙정부의 법령으로 실
효를 거둘 수 있다는 '자코뱅'적 신념에서 많은 영향을 받은 것
으로 보인다.

1825년 11월 알렉산드르 1세가 자식을 남겨두지 않은 채 사망하
고, 그의 둘째 동생인 콘스탄찐이 즉위를 거부함에 따라, 왕위 계
승을 둘러싸고 혼란이 일어났다. 이를 기회로 삼아 제카브리스트
들은 12월 14일(구력) 과감한, 그러나 손발이 잘 맞지 않는 군사적
행동을 감행했다. 오직 소수의 군인들만이 반란을 지지했을 뿐,
국민의 대다수인 농민들은 그저 바라만 보고 있었다. 니콜라이 1
세는 뻬쩨르부르그 광장의 사태를 간단히 진압했고, 2주일 후에
는 남부지방의 군사반란 역시 진압했다. 그 다음해 7월 다섯명의

비밀결사 지도자들에 대한 교수형이 집행되었고, 120명 이상의 반란 가담자들이 징역형과 유형, 투옥, 계급강등에 처해지면서 제카브리스트들의 반란은 표면적으로 일단락되었다.

그러나 제카브리스트들의 봉기는 러시아 정치사에 커다란 발자취를 남겼다. 제카브리스트의 봉기가 있기 전 러시아에서는 기껏해야 보야르들의 음모나, 제대로 체계를 갖추지 못한 산발적인 농민 봉기가 알려져 있을 뿐이었다. 또한 지배층 내부에서 현존 질서에 불만을 가진 엘리트들이 러시아의 전제정치에 대항해 군대를 일으킨 것은 역사상 처음있는 일이었다. 다섯명의 반란 주동자, 즉 뻬스쩰, 무라비요프-아뽀스톨(니키타 무라비요프와는 다른 인물임), 베스투줴프-류민, 카호프스키, 그리고 르일레예프에 대한 교수형은 귀족혁명가적 전통과 1860년대 라즈노치네쯔 혁명가들을 잇는 살아있는 고리 역할을 한 게르쩬에게 깊은 인상을 남겼다. 또한 레닌은 "귀족계급의 훌륭한 아들들은 러시아 혁명운동을 선도하였으며 … 그들의 업적은 결코 헛된 것이 아니었다"라고 강조하였다.

그러나 이러한 연속성의 요소가 있음에도 불구하고, 제카브리스트들의 이데올로기가 후대의 러시아 혁명사상에서 어떠한 계승자도 찾을 수 없었다는 점을 간과할 수 없다. 러시아에서 그 어떤 급진운동도 자유의 진보적 개념, 혹은 자유의 보편적 개념을 내놓지 못했으며, 경제적 자유주의를 지원하지도 않았다. 제카브리스트의 후계자임을 자처했던 게르쩬조차 자신의 '러시아 사회주의' 이론에서 전혀 다른 사회, 다른 정치 형태를 발전시켰다. 러시아에서의 자유주의는 공공연한 반혁명 세력으로 탈바꿈했으며, 혁명운동은 다양한 사회주의 사상에 의해 주도되었다. 이러한 경향은 앞으로 살펴 보겠지만, 제카브리스트들의 '공화제적 전통'을 통상 혐오와 의혹의 눈초리로 보게 했으며, 결국에는 그것을 간단히 '부르조아'적인 것으로 간주하게 했다. 그것이 바로 20세기 초 레닌이 러시아에서 혁명적인 공화제적 전통을 수립하는 것이 어째서 중요한가를 지적한 이유가 된다. 그는 "만약 우리가 그동안 잊혀져 왔던 제카브리스트들의 공화제 사상을 중요시하지 않는다면" 러시아에서는 그러한 전통이 존재할 수 없을 것이라고 말한 바 있다.

5 혁명에의 길(1825-1917)

제 15장 관제국민주의

1825년 帝位에 오르자마자 제카브리스트들의 반란을 진압해야
했던 니콜라이 1세(재위기간 1825-1855)는 재위 초부터 서유럽으
로부터 흘러 들어오는 자유주의 사상에 당혹하지 않을 수 없었
다. 그러나 제카브리스트들의 봉기와 그들에 대한 손쉬운 진압은
니콜라이 1세로 하여금 모든 혁명세력에 대한 단호한 대처를 통
해 정국의 안정을 꾀할 수 있고, 유럽의 정통 보수주의를 수호할
수 있을 것이라는 확신을 갖게 하였다. 그리고 새 황제의 추종자
들은 제카브리스트들의 사상을 러시아에서는 아직 형성되지 않
은 어떤 공적 질서에 대한 이데올로기적 위협으로 보았다. 이들
생각으로 러시아의 전제정치 제도들은 니콜라이 1세 시대에 이미
성숙된 모습을 보여주고 있었지만, 상대적으로 이데올로기적 정
당화, 합리화의 모습들은 아직 시작 단계에 불과하다고 생각하게

되었다. 또한 이들의 보수적 움직임은 정부 옹호 차원의 이데올로기적 필요성을 절감하게 되었고, 바로 이러한 필요로부터 '관제국민주의'가 태동하게 되었던 것이다.

19세기 초 러시아의 귀족층 지식인들 사이에는 제카브리스트들과 같은 진보적인 사상가들뿐만 아니라, 보수주의적 지식인들의 선구적 활동도 눈에 띄게 늘어나고 있었다. 그 대표적인 인물이 카람진이라고 할 수 있는데, 러시아의 지식인들 가운데 그의 등장은 보수주의적 민족주의의 탄생을 알리는 것이었다. 계몽주의와 낭만주의의 중간에 위치했던 그의 업적은 곧바로 그의 계승자들-우바로프, 뽀고진 등-에게 이어졌는데, 이것은 또한 당시 서유럽의 낭만주의적 민족주의의 발흥과도 궤를 같이하는 것이었다.

앞서 언급한 바 있지만, 제카브리스트의 반란을 진압하고 제위에 오른 니콜라이 1세는 그의 통치기간 내내 서유럽으로부터 흘러 들어오는 진보적 사상의 차단에 주력하고자 했다. 그는 "봉건제도의 유지가 자신의 최고 과업"이라고 생각하면서, 전제질서의 유지와 혁명사상의 탄압에 온 힘을 쏟았다. 이러한 때에 카람진 등 귀족 지식인층의 보수주의적 민족주의는 그의 전제적 질서를 뒷받침할 수 있는 훌륭한 이데올로기로 작용할 수 있었다. 니콜라이 1세는 통치 초기 카람진의 자문을 무척 신뢰했고, 카람진 사후에는 그의 추천에 의해 정부에 등용되었던 우바로프를 교육부 대신으로 임명하였다.

니콜라이 1세는 이렇게 등용된 우바로프에 의해 처음 공식화된 '관제국민주의' [75] 를 자신의 전제 체제를 확고히 하고, 서유럽으로부터 유입되는 '위험한 사상'에 대항하면서 러시아를 지키는 데 훌륭한 이데올로기적 도구가 될 수 있을 것이라고 생각했다.

---

75) '관제국민주의(오피찌알리나야 나로드노스찌)' 라는 표현은 우바로프 퇴임후 단지 19세기 말부터나 일반화되어 나타났다. 우바로프 재임시 관제국민주의는 단순히 '국민주의(나로드노스찌)' 로 불렸다.

이로써 니콜라이 1세는 자신의 통치 기반인 전제적 질서를 유지할 수 있는 이데올로기적 정당성을 확보하게 되었을 뿐만 아니라, 오히려 그것을 강화할 수 있는 계기를 마련할 수 있게 되었다.

1. 세르게이 우바로프(1786-1855)

관제국민주의로 알려진 정부의 공식 이데올로기는 1833년 4월 2일 새 교육부 대신으로 임명된 세르게이 우바로프의 첫 교육부 회의에서 발표되었다. 우바로프는 계몽주의 사상을 습득한 자유주의적인 유럽식의 귀족정치를 신봉하는 학자였는데, 변화한 정치적 환경에 적응하여 종교와 권위와 전통을 발견한 것이었다. 우바로프는 그의 부하 관리들에게 다음과 같이 밝혔다.

우리의 공통적 의무는 황제의 통치 의도에 따라 정교, 전제, 그리고 국민성의 정신으로 국민의 교육이 행하여지도록 하는 데 있다. 나는 모든 교수와 교사들이 황제와 조국에 대한 이러한 통일된 헌신 노력으로 충만하여, 자신의 모든 힘을 바쳐 정부의 뜻있는 도구가 될 것임과, 그리고 그것에 대한 완전한 확신을 얻을 것임을 믿어 의심치 않는 바이다.[76]

우바로프는 그의 재임 16년동안 이 세 원칙에 충실했고, 또한 그것의 확산 노력에 매진했다. 그는 자신의 부하 관리들에게 지시한 것과 마찬가지로 황제에 대한 보고에서도 러시아 국민과 러시아 국가의 이데올로기적 寶庫로서 이 세 원칙을 제시하고 있었다.

니콜라이 1세의 추종자들은 우바로프가 제시한 이 세 개념을 열렬히 지지하고 나섰다. 대중적 언론인 파데이 불가린은 블라지미

---

76) Zurnal ministerstva narodnogo prosveshcheniia (1834), vol. 1, p. 1.

르와 야로슬라프에 의한 전제정치의 창조 뒤에 숨은 신의 섭리를 발견했고, 그들 초기 전제군주에 의한 정교 신앙의 도입을 러시아 국가와 국민성의 창조에 있어 중요한 첫걸음으로 바라다 보았다. 처음부터 이 세 요소는 결합되어 있었던 것이다. 지구에 중력이 있듯이, 정교와 전제정치는 러시아에 항상 존재하는 것이라고 그는 강조했다. 다른 어느것도 이 방대한 나라를 하나로 묶을 수는 없는 것이었다. 역사학자 스쩨빤 쉐브이료프는 이들 요소들은 러시아에서 그 자체로 독특한 인간의 본성을 구성한다고 믿었다. "러시아인이라는 이름과 함께 나는 불가분 두 이념을 결합한다. 그것은 교회에 대한 무조건적 복종과 군주에 대한 똑같은 헌신과 복종이다." 사회 질서의 모든 면들은 상호 관련되어 있는 것으로 강조되었고, 이 단어들의 '트로이카'적 도움으로 그것의 수혜자들에 의해 보수적으로 방어되었다.

 이들뿐만 아니라, 러시아내 수많은 지도적 인사들이 우바로프의 이러한 언명에 맞장구치고 나왔고, 어떤 때는 우바로프의 이러한 정책에 대해 존경의 마음을 나타내기까지 했다. 슬라브주의자들의 잡지 <모스크바인> 등 많은 잡지들은 정교, 전제, 국민성을 그들의 기본적인 신념으로 밝히고 있었다. 그것은 반동적이고 반계몽적이며 민족주의적인 잡지들로부터 공식적인 정부 간행물에 이르기까지 매우 폭넓은 것이었다. 사실상 니콜라이 1세의 집권 말기까지 우바로프의 이 짧은 공식은 모든 러시아내 간행물에서 우위를 점하고 있었다. 그외 다른 많은 책들도 이러한 정부의 정책을 광범위하게 추종하고 있었다. 이 세 '성스러운' 원칙은 교과서와 널리 읽히는 모든 간행물에 일반화되어 나타났다.

 오래지 않아 정교, 전제, 국민성은 우바로프의 철학화 시도 이상의, 교육부의 공식 정책 이상의 모습을 나타냈다. 이 세 신조는 이제 실천적인 모습을 띠게 되었고, 니콜라이 1세의 러시아를 지탱하는 중요한 원칙으로 자리잡게 되었다. 사관학교는 그러한 질서에 따라 크리스찬, 신민, 그리고 러시아인이 되어야 했다. 예를 들면, 1848년 유럽혁명에 대항하는 선언에 인용된 '신앙, 짜리, 조국'이라는 문구에 모든 러시아 국민들은 따라야만 했다.

우바로프가 축약한 바로 이 세 원칙에 따라, 니콜라이 1세 자신도 그의 전 생애를 정교, 전제, 국민성에 바쳤고, 정부의 모든 관리들 또한 이러한 황제를 따르도록 강요되었다. 동시에 모든 대학과, 당시 유명한 교수, 작가, 언론인 등에 의해 선도되었던 러시아 지식층의 상당 부분은 그들의 방패막으로서 이 세 단어를 내걸어야 했다. 정교, 전제, 국민성은 러시아의 과거요, 현재이며, 미래를 뜻하게 되었고, 러시아의 소명과 마찬가지로 러시아의 전통으로, 러시아의 정치와 마찬가지로 러시아의 문화를 뜻하는 것으로 인식되기에 이르렀다.

그러나 니콜라이 1세의 체제 이데올로기 '관제국민주의'로부터 나타난 정치적 결과들을 살펴보면, 먼저 그것의 첫번째 이념을 구성했던 '정교'에 대한 강조는 철저히 허위적인 것으로 드러났다. 그것은 무엇보다도 먼저 관제국민주의에서의 종교에 대한 강조가 황제와 관리, 그리고 지주들에 대한 무조건적 복종을 설교하는 데 사용되었다는 점이다. 제국 국민들에게 종교라는 수단을 통해 온순과 순박성을 가르친 정부는 그 자신 강력한 전제적 압제와 야만성으로 모든 민주적인 것들을 탄압하고 있었다. 교회 자체도 국가에 의해 조종되었고, 정부의 명령을 그대로 따를 수 밖에 없었다. 또한 정부의 협소한 정교적 원칙에 따라 구교도와 타 종파들에 대한 탄압이 오히려 크게 강화되었고, 신성종무원은 계속해서 세속관리인 종무원장이 맡아 교회의 모든 일들을 간섭했다. 실제로 관제국민주의에서의 종교에 대한 강조에도 불구하고, 교회의 권위는 더욱 손상되고 있었다.

관제국민주의의 두번째 신조인 '전제'에는 일반적으로 두가지 함축된 의미가 내포되어 있었다. 즉, 하나는 제국 권력의 절대적인 본질이었고, 또다른 함축된 의미는 황제와 신 사이의 불가분의 관계였다. 신은 짜리의 권위에 절대적인 권위를 제공하였다. 신으로부터 권위와 권력을 부여받은 짜리는 그 정체의 절대적인 통치자로 나타났던 것이다. 이러한 전제적 질서는 당시 러시아에만 국한된 것이었다. 그러나 니콜라이 1세와 그의 추종자들은 어떠한 변화에도 대항하는 기존의 정통적, 국제적 질서의 보루로서 자신들을 고려하고 있었다. 따라서 니콜라이 1세의 러시아는 유럽에서의 잇따른 혁명과 민족주의의 발흥에 대항하는 정통 보수주의의 수호자로서 '유럽의 헌병'이 되고자 했던 것이다.

관제국민주의의 마지막 세번째 이념인 '국민성'은 당시나 그 후나 가장 모호하고, 논쟁을 불러일으킬 수 있는 언명으로 남아 왔다. 실제로 우바로프가 당초 국민성이라는 말을 썼을 때, 그것은 주로 선전적 의미를 띤 것이었는데, 그 자체로는 별 의미를 두지 않았던 것으로 보인다. 어떤 의미에서 그것은 러시아에서 농노제도의 방어와 같은 의미를 내포한 것이었다. 그러한 점에서 국민성이라는 말은 처음부터 대단히 공허한 것이었을 뿐만 아니라, 낭만적인 의미를 갖는 것이기도 했다. 이러한 낭만적인 의미로 말미암아 관제국민주의는 곧 그 지지자들 가운데에서 이른바 '왕정주의자들'과 '민족주의자들' 사이의 문화적 이질화와 이념적 분열 현상을 목격해야만 했다.

2. 미하일 뽀고진(1800-1875)

우바로프로부터 비롯된 당대 관제국민주의 이데올로기의 대표적 지지자로 미하일 뽀고진을 들 수 있다. 뽀고진은 농노로 태어나 자랐고, 운과 능력으로 모스크바 대학 교수가 되었다. 초기 러시아 역사에 대한 연구로 그는 과학 아카데미 위원이 되었고, 그가 발행한 잡지 <모스크바인>은 그에게 커다란 대중적 인기를 가져다 주었다. 그는 자신과 자신의 일에 열심이었고, 강한 신념을 가지고 있었지만, 나이브하고 무모한 성격으로 인해 교수 자리를 잃었다. 그는 1844년 다시 초빙될 것을 기대하고 교수 자리를 박차고 나왔지만, 다시 교수가 되지는 못했다.

당초 우바로프의 세 신조 가운데 정교나 전제는 기존의 신앙과, 분명한 정부 형태로 조응되는 분명한 의미를 내포하고 있는 반면, 국민성 개념은 분명하고 단일한, 일반적으로 받아들일 수 있는 뜻을 포함하고 있지 않았다. 이러한 모호성으로 말미암아 국민성 개념을 둘러싸고 관제국민주의 지지자들 사이에 소위 '왕정주의(the dynastic)' 와 '민족주의(the nationalistic)' 로 구분될 수 있는 분열이 발생했다. 우바로프는 이 가운데 모호한 입장에 서 있었으나, 뽀고진은 대담하게 민족주의자 그룹을 대표했다.

뽀고진은 농노제 문제와 관련하여 우바로프와 다른 견해를 가지고 있었다. 우바로프가 당초 정교와 전제 정치에 덧붙여 국민성을 나타냈을 때, 그것은 단지 전제 정치에 부가되는 의미로 이해되었는데, 러시아 국민은 행복하고 유순하며 복종적인, 짜리와 지주에 대해 충실한 신민이라는 확신이었다. 따라서 우바로프에게 국민성의 개념은 어떤 의미에서는 농노제의 방어와 같은 의미를 내포하고 있었다. 그러나 뽀고진은 기본적으로 우바로프의 세 신조를 지지하면서도, 농노제를 유지해야 한다는 우바로프의 견해를 신랄하게 비판했고, 궁극적으로 닥칠 농노 해방을 찬성하고 있었다. 교육 문제와 관련해서도 뽀고진은 우바로프의 '신분에 따른 교육'에 반대하고, 러시아가 근대 국가로서 생존하려면 보통교육이 실현되어야 한다고 주장했다. 그의 이러한 대담한 주장은 크르임 전쟁의 위기에서 더욱 강렬해졌다.

관제국민주의 이데올로기 지지자 그룹내 이른바 왕정주의자들과 민족주의자들간 견해 차이는 특히 발트 지역의 독일인 문제를 둘러싸고 첨예하게 대립했다. 정부 이데올로기의 모든 지지자들은 본질적으로 러시아와 서유럽이라는 이분법적 세계관을 가지고 있었다. 그러나 니콜라이 1세와 정부 관료들에게 있어 이것은 기존 질서의 방어와, 게르만 국가나 여타 지역의 보수 세력과의 완전한 동맹이라는 측면에서 혁명에 대항하는 투쟁을 의미하는 것이었다. 이와는 다르게 뽀고진, 쭈쩨프, 그리고 보수 진영의 다른 낭만적 민족주의자들에게 있어 러시아의 '국민성'은 과거의 요청이나 현재의 상태라기보다는 미래에 대한 약속이었다.

뽀고진 등 민족주의자들에게 있어 러시아는 슬라브 왕국으로의 팽창이었고, 러시아의 운명은 엘베나 비엔나, 콘스탄티노플로의 행진이었다. 이러한 범슬라브주의는 러시아 제국이 그들의 역사적 소명에 따라 오스트리아와 터키를 대체하는 것이어야 했다. 메시아적 러시아의 미래는 모험적이고 공격적이며, 때로는 혁명적인 외교정책을 요구하게 되었다. 이것은 니콜라이 1세와 그의 정부가 추구한 보수주의적이고 정통주의적 경향과는 모순되는 것이었다. 이러한 모순 속에서 니콜라이 1세는 크르임 전쟁을 맞게 되었고, 그것은 니콜라이 체제의 종말을 의미하였다.

3. 콘스탄찐 뽀베도노스쩨프(1827-1907)

니콜라이 1세에 이어 제위에 오른 알렉산드르 2세(재위 1855-1881)는 통치 초기에 大改革 정치를 실시했다. 사법제도가 재건되었고, 지방에는 젬스트보를 설치하여 지방자치를 실시했다. 또한 대학에도 자치가 부여되고, 검열제도도 완화되어 사상의 자유가 보장되었다. 그러나 알렉산드르 2세의 '大改革' 가운데에서 무엇보다 중요한 것은 당시 러시아 사회의 정치,경제적 기반이었던 농노제도를 폐지한 것이었다. 비록 농노 해방이 완전한 것은 아니었지만, 이 농노 해방이 러시아 사회와 역사적 발전에 끼친 영향은 절대적인 것이었다.

그러나 1867년 황제암살 미수사건이 발생하자, 이전까지의 개혁 정책은 중단되었고, 또다시 검열과 사상 통제의 강화를 통한 반동 정책이 부활되었다. 결국 알렉산드르 2세는 1881년 암살되었다. 이후 알렉산드르 3세(재위 1881-1894)와 니콜라이 2세(재위 1894-1917) 시기까지 반동 정치는 지속적으로 강화되면서, 러시아에는 '反改革'이라는 시대착오적이고 반전진적인 정책이 실행되었다. 당시에도 정부는 정교, 전제, 국민성이라는 관제국민주의의 세 신조를 정부의 공식 이데올로기로서 꾸준히 천명하고 있었다.

콘스탄찐 뽀베도노스쩨프는 종교적이고 학구적인 집안 출신으로, 1880년에 신성종무원의 세속 종무원장(Proculator)이 되었는데, 1905년까지 그 자리에 있었다. 그러나 그의 정부에 대한 영향력은 자신의 제자(알렉산드르 3세)가 황제에 오르기까지는 두드러지게 나타나지 않았다. 황제와의 오랜 관계는 뽀베도노스쩨프의 마음 속에 완전한 군주권의 보존이 러시아의 마지막 희망이고, 일생을 통한 자기과업이라는 확신을 갖게 했다. 따라서 새로운 황제의 통치는 반동적 성격을 확연히 나타내게 되었으며, 뽀베도노스쩨프의 견해가 항상 짜리와 일치한 것은 아니었지만, 그는 러시아화 정책, 성직자들에 대한 통제, 정교 신앙으로의 강제 전환, 그리고 유대인과 모든 반대자들에 대한 가혹한 박해의 주인공으로서 악명을 떨쳤다.

뽀베도노스쩨프는 인간의 사악함과 인간 이성의 오류성과 위험성을 강조했고, 산업화와 도시의 성장에 대해서도 반대했다. 그는 또 국가의 가장 고귀한 목적은 사람들 사이에 법률, 질서, 안정 및 통합을 유지하는 것이라고 믿었고, 이러한 목적은 전제 정치와 정교 신앙이라는 수단에 의해서만 가능하다고 주장했다.

이러한 공공 질서 문제에 대한 뽀베도노스쩨프의 모든 사상이 파생되었던 근본 개념은 기본적으로 국가와 교회 사이의 근본적인 상호의존(심포니아)이었다. 그는 이렇게 강조하였다.

국가가 아무리 막강하더라도 그 힘은 성직자와 국민의 일체감에 기초를 두고 있다. 국민의 신앙이 이것을 떠받치고 있다. 그러나 양자간의 불화가 이러한 일체감을 약화시킬 때, 그 기초는 약화되고, 그 힘도 용해되어 버린다. [77]

뽀베도노스쩨프는 신성종무원의 운영을 완전히 정부에 통합시켜, 실제로 교회 업무를 위한 정부 부서의 역할을 담당케 했고, 또한 그는 교회와 국가의 분리 교의를 '신앙 무차별론' 혹은 '종교에 대한 모욕'이라고 공격했다. 뽀베도노스쩨프는 행정 업무에서 정치와 종교의 분리 가능성과 가치를 부정하면서, 정치와 종교를 서로 완전하게 조정하는데 성공하여, 일반 국민들의 마음 속에 정교 신앙이라는 것이 전제 정치의 일부분인 것으로 인식하도록 하려 했다. 이렇게 그는 러시아 전제 체제의 말기에 좀더 종교적이고 반동적인 관제국민주의 이데올로기의 국면을 대표하고 있었다.

4. 세르게이 비쩨(1849-1915)

제정 말기 뽀베도노스쩨프가 관제 이데올로기의 종교적이고 반동적인 측면을 대표했다면, 세르게이 비쩨는 좀더 실질적이고 낙관적인 측면을 확실히 대변했다고 할 수 있다. 실제로 비쩨는 혁명가들이 러시아를 오염시키기 전, 얼마나 급속하게 러시아가 자유화되고 근대화되고 있었는가를 나타내려고 하는 사람들로부터 흔히 인용되고 있다.

제정 말기의 재무대신과 수상으로서, 비쩨는 전제적 질서 내에

---

77) K. Pobedonostsev, Reflections of Russian Statesman, trans. Robert Crozier Long (London, 1898), p. 1. Anderson, Russian Political Thought, p. 187에서 정리하여 재인용.

서 러시아를 산업화하려고 했다. 기본적으로 그는 "러시아 국민들의 필요와 복지에 관계되는 모든 것에 있어서 그 주도권이 항상 짜리의 권한에 속한다는 믿음은 옛날부터 그 근원을 찾을 수 있는 것이다"라는 확신을 가지고 있었다. 그의 이러한 견해는 국가의 모든 일에 있어서 그 주도권이 항상 짜리에게 있다는 전통적인 믿음에 대한 강한 신뢰를 나타낸 것이라고 할 수 있다. 또한 이러한 개념은 러시아의 역사 속에 나타난 전제 정치의 근본 사상으로부터 나온 것임도 쉽게 알 수 있다.

비쩨의 정책은 러시아의 산업화를 통한 전제 체제의 강화라는 측면이 강하게 나타나고 있었다. 그는 수입관세를 높이고 금본위제를 도입했으며, 해외자본을 끌어들여 시베리아 횡단철도를 비롯한 철도 건설에 박차를 가하면서 러시아의 산업화를 촉진코자 했다. 그러나 실제로 그가 추구하고자 했던 것은 러시아의 자본주의화가 아니라 낙후된 러시아 산업에 대한 근대화였으며, 이러한 근대화도 국민의 복지를 위한 것이라기보다는 외국의 제국주의 압력과 혁명의 위협으로부터 러시아의 전제 체제를 보호하려는 수단으로서 활용했던 것이다.

이러한 비쩨의 산업화 정책에 대해 그를 면밀히 연구한 한 학자는 "그의 체제는 심각한 모순을 가지고 있었다고 할 수 있는데, 왜냐하면 비쩨는 러시아에 서유럽 자본주의의 제 조건을 재창조하려고 시도하면서, 자본가들을 국가의 종복으로 종속시켰기 때문이다"라고 주장하고 있다. [78] 그러나 비쩨가 관심을 가지고 구하려 했던 것은 경제적 이데올로기가 아니라, 러시아의 전제주의 정치 체제였다.

앞서 설명한 뽀베도노스쩨프나 비쩨는 모두 보수주의자들이었

---

78) Theodore H. Von Laue, Sergei Witte and the Industrialization of Russia (New York: Columbia Univ. Press, 1963), pp. 303-305 참조.

다. 이들은 모두 러시아와 계층화된 사회질서, 정교 신앙과 사회적 목적을 위한 종교의 이용, 전제 정치와 그것의 보존에 헌신하고 있었다. 비쩨는 낡은 것은 산업화와 함께 보호될 수 있다고 믿었고, 반면에 뽀베도노스쩨프는 억압과 반계몽으로 과거가 지켜질 수 있는 것으로 믿었다. 이들은 단지 수단에 있어서만 차이가 있었을 뿐, 러시아의 전제 정치를 수호하고, 전제 체제를 유지하려는 근본적인 목적에는 견해가 일치하고 있었다. 그러나 이들이 나타냈던 모순된 견해는 정부내에 고정화된 의견차가 있었음과, 관제 이데올로기가 부분적으로 분열되어 있었음을 보여주는 것이라고 할 수 있다.

러시아 정부의 전체 역사 속에 뿌리를 두고 있는 이 관제국민주의 이데올로기는 1917년 제정이 몰락할 때까지 근 1세기에 걸쳐 현저한 계속성을 유지했다. 비쩨는 그때까지도 우바로프의 정교, 전제, 그리고 국민성을 진지하게 받아들이고 있었다. 몽골과 비잔틴에서 유래한 전제정치 이념은 류리크 왕조의 엘리트주의적 태도의 정점으로 수용되었고, 그들은 '公'이라는 칭호로 스스로를 인민들로부터 분리했다. 그리고 그들은 정부로부터 인민의 목소리를 없애기 위해 '베체'를 파괴했다. 한때 이러한 분리는 보야르와 교회의 도움으로 완수되었고, 몽골이 추방되자 귀족과 성직자들은 이반의 '오쁘리츠니나'와 뾰트르의 관등표와 교회법에 의해 인도되었던 것이다. 그렇게 형성된 지배체제는 인민들과의 거리를 강조하기 위해 계속 프랑스어를 사용하면서 외국 세력을 모방하고 있었다.

이러한 전반적인 발전 과정에서 보수주의, 배타성, 그리고 종교의 정치적 이용이라는 비잔틴적 유산의 징후들이 눈에 띈다. 그러한 것들은 우바로프의 세 신조 가운데 정교라는 말이 갖는 두가지 중요성에 의해 정형화되고 있다. 첫째, 그것은 사회를 지탱하는 것으로 추정되는 완전하고 종국적인 진리를 강조하면서, 모든 변화는 불필요하고 바람직하지 않은 것으로 보게 만들었고, 우바로프의 과거에의 열망으로부터 비쩨의 전제정치 몰락 방지를 위한 산업화 노력에 이르기까지 전반적인 정부 정책을 보수적이고 방어적인 성격으로 만들었다. 둘째, 그것은 예를 들면 분리 종파에 대한 박해와, 개인을 생각하지 않는 충성스런 신민을 내도록 기획된 초등교육에 대한 교회의 통제를 정당화했던, 교회와 국가 간의 공생적 관계를 연출했다.

세 신조(트로이짜)의 마지막 부분인 국민성은 그 체제가 의지하고 있었던 국민적 특수성과 후진성을 은폐했다. 그것은 민중의 목소리를 정책 과정에 수용하려는 의도가 아니었다. 오히려 그것은 뜻하지 않게 예기치 못한 흐름으로 휩쓸리게 되었다. 국민성에 대한 강조는 쉽게 국수주의, 범슬라브주의, 그리고 제국주의로 유인되었고, 국가를 전쟁에 들게 하고 혁명으로의 문을 열면서, 보수적이 아닌 위험한 정책으로 내몰았던 것이다. 공공 의견의 표출에 대한 억제는 부분적으로 해소되었지만, 민중의 뜻을 찾으려 하거나 그것에 따르려는 노력은 결코 없었고, 정부는 전제군주와 그의 관료들이 모든 최종 결정을 내려야 한다는 견해를 결코 늦추지 않았다.

정부는 '계몽된 전제주의' 체제가 아니었다. 학문은 존중되지도 격려되지도 않았다. 그리고 대학은 항상 불온시되었다. 그것은 귀족적 의무(noblesse oblige)의 사안이거나 혹은 온정주의적 사안이 아니었다. 인민을 위해 이루어진 것은 아무것도 없었고, 농노해방의 경우도 그것은 정의의 추구가 아니라, 특권의 보호 속에서 이루어졌다. 비잔틴에서처럼 모든 가치는 건설이 아니라 보존에 두어졌다. 이러한 방어적 목적 때문에 사상가들보다는 경찰과 검열관들이 더욱 신뢰할 만한 것처럼 보였다. 전제 정치는 결코 다시는 우바로프의 기본사상 수준에조차도 이르지 못했다.

그러한 사상에 의지한 정부가 그렇게 오랫동안 계속될 수 있었
다는 역사적 사실은 참으로 비상한 것이었다. 이러한 러시아의 역
사적 현실을 염두에 두고, 우리는 이제 관심을 이에 반대되는 사
상적 흐름으로 돌려야만 할 것이다.

제 16장 서구주의자들

　니콜라이 1세는 서유럽 사상의 유입을 차단하려고 노력했지만, 그는 그렇게 할 수 없었다. 너무나 많은 책들이 뾰트르와 예카쩨리나 시기를 통하여 유학생들에 의해 국내로 반입되었고, 예카쩨리나와 알렉산드르 시기 동안 러시아 내에서 출판되었다. 많은 사람들이 군인으로서 개인적으로 서유럽을 다녀왔고, 많은 외국인 이민자들이 교사로서 러시아에 들어오게 되었다. 그리고 나폴레옹의 침입과 제카브리스트들에 대한 재판은 많은 러시아 사람들에게 깊은 인상을 남겼다.

　정부에 대한 충원이라는 필요에서 1762년에 나타난 귀족에 대한 면제권의 확대는 러시아내 귀족 문화를 발생시켰다. 귀족들은 군대나 민간 정부에서 일종의 견습기간을 마친 뒤, 아직 젊은 상태로 안락하게 은퇴하여 개인적인 취미활동, 때로는 지적인 활동에 들어서게 되었다. 비록 1755년부터의 일이지만 모스크바 대학을 보충하기 위해 몇몇 새로운 대학이 설립된 것이라든가, 엄격한 검열에도 불구하고 많은 잡지들이 나오게 된 것은, 소수의 비귀족 출신을 포함한 점증하는 인텔리겐찌야들에게 정부 밖에서의 더 넓은 활동 무대를 제공했다.

　이와 더불어 이들 대학들은 독일 관념론 철학자들, 특히 쉘링, 피히테, 그리고 헤겔을 소개했던, 독일로부터 온 많은 교수들에게 매료되고 있었다. 그리하여 러시아 지식층의 철학적 분위기는 이전의 프랑스 철학자들로부터 독일의 관념론 철학자들로 옮겨가게 되었다. 이러한 전에 없던 사상적 위기 속에서 러시아의 정치철학은 강고한 발전이 요구되고 있었던 것이다.

러시아의 인텔리겐찌야는 그들의 선택에 의해 정부로부터, 그리고 교육에 의해 민중으로부터 분리되어 그들의 사상과 행동을 이끌 근본 원리를 찾고 있었다. 몇몇은 서유럽의 업적과 그것을 러시아에 도입해 적용한다는 위대한 과업 속에서 그것을 찾았고, 다른 몇몇은 러시아의 특수성과 이것을 모든 다른 것들보다 나은 새로운 문명 속으로 발전시킨다는 과업 가운데서 찾았다. 이러한 엇갈린 정향으로부터 19세기 사상의 두 중요한 학파, 즉 서구주의와 슬라브주의가 탄생하게 되었던 것이다.

그렇게 일반적인 용어로 쉽게 구분되었지만, 그러나 이 학파들은 그들의 근본적인 견해차에도 불구하고 많은 공통점을 갖기도 하고, 또한 각 구성원들 사이에서 중요한 차이점을 갖기도 하면서, 표면 하에서 매우 복합적인 성격을 띠고 있었다. 두 학파는 모두 정치적일 뿐 아니라, 폭넓게 문화적, 철학적, 그리고 종교적이었고, 두 학파 모두 러시아 역사 속에서 깊은 뿌리를 지니고 있었다. 1830년대와 40년대 의식적으로 차별화되기 시작한 그들은 잔여 세기 동안 그들의 응집력을 점차 상실하게 되었다.

18세기 말 쉬체르바토프와 라지쉬체프 사상의 차이 속에서 이들 두 학파의 갈등은 이미 예견되고 있었다. 그러나 이들 가운데 누구도 러시아의 발전에 대한 대안적 경로를 명백히 형성하지는 못했다. 그들 속에서, 그리고 알렉산드르 통치기의 다음 세대 속에서 러시아에 대한 찬미는 서유럽에 대한 찬미와 뒤섞여 있었다. 그것은 짜리의 조력자들 사이에서도 그랬고, 제카브리스트들 사이에서도 그랬다. 이와 유사한 혼합은 그들과 같은 세대에 속했던 최초의 '서구주의자' 뾰트르 차아다예프의 저작물들 속에서 발견할 수 있다.

1. 뾰트르 차아다예프(1794-1856)

쉬체르바토프의 외손자이기도 한 차아다예프는 1794년 부유한 지주의 아들로 태어났다. 1809년 모스크바 대학에 입학했으나, 학업을 마치기 전인 1812년 군대에 들어가기 위해 대학을 중퇴했다. 그는 1812년의 전쟁에 참가했고, 다음해 외국에서의 전투에도 참전했다. 1821년에 그는 결코 분명치 않은 이유로 장교직을 사퇴했다. 차아다예프는 건강이 아주 나빴다. 전역 직후에는 요양차 외국으로 가야 했을 정도로 그 영향이 컸으며, 이로 인해 그는 정신적 고통을 겪기도 했다.

독일에서 차아다예프는 쉘링을 만났고, 쉘링은 그의 사상에 지속적이고도 결정적인 영향을 주었다. 차아다예프는 그가 외국에 있을 때 일어난 '12월 혁명'에는 참가하지 못했으나, 제카브리스트들의 이상에 동조하고 있었다는 것은 확실하다. 러시아로 돌아왔을 때 그는 체포되었으나, 그 후 곧 석방되었다. 그는 1826년 모스크바로 돌아왔고, 정부에 의해 격리되어 몇 년을 살았으며, 그때 그는 자신의 지적 저술에 몰두했다.

차아다예프가 『철학서한』을 집필한 것은 1829년의 일이었다. 그가 자신의 저술을 어느 정도로 발간하고 싶어했는지는 불확실하다. 『철학서한』은 분명히 원고 상태로 잠시 읽혀졌다. 그러다가 1836년에 마침내 '첫번째 편지'가 잡지 <망원경>에 번역되어 발간되었다(『철학서한』은 당초 불어로 쓰여졌다). 이것은 차아다예프의 출판 경력에서 처음이자 마지막이었다. "러시아에는 과거도 현재도 미래도 없다"라고 쓴 이 글은 발간되자마자 러시아 사회에 큰 반향을 불러일으켰다. 그는 이렇게 썼다.

---

79) P. Chaadaev, Stat' i i pic' ma, ed. B. Tarasov (Moskva: Sovremennik, 1989), p. 42-43.

그러나 우리 러시아인은 이 모든 것을 결여하고 있습니다. 처음에는 짐승같은 야만성, 다음에는 조잡한 미신, 그 다음에는 잔혹하고 굴욕적인 외국의 지배가, 그리고 후에는 그런 정신이 우리의 국가 통치자들에 의해 계승된 것-그러한 것이 우리 젊은 시절의 슬픈 역사입니다. … 우리는 과거도 미래도 없는 지루한 정체 속의 폭좁은 현재에 살고 있습니다.[79]

『철학서한』에 나타난 차아다예프의 '보편사상'으로서의 카톨리시즘은 특별한 정치적 내용이 포함된 것도 아니었고, 그를 특별히 뛰어난 사회사상가로 분류할 수도 없는 것이었다. 그의 실질적인 기여는 독특한 역사철학에 있었다. 여기에서 그는 자신의 형이상학적 역사철학에 기초하여 서유럽적 질서에 대한 찬양과 러시아에 대한 통렬한 비판을 가하고 있었다. 러시아의 과거에 대한 그의 총체적인 비판은 그 이전 어디에서도 찾아볼 수 없는 통렬한 것이었다. 실제로 그는 러시아가 실질적인 문명을 소유하지 못했을 뿐만 아니라, 유럽의 다른 민족들이 문명화된 유럽의 일원으로서 성장하고, 결실을 맺으며, 하나가 될 수 있도록 가능케 한 역사적 전통을 결핍하고 있기 때문에, 미래에도 그것은 불가능하다는 결론에 도달했던 것이다.

『철학서한』에 나타난 차아다예프의 이러한 극단적인 견해는 정교, 전제, 국민성의 관제국민주의를 정부의 공식 이데올로기로 하여 러시아의 전제적 질서를 강화하려고 했던 니콜라이 1세 시기의 정치적 상황과, 당시 러시아의 지식인들 사이에 일고 있었던 낭만적 민족주의라는 시대적 상황 아래서 러시아의 지성 사회에 커다란 충격으로 나타났다. 대다수의 러시아 지식계층은 게르쩬 등 몇몇을 제외하고는 차아다예프의 이러한 러시아에 대한 철저한 부정에 강하게 반발했다. 니콜라이 1세 정부는 잡지 <망원경>을 폐간 조치하고, 이 잡지의 편집인 나제즈딘을 추방시켰으며, 심지어 이 글을 그대로 신도록 방치한 검열관을 해직시켰다. 그리고 차아다예프는 공식적으로 정신병자로 취급되었다.

그로부터 1년 후 차아다예프는 이러한 반발을 염두에 두고,「광인의 변명」이라는 글을 쓰면서, 철학서한에서 나타냈던 그의 견해를 대폭 완화하고 수정했다.「광인의 변명」에서 차아다예프는 첫번째 철학서한의 비관적 견해를 완화하면서, "그러나 우리는 보다 높은 문명국가의 국민들이 갖지 못한 어떤 젊은 가치를 가지고 있다"고 강조하고, "과거는 더 이상 우리가 어쩔 수 없는 일이다. 그러나 미래만은 우리의 것이다"라고 주장했다. 이렇게 차아다예프의 후기 논문에서는 후진성의 가능한 미덕과 러시아의 특수한 문화적 유산이 고려되고 있었다.

차아다예프의 궁극적 이상은 언제나 쉘링의 견해에 따른, 단일성과 완벽성을 향한 진보로서의 보편적인 크리스트교였지만, 그러한 이상을 달성하기 위한 수단에 대한 그의 사고는『철학서한』이후 전개된 논쟁 속에서 발전된 것이었다. 차아다예프 사상의 이러한 긴장과 불안정은 러시아 인텔리겐찌야 가운데 서구주의자들의 일반적인 문제점을 나타내는 것이었다. 러시아의 서구주의자들은 차아다예프처럼 구원의 보편적 원리로서 유럽적 질서를 바라다 보았지만, 그러나 때로는 휴머니티의 진보적 운동으로서 아주 특별한 역할을 러시아에 남겨 두었던 것이다.

차아다예프는 당대 '살롱 지식인들' 가운데에서 고독하고, 고상하고, 위엄있는 인물로 나타났다. 그의 존재는 1840년대의 슬라브주의자들과 서구주의자들에게 똑같이 커다란 자극과 경종이 되었다. 차아다예프의 첫번째 편지에 대해 평가하면서, 호먀코프는 "사유가 강제로 깊은 밤에 빠졌을 때, 그는 자신을 돌보고 다른 사람을 깨우치는데 있어 특히 가치가 있었다"라고 말했다. '첫번째 편지'를 "러시아의 뾰트르 대제 개혁으로 찢어진 고통과 부끄러움의 화난 외침"이라고 말했던 게르쩬은 차아다예프를 그가 만났던 1840년대의 '잉여인간'인 동시에, 그를 그러한 잉여인간으로 만든 정부에 대항한 "성육화한 거부자, 살아있는 항의자"로서 묘사했다. 차아다예프는 실제에 있어서는 '잉여인간'으로, 그러나 여전히 러시아 인텔리겐찌야의 고무자로서, 그가 전적으로 근원은 아닐지라도, 최소한 주된 결정론자로서 작용했던 지적 동요의 움직임을 보면서 1856년 모스크바에서 죽었다.

2. 비싸리온 벨린스키(1811-1848)

초기 서구주의자들의 지적인 전개과정은 '성난 비싸리온'이라는 별명이 붙은 한 인간의 무모한 철학적 비행으로 묘사, 아니 거의 풍자된다. 변덕스러울 정도로 신속하고 광적인 열성으로, 스스로 "무엇 때문인지 나는 언제나 극단으로 달렸다"라고 썼던 비싸리온 벨린스키는 1830년대와 1840년대의 러시아 철학에 쉘링, 피히테, 헤겔, 그리고 마지막으로는 포이에르바하와 프랑스 사회주의자들의 영향의 흔적을 연이어 남겨 놓았다.

1811년 가난한 지방 의사의 아들로 태어난 벨린스키는 1829년 모스크바 대학에 입학하지만, 3년후 그는 농노제를 비판하는 드라마를 썼다는 이유로 퇴학당한다. 그리고 1834년부터 그는 죽을 때까지 계속하게 된 평론가 일을 시작하게 된다. 이 일은 그에게 부는 아니지만 상당한 명성을 가져다 주었다. 그는 당시 연속적으로 나온 가장 진보적인 문학평론에 대한 최고의 문학비평가였다. 처음에는 모스크바에서 <망원경>과 <모스크바 업저버> 일을, 1839년 이후에는 뻬쩨르부르그에서 <조국연대기>와 <동시대인> 일을 맡아 했다.

벨린스키는 잡지 기사를 쓰는 일에 눌려 신중한 사고와 세련된 저술을 할 시간을 거의 낼 수 없었으며, 그래서 그는 체계적인 논문을 쓰지 못했다. 그럼에도 불구하고 그는 비평 기사의 극적 탁월함과 통찰력으로 많은 대중의 호응을 얻을 수 있었다. 초기에 러시아의 가장 위대한 작가들 중 일부 작가의 작품을 높이 평가한 것이 그가 문학평론가로서 성공할 수 있었던 하나의 주요 요인이었다. 그는 또한 러시아 대중을 뿌쉬킨에게로 이끈 선두주자가 되었다. 그러나 질병과 가난이 평생 벨린스키를 따라다녔다. 과로에다 극빈에 이를 정도의 적은 보수를 받았던 그는 1848년 37세의 젊은 나이에 폐결핵으로 뻬쩨르부르그에서 죽었다.

벨린스키는 처음 스탄케비치 서클에서 쉘링의 자연철학과 예술철학에 친숙해졌다. 그는 거기서 개인과 그의 주위세계와의 관계에 대한 해석을 발견했다. 그것은 니콜라이 1세의 전제적 질서에 순응하여 정치적으로 받아들여질 수 있는 것이었다. 벨린스키의 1831년에서 1836년 사이의 저술들은 이 극단적으로 낭만적인 독일 철학의 관념론을 대표하고 있었다. 벨린스키가 표현했듯이, 이 견해는 미적 활동을 강조하고, 순수하지 않은 경험세계의 위에 올라 영원한 이상에 예술적으로 참여하는 '창조적인 개인'을 미화했다. 한편 그때 그는 인간의 내적인 삶을 강조하고, 현존하는 러시아의 사회 현실을 비난하기도 했다.

1836년에 벨린스키는 바쿠닌을 만났다. 바쿠닌은 그에게 피히테 사상을 소개했다. 벨린스키가 마침내 채택한 '도덕적 개인주의'의 중요한 원천을 여기에서 찾는 사람들도 있다. 그러나 더 직접적이고 극적인 효과는 1년 후에 역시 바쿠닌으로부터 소개받은 헤겔철학의 영향으로 만들어진 벨린스키의 견해였다. 벨린스키는 즉각적으로 개종자가 되어 헤겔의 형이상학과, 개별적인 것을 보편적인 것에 순응시키는 그의 역사철학을 열광적으로 받아들였다. 벨린스키의 말에 의하면, "인간은 그의 개별성에서 특수하고 우연적이지만, 그 개별성이 표현 역할을 맡고 있는 정신에 있어서는 보편적이고 필연적이다." 그것은 벨린스키에게 있어서 쉘링주의적 시기의 지나친 감성과 주관성으로부터 합리적인 객관성으로의 비약이었다.

벨린스키에게 헤겔적인 견해의 수용은 또한 그의 직접적인 환경의 수용을 의미했다. 그는 1837년에 이렇게 썼다. "나는 전에 그처럼 경멸했던 현실을 응시한다. 그리고 그 합리성을 깨닫고는 신비스러운 황홀감으로 전율한다." 거기에서 벨린스키에게 심지어 러시아의 전제정치를 칭송하게 되는 '현실과의 타협' 기간이 시작되었다. 벨린스키는 1839년에 쓴 「러시아 국가와 러시아 짜리」라는 평론적인 글에서 "신의 의지, 합리적인 현실과 신비하게 융합되어 있는" 짜리의 의지에 대한 절대적인 복종을 설교했다. 러시아의 독특한 역사적 운명을 주장했던 슬라브주의자들과 같은 말투로, 벨린스키는 "우리는 짜리에 대한 우리들의 사랑을 자랑스러워할 이성적인 권리를 갖는다"라고 주장했다. 벨린스키는 이 기간동안 개인과 사회의 관계에 관한 그의 결론을 더욱 추상적으로 발전시키고 있었다. 즉, 사회는 개인이 반드시 자신을 조화시켜야 하는 더 높은 현실이라는 것이었다.

그러나 곧 벨린스키는 비타협적인 개인의 운명이 합리적인 질서와 보편적인 것의 중요성보다 우월적인 것으로 인식하게 되었다. 그리하여 자기 스스로 세웠던 절대관념주의의 지적인 건축물 전체는 무너져 내리기 시작했다. 친구이자 동료인 비평가 보트킨에게 1840년과 1841년에 보낸 일련의 편지에서 벨린스키는 독일의 절대적 관념주의로부터의 열정적인 탈출을 쏟아 놓고 있었다. 그는 "개인의 존재가 고통받고 있는데, 보편자가 존재한다는 것이 나에게 무슨 의미가 있는가"라고 쓰고 있다. 이 편지에서 벨린스키는 각 주체가 그 자체로서 목적이라는 논리에 따라, 일종의 '윤리적 개인주의'를 표현했다. 개별적 주체들에게만 가치가 있을 뿐, 객관적 본질 또는 보편자에는 아무것도 없다는 것이었다.

이 시기 벨린스키는 개인주의로의 개종뿐 아니라, 철학적 영감의 원천으로서 포이에르바하와 프랑스 사회주의자들, 특히 생시몽과 르루(Leroux)로의 전이가 엿보인다. 1842년에 벨린스키는 특별한 경제이론 내지 정치이론에 집착하는 사회주의를 갖고 있었다기보다는 억눌린 자들에 대한 동정을 가지고 있었지만, 본질적으로 공동체에 대해서도 어느정도 이상을 가졌던 사회주의자였다. 보트킨에게 보낸 편지에서 그는 "나의 신은 부정이다"라고 선언하고, "인간은 너무나 지혜가 없어서 행복에 강제로 인도되어야 한다"고 주장하면서, 혁명의 필요성을 역설하는 데까지 나아갔다. 그러나 벨린스키 자신의 노력은 혁명 대신 사회지향적인 문학비평의 길로 접어들고 있었다. 그는 개별적인 것에 특별한 가치를 두고 있었기 때문에, 인간 개성의 표출을 두려워하는 사회주의 이념과는 결코 편안하지가 않았다. 그래서 그의 짧은 생애 만년에는 러시아에서 중간계층의 진보와 같은 대안을 제시했다. 어떤 특별한 사회적 수단보다도 더 중요한 것이 개인의 발전이라는 목적이었으며, 그래서 그는 그것을 발견하는 곳에서는 어디서든지 그것을 취하고자 했다.

벨린스키의 성숙한 견해를 나타낸 가장 영향력이 컸던 언명은 그 유명한 「고골리에게 보내는 편지」(1847)에 있었다. 이 편지는 당시 러시아 사회의 지각력있고 엄격한 작가로 생각되던 고골리의 글이 동기가 되었다. 즉, 당대 유명작가였던 고골리가 『벗들과의 교신 선집』을 통해 관제국민주의 이데올로기를 지지하는 설교를 나타낸 것이 동기가 되어 이 글은 씌어졌다. 벨린스키의 이 편지는 철학적인 입장을 구성할 만큼 충분히 정확하지도 세밀하지도 않으며, 그것이 과거 소비예트 학자들이 벨린스키에게 부과했던 그러한 무신론이나 유물론과 나란히 하고 있지 않은 것은 확실하다. 반교회적이고 인간주의적인 그것은 계몽적인 견해에서 포이에르바하보다는 라지쉬체프를 더 연상케 한다.

그렇지만 벨린스키의 이 글이 갖는 중요한 의미는 그것이 수세대 동안 러시아의 급진적인 인텔리겐찌야에게 도덕적인 영감을 제공했다는 것이다. 도스토예프스키가 1849년에 체포되었을 때,

그에게 부과된 주된 죄목은 뻬트라쉐프스키 서클 모임에서 그 편
지를 낭독했다는 것이었다. 이 글은 러시아 내에서 출판이 금지되
었지만 필사본으로 돌려져 읽혔으며, 그 후 젊은 이상주의자들중
많은 사람들이 그것을 암기하고 있었다. 「고골리에게 보내는 편
지」는 러시아 정부의 당국자들에게 뻬트로 빠블로프스크 요새의
감옥을 준비할 가장 좋은 이유거리 하나를 제공했다. 1848년 벨린
스키는 요절한 후에야 그곳을 빠져나올 수 있었다.

3. 알렉산드르 게르쩬(1812-1870)

알렉산드르 게르쩬은 역사적인 해인 1812년 모스크바의 한 귀족
가문에서 태어났다. 그의 나이 15세 때인 1827년 그는 평생의 친
구 니콜라이 오가료프를 만나게 되었는데, 그들은 그때부터 이미
자신들을 제카브리스트 혁명전통의 후계자임을 자처하고 있었다
고 한다. 게르쩬은 자신의 회고록『과거와 회상』에서 1827년 여름
모스크바 근교를 산책하던 중 오가료프와 서로 부등켜 안고, 일생
을 자유를 위한 투쟁에 헌신할 것을 맹세했다고 쓰고 있다.

1829년 게르쩬은 모스크바 대학의 자연과학부에 입학해, 거기서
졸업하고 학위를 받을 때까지 공부를 계속했다. 모스크바 대학에
서의 5년은 그의 생애에서 가장 행복했던 시기였다. 그가 오가료
프와 함께 대학내 철학 서클을 만든 것은 바로 이때였다. 그들은
비록 당시 유행하던 낭만 철학의 지배하에 있었지만, 스탄케비치
등 다른 서클과는 달리 사회와 정치 문제에 더욱 큰 관심을 가지
고 있었다. 게르쩬의 경우 이것은 부친의 영지에서 농노제 반대에
대해 감행된 잔학행위를 직접 관찰함으로써 더욱 가속화되었다.

1834년에 그의 철학 서클은 그 회원들이 반정부 음모에 관련되
어 있다는 구실로 경찰에 의해 해산되었다. 오가료프, 게르쩬 등
많은 사람들이 투옥되었다가 모스크쉐바로부터 추방되었다. 게르쩬

은 5년 동안 지방 행정부의 서기로 강제 봉직해야만 했고, 정부 관리로 남아있겠다는 약속을 하고서야 모스크바로 돌아올 수 있었다. 그리고 잠시 후에 그는 뻬쩨르부르그로 전임되었다. 그가 벨린스키와, 다른 진보적이고 서구주의적인 러시아 헤겔주의자들을 잘 알게 된 것은 바로 이때였다. 게르쩬은 그들과 함께 헤겔철학의 토대 위에서 설립될 수 있다고 믿은, 정치행위에서의 행동적이고 현실적인 철학의 필요성을 논의하기 시작했다. 이 즈음 그는 이미 확신에 찬 무신론자였고, 사회주의에 완전히 심취되어 있었다. 그는 '이스칸제르'라는 가명으로 서구주의자들의 잡지 <조국 연대기>에 일련의 중요한 논문들을 발표하기 시작했다.

게르쩬의 이 '위험한' 논문들은 또다시 경찰과 마찰을 불러일으켜 이번에는 노브고로드로 추방되었다. 노브고로드 유형중(1841-1843) 게르쩬은 포이에르바하의 『기독교의 본질』을 접하게 되었고, 그는 포이에르바하에 즉각 동의했다. 1843년에 그는 모스크바로 돌아가서 경찰의 감시하에 문필작업을 재개하는 것이 허용되었다. 호먀코프나 키레예프스키와 같은 슬라브주의자들과는 달리, 게르쩬은 대다수의 다른 서구주의자들과 마찬가지로 그들 그룹에 잘 통합되어 있지 않았다. 이제 그가 당했던 고통과, 추방 당시 목격했던 불의는 니콜라이 1세의 러시아에 반대하는 그의 신념을 더욱 굳게 만들었다. 그는 서유럽의 자유로운 공기를 찾아 러시아를 떠나기로 마음먹고 있었다.

1847년 게르쩬은 러시아를 떠날 수 있었고, 다시는 돌아가지 않았다. 그는 굉장한 열정으로 러시아를 떠났으나, 프랑스의 부르조아 문화를 갑작스럽게 접함으로써, 그리고 더더구나 그가 거기서 만난 사회주의 사상가들에게서 발견한 정치적 현실주의의 결핍과 공상주의에 의해 급속하고 철저하게 환상으로부터 깨어났다. 1847년에서 1848년까지는 게르쩬의 모든 전기작가들에게 그의 생애에 있어 결정적인 전환점으로 여겨진다. 이때부터 그의 저술들은 점점 더 독설적이고, 점점 더 비관적이며, 그의 말을 빌리자면, 철저히 '허무주의적'이 되었다. 그러나 이것은 그가 특히 러시아에서 사회주의의 궁극적인 승리에 대한 희망을 포기했다고 말하는 것은 아니다. 그는 1848년 유럽혁명의 실패 후에는 서유럽에서의 사회주의의 가능성에 대해 회의하면서, 사회주의의 새로운 가능성을 러시아 인민에 기대하여 '러시아 사회주의'라는 이론을 전개하기 시작했다.

인민들은 고통받고 있다. 그들의 삶은 너무나 힘들다. 그들은 깊은 증오심을 품고 있다. 그리고 곧 변화가 있기를 갈구하고 있다. … 그들은 이미 만들어진 작업이 아니라, 그들 영혼의 비밀을 폭로할 것을 기다리고 있다. 그들은 책이 아니라, 사도를 기다리고 있다. 신념과 의지, 확신, 그리고 힘을 가진 사도, 그들로부터 절대 분리되지 않을 사도, 그들로부터 샘솟지는 않지만 헌신적인 신념을 가지고 그들과 함께 행동하는 사도를 기다리고 있다. 인공적인 문명으로부터 도덕적으로 자유로운 인민과 가까이 있다고 느끼는 사람, 우리가 말하고 있는 것에 단일성과 긴밀성을 성취한 사람-그들은 인민들에게 말할 수 있고, 또 그렇게 해야 한다.[80]

게르젠이 망명중 주장하기 시작한 이 '러시아 사회주의' 이론은 인민에 의한 집단주의와 인텔리겐찌야가 추구하는 개성의 원리, 다시말하면 개인을 해방시키면서 동시에 공동체의 보존을 추구하는 것이었다. 따라서 그는 서구주의적인 개인의 자율과 슬라브주의적인 공동체적 원리의 결합, 즉 농민공동체의 봉건적 질서 속에서 개인의 자율성을 확보하기 위해서는 농민을 각성시키고, 공동체에 새로운 힘을 불어넣어 주는 능동적인 힘이 필요하다고 보았던 것이다. 그리고 그것은 계몽적인 지식을 소유한 인텔리겐찌야에 의해 달성될 수 있다고 보았다. 게르젠이 주장한 이러한 러

---

80) A. Gertsen, Polnoe sobranie sochinenii i pisem (St. Peterburg, 1919-1925), vol. 6, p. 124-125.

시아의 독자적인 사회주의라는 사상은 그의 독특한 역사철학에 기반한 것이었다. 즉, 그는 인류의 역사는 사회적이고 경제적인 조절, 도덕적이고 종교적인 형태 등 뿐만 아니라, 어느정도는 비합리적이고 우연적인, 그리고 비극적인 것이 역사에 작용할 수 있음을 강조했던 것이다.

게르쩬은 '귀족 혁명가'로서, 니콜라이 1세의 러시아라는 정치적 현실 속에서, 벨린스키와 함께 절대적인 비타협적 자세로, 목적으로서의 인간이라는 이상과 자유로운 개인을 강조했던 러시아 최초의 인물이었다. 때문에 그는 미래에 나타날 혁명과 사회주의의 가능성을 예견하면서도, 개인의 자율성 확보라는 신념을 결코 잃지 않았다. 그리고 바쿠닌과 더불어 그는, 러시아에서 마찬가지의 비타협적 자세로, 급진적이고 혁명적인 민주화의 필요성을 주장했던 첫번째 인물이었다. 게르쩬을 러시아 정치사상사에서 중심적 위치로 올려놓게 한 그의 러시아 사회주의 이론은 1840년대 슬라브주의자들과 벌였던 논쟁의 결과였을 뿐만 아니라, 이러한 두 종류의 혁명적인 이상을 결합한 것이었다. 이것은 당시 러시아 사회라는 특수한 조건 아래서 큰 호응을 얻을 수 있는 것이었고, 곧이어 더욱 증대한 계층의 급진적인 혁명적 인텔리겐찌야 청년들에게 그러한 이상의 실현이라는 희망을 가져다 줄 수 있는 것이었다.

게르쩬으로 대표되는 러시아의 1840년대 세대는 그 자체로 커다란 의미를 가질 뿐 아니라, 체르느이쉐프스키 등 60년대의 새로운 세대가 탄생할 수 있는 훌륭한 밑걸음이 되었다. 1840년대의 혁명적 인텔리겐찌야의 상당수는 감옥이나 유형 생활중 젊은 나이에 요절했다. 일부는 망명지식인으로서 여생을 보내야 했고, 러시아에 남아있던 대다수의 지식인들은 '잉여인간'으로서 정신적 망명인 상태로 그들의 삶을 영위해야만 했다. 니콜라이 1세의 죽음, 알렉산드르 2세의 승계, 그리고 크르임 전쟁의 패배에 이은 개혁

운동이 1850년대 그들을 잠시 소생시킬 수 있었다. 게르쩬은 이때 망명지 런던에서 혁명 잡지 <종>을 발행하면서 러시아내 젊은 지식인들에게 혁명운동을 호소하고 있었다. 그러나 이미 게르N)의 시대는 지나가고 있었다. 혁명적인 인텔리겐찌야의 지도력은 이제 전혀 새로운 세대의 손으로 넘어갔던 것이다.

 게르쩬은 당시를 이렇게 평가하고 있었다. "그들은 우리의 잘못이다. 40년대 우리들의 게으른 토론이 그들을 낳은 것이다." 그의 예언은 참으로 놀라운 것이었다. "누가 우리를 죽음으로 몰고갈 것인가? 황제의 노쇠한 야만성인가, 혹은 공산주의의 거친 야만성인가. 피비린내 나는 무력인가, 혹은 붉은 깃발인가. … 공산주의가 격렬한 성격-가공스럽고, 피비린내 나고, 무질서하고, 순간적인 성격으로 세계를 휩쓸고 지나가게 될 것이다." 혁명에 대한 열정과 다가올 미래에 대한 희망에도 불구하고, 게르쩬은 결코 개인의 존엄성에 대한 노력을 잊지 않았고, 실존하는 현재가 가상의 목적에 희생되는 것을 거부하였다. "각자 세대의 목적은 그 자체의 것이어야만 한다"는 것이었다. 다른 서구주의자들, 슬라브주의자들, 그리고 다른 많은 인물들과 더불어 게르쩬은 그의 사상 이상이었으며, 그가 고백한 다양한 주장의 꾸밈없는 논리적 결론 그 이상이었다. 그는 1870년 파리에서 쓸쓸하게 죽었다.

4. 니콜라이 체르느이쉐프스키(1828-1889)

 러시아의 1860년대를 대표한 인물은 의심의 여지 없이 니콜라이 체르느이쉐프스키였다. 사라토프의 한 교회 사제의 아들로 태어난 그는 성직자가 되려고 결심했으나, 신학교를 졸업한 후 신학을 중단하고 뻬쩨르부르그 대학의 역사철학부에 입학했다. 1848년 유럽혁명이 일어나자 그는 시대상황에 뒤떨어지지 않기 위해 프랑스와 독일 신문을 열심히 읽었다. 그후 뻬트라쉐프스키 서클의 멤버였던 알렉산드르 칸느이코프의 소개로 푸리에와 공상적 사회주의를 접하게 되면서부터, 매사에 철두철미했던 체르느이쉐프스키는 푸리에, 생시몽, 카베, 르루, 푸르동과 블랑의 저서들을 섭렵하기 시작했다.

처음 체르느이쉐프스키는 사회주의자와 공산주의자의 이상을 자신의 크리스트교적 신앙과 조화시키려고 했다. 일례로 1840년에 그는 사형선고를 받은 혁명가들의 영혼을 위해 기도를 올리기도 했다. 그후 그는 생시몽과 르루의 영향으로 유토피아 사회주의를 "새로운 크리스트교, 새로운 메시아, 새로운 종교, 새로운 세계"라는 개념으로 연결시키고자 했다. 그 이후에도 줄곧 새로운 의문이 그를 엄습하곤 했는데, 그는 자신의 일기에서 "예수가 취한 방법은 십중팔구 정당한 것이 아닌 것 같다"라고 쓰고 있었다. 만약 예수가 자기를 조절할 수 있는 메카니즘, 즉 일상의 빵을 걱정하는 부담으로부터 인류를 자유롭게 할 수 있는 일종의 '영구적인 운동'을 고안했다면 더욱 유용했을 것이라고 생각했다.

1851년 대학을 졸업한 후 체르느이쉐프스키는 사라토프 김나지움의 문학 교사로 잠시 활동하다가, 2년 뒤 뻬쩨르부르그 대학으로 돌아가서 「예술과 현실의 미학적 관계」라는 제목의 석사학위 논문을 집필하기 시작했고, 그는 또한 여러 논문과 문학비평을 출판사에 기고하기도 했다. 1855년에는 네크라소프가 발행하고 있던 <동시대인>의 편집진에 참여했다. 당시 <동시대인>은 벨린스키 사후 순수문학을 편애하는 자유주의적 비평가 그룹-드루즈닌, 안넨코프, 보트킨 등-의 영향을 받아 일관되고 뚜렷한 이데올로기 노선을 더 이상 추구할 수 없게 되었다. 그러나 체르느이쉐프스키가 편집진에 참여함으로써 이 잡지는 다시 사상적 옹호, 즉 비평적 사실주의를 위한 토대가 마련되었다.

체르느이쉐프스키의 문학비평은 대부분 1854년에서 1857년 사이에 쓰여졌다. 1857년 가을 그는 역사, 철학, 정치경제학에 몰두하기 위해 <동시대인>의 문학분야 편집장 자리를 연하의 협력자 니콜라이 도브롤류보프에게 물려주었다. 그때부터 그는 러시아의 자유주의자들, 그리고 그들에게 공감하는 귀족계급의 세계관과 완전히 결별하여 새로운 혁명적 급진주의의 기본원리를 기술하기 시작했다.『철학의 인류학적 원리』(1860)에서 체르느이쉐프스키는 그의 철학관과 윤리관을 주창했으며,『자본과 노동』(1860),『J. S. Mill 정치경제학 기초해설』(1860), 그리고 기타 여러 경제관련 논문에서는 경제학적 자유주의를 '노동자 대중의 정치경제학'이라는 관점에서 비판적인 분석을 가했다. 그는 이렇게 쓰고 있었다.

우리는 이 학문(정치경제학)의 위대한 영국인 창시자들(스미스와 리카르도)이 제시한 주요 연구결과들을 진리로 받아들이고 있기는 하지만, 이것이 진리의 전부라고는 생각하지 않는다. 일반적으로 말해서, 그들은 자신들이 주의깊게 연구한 문제들에 대해 매우 만족스러운 설명을 제공했다고 할 수 있다. 그러나 그들 역시 신이 아니라 인간이었기 때문에, 많은 것들을 관찰했으면서도 또한 많은 것들을 간과했다. 그들의 연구는 추가자료를 필요로 한다. 이 추가자료는 우리가 우리의 직계 스승이라고 간주하는 사상가들에 의해 이미 제공되어 왔다.[81]

체르느이쉐프스키는 많은 논문들, 그 가운데 특히「토지의 공동체적 소유에 관한 철학적 편견 비판」(1858)에서 러시아의 자본주의적 발전을 주장하는 자들의 공격으로부터 농민공동체를 비호하고 나섰다. 그리고 프랑스 혁명을 다룬 일련의 논문들을 통해 그는 자유주의 정치가들의 동요와 비열함을 강조하고, 그들이 제

---

81) N. G. Chernyshevsky, Selected Economic Works, vol. 3, part 2 (Moscow: Politizdat, 1949), p. 227(러시아어). 아니킨, 앞의 책, 276쪽에서 재인용.

의한 중용의 정책들을 비판하는 한편, 정치적 자유 문제를 강조했던 자유주의자들의 계획과 인민의 복지를 강조했던 급진주의자들의 계획을 비교, 제시했다. 이 논문들은 당시 모든 러시아의 혁명가 세대들에게 지대한 영향을 끼쳤다.

러시아의 혁명적 분위기가 자극을 받음에 따라, 급진진영의 지적 지도자로서의 체르느이쉐프스키의 역할은 그 중요성이 날로 부각되었다. 그의 집은 혁명활동가들의 회합장소였으며, 학생들은 정치적 시위를 토의하기 위해 그를 찾곤 했다. 그러나 체르느이쉐프스키는 음모적인 투쟁방법에도 완전히 익숙해 있었고, 자신의 행적을 은폐하는데 전문가였다. 결과적으로 혁명조직과 그와의 연계 여부는 잘 알려지지 않고 있으며, 그가 '토지와 자유'의 멤버였다는 사실을 증명할 수도 없다. 그러나 농노해방령의 허구성을 폭로한 "지주 농민들에게, 그들의 일이 잘되기를 바라는 사람들로부터의 인사"를 선언한 사람이 바로 체르느이쉐프스키였다는 것은 주지하는 바 사실이다. 또한 사회 지식층 스스로가 사회, 정치적 개혁을 직접 수행할 것을 호소했던 지하간행물 <위대한 러시아>(1861)의 발행을 추진했던 중요인물도 역시 체르느이쉐프스키였던 것으로 추정된다.

오랫동안 불안의 씨앗을 제거하려 했던 정부 당국은 중간에서 가로챈 게르쩬의 편지에서 체르느이쉐프스키가 런던에 있는 러시아 망명서클과 접촉이 있었다는 사실을 알아내고 뛸듯이 기뻐했다. 1862년 7월 그는 체포되어 뻬트로 빠블로프스크 요새에 감금되었다. 그후 그를 본 사람은 거의 없다. 1889년 뇌출혈로 쓰러질 때까지 그는 평생의 세월을 감옥과 유형지에서 보내면서 혹독한 신체적, 정신적 고통을 겪었다. 외로움, 추위, 질병, 간수들의 야만성, 그리고 심지어 쇠사슬까지 그에게 크나큰 고통을 가져다 주었다. 그래서 지금도 러시아인들은 그를 '혁명의 순교자'로 부른다.

감옥에 있으면서 체르느이쉐프스키는 유명한 소설 『무엇을 할 것인가』(1863)를 썼다. 이 소설은 새로운 합리주의적 유물론 견해와 함께, 새로운 도덕을 대변하는 '새로운 인간' 세대, 즉 60년대의 급진주의자들을 이상적인 인간상으로 묘사한 작품이었다. 소설의 주인공 로뿌호프, 키르사노프, 베라 빠블로브나는 비합리적 신념이 아닌, 실질적인 자기이익과 '합리적 이기주의'-자기 자신의 이익을 전체 사회의 이익이나 복지와 동일시하는 것-에 의해 스스로의 행동을 결정함으로써 사회적 인습을 초월하려는 인물들이었다. 소설의 대부분은 기이한 성격의 소유자인 혁명가 라흐메토프를 중심으로 전개된다. 체르느이셰프스키는 그를 '초인'으로 묘사하여 공동선을 위한 그의 헌신을 다른 주인공의 그것보다 더 위대한 것으로 그렸다. 소설 속에서 라흐메토프는 부유한 귀족의 자손이지만 인민의 운명을 절실히 느끼고 전 러시아 영토를 두루 편력하면서 제재소, 채석장, 도하장 등에서 노동을 했다. 그는 선택된 중생 가운데 한사람으로서 '지상의 소금'이었으며, 자신의 의지력과 고통에 대한 저항력을 단련함으로써 녹슨 못더미 속에 잠들어 있는 혁명의 칼을 날카롭게 갈고자 한 인물이었다.

 검열 당국의 실수로 이 소설은 <동시대인>에 실릴 수 있었다. 뒤늦게 잘못을 깨달은 당국은 담당 검열관을 파면시키고, 소설의 추가 발행을 금지시켰지만, 소설의 파급효과로 볼 때 이러한 조치는 별다른 도움이 되지 않았다. 이 소설이 게재된 <동시대인>은 마치 가보처럼 소중하게 간직되었으며, 젊은 세대에게 이 작품은 진정한 '인생과 지식의 백과사전'이 되었다. 레닌의 부인 크루프스카야는 자신의 회고록에서 그녀의 남편이 이 작품의 사소한 부분까지도 기억하고 있었다고 밝히고 있다. "러시아에 출판사가 세워진 이래 체르느이쉐프스키의 『무엇을 할 것인가』만큼 대성공을 거둔 출판물은 아무것도 없었다"라고 말한 쁠레하노프의 선언은 결코 과장이 아니다. 당시 젊은이들에게 체르느이쉐프스키의 『무엇을 할 것인가』는 성서 다음으로 많이 읽혔던 것으로 전해지고 있다.

  체르느이쉐프스키의 사상적 유산은 나로드니키들에 의해 1870년대로 이어졌다. 넓은 의미에서 체르느이쉐프스키를 인민주의자라고 말할 수 있겠지만, 그러나 러시아 혁명사상사 속에서 그의 위상을 정립시키고자 할 때 정통 인민주의로부터 그를 구분할 필요가 있다. 체르느이쉐프스키가 타파하려 했던 최대의 적은 봉건적인 낡은 구조였다. 말년에 이르기까지 그는 서구주의적 이상에 충실했으며, 유럽의 과학과 문명, 그리고 정치적 자유를 앞세워 러시아의 후진성을 공격했다. 반면 토지개혁 실시 이후의 인민주의자들은 미래를 달리 전망하게 되었다. 중소생산자들의 자본주의적 착취를 예상하고, 이에 두려움을 느낀 그들은 러시아의 후진성을 이상화시키고, 자본주의적 발전을 퇴보라고 거부하면서, 러시아가 자본주의와는 다른 '고유한' 경로를 따르게 할 수 있는 방법을 모색했다. 그러나 체르느이쉐프스키는 사회주의 사상가에 대해 호감을 가지고 있었음에도 불구하고, 급진적인 부르조아 민주주의에 대한 '계몽주의적' 합리적 이상을 확고히 대변하고 있었다. 러시아의 사회주의로의 '도약' 도 유럽에서의 사회주의가 먼저 성취된 다음의 일이었다.

  체르느이쉐프스키의 이념적 유산은 낡은 사회구조에 대한 이상화를 포함하지 않았기 때문에 인민주의자들 뿐만 아니라, 러시아 마르크스주의자들까지도 이를 수용할 수 있었다. 인민주의에 맞서 온몸으로 투쟁했던 쁠레하노프는, 비록 체르느이쉐프스키의 사상과 마르크스주의와의 차이가 어느 정도인가에 대해서는 늘 잊지 않고 강조했지만, 그를 대단히 존경하고 있었다. 레닌 역시 체르느이쉐프스키는 자신이 젊은 시절에 아주 좋아했던 작가였다고 말한다. "그의 영향으로 수많은 젊은이들이 혁명가가 되었다. … 예컨대 그는 내 형의 머리 위에, 그리고 나 자신의 머리 위에 마력을 뿌린 것이다. 그는 나에게 깊은 흔적을 남겨 놓았다."

5. 자유주의적 서구주의자들

정치학적 범주로 볼 때 벨린스키, 게르젠, 그리고 체르느이쉐프스키의 서구주의는 혁명적 서구주의라고 할 수 있으며, 이제 살펴볼 인물들의 서구주의는 자유주의적 서구주의라고 말할 수 있다. 1840년대 이러한 구분은 분명치가 않았다. 그러나 60년대 들어서는 명백한 구분이 이루어져 소위 '혁명적 민주주의자들'이 민중에 관심을 보인 반면, 자유주의자들은 귀족계급의 특권을 다치지 않는 범위 내에서 제한적인 개혁을 지지하고 있었다. 벨린스키가 활동하던 시기에도 이들은 종교에 대한 태도, 프랑스 혁명에 대한 해석, 그리고 예술에 대한 태도 등에서 서로 다른 입장을 취하고 있었다. 이러한 차이점 때문에 그들은 때로는 분노하고, 때로는 고통스런 투쟁을 겪어야 했으나, 공통된 정치적 목적의식을 훼손하지는 않았다.

1840년대 자유주의적 서구주의를 대표하는 인물 가운데 한사람은 한때 스탄케비치 서클의 일원이었으며, 후에 모스크바 대학에서 유럽사 교수로 재직했던 찌모페이 그라노프스키(1813-1855)였다. 그라노프스키는 저서를 통해서보다는 청중과의 직접적인 접촉에서 보다 많은 영향을 과시했다. 서구주의에 대한 그의 가장 중요한 공헌은 1842년 모스크바 대학에 개설되어 각광을 받았던 중세유럽 공개강좌였다. 공개강좌를 통해 그는 슬라브주의자들과 논쟁을 벌이게 되었다.

슬라브주의자들과 논쟁을 벌이게 되면서 그는 벨린스키와 마찬가지로 슬라브주의자들이 러시아 인민을 이상화하는데 초점을 맞추어 비판을 가했다. 그라노프스키는 "대부분의 사람들은 우리 시대의 인민적 전통을 집단이성의 확실한 표상이라고 찬양하면서 그 가치를 드높이고 있다"고 말하면서, 그러나 이러한 경향은 독일 낭만주의의 영향을 받은 것으로서 과학이나 사회 관련분야의 진보에 전혀 도움이 안된다고 보았다. 개인의 자율성과 '직접성'으로부터의 해방을 강조한 그라노프스키는 벨린스키나 게르젠과 마찬가지로 서구주의적 역사철학의 진수를 나타내고 있었다.

이러한 명제를 수용하여 그것을 러시아 역사에 적용하려 한 또 다른 자유주의적 서구주의자로 콘스탄찐 카벨린(1818-85)을 들 수 있다. 「고대 러시아의 사법관계 고찰」이라는 제하의 카벨린의 에세이는 1847년 <동시대인> 창간호에 벨린스키의 문학평론과 함께 게재되었는데, 그것은 '서구주의 선언'이라고 불리울 만큼 충분한 가치를 지니고 있었다. 벨린스키마저도 그의 에세이에 커다란 영향을 받고, 그 분야에 대한 자신의 작업을 평가절하하면서까지 그의 에세이를 러시아 역사에 대한 최초의 철학적 해석이라고 격찬했다.

이 에세이를 통해 카벨린은 러시아의 역사과정이 혈연과 관습에 기반을 둔 공동체적 관계가 점진적으로 정치적, 사법적 관계에 기초한 체제로 대체되고, 이와 동시에 가부장적 전통으로부터 개인이 해방되는 과정으로 이루어졌다는 주장을 전개했다. 이러한 과정에서 외면적인 동시에 불변의 형태에 의존하는 물리적인 민족성이 붕괴하고, 민족의 존재에 대한 특정한 속성으로서, 그리고 단순히 외면적인 물리적 특성으로서가 아닌 정신적인 민족성이 점차적으로 출현하게 된다. 러시아에서 이 과정은 뾰트르의 개혁기에 절정에 달했다. "18세기에 이르러서야 러시아는 비로소 지적, 도덕적 단계의 삶을 시작하게 되었다"고 선언함으로써 카벨린은 슬라브주의자들에게 정면으로 도전했다.

한편 <동시대인> 창간호에 함께 게재된 카벨린과 벨린스키의 에세이에 대한 답변으로 유리 사마린은 슬라브주의 잡지 <모스크바인>에 「동시대인에 게재된 역사 견해와 문학 견해에 관하여」를 발표하여 반대 견해를 피력했다. 여기에서 그는 카벨린이 개성을 서유럽 개인주의와 동일하게 보고 있으며, 농민공동체와 씨족이나 혈연집단과의 차이점을 구분치 못했고, 중앙집권적 국가의 긍정적인 역할을 지나치게 강조하고 있다고 비난했다. 특히 그는 카벨린이 이반 뇌제가 보야르에게 저지른 야만적 행위를 가리켜 세습특권을 폐지하고 그것을 개인적 공과로 대체하려는 일관된 노력이라고 미화함으로써 이반의 명예를 회복시키려 하고 있다고 분개했다. 러시아 역사의 의미는 개성 원리의 발전에 있는 것이 아니라, 현재 서유럽의 관심을 끌고 있는 크리스트교적 공동체 원리의 보존에 있다고 사마린은 주장했다.

카벨린과 벨린스키의 러시아 역사관은 본질적으로 차이가 없었다. 다시 말해 두사람은 러시아의 역사과정이 본질적으로 사회관계의 합리화를 통해 개인의 해방으로 이루어졌다고 믿었으며, 민족은 자연적인 직접성의 단계에서 완전하게 근대적인 '정신적' 민족성의 단계로 발전했다고 주장했다. 그러나 카벨린은 이러한 과정에서 사법기구와 국가기구가 차지하는 역할을 특히 강조했다. 그는 중앙집권적인 모스크바 공국의 출현은 러시아 사회관계의 합리화와, 결과적으로 전통주의에 구속된 개성을 해방시킬 수 있는 결정적인 계기가 되었다고 주장했다. 헤겔의 합리주의적 국가 개념에 입각해 16세기 모스크바의 전제 국가를 해석하려 했던 이러한 견해는 후에 러시아의 국가주의적 역사학파의 기본테제로 발전했다.

국가주의 학파의 대표적 이론가는 철학자, 역사학자, 법률가이며, 19세기 후반기 귀족계급의 자유주의 우파 이론가였던 보리스 치체린(1828-1904)이었다. 치체린은 그라노프스키와 카벨린의 제자였으며, 동시에 40년대 헤겔시대를 경험한 사람들과 친분을 맺은 헤겔학도이기도 했다. 치체린이 주장한 서구주의는 강력한 국가와 사법적 질서에 대한 헤겔적 숭배와 세이학파의 경제학적 자유주의가 혼합된 형태였다.

이러한 이론에 기반하여 그는 러시아 전제정치의 역사적 역할을 옹호하는 한편, 동시에 자본주의와 시민적 권리를 지지하고 있었다. 그는 국가기구의 나약함과 러시아 영토의 방위와 통일에 대한 필요성으로 인해 16세기와 17세기에 걸쳐 모스크바 공국은 부득이 모든 계층의 개인적 자유를 박탈할 수 밖에 없었다고 주장했다. 정치력이 강화된 후에 1762년 귀족해방을 필두로 하여 이러한 과정은 역전되었으며, 결국 농민해방이 이루어지고, 보다 광범위한 민중에게도 시민권을 부여하지 않을 수 없게 되었다. 이러한 방법으로 치체린은 자유주의적인 조치의 역사적 정당성과 필연성을 정립하는 한편, 개혁의 성공 요건은 국가의 안정과 국력에 있음을 지적하면서, 개혁은 국가의 합법적인 정부에 의해 점진적으로 수행되어야 한다고 역설했다.

헤겔을 따라, 치체린은 국가와 사회를 예리하게 구분했으나, 모든 사회관계를 계약관계로 해석하려는 경향이 있었다. 그의 농민공동체 기원론은 널리 인정되었다. 오늘날의 러시아 공동체는 원시적인 가부장적 혈연조직체와는 하등의 공통점이 없었다. 농민공동체는 16세기에 모습을 보였지만, 그것은 민중에 의해 '유기적'으로 이루어진 것이 아니라, 주민들에게 모든 종류의 세금과 강제노역의 집단책임제를 강요함으로써 국가의 재정 정책을 능률화하려 했던 중앙집권 국가가 인위적으로 만들어 낸 것이라고 그는 주장했다.

1856년 이러한 주장은 슬라브주의자들을 분노케 하여, 슬라브주의 잡지 <러시아 담론>와 진보주의 잡지 <러시아 통보> 사이에서 벌어진 기나긴 논쟁의 불씨를 댕겼다. 이 논쟁은 총체적인 중요성을 내포하고 있었다. 왜냐하면 그것은 농민공동체의 기능이 계속되어야 할 것인가, 아니면 농노제와 함께 폐지되어야 할 것인가 하는 문제를 근본으로 하고 있었기 때문이었다. 물론 치체린은 옵쉬치나에 대해 단호하게 반대했으며, 옵쉬치나는 정상적인 경제

법칙의 기능을 저해하고, 국가내 또다른 국가를 형성케 하는 제도라고 확신하면서, 죽을 때까지 이 주장을 굽히지 않았다. 그에게 있어 옵쉬치나는 러시아의 중단없는 서구화를 가로막는 최대의 장애물이었다.

그러나 현실 정치가로서의 치체린은 급진주의적 반대파, 특히 혁명운동 세력보다는 슬라브주의에 더욱 관대했다. 그리고 실천적 이슈에 있어서 그는 보수적인 슬라브주의자들과 많은 공통점을 가지고 있었다. 이러한 그의 경력은 러시아의 귀족적 자유주의의 진보를 한눈에 알아볼 수 있는 좋은 예이다. 그라노프스키와 젊은 카벨린은 벨린스키에 가까웠으나, 그들의 제자인 치체린에게 있어서 벨린스키적 전통은 그와 무관한 것이었으며, 오히려 그는 벨린스키적 전통을 이어받은 사람들을 적극적으로 반대하고 있었다.

게르첸과 체르느이쉐프스키서부터 서구주의의 사상적 흐름은 오늘날까지 몇가지 다른 방향 속에서 흘러 왔다. 그것은 매우 다양한 정도로 슬라브주의와 관제국민주의와 함께 혼합되었다. 처음부터 서구주의자들 사이의 다양한 개성은 국내와 외국에서 다양한 사상적 흐름을 형성케 했고, 점차적으로 개혁론자와 혁명론자들은 자유주의와 사회주의의 분리 노선을 따라 서유럽의 사상을 발전시키면서 서로 나뉘게 되었다.

슬라브주의자들과의 갈등 속에서 의식적으로 그렇게 되었던 초기 서구주의자들은 결코 서유럽에 대한 맹목적인 추종자들은 아니었다. 그들은 서유럽적인 모델이 아니라, 농민공동체와 같은 고유한 유산과 더불어, 제한적이고 책임있는 정부하의 정치적, 시민적 자유와 같은 유럽의 훌륭한 면을 결함시킴으로써 러시아를 재구성하려고 했다. 그들은 그들의 반대자들보다는 덜했지만, 유럽적 삶의 부정적인 많은 면을 날카롭게 인식하고 있었다. 그들은 짜리즘의 압제와 확연히 대비되는 개인적 자유의 꽃을 러시아에 이식코자 했지만, 그러나 그들은 자본주의 토양 혹은 의회주의적 제도의 도입이 그것의 생존에 필수적이라고 믿지는 않았다. 그러나 후에 자유주의적 서구주의자들은 자본주의와 의회주의의 도입을 원하고 있었고, 실제로 그들 가운데 몇몇은 양자 모두에 기대를 걸고 있었다. 반면 사회주의자들은 정치적 자유보다 경제적이고 사회적인 문제들을 우선시했고, 전제주의와 마찬가지로 자본주의의 성장에도 열심히 맞서 싸웠다.

이렇게 열정적으로 반복된 반자본주의적 주제는 서구주의자들이, 그들의 철학적 유물론에도 불구하고, 서유럽의 물질적 성취보다 인간적 가치를 더욱 높이 평가했음을 나타낸다. 그들은 서유럽의 제도뿐만 아니라 서유럽의 비평가들로부터도 많은 것을 배웠다. 이러한 주제와 인간주의적 기초는 마르크스주의자들을 포함한 혁명가들과 마찬가지로 비쩨와 같은 서구화된 관료들에 대한 이해에 있어서도 상기해 둘 필요가 있다.

제 17장 슬라브주의자들

1830년대와 40년대 러시아의 지식인들은 그들이 당면한 새로운 근대적 질서에 직면하여, 시민적 행동의 경로를 모색하면서, 보다 다양한 윤리적, 사회적, 정치적 사상의 흐름을 접할 수 있었다. 그들은 차아다예프에게서 잘 엿볼 수 있듯이, 그들에 앞선 제카브리스트들처럼 매우 절충적이었다. 일반적으로 보수주의적인 시민 이데올로기는 기본적으로 독일의 관념론으로부터 유래한 것이었고, 반면에 보다 급진적인 이데올로기는 프랑스의 공상적 사회주의와 공산주의에 기초하고 있었다. 호먀코프 등 슬라브주의자들은 말하자면 급진적인 보수주의자들로 분류할 수 있겠는데, 그들은 당시 유행하던 낭만적 민족주의에 부응하여, 과거 모스크바 러시아 시대 슬라브 민족에게 존재했던 것으로 믿은 정치적, 사회적, 문화적 단일성을 회복하려고 하였다.

1840년대 '슬라브주의(슬라뱌노필스트보)'라는 용어는 원래 러시아에서 서구주의를 반대하는 사람들의 전형이라고 느껴졌던 협소한 민족적 배타주의를 강조하는 조롱적 의미로 쓰여졌다. '서구주의(자빠드니체스트보)'라는 용어도 비슷한 기원을 가지고 있었다. 서구주의란 말은 슬라브주의자들이 그들 반대자들의 반민족적 행태에 대해 주의를 환기시키기 위해 처음 만들어낸 신조어였다. 그러나 이 두 용어는 양측의 이론가들에 의해 처음에는 도전적인 성격으로 이해되었다가 마침내는 긍정적인 것으로 받아들이게 되었다.

 슬라브주의의 어원적 의미는 '슬라브족에 대한 사랑'이었다. 그러나 러시아의 역사 문헌을 보면, 이 용어는 1830년대 말부터 '서구주의' 경향에 반대하는 보수 귀족계급의 이론가 집단을 지칭하는 협의의 의미로 사용되기 시작했다. 더욱이 슬라브주의는 전 슬라브민족의 동포애적 유대감을 의미한 것이라기보다는 사회생활과 고대 러시아의 문화 속에 스며있는 민족적인, 주로 슬라브적인 요소들의 정신적 고양을 의미했다. 非러시아 슬라브족에 대한 관심은 크르임 전쟁 이후부터 러시아 슬라브주의에 정착하기 시작했다. 1840년대에는 호먀코프만이 순수한 어원적인 의미에서 '슬라브주의자'라고 불려질 수 있는 정도였다.

 차아다예프에 따르면, 모든 슬라브주의자들은 역사와 문화의 철학자들이었다. 반면에 서구화된 철학자들은 러시아의 파멸적인 정체성, 사회적 후진성, 발달된 문화의 결핍 등을 강조했고, 러시아가 서유럽을 쫓아가야만 하고, 유럽에서 자리를 차지해야 하는 결과적인 필요성 등을 역설했다. 그러나 슬라브주의자들은 러시아 문화의 독특한 힘과 가치를 조화시키려 시도했고, 그러한 점에서 러시아 문화의 독특성을 특별히 강조했다. 그들에게 러시아는 아시아도 아니었고, 유럽도 아니었다. 그들은 러시아가 러시아의 대지, 제도로 돌아옴으로써 스스로의 힘으로 정교회의 전통에 따라 의식하지 않은 상태에서 발전할 것이라고 믿었고, 역사 가운데 러시아의 진정한 자리를 이해하는 것이 가능하고, 서유럽을 구원하는 것이 가능하다고 믿었다.

 서구주의자들은 서유럽 문화의 가치를 받아들일 수 있는 사회적 의식을 러시아가 성취할 수 있도록 도움으로써 러시아를 구원할 수 있다고 믿었다. 반면에 슬라브주의자들은 러시아의 농노제도와 국가관료제와 같은 현존하고 있는 사회적 조건에 비판적이었지만, 동시에 합리주의, 기계주의, 법률주의, 그리고 민주적 비인격주의 등 서유럽인들로 하여금 그 영혼을 잃게 했던 것으로부터 러시아를 지키려고 했다. 슬라브주의자들은 반합리주의적이고, 반실증주의적이었으며, 그리고 반유물론적이었다. 그들은 서유럽이 모든 정신적 가치를 잃었건 잃고 있건, 러시아만은 감정적으로 개방적이고, 정직하게 남아 있으며, 서유럽을 사랑할 수 있고, 구원을 받게 할 수 있다고 믿었다.

앞서 살펴 보았듯이, 1840년대 서구주의자들에게 어떤 균일한 사상적 응집력이 존재한 것은 아니었다. 반면에 이 시기 이른바 '고전적 슬라브주의자들'은 1839년부터 1861년까지 러시아 내부에서 비교적 응집력이 강한 하나의 사상적 흐름으로서 존재했고, 그것의 쇠퇴기에도 그것은 독특한 사상적 형태를 유지했다. 우리는 먼저 고전적 슬라브주의의 대표자들, 즉 알렉세이 호먀코프, 이반 키레예프스키, 콘스탄찐 악사코프의 사상을 살펴 본 다음, 그 후 슬라브주의 운동의 분열과 계속성 가운데서 세계적으로 탁월한 문학적, 사상적 업적을 이루어낸 표도르 도스토예프스키의 슬라브주의적 정치사상을 살펴 보아야만 할 것이다.

1. 알렉세이 호먀코프(1804-1860)

이른바 슬라브주의자들로 일컬어지는 많은 사상가들 가운데 가장 독창적이고 활동적이었던 사상가로 알렉세이 호먀코프를 들 수 있다. 그의 저작은 주로 시나 정치적, 종교철학적 논문들로 구성되어 있다. 그는 생애 마지막 20년 동안 역사철학에 대한 집필에 몰두하여 『보편역사사상연구(일명 세미라미다)』라는 책을 저술하기도 했다. 그러나 호먀코프가 러시아 사상사에서 차지하는 중요성은 그의 역사철학보다도 근대 러시아의 정교 신학과 관련이 깊다.

러시아 정교 신학과 관련된 그의 중요한 철학적, 종교적 논문으로는 「교회는 하나다」와 익명으로 출판된 「서유럽 교파에 대한 정교도의 입장」이라는 세 편의 팜플렛을 들 수 있다. 이 논문들은 니콜라이 1세 자신이 첫 팜플렛을 읽고 그것의 출판을 허용했으나, 1879년에 이르러서야 러시아에서의 출판이 허가되었다. 호먀코프의 정교 신학 이론 가운데 많은 부분은 非정교 크리스찬에게 쓰여진 편지와 에세이 속에서 표현되고 있다. 이 가운데 특히 러시아 정교와 관련한 뛰어난 가치를 지닌 논문으로 1844-1854년 동안 이루어진 「팔머(W. Palmer)와의 교신」을 들 수 있다. 호먀코프는 이러한 다양한 글 속에서 자신의 정교 신학과 교회 원리의 기초로서 '소보르노스찌'의 개념을 전개하였다.

먼저 호먀코프 사상에 있어 철학적 문제들을 살펴보면, 그의 주된 철학적 기초는 존재의 구체성과 전체성에 있다고 할 수 있다. 그는 특히 존재의 전체성과 관련하여, 유럽 문화의 합리주의적 성격으로 인한 전체성의 폐기를 경고했다. 그러면서 그는 고대 러시아의 문화는 이성과 전체성의 이상으로 고무되었다고 생각했다.

호먀코프는 이러한 철학적 기초 위에서 자신의 독특한 신학 이론을 전개했다. 그는 진정한 유기적 전체로서의 교회 개념, 즉 예수 크리스트를 정점으로 하는 몸체로서의 교회 개념을 내놓았다. 크리스트와 하나님의 진리를 사랑하는 사람은 교회에 속하는 것이고, 크리스트 몸체의 일원이 되는 것이다. 교회 안에서 그들은 교회로부터 떨어져 있는 것보다 새롭고 충만하고 더욱 완전한 삶을 발견한다. 이것을 이해하기 위해 우리는 교회가 하나님으로부터 영적으로 나타난 유기적 전체임을 기억해야만 한다.

이것이 바로 호먀코프가 정교에서 발견한 소보르노스찌 개념의 전제였는데, 이 소보르노스찌의 원리는 호먀코프에 의하면, "하나님과 하나님의 진리에 대한 사랑과 하나님을 사랑하는 모두의 상호간 사랑에 기초한 단일성과 자유의 조화"를 말한다. 그러면서

호먀코프는 카톨리시즘에서 자유 없는 단일성을 발견했고, 프로
테스탄티즘에서는 단일성 없는 자유를 발견하였다. 이들 교파에
는 외적 단일성과 외적 자유만이 실현되고 있다고 보았다.

　말하자면 이것은 호먀코프의 서유럽 근대성에 대한 비판이었다
고 할 수 있겠는데, 근대 러시아의 철학적 발전에 있어 이러한 호
먀코프의 사상이 갖는 중요성은 대단히 큰 것이었다. 호먀코프 사
상의 진수이면서, 가장 가치있고 뛰어난 사상으로 평가할 수 있는
것이 바로 그의 독특한 소보르노스찌 개념이라고 할 수 있다. 이
러한 자신의 독특한 종교철학적 개념으로부터 호먀코프는 근대
정치사회적 생활의 많은 어려운 문제의 해결에 적용할 수 있는
정치, 사회 사상을 발견했다. 그것이 이른바 '옵쉬치노스찌(공동
체정신)' 개념이었다. 그리고 그것이 가장 온전히 보존되고 있는
것이 러시아였다. 그는 이렇게 말한다.

　러시아의 정신은 광대한 러시아 전역을 일깨웠고, 이것은 새로운 작업
이 아닌 정신적인 작업이었다. 러시아의 정신은 가깝고 친밀한 지역에
공동체적 생활을 하는 가장 훌륭한 형태의 미르 공동체를 오랫동안 형성
해 왔다. 러시아의 정신은 가족의 신성함을 지켜 왔고, 전 사회체계의 가
장 순수하고 강고한 기초를 만들어 왔다. 그것은 민중들에게 도덕적 힘
을 양육하였고, 하나님의 진리에 대한 신앙을 길러 왔으며, 불요불굴의
참을성과 깊은 겸손을 양육해 왔다. 그것은 정교의 충만한 광채로 계발
되어 온 하나님의 축복의 결실인 업적이다.[82]

　이렇게 호먀코프는 자신의 사상을 교회와 농민공동체에 똑같이
적용했다. 크리스트교의 본질을 분석하면서, 그는 사랑과 자유의
불가분의 연결고리를 제시했다. 크리스트교는 사랑의 종교이다.

---

82) A. Khomiakov, Sochineniia v dvukh tomakh, ed. V. Koshelev (Moskva: Izdatl' stvo Medium,
　　1994), vol. 1, p. 517.

그러므로 그것은 결과적으로 자유의 종교인 것이다. 자유와 사랑의 단일체인 교회와 마찬가지로 농민공동체는 자유와 단결의 조화로운 화해를 담보한다. 사회적 연대의 해이라는 악은 신앙의 상실이라는 것으로부터의 나쁜 영향을 나타내는 것이다. 이것은 호먀코프가 소보르노스찌 개념을 옵쉬치노스찌라는 사회적 개념으로 발전시킨 '철학적 인간학(philosophical anthropology)'을 나타낸 최초의 인물임을 뜻한다.

호먀코프는 러시아에서 농노제도가 폐지되어야 한다고 역설했다. 그렇지만 농노제 폐지 하에서 공동체가 유지되고 강화되기 위해서는 자신들이 경작할 땅을 농민들이 보유하고 있어야 한다고 믿었다. 이것을 정당화하기 위해 그는 재산의 개념을 분석했다. 사유재산은 절대적인 것이 아니다. 사회는 언제나 우선적 권리를 보유한다고 그는 주장했다. "모든 사유재산은 정도만 다를 뿐 사용권에 불과한 것이다." 러시아에서 소유권과 사용권은 조상으로부터 물려받은 것으로 인식되어 왔다. 귀족의 땅도 국가에 대해 사용권만을 가지고 있었다. 마찬가지로 농민의 땅에 대한 권리는 사용권의 유산적 권리일 뿐이다. 귀족이건 농민이건 정도의 차이만 있을 뿐, 본질적 성격에 있어 다르지 않다고 호먀코프는 주장했다.

이것은 슬라브주의의 역사적 이상향, 즉 보야르와 귀족은 국가에 대한 봉직의 대가로 토지를 소유해왔다는 이론에 기반한 것이었다. 그러나 실제로 호먀코프는 그러한 역사적 반영으로부터 어떠한 실질적 결론을 이끌어낼 수는 없었고, 다른 슬라브주의자들과 마찬가지로 그는 강제적 국가봉직의 재도입으로 인한 그들 계급의 이해에 부담으로 작용할 어떠한 의도도 가지고 있지 않았던 것으로 보인다.

따라서 호먀코프 등 슬라브주의자들이 나타냈던 관념적인 슬라브적 질서관은 '농민 문제'라는 실제적 상황에서 그 허구성을 드

러낼 수 밖에 없었다. 특히 농민 문제와 관련한 호먀코프의 현실
적 제안에 나타난 모순은 슬라브주의 사상의 기본적인 반자본주
의적 이상과 대비되는 것이었다. 러시아에서의 자본주의 방지라
는 논의가 무색하게 그는 실제로 토지 귀족에게 불리하게 작용할
어떠한 조치에도 반대했다. 그에게는 귀족에 대한 공동체적 원칙
의 적용 가능성이라든가, 국가봉직의 대가로서 토지 보유라는 고
대 러시아적 원리로의 회귀란 있을 수 없었다. 그리고 이상화되었
던 농민들과 그들 귀족의 이해가 맞부딪칠 때는 가차없이 이상을
버렸다. 그러한 점은 농노해방 직전에 구성되었던 '기안위원회'
에 참여했던 다른 슬라브주의자들에게도 마찬가지였다.

호먀코프로 대표되는 1840년대의 고전적 슬라브주의자들은 러
시아의 급진적 보수주의 가운데 가장 대표적인 이상주의자들로
나타났다. 그리고 그들의 이상주의는 러시아 농민들에 대한 관념
적인 강조를 특징으로 한 것이었다. 실제로 그것은 기존의 전통적
질서에 대한 이데올로기적 방어였을 뿐만 아니라, 상실된 전통의
회복에 대한 유토피아적 모색이기도 했다. 슬라브주의 이론의 이
러한 유토피아적 성격은 니콜라이 1세의 러시아라는 사회적, 정
치적 현실로부터 나온 것이었다. 그리고 그러한 슬라브주의 이론
의 유토피아적 성격은 니콜라이 1세 시기 이 이론의 강력한 대두
를 설명할 뿐만 아니라, 또한 그것은 그것의 귀족적 성격과 더불
어 실제적 문제에 대한 완전한 부적합성으로 말미암은, 이후 고전
적 슬라브주의 이론의 쇠퇴를 의미하는 것이기도 했다.

2. 이반 키레예프스키(1806-1856)

슬라브주의 이론의 중심 문제는 모든 것을 포함하는 역사철학적
관점에서 본 러시아와 서유럽과의 관계였다. 그들 철학의 근본 이
념은 1839년에 키레예프스키가 쓴 미발표 논문「호먀코프에게 보

내는 응답」에서 공식화되었으며, 키레예프스키의 장문의 에세이 「유럽 문명의 성격과 러시아 문명과의 관계에 관하여」(1852)에서 발전되었다.

키레예프스키에 따르면, 유럽 문명은 크리스트교, 로마제국을 멸망시킨 신흥 야만족, 그리고 고전적 유산의 세 요소로 이루어져 있었다. 그리고 로마의 유산으로부터 러시아가 배제된 것은 러시아가 서유럽과 구별되는 본질적인 특징이었다. 키레예프스키는 그가 슬라브주의에 참여하기 전에는[83] 이러한 상황을 개탄했으나, 슬라브주의자가 되면서부터 그는 그것을 축복이라고 생각하게 되었다. 그는 고대 로마가 "스스로만을 의지하고 상부나 외부를 인정치 않았던 가식없는 순수한 이성의 승리"를 보여준 합리주의적 문명을 누렸다고 보았다. 바로 이러한 점 때문에 로마인들은 주로 법리학 분야와, 중요한 사회적 결속을 해로운 방향으로 합리화하고 공식화하는데 뛰어난 재주를 보였다. 로마 국가의 사법적 합리주의는 사회를 결속시키기 위해 나타났지만, 실제에 있어서는 사회의 유기적 통합력을 해치게 된 것이다.

로마 사회는 개인적인 이해관계에 따라 움직이는, 합리적으로 생각하는 개인들의 집합체였으며, 공통의 사업적인 이익 이외에는 어떠한 사회적 결속도 모르는 사회였다. 국가 또는 '보편적인' 분야는 개인적이고 서로 융합될 수 없는 이익 분야로부터 분리되어 있었으며, 국민들을 쇠사슬로 묶었지만 결속시키지는 못한 소외된 외적 세력으로서 그 위에 부상해 있었다. 이러한 이교도적 합리주의를 계승한 서유럽은 서로 융합될 수 없는 이익이 끊임없이 투쟁하면서 발전될 수 밖에 없었다. 반면 러시아는 이러한 운

---

83)이것은 키레예프스키가 잡지 〈유럽인〉의 편집인으로 있던 기간을 말한다. '지혜를 사랑하는 자들'의 철학적 낭만주의 영향을 받았던 당시, 그의 관점은 잡지의 이름이 시사하듯 분명히 친서구적이었다. 〈유럽인〉에 실렸던 그의 논문 「19세기」는 황제의 의심을 불러 일으켰으며, 그것을 계기로 이 잡지는 탄압을 받게 되었다.

명적인 유산을 물려받지 않았으며, 그렇기 때문에 슬라브적 농민 공동체 정신과 완전하게 조화를 이루는 순수한 크리스트교적 원칙을 확립할 수 있었다.

키레예프스키는 "서유럽의 개인생활이나 사회생활은 개인의 고립을 전제로 하는 개인적인, 그리고 분리적인 독립이라는 개념에 기반을 두고 있었다"라고 쓰고 있다. "그렇기 때문에 외면적이고 형식적인 사적 소유관계와 모든 형태의 법률적 관습이 인간보다 신성하고, 보다 중시되었다." 이러한 세계에서는 자유를 배제한 외면적인 형식적 단결만이 있을 수 밖에 없었다. 바로 그것 때문에 슬라브주의자들은, 호먀코프의 간결한 표현대로, 유럽의 역사를 '자유없는 단결'과 '단결없는 자유'의 투쟁사라고 말했던 것이다.

키레예프스키는 당초 헤겔과 쉘링의 사상을 철학의 최종단계로 생각하고, 절대적으로까지 생각했던 '서구주의자'로서 시작했다. 그러나 슬라브주의자로의 개종 이후 그는 호먀코프의 영향 아래서 초기의 사상을 완전히 바꾸어 버렸고, 헤겔 철학을 반드시 수정해야 하고 투쟁하기까지 해야 할 서유럽 이성주의의 전형적이고 일방적인 산물로 보았다. 그는 최소한 쉘링이 그의 최종단계에서 합리적 사상을 떠받치고 있는 인식 이전의 경험과 잠재의식의 감정으로 돌아감으로써 헤겔적인 이성주의를 극복했다고 믿었다. 그러나 쉘링은 헤겔에 대한 그의 비판으로부터 정당한 결론을 이끌어낼 수가 없었고, 이것은 교부적 크리스트교의 살아있는 종교적 힘을 직접 접촉할 수 있었던 키레예프스키와 같은 러시아 철학자들에 의해 개인적으로 이루어질 수 밖에 없는 것이었다.

서유럽의 철학은 논리적 논증과 추상적 사유의 연쇄 안에 진리를 배타적으로 위치시킨 편협하고 무기력한 이성주의가 되었다. 헤겔은 실재와 추상적 관념들의 변증법을 같은 것으로 보았고, 이에 따라 서유럽 문명의 합리주의적인 번성이 최종적으로 막다른 골목에 다다랐다. 철학에서 새로운 원리의 발견, 근본적인 혁신이 필요했다. 키레예프스키는 바로 이것이 러시아로부터 이루어질 수 있다고 믿었다. 러시아만이 고대의 정신이 교황제도를 통해서 크리스트교 신앙에 미쳤던 합리주의와 법률주의를 벗어났다. 합리주의와 법률주의는 스콜라 철학에서 신앙과 이성의 충돌, 프로테스탄트의 종교개혁 안에서 이성의 거부, 프로테스탄트 이후의 철학에서는 신앙의 거부를 가져왔다. 러시아만은 크리스트교 생활의 초기교회적 원천과 접촉할 수 있게 남아 있었고, 그 안에서 이성과 신앙은 대립하지 않았으며, 교회의 교부들과 종교회의의 전통과 연합했다. 따라서 오늘날까지 서유럽 철학의 발달 밖에서 살았던 러시아는 헤겔주의의 막다른 골목에서 벗어나 서유럽 철학을 다시 강화시킬 수 있는 새로운 원리를 가져와서, 유럽인들이 그 소리를 듣게 해야 할 사명을 갖는 것이었다.

 고전적 슬라브주의 운동의 대표적인 이론가는 두말할 필요 없이 호먀코프와 키레예프스키였다. 호먀코프가 종교적인 측면을 대표했다면, 키레예프스키는 철학적인 측면을 강화했다. 비록 이 두 사상가 중에서 누가 먼저 영향을 주었는지는 분명치 않지만, 그들은 같은 시기에 상호간 접촉을 통해 비슷한 이론을 구성할 수 있었을 것이다. 그러나 그것을 더욱 발전시키고 가장 분명하게 한 사람은 호먀코프였다. 키레예프스키는 자신을 슬라브주의의 '철학적 근거'와 서유럽 문명의 역사적 비판에 제한시켰다. 그러나 후기 슬라브주의자들에 의해 신학, 철학적 인간학, 윤리학, 정치철학의 영역에서 내려진 결론은 키레예프스키의 의도와 영감으로부터 지대한 영향을 받았다.

3. 콘스탄찐 악사코프(1817-1860)

 호먀코프나 키레예프스키보다 젊은 슬라브주의자들이었던 콘스탄찐 악사코프나 유리 사마린은 젊은 시절 헤겔 사상에 빠져 있었다. 1840년대 초 그들은 스스로가 이름 붙인 '정통 크리스트교적 헤겔주의자'들이었으나, 헤겔 철학이 슬라브주의 철학과 융합될 수 없음을 알고는 헤겔주의를 포기했다. 그러나 슬라브주의 운동 내에서 악사코프와 사마린은 서로 반대되는 경향을 대표했다. 역사와 언어학을 공부한 악사코프는 민중과 '민속적 원칙'의 장점을 열렬하게 믿는 극단적인 유토피아적 관념론자였다. 그는 수염을 기르고, 전통적인 러시아 농민복을 입고 다니기까지 했다. 반면에 사마린은 도덕의 문제에는 별다른 관심을 보이지 않는 냉철한 정치가였다. 만년에 1861년의 토지개혁안을 작성하고 실시하는데 적극 참여하게 되면서 그는 슬라브주의자들의 민중 예찬이 어떻게 귀족의 정치적 이익에 도움이 될 수 있는지를 민감하게 살폈다.

슬라브주의자들은 뾰트르 이전의 옛 러시아 사회를 이상화했다. 그리고 그들은 고대 러시아의 자유가 뾰트르의 개혁으로 말미암아 상실되었다고 주장했다. 그러나 슬라브주의자들이 이상화한 고대 러시아의 자유는 제카브리스트들이 이상화했던 슬라브 자치주의 개념 안의 '공화제적 자유'와는 아무런 관련이 없는 것이었다. 이러한 사실은 콘스탄찐 악사코프의 역사 저술에서 잘 나타나고 있다. 그에게 있어서 공화제적 자유는 민중이 정치문제에 적극적으로 참여하는 것을 가정한 정치적 자유의 문제였다. 이와는 반대로 악사코프가 강조한 러시아적 자유는 '정치로부터의 자유', 즉 신뢰와 전통의 불문율에 따라 살아가는 권리, 그리고 국가가 침해할 수 없는 도덕의 영역에서 자기실현을 성취하는 권리를 말한다.

악사코프는 호먀코프와 키레엡스키의 슬라브주의 철학을 정치적인 영역으로 더욱 발전시켜, 모든 형태의 법적, 정치적 관계를 근원적인 악으로 보았다. 이러한 근원적인 악의 반대 극점은 합리적인 계약의 특징인 법률적 보장이나 조건, 그리고 합의 등에 구애받지 않고 순수하게 신뢰와 만장일치에 바탕을 둔 농민공동체에서 구현된 공동체적 원리였다. 악사코프에게 있어서 러시아와 서유럽의 차이는 러시아에서는 국가가 일반적인 사회기구의 수립 원리에 따라 확립되지 않았다는 점이다. 인간 본성의 나약함과 방어의 필요성이 대두되어 정치적 기구가 필요하게 되었을 때, 러시아인들은 스스로의 국가를 발전시킴으로써 '내면적인 진리'를 손상시키는 어리석음을 범하지 않기 위해 스스로의 지배자를 '바다 건너에서' 초빙했으며, '외면적인 진리'와의 접촉과 국정에의 참여를 전적으로 회피하기 위해 러시아의 짜리에게 절대권력을 부여했다. 내면적인 진리의 빛을 받고 살아가는 민중의 '대지'와 국가와의 관계는 상호불간섭을 원칙으로 했다.

국가는 스스로의 자유의지에 따라 자신들의 견해를 나타냈던 국민들에게 젬스키 소보르를 통해 자문을 구했지만, 최종적인 결정은 군주가 했다. 국민들은 스스로 원하는 생활과 사고를 누릴 수 있는 완전한 자유를 보장받았으며, 반면에 군주는 정치 영역에서 완전한 행동의 자유를 갖게 되었다. 이러한 관계는 법적인 보장이라기보다는 전적으로 군주의 신념에 달린 것이며, 바로 이것이 러시아가 서유럽보다 우월한 이유이다. "보장이란 악이다. 보장이란 것이 필요한 곳에는 선이란 것이 없다. 선이 없는 곳에서 악의 도움으로 삶을 계속하느니 아예 허물어버리는 것이 낫다." 악사코프는 이상과 현실 사이에는 때때로 메우지 못할 커다란 괴리가 있다고 생각했으나, 그 이유를 전적으로 인간의 불완전성 탓으로 돌렸다. 그는 '대지(제믈랴)'의 내면적인 삶에 간섭하려는 통치자를 강력하게 비판했지만, 그가 비판했던 이반 뇌제의 경우에도 대지의 저항권을 인정하려 하지는 않았지만, 대지가 보여준 인고의 충성심을 찬양했다.

악사코프 주장의 역설적인 측면은 그가 잠재의식적으로 서유럽의 자유주의적 이념 가운데 한 부분인 정치와 사회의 엄격한 분리 원칙을 수용하여 그것을 러시아의 과거에 적용시켰다는 점이다. 동시에 그는 자유주의적 입헌주의와 자유라는 자유주의적 이상 모두를 거부했다. '대지'의 자유에 대한 악사코프의 해석을 개인의 자유와 혼동해서는 안된다. 왜냐하면, 그의 해석에 따르면 자유는 단지 전체로서의 '대지'에만 적용되기 때문이다. 그것은 공동체 속의 개인의 자유가 아니라, 신앙과 전통과 관습이라는 문제에 있어서 외부간섭으로부터의 공동체적 자유이다. 이러한 불간섭은 자유방임주의라는 서유럽적 자유 이념과는 아무런 관계가 없는 것이며, 악사코프에 따르면 '대지'의 도덕적 원칙은 경제적 개인주의와도 아무런 관련이 없는 것이었다. 또한 그가 제기한 언론의 자유도 진정한 의미에서의 자유주의적 선결조건은 아니었다. 왜냐하면 그가 말하는 언론의 자유는 한 사회 내의 다원적 신념이나 소수의 반대를 인정하지 않았기 때문이다. 비정치적인 분야에서 자유를 요구하면서도 악사코프는 미르에 대한 모든 개인의 완전한 복종, 더 나아가 '법에 따른' 복종뿐만 아니라, '양심에 따른' 복종을 요구했다. 그의 이상은 외부의 제약을 최소화하고, 동시에 개인의 자율과 공동체적 전통에서 벗어날 수 없는 완전한 '전원합의'에 기초한 "자유적 단일체"였다.

슬라브주의자들이 러시아 역사를 해석하면서 부딪친 가장 어려운 점은 뾰트르의 개혁을 어떻게 적절히 설명하는가 하는 문제였다. 그들은 스스로 자문하지 않을 수 없었다. 어떻게 옛 러시아의 진정한 크리스트교 공동체가 '외면적 진리'에 뿌리를 둔 하위문명의 공격으로 붕괴될 수 있었는가. 슬라브주의자들은 그러한 오류가 민중들에게 있었던 것이 아니라, 유럽 국가들의 단순한 외면적 업적에 현혹된 국가와 엘리트들에게 있었다고 생각했다. 합리주의적 기준에 기반을 둔 문명은 크리스트교적 원칙에 기반을 둔 문명보다 더 빨리, 그리고 더욱 손쉽게 발전할 수 있다. 왜냐하면

발전이란 것은 인간 잠재력의 내면적인 완성에 따라서 달라지는 것이 아니기 때문이다. 그렇기 때문에 유럽은 물질적으로 러시아를 능가했을 뿐만 아니라, 뾰트르와 그 추종자들이 선망했던 기술진보를 가능케 한 문명을 건설할 수가 있었다.

따라서 슬라브주의자들에 의하면 뾰트르의 개혁은 러시아의 상류계급과 민중간의 유대관계를 차단했다. 슬라브주의 이데올로기의 중요사상은 러시아적 삶에서 끊임없이 일어나는 분열현상, 즉 인민(나로드)과 서유럽 방식을 받아들인 계몽엘리트로 표현할 수 있는 사회(옵쉬체스트보) 사이의 안티테제였다. 인민들은 견실한 관습을 키워온 반면, 사회는 유행의 변덕에 무릎을 꿇어버렸다. 인민들은 가부장적 가정을 지켜왔지만, 사회는 가족간 유대관계를 붕괴시켜 버렸다. 인민들은 옛 러시아적 전통에 충실했지만, 사회는 뾰트르 개혁의 인위적 산물이었다. 호먀코프에 따르면, 서구화된 러시아인들은 "조국을 식민지로 만든 사람들"이었다. 인민 속에 뿌리내리지 못했기 때문에 그들은 역사에 대한 애착심을 상실했고, 차아다예프가 비난한 것처럼 조국이 없는 사람, 조국 속에서의 이방인, 집없는 방랑자가 되었다. 그렇기 때문에 계몽화된 사회 분야를 정교의 품으로 받아들이고, 현재의 농민공동체 속에 보존되어 있는 '고유한 원리'로 돌아가는 것만이 러시아를 치유하는 유일한 희망인 것처럼 보였다.

4. 표도르 도스토예프스키(1821-1881)

슬라브주의의 제 2세대는 고전적 슬라브주의가 지녔던 상대적으로 강한 칠학적 응집력을 상실했다. 그러나 슬라브주의 운동의 열정은 사라지지 않았다. 한편으로 그것은 게르첸과 체르느이셰프스키와 같은 서구주의자들에게 영향을 주어, 그들로 하여금 러시아가 자본주의를 거치지 않고도 사회주의로 나아가는 것이 가능하다고 믿게 했고, 러시아 농민에 대한 찬양심을 갖게 했다. 그리고 체르느이셰프스키의 '미르 사회주의'는 나로드니키들의 강령에서 중요한 부분을 차지하게 되었다. 다른 한편, 키레예프스키의 서유럽에 대한 열광적인 부정과 러시아의 사명에 대한 확신은 이반 악사코프, 니콜라이 다닐레프스키, 그리고 기타 많은 사람들을 문화적, 정치적 범슬라브주의로 이끄는 사상적 원류가 되었다. 동방 교회의 단일성에 대한 그의 이상화는 콘스탄찐 레온찌예프의 사상 속에서 비잔틴 제국의 부활이라는 권위주의적 제국주의 형태로 나타나게 되었다.

서구주의자들, 특히 행동적 혁명주의자들과 직접적으로 대립하는 가운데, 슬라브주의는 또한 종교, 심리학, 그리고 정치학이 만나는 분야에서 표도르 도스토예프스키에 의해 그 발전을 계속했다. 이 위대한 소설가는 범슬라브주의의 북을 울리면서, 아주 적은 양의 정치적 저술을 남겼고, 그 내용도 질적으로 빈약한 것이었다. 그러나 도스토예프스키는 그의 소설 속에서 정치사상의 기초가 되는 자유와 안전, 안정과 변화와 같은 어떤 문제들에 심리학적 깊이를 더했다. 그는 그렇게 슬라브주의 이념을 러시아 내외에 유행시켰고, 그의 문학적 천재성 없이 그것은 결코 얻어질 수 없는 것이었다.

1821년 모스크바에서 군의관의 아들로 태어난 도스토예프스키는 독실한 종교적인 분위기에서 자라났다. 그는 뻬쩨르부르그에 있는 군사기술학교에 들어가 많은 여가 시간을 쉴러, 위고, 그리고 다른 낭만적인 시인들에 대한 글을 읽으면서 보냈다. 그곳에 있는 동안에 그는 그의 폭압적인 아버지가 자기 영지의 농민들에게 살해되었다는 소식을 들었다. 도스토예프스키가 맨처음 간질 발작을 일으킨 것은 이 소식을 듣자마자였다고 한다. 1842년 학교를 졸업하자마자 도스토예프스키는 공직을 단념하고 글을 쓰기 시작했다. 그리고 그때부터 1881년 죽을 때까지 그는 끊임없이 재정적으로 곤란한 상태에 있었다. 그렇지만 그의 첫번째 소설로서 1846년 출판된 『가난한 사람들』은 일반 대중과 벨린스키, 네크라소프 등 많은 비평가들로부터 곧바로 커다란 문학적 갈채를 받았다.

 도스토예프스키의 사회에 대한 관심은 첫번째 책에서 이미 분명히 드러난다. 그러므로 그가 뻬트라쉐프스키 서클에 가담했다거나, 심지어 그가 이 모임에서 벨린스키의 「고골리에게 보내는 편지」(1847)를 두 차례나 큰 소리로 낭독했다는 것은 놀랍지 않다. 1849년 정부의 관심이 이 서클에 쏠려지고 그 멤버들이 체포되었을 때, 여기서 낭독한 것들이 도스토예프스키에 대한 정부의 기소내용 일부가 되었다. 니콜라이 1세 치하에서 자주 사용된 처벌 방법에 따라, 도스토예프스키와 동료 죄수들은 유죄로 판명되어 사형을 언도받고 처형장소로 끌려갔으나, 마지막 순간 집행유예를 언도받았다. 그리고 나서 그들은 시베리아로 유배되었다. 도스토예프스키가 그의 남은 생애 동안 시각을 바꾸게 된 정신적 위기를 겪은 것은 바로 이 때, 즉 처형을 면한 후 시베리아에서 살인자를 포함한 다른 죄수들과 함께 생활하는 동안이었다.

 도스토예프스키가 시베리아에서의 경험을 문학적으로 해석한 것은 『죽은자들의 집에서 보낸 수기』에 기록되어 있다. 이 경험들은 또한 그에게 많은 문학작품들의 자료를 제공했다. 도스토예프스키는 1858년 유럽쪽 러시아로 돌아왔다. 1861년 그는 형 미하일과 함께 정기간행물 <시간>을 출판하기 시작했다. '뽀치벤니키(大地主義者)'를 표명한 이 잡지의 성격은 다음과 같은 글에 잘 나타나 있다. "우리는 마침내 우리 역시 최고로 독립적이며 독창적인 하나의 독립된 민족이라는 것과, 우리의 임무가 우리 자신을 위해 우리 자신의 영혼에 고유한 타고난 형태를 창조하는 것이라고 우리 자신을 설득했다. … 우리는 러시아인의 사고가 충분히 유럽에서 이제까지 전개되었던 모든 사상의 종합이리라 … 고 예견한다." 이 잡지는 2년 후에 '폴란드 문제'에 관해 자유주의적인 견해를 표명한 기사 때문에 정간되었다. 1864년에는 <시대>라는 또다른 명칭으로 출판 재개 허락을 얻어냈으나, 이 두번째 노력은 재정적인 곤란 때문에 파산의 운명을 맞아야 했다.

1860년대 초 도스토예프스키가 알고 있었던 러시아의 지적 자유주의는 행동적인 혁명주의로 발전하고 있었다. 이 때 그것은 아직 대체로 이론적인 단계에 있었지만, 그 이론적 바탕인 허무주의는 이제 명백히 혁명적이었다. 도스토예프스키는 그 이론의 40년대적 단계를 잘 알고 있었고 그것에 동의했었지만, 시베리아에서 돌아온 후에 발견한 형태는 받아들일 수 없었다. 독자들이 주목했듯이, 『아버지와 아들들』(1861)에서의 투르게네프가 허무주의를 있는 그대로 인정한 최초의 사람이었다. 투르게네프에 대한 답으로서 체르느이쉐프스키는 『무엇을 할 것인가』(1863)라는 소설을 썼다. 도스토예프스키는 자기가 개인적으로 좋아하는 사람에 대해서가 아니라, 체르느이쉐프스키의 견해에 대한 재기있는 공격으로 1864년에 『지하에서 보낸 수기』를 썼다. 이 짧은 소설에서 도스토예프스키는 특히 허무주의의 '과학적' 유물론의 근거를 거부하는데 집중했다. 『죄와 벌』(1866)에서 그는 '과학적 이기주의'라는 허무주의의 윤리를 공격했고, 또다른 주요 작품인 『악령』(1871-1872)에서는 그것의 사실적인 결과들을 공격했다.

『지하에서 보낸 수기』에서 표현된 도스토예프스키의 견해는 그의 성숙한 전체 시각의 안티테제를 구성하고 있다. 그가 겪은 정신적인 위기는 초기 견해와 완전히 결별된 것으로 나아간 것은 아니었다. 도스토예프스키의 사회적인 관심은 결코 떠나지 않았다. 사실 그의 사회주의는 여전히 남아 있었다. 그러나 그는 자기의 세속주의를 넘어서, 이제는 정신적인 입장에서 인간의 문제를 바라보았다. 사회주의 사상이 소보르노스찌의 사상에 길을 내주었던 것이다. 그리고 도스토예프스키는 두 개의 관점, 즉 종교적인 것과 세속적인 유토피아가 선과 악으로 대립되어 있으며, 거기에서는 악이 선에 대한 단순한 부정이 아니라, 그것에 대해 절대적이고 적극적으로 적대적이라고 보았다. 이것은 『카라마조프가의 형제들』(1880)에서의 '대심문관 이야기'에서 더욱 자명해진다.

이 소설에서 그러한 정신적인 관점이 조시마에 의해 표현되고 있다. 조시마는 유물론자들이 불평등, 부정의, 고통을 발견하는 이 세계가 올바른 시각으로 그것을 보는 자신에게는 하나님의 나라라고 지적한다. 즉, "우리는 인생이 낙원이라는 것을 이해하지 못한다.··· 우리는 단지 이것을 이해하기를 바라기만 하면 되고, 그러면 그것은 모든 아름다움으로 우리들 앞에 즉각적으로 나타날 것이다." 그렇지만 도스토예프스키는 여기에서 악의 현실을 부정하지는 않았다. 그는 오히려 악이 이성적이고 과학적인 시각의 사실적인 원인이자 사실적인 산물이라고 말하고 있다. 서유럽에서는 너무나 자명한 그것은 논리적인 접근의 필연적인 결론이며, 그것은 60년대의 급진주의자들에게 양도되고 있었다.

그리고 도스토예프스키는 서유럽을 알고 있었다. 그는 1860년 첫 해외 여행을 했다. 그는 그 이후에도 자주 유럽을 여행했으며, 그 대부분을 독일에서 머물렀다. 1863년에 쓴 『여름 인상에 관한 겨울 기록』에서 도스토예프스키는 첫번째 방문 이후의 서유럽에 관한 자신의 느낌을 기록하고 있다. 프랑스에 대한 느낌은 게르젠의 반응을 연상시킨다. 도스토예프스키는 프랑스의 부르조아지에게 혐오감을 느꼈다. 그는 때로는 신랄한 빈정댐으로, 때로는 익살로 프랑스 부르조아지의 소시민성, 잘못된 도덕성, 물질주의, 이기주의를 묘사했다. 이러한 것들은 그에게 미적으로나 도덕적으로 불쾌한 것으로서, 도스토예프스키는 그것들과 사랑, 형제애, 소보르노스찌를 대비시키고 있었다.

도스토예프스키의 이상적인 사회는 말하자면 호먀코프가 생각했듯이, 교회와 하나님에 대한 자유로운 사랑 속에서의 형제애로 이루어진 사회였다. 그리고 도스토예프스키 자신이 자신의 슬라브주의의 토대로 생각한 것도 이러한 이상이었다. 러시아는 "그 발단이 슬라브의 천재에게서, 너무나 오랫동안 고통을 받아온 위대한 러시아 사람들의 영혼에서 현저하게 시작되는, 새롭고 형제애적이며 보편적인 결합 속에서의 인류 전체의 진정한 통합"을 가져올 사명이 있다는 것이었다. 쉐스토프의 해석과는 반대로, [84] 도스토예프스키의 사회주의는 결코 거부된 적이 없다. 베르자예프의 해석처럼, 그것은 단지 비세속화되었을 뿐이다.

  슬라브주의자들의 사상은 정치사상으로서는 부적절한 것이었으며, 중대한 왜곡이었다. 그렇지만 그들은 러시아의 과거가 낡은 옷처럼 내동댕이쳐져서는 안되며, 정부만이 그러한 과거의 유일한 수호자일 수 없다는 것을 강조한, 건전하고 시의적절한 상기자들이었다. 물론 서구주의자들도 서유럽의 제도가 유럽을 유토피아로 이끌었다고 생각하지는 않았다. 그들은 특히 서유럽 경제 제도의 정의롭지 못한 면을 보았으나, 슬라브주의자들은 더욱더 명확하게 서유럽의 외적 발전이 그에 상응하는 내적, 도덕적, 혹은 정신적 진보를 가져오지 못했다는 것을 깨닫고 있었다. 그러므로 서유럽에 대한 그들의 비판은 서구주의자들의 그것보다 더욱 통찰력을 갖는 것이었고, 실제로 서유럽적인 정부 제도를 차용해오는데 있어 러시아아인들의 저항에 일정부분 기여했다고 할 수 있다.

  슬라브주의 사상의 망상적이고 자기모순적인 성격은 명백한 것이다. 이들은 서유럽을 파멸적이고, 종교와 철학적인 면에서 근본적으로 잘못되어 있다고 생각했지만, 그러나 그들은 그들의 근본

---

84) V. Zenkovsky, A History of Russian Philosophy, p. 417 참조.

개념을 서유럽으로부터 이끌어내고 있었다. 그들은 전제주의의 우월성을 믿고 있었지만, 그러나 그들은 짜리가 인민의 대표자로 행동하기를 바라고 있었다. 그들은 농민공동체 속에서 지방자치를 찬양하고 있었지만, 그러나 그들은 중앙집권화가 불가피한 전제정치를 방어하고 있었다. 그들은 사상과 표현의 자유를 강조했지만, 그러나 그들은 개인적인 사상의 다양성을 부인했고, 오로지 공동체적 견해만이 진실이라고 주장했다. 그들은 러시아 민중이 반정치적이라고 생각했지만, 그러나 이들은 정치 과정에 영향력을 행사하기를 원했다. 그들은 실정법에 대한 관습의 우위를 말했지만, 관습의 위대한 방어자로서의 아리스토텔레스를 싫어했다. 그들은 자유가 단지 전제군주 아래에서만 가능한 것으로 생각했다. 이러한 도저히 양립할 수 없는 사상적 모순은 끝없이 계속되고 있었다.

그러나 슬라브주의 정치사상은, 그것은 보수적이라기보다는 반동적인 것이었지만, 심리적으로 민족주의적, 자기반성적, 방어주의적, 그리고 종교적인 것에 어필하고 있었다. 서유럽에서도 루소와 헤르더에서 알프레드 로젠버그(Alfred Rosenberg)와 아놀드 토인비(Arnold J. Toynbee)에 이르기까지 이와 유사한 사상은 존재해 왔고, 아직도 광범위한 호소력과 영향력을 가지고 있는 것을 볼 수 있다. 차아다예프에게서처럼 조국의 암울한 현실을 고발한 것과 무관치 않은 나라에서조차 미래의 지표로서 서구적인 정향보다는 과거를 되돌아 보려는 사람들은 많았다. 조국의 최고 지성 가운데 몇 사람은 슬라브주의적 흐름으로부터 나왔고, 그들이 강조한 민족적 특수성은 러시아 마르크스주의와 같은 아주 세속적이고 유물론적인 운동에서조차 끊임없이 그 인상을 지워왔다.

제 18장 무정부주의자들

서유럽적이고 민족적인 다양한 사상들이 점증하는 인텔리겐찌야들을 고무시키고 있었을 때, 앞에서 본 것처럼 러시아의 전제정치는 정치적 견해의 독점을 주장하고, 대중적 견해에 대한 우위를 염두에 두면서 그 계속성을 유지하고 있었다. 그로 말미암아 그것은 정부에 대한 철학적 거부라는 강력한 자극을 가져다 주었는데, 그것이 바로 아나키즘이었다. 정부 없는 사회라는 개념은 러시아에서 뿌리깊은 역사적 기원을 갖는 것이었다. 그리고 그것은 또한 소비에트 정치사상 속에서도 한 부분을 구성하게 되었다.

무정부주의는 여러 다른 문명 속에서 다양한 형태로 존재해 왔다. 고대 그리스에서 개인적 자족과 사회조직에 대한 경멸심을 가졌던 견유학파들(Cynics)이 말하자면 초기 아나키즘의 선구자들이었다고 말할 수 있다. 로마의 스토아 철학자 세네카는 '황금기(golden age)'를 말하면서, 인간은 사유재산의 발견으로 말미암아 국가에 의존해야만 하기 전, 바로 그러한 시대 속에서 살아왔다고 했다. 국가보다 우위의 종교라는 초기 크리스트교의 이념은 잠재적으로 무정부주의적인 것이었고, 그것은 로마인들에 의해 그러한 것으로 간주되었다. 중세와 근대의 많은 저작물들 속에서 이러한 사상적 요소들이 많이 나타나고 있기는 하지만, 근대 아나키즘의 철학적 기반이 된 것은 윌리엄 고드윈(William Godwin)의

『정치적 정의에 관한 연구』(1793)인 것으로 일반적으로 알려지고 있다.

고드윈의 사상은 아담 스미스의 자유방임주의 경제이론과 제레미 벤담의 공리주의 윤리학에서 나타나는 개인적 자유에 대한 강조라는 사상적 추세와 같은 맥락에 속한 것이었다. 그는 합리성 속에서 단순히 그들의 신념을 더욱 진전시켰을 뿐이었다. 경제적 번영이 경제 영역에서 국가의 배제로부터 기인한다는 것과 마찬가지로 일반적인 번영과 행복은 모든 영역에서의 국가의 배제에서 나올 수 있다는 기대가 표출되었던 것이다. 그것은 국가의 폐지를 말하는 것이었다. 고드윈에게 '보이지 않는 손'이란, 말하자면 모든 정부의 간섭이 없는 가운데 각 개인이 전체를 위한 최대 다수의 선을 위해 행동한다는 것이었다.

그러나 19세기 급진주의자들 가운데 그러한 전통을 계승한 사람은 고드윈이 아니라 피에르 조셉 프루동(Pierre Joseph Proudhon)이었다. 고드윈이 아주 개인주의적이고 참을성이 있는 인물이라면, 이 프랑스인은 행동적인 혁명가였다. 그는 "재산은 도둑질한 것이다"라는 유명한 말을 함으로써 이 사상을 유물론으로 이끌었고, 인간과 理想 사회의 집단적이고 협력적인 본질을 강조하였다.

그러므로 러시아의 무정부주의는 부분적으로는 서유럽, 특히 프루동으로부터 유래했다고 말할 수 있지만, 그러나 이와 동시에 거기에는 많은 고유한 역사적 선구자들도 있었다. 그러한 기원 가운데 하나는, 15세기까지 자신들의 재산을 잃지 않으면서 公을 저버리고 아무곳에서나 충성할 수 있었던 보야르들의 전통적인 자유에서 엿볼 수 있다. 또다른 것은 16세기의 '볼가유역장로들', 17세기 이후의 구신도 혹은 분리주의자들, 그리고 후에 '두호보르'와 같은 종교 분파들 가운데서도 엿볼 수 있다. 그리고 또다른 면은 보통 방화와 살인이 수반되었던 농민 봉기의 전통이라고 할 수 있겠는데, 그것은 1773년 예카쩨리나 여제에 대항해 봉기했던 뿌가초프의 난에서 그 절정에 달했다. 그리고 마지막으로 가장 중요한 것은 이미 언급한 바 있지만, 민중으로부터 정부가 철저하게 분리되어 있었다는 것이다.

그러나 이러한 것들은 대체로 전통적인 자유에 대한 직관적인 확신의 표현이었다. 러시아의 무정부주의는 아직 철학적인 기초를 발전시키지 못했고, 그것은 보편적이고 건설적인 것이라기보다는 특수하고 부정적인 성격을 갖는 것이었다. 러시아의 무정부주의가 확고한 철학적 기반을 갖추게 된 것은 19세기 사상가들에 의해서였다.

1. 미하일 바쿠닌(1814-1876)

말할 필요 없이 근대 러시아 아니키즘을 대표하는 인물은 미하일 바쿠닌이다. 낭만적인 기질이 조금이라도 있는 사람이라면 미하일 바쿠닌에 대해 생각하거나 그의 저술을 읽게 되면서 흥분하지 않을 수 없게 되어 있다. 그는 바쿠닌에게서 믿을 수 없을 만큼의 모험심과 함께, 비록 견해를 같이할 수는 없겠지만, 전적으로 동정을 표하지 않을 수 없는 사랑과 폭력에 관한 견해들을 보게 된다. 인간으로서, 사상가로서, 그리고 저술가로서 바쿠닌은 놀랄 만한 호소력을 가지고 있었으며, 또 그것은 아직도 계속되고 있다.

러시아 최초의 직업적 혁명가였던 미하일 바쿠닌은 1814년 어느 귀족적이고 고매한 교양을 갖춘 가문의 일곱 자녀 중 하나로 태어났다. 그들은 모두 재능과 문화적인 열의가 높았다. 바쿠닌의 부모들은 지위가 높은 귀족이었지만 보수적이지는 않았다. 그리고 당시 바쿠닌의 집은 모스크바의 젊은 지성인들이 자주 모여드는 곳이었다.

바쿠닌은 포병학교를 다녔고, 1833년에는 장교로 임명되었다. 그러나 군대 생활은 그에게 맞지 않아서 시간을 보내느라 그는 철학 서적을 읽기 시작했다. 특히 니콜라이 스탄케비치의 주선으로 그는 칸트의 『순수이성비판』을 읽게 되었다. 1834년 그는 장교직을 사임하고, 집에는 기별도 하지 않은 채 모스크바로 가서, 그곳 지성인들의 모임과 어울렸다. 그리고 돈이 생기는 일을 조금씩 해서 생계를 유지해 나갔다. 그때부터 이미 그의 기질은 잘 나타나고 있었다. 그는 상상력이 풍부하고 극단적이며 흥분하기 잘하고 추상적인 생각들에 빠져서, 자신의 개인적인 안전이나 안락은 개의치 않았다. 그의 철학에 대한 열광적인 선호는 칸트로부터 피히테, 헤겔로 이어졌으며, 공부를 할 목적으로 뒤의 두사람의 저술들을 번역하기도 했다.

1840년 공부를 더 해보겠다는 이유로 그는 친구인 알렉산드르 게르쩬에게 돈을 빌려 베를린으로 갔다. 거기에서 그는 헤겔 좌파를 알게 되었고, 포이에르바하의 철학도 접하게 되었다. 그리고 마치 마르크스가 그랬듯이, 그도 철학의 과제는 세계를 해석하는 것이 아니라, 세계를 변화시키는 것이라고 마음먹게 되었다. 그후 조금 있다가 바쿠닌은 파리에서 마르크스를 만났다. 그리고 1848년 브뤼셀에서 잠시 동안 마르크스의 민주협회에서 같이 활동을 하기도 했다. 그는 마르크스의 영향을 받았지만-물론 마르크스도 바쿠닌의 영향을 입었다-그리고 함께 일도 하곤 했지만, 두사람은 끝내 의견의 일치를 보지 못했다. 그리고 얼마 가지 않아 그들은 서로 상대방의 성격과 방법을 비난하기 시작했다.

베를린을 떠날 무렵 바쿠닌은 가족과 결별했고, 정부의 관리가 되어 달라는 요청도 거절했다. 그리고 그는 베를린에서 고국으로 돌아오라는 러시아 정부의 소환명령도 무시했다. 당시의 철학에는 등을 돌린 채 그는 무일푼이 되어 정치적으로 추방당했기 때문에 어떤 전문적인 연구도 할 수가 없었다. 그는 오로지 다른 사람들의 호의와 친구, 특히 게르쩬에게서 돈을 빌려 생활했다. 그의 생애 나머지는 마치 일련의 모험소설과도 같다. 그는 이 나라에서 저 나라로, 유럽에서, 미국에서, 그리고 어디든 혁명이나 봉기가 있는 곳에 서 있었다. 독일, 오스트리아, 헝가리, 러시아에서 감옥 생활을 했고, 시베리아로 추방당하기도 했으며, 모든 정치적 음모에 관련되어 있는 것으로 드러났고, 모든 혁명적인 비밀조직과 연관되어 있었다. 그는 항상 역사가 자신에게 사회의 해방에 있어 중요한 역할을 해 줄 것으로 운명지어 놓았음을 확신하고 있었다. 이 모든 기간 동안 그는 자신의 견해를 표명하는 글을 썼다. 그러나 항상 그의 정치적인 행위는 제약을 받았다. 1874년 그는 마지막으로 은퇴하여 스위스에서 비교적 조용한 생활을 했다. 그러나 이전의 고난과 지나친 활동 때문에 건강을 해쳐 1876년에 죽었다.

 바쿠닌의 중요한, 그리고 가장 탁월한 철학적 저술은 항상 정치적인 행동을 전제로 한 것이었다. 독일에서 1842년에 익명으로 출간된 『독일에서의 반동』은 사실 그의 동료들로부터 지나치게 추상적이라고 비판받았다. 거기서 바쿠닌은 헤겔의 변증법을 사용하여 그 당시의 정치적 상황을 기술하고, 철학의 실질적인 과제와 미래에 대한 예견을 내놓았다. 여기에는 두가지 주된 경향이 확연한데, 하나는 보수반동이라는 것이고, 또 하나는 민주주의라는 것이다. 민주주의는 세계정신이 발현되는 것으로 역사를 변증법적으로 움직여가는 힘이다. 그 과제란 곧 높은 수준에 도달하는 것이며, 하나의 '새로운 세상'을 획득하는 것이다. 그리고 이러한 변환은 곧 세계정신의 작업이기도 한데, 그것은 모든 수준에서 나타나는 것이며, 우주적인 것이다. 민주주의는 실질적인 변환이며, 결코 단순한 이론이 아니다. 그것은 실천적인 것이다. 세계정신이 현시된 것으로서 이것은 하나의 종교라고 할 수 있다.

 이러한 배경을 설정해 놓고 바쿠닌은 세계정신이 움직여가는 모순의 긍적적인 기둥으로서 반동적인 부분을 분류해 나간다. 민주적인 부분은 부정적인 기둥이다. 부정적인 것은 필연적으로 승리를 거두게 되어 있다. 왜냐하면 그것은 그것에 대한 반대로서의 긍적적인 것을 포함하게 되기 때문이다. 만일 그렇지 못하여 반대의 것을 포함하지 못한다면 부정적이 될 수가 없다. 그것의 승리는 긍적적인 것을 실제로 삼켜버렸을 때 오는 것이다. 사랑으로 자기 자신을 내어 주고, 긍적적인 것을 부정과 더불어 주입함으로써, 모순은 양쪽 기둥을 다 포함하게 되어 전체적이 되고, 안정을 취하게 된다. 부정적인 것과 긍정적인 것이 붕괴되고-이 때 두개의 부분은 사라진다-그리고 민주주의는 부정적인 것과 그것에 반대되는 긍정적인 것의 잿더미 속에서 태어나게 된다. 그러므로 그는 "혁명은 행동의 정당한 원리이며, 종교적이고, 목적적"이라고 결론지었다. 그리하여 "파괴를 위한 열정은 또한 하나의 창조적인 열정이다"라고 했다.

이러한 진술과 더불어 바쿠닌은 실질적인 행동을 혁명 속에서 실현하기 시작했다. 바쿠닌의 저작물들은 이제 정치적인 선전물이 되었다. 그는 혁명을 하나의 수단으로서 옹호하고, 또한 국가가 없는 상태를 하나의 목적으로서 주장했다. 그는 자신의 목적을 처음에는 조그만 단위로서 범슬라브 연방에 마음을 두고 있었다. 1848년 그는 작은 슬라브 국가들만을 여기에 포함시키고자 했으며, 나중에는 러시아를 포함시키고자 했다. 그리고 1864년에 이르러 그의 목적은 전 세계를 포함하는 것이 되었고, 러시아는 이러한 도래하는 혁명에 있어 주류 역할을 하도록 운명지어져 있다고 생각했다.

바쿠닌의 계획은 수단과 목적 양자를 모두 포함하고 있었지만, 그러나 목적에 있어서는 분명하게 개념이 잡혀 있는 것이 아니었다(마르크스도 자신의 유토피아에 대해서는 분명하지 않았다). 여러가지로 분산되어 있는 바쿠닌의 논의들을 모아 보면, 그의 견해는 다음과 같이 요약될 수 있다. 즉, 그는 『독일에서의 반동』에서 분명하게 밝혔듯이, 하나의 전제들로부터 시작한다. 그것은 국가란 모든 악의 원천이며, 사회가 완전히 재구성된다면, 역사상 처음으로 국가는 완전히 사라진다는 것이었다. 1840년 그는 헤겔의 강의를 번역하는 서문에서 "종교가 없는 곳에는 국가도 없을 수 있다"라고 주장했다. 그러므로 그가 무신론으로 돌아선 후에는 만일 종교, 특히 교회제도가 파기될 수 있다면, 국가 또한 붕괴될 수 있다고 생각했다. 그는 종교는 천상의 술집과 같다고 말했다. 가난한 사람들이 마치 보드카 속에 자신들의 염려를 던져버리듯, 비합리적인 신앙 속에 자신을 빠뜨리고 만다는 것이다. 그러므로 바쿠닌의 직접적인 프로그램은 종교에 맞서 끊임없이 모든 것을 다 바쳐 싸워 나가는 것이었다.

그러나 이것은 그의 계획의 한 부분일 뿐이었다. 바쿠닌 사상의 특징적인 면은 그가 모든 형태의 혁명을 주창했다는 것이다. 테러리즘, 소요, 그리고 대중폭동 등 파괴가능한 어떠한 무기도 결코 무시될 수 없었다. 조직이 가능하다면 그것은 아주 중앙집권화되고, 비밀이 보장되며, 전제적이어야 하는데, 그 이유는 이러한 방법만이 효과적이기 때문이다. 그러나 이러한 모든 파괴에 있어 행동은 개인이 아닌 기관에 대항하는 것이 되어야 하며, 유혈은 가능한 한 피해야 한다고 했다. 왜냐하면-이것은 바쿠닌의 철학적 유물론과 부합되는 것이지만-개인이란 자신의 환경의 산물이며, 어떠한 의지의 자유도 없고, 그러므로 그가 범죄인이건 형집행인이건 간에 아무런 책임이 없기 때문이다. 그러므로 아무런 자유가 없기 때문에 어떤 범죄도 있을 수 없고, 실제로 어떠한 법도 있을 수 없다. 비도덕성이란 단지 국가와 함께 소멸되고 마는 사회적이고 경제적인 불평등의 산물일 뿐이다.

이러한 혁명에 의해 탄생하는 새로운 세계는 그러한 전제를 바탕으로 한다. 즉, 법과 정의에 대한 개념들이 의미가 없어지고, 가장 느슨하고 가장 약한 연방적 결합이 성취되며, 거기에서는 모든 현재의 권위들은-아마도 과학만이 유일한 것이 되겠지만-인간의 필요를 충족시키기 위해서만 존재하게 된다.

바쿠닌의 이러한 견해들은 1871년에 쓴 『신과 국가』에서 발견된다. 그리고 이러한 견해의 많은 부분들은 바쿠닌의 마르크스 공산주의에 대한 비판인 『파리 코뮨』을 읽어 보면 더욱 분명해진다. 여기에서 그가 말하는 '공산주의자'는 마르크스주의자를 지칭하는 것이고, '집단주의자'는 바쿠닌 자신의 지지자를 지칭하는 것이었다. 바쿠닌은 자신이 마르크스주의자들의 견해와 이론적으로 일치하지 않음을 표명하고 있다. 바쿠닌은 개인적으로 마르크스와 일치하지 않는 많은 이유를 지니고 있었다. 마르크스는 그에게 오랫동안 반대해 왔다. 개인적인 기질의 차이도 있었고, 바쿠닌이 슬라브인이었다는 것과, 그리고 어떤 라이벌 의식도 있었다. 그러나 이것은 이론상으로나, 특히 방법론에 있어, 그리고 어느 정도는 목적에 있어서도 아주 동떨어져 있어서 서로가 쉽게 화해될 수 없을 정도였기 때문에, 그들 사이에 어떤 이론상의 분기점을 가져다 주었던 것이다.

바쿠닌은 주관주의자이며 개인주의자였던데 비해, 마르크스는 극도의 객관주의자였다. 바쿠닌은 지방분권을 원했던데 비해, 마르크스는 중앙집권을 선호했다. 바쿠닌은 전반적인 혁명을 바랐지만, 마르크스는 경제적인 혁명을 강조했다. 바쿠닌은 테러리즘과 즉각적인 행동을 원했고, 마르크스는 나중에 이론의 영역에 남아 진보를 호소했다. 마지막으로 바쿠닌은 혁명의 지적인 지도자들이 쉽게 영구적인 독재자가 된다는 것을 인정했다. 그러나 마르크스는 이것을 인정하지 않았다. 분명 양자는 아주 판이한 기질이 너무 강해, 서로 하나가 되기를 기대할 수 없었고, 견해의 일치나 어떤 지속적인 연합도 바랄 수 없었다. 그러나 바쿠닌은 자유분방하고 낭만적인 역사의 즉흥시인의 한 사람으로서, 아주 풍부한 활력과 강한 개성으로 1840년대에는 시대의 승리자가 되었다. 노동

자들에게 사랑을 받으면서 혁명에 이르게 되었으며, 또한 1870년
대 러시아에서의 그의 성공은 참으로 대단한 것이었다. 그는 죽었
지만, 한 세기가 넘게 수많은 무정부주의자들의 영감을 불러일으
켰고, 지금까지도 그는 하나의 전설이 되고 있다.

2. 레프 톨스토이(1828-1910)

  레프 톨스토이를 전 세계의 가장 위대한 거장 소설가들 가운데
한 사람으로 간주하게 한 그의 문학적 업적이 철학자로서, 그리고
무정부주의자로서 레프 톨스토이의 업적을 가렸다는 것은 이해
할만 하다. 실제로 톨스토이는 다른 러시아의 많은 사상가들처럼
직업적인 철학자는 아니었다. 왜냐하면 그는 철학에 대한 어떤 공
식적인 훈련을 받은 적이 없었기 때문이다. 그럼에도 불구하고 그
는 일정한 철학적인 문제에 진지하게 관심을 가지고 있었으며, 그
러한 그의 철학적인 견해는 그가 이룬 문학적인 명성과는 상당히
다른 독특한 영역을 구성하고 있다.

  레프 톨스토이 백작은 1828년 모스크바에서 남쪽으로 수백킬로
떨어진 야스나야 뽈랴나의 가족영지에서 태어났다. 그는 어려서
개인교습을 받았으며, 어머니와 아버지의 사망 후에는 가족 중 다
른 사람들에 의해 길러졌다. 1844년 카잔 대학에 입학했으나, 자
기 영지에 미련이 있었던 그는 1847년에 학위 없이 야스나야 뽈
랴나로 돌아갔다. 그러나 이 일 역시 톨스토이의 원기왕성한 천성
을 충족시키지는 못했다. 1851년 군에 입대해서는 카프카즈에서,
그리고 나중에 크르임 전쟁 중에는 세바스토뽈리의 방어전에서
적극적으로 활약하기도 했다. 톨스토이가 비평가와 대중의 즉각
적인 환호를 받게 된 소설을 쓰기 시작한 것은 군복무 기간 중의
일이었다. 1856년 군을 떠나 서유럽을 둘러본 후 그는 또다시 야
스나야 뽈랴나에 정착했다. 그리고 이 곳은 그의 긴 여생 동안 주

된 거주지로 남았다. 거기에서 그는 농민들에 대한 교육과 박애 사업을 시작했으며, 1862년 결혼한 후에 두 편의 거작 『전쟁과 평화』(1863-1869)와 『안나 카레니나』(1873-1877)를 집필했다.

그렇지만 문학적인 명성과 활동적인 가정생활이 톨스토이에게 만족을 가져다 주지는 못했다. 1875년부터 그에게는 의기소침으로 인한 심각한 정신적 문제가 발생하기 시작했고, 이것은 어린 두 아이의 죽음으로 더욱 심해졌다. 그는 죽음에 대한 강박관념과, 삶의 의미를 찾으려는 모든 시도의 실패로 인한 점증하는 절망이 혼합된, 심각한 우울증을 경험했다. 『참회록』(1879)에서 감동적으로 묘사된 톨스토이의 고뇌에 찬 진리에의 추구는 1878년 최후의 도덕적 위기와 크리스트교로의 개종-처음에는 젊은 시절의 정교에, 그 후에는 보편적인 사랑과 형제애를 강조한 자기 자신의 크리스트교에 대한 윤리적인 해석에 귀의함-으로 종결되었다. 그 후 톨스토이의 모든 사상과 활동은 그의 강렬한 종교적 견해를 축으로 돌게 되었으며, 이로 인해 그는 곧 평화주의와 무정부주의로 나아갔다.

그는 개종 직후 몇년 동안을 주로 신학과 성서 연구에 전념했다. 그는 비인습적이고 반교회적인 견해를 계속 개진함으로로써 결국 1901년에 러시아 정교회로부터 파문되었다. 그러나 그때쯤에는 이미 그의 저술과 자선활동이 그에게 상당히 폭넓은 대중적 인기를 가져다 주고 있었기 때문에, 실제적으로 그는 두 개의 거대한 적, 교회와 전제 정부의 일상적인 규제들로부터 보호될 수 있었다. 톨스토이는 개종 후에도 소설 쓰는 일을 계속하여, 『부활』(1899) 등 수많은 명작을 남겼다. 그리고 그는 자신의 이상을 나타내기 위해 다른 수많은 철학적 저작들을 발표했다. 러시아의 무정부주의자로서 톨스토이는 말년에는 동양의 道家 사상에도 관심을 기울였던 것으로 알려지고 있다. 야스나야 뽈랴나에서 갑자기 짐스럽게 느껴진 톨스토이는 무작정 여행길에 나섰다가 1910년

불귀의 몸이 되었다. 그의 유해는 야스나야 뽈랴나로 안장되었으며, 오늘날까지도 그 곳에는 참배객들의 발길이 끊이지 않고 있다.

톨스토이의 사회철학은 기존의 사회체제와 특권계층의 정신상태를 그 근원에서부터 비판하면서도, 동시에 혁명적인 교리나 폭력을 통해 악을 근절시키려는 어떠한 시도에도 단호히 거부하고 있다는 점에서 매우 독특하다. 톨스토이의 문명비판은 완전히 반역사적인 것이었다. 레닌은 "그는 관념 속에서 사고한다. 그는 단지 영구적인 도덕의 원리, 영구적인 종교의 진리라는 관점만을 인정할 뿐이다"라고 말한 바 있다. 그러나 톨스토이에게 이것은 의식적이고도 신중한 고려를 통해 얻은 선택이었다. 그는 '역사관'을 거부했다. 왜냐하면 그는 그것을 탈도덕적 상대주의와 맹목적 낙관주의에 의해 왜곡된 형상이라고 보았기 때문이다. 톨스토이의 이같은 입장은 자연히 당시의 동시대인들 사이에서 유행했던 진보에의 확신을 거부케 했다. 톨스토이에 의하면, 진보의 사상은 그것이 개인의 완전성에 대한 영구적 법칙으로 해석될 때 수용될 수 있는 것이지, "역사의 영역으로 옮겨질 때에는 모든 종류의 넌센스를 정당화하기 위한 쓸데없는 공허한 말이 된다"는 것이었다. 더욱이 역사가 진보한다는 개념은 유럽 문명의 영향권에 있는 국가, 좀더 정확하게는 그러한 나라의 소수의 국민에게만 적용될 수 있는 것이며, 일반 국민들은 '진보'에 의해 득보다는 해만 입게 될 뿐이라는 것이었다. 그렇기 때문에 도처에서 대중들은 "진보를 강력하게 혐오하고 모든 가능한 수단을 동원하여 진보를 막으려 하고 있다"는 것이다.

톨스토이의 이같은 사상은 그가 도덕적 위기를 경험하기 훨씬 전인 1862년에 발표된 것이었다. 또한 톨스토이 철학의 전형이라고 할 수 있는 분업 이전의 제도에 기초한 자연경제의 이상화 역시 1870년대 후반 전환점 이전의 시기로 거슬러 올라간다. 그러한 주제를 다룬 최종 진술은 1886년에 발행한 소책자『그러면 우리는 무엇을 해야만 할 것인가』에서 찾아 볼 수 있다. 여기에서 그는 인민주의 이론가 미하일로프스키가 즐겨 다루던 주제를 다루고 있었다. 즉, 그는 유기체와 비교한 모든 사회이론은 특권층의 이익을 위해 고안된 허구이며, 분업은 "게으름뱅이를 위한 파렴치한 변명"이라고 언급하고 있다. 한가지 재미있는 점은 미하일로프스키처럼 톨스토이도 다양하고 변화있는 노동은 건강과 행복을 위해 필요한 것이기 때문에 분업은 육체노동을 피하기 위해 "책략과 무력"을 사용하는 소수 특권층에게도 해가 된다고 생각했다. 그는 이렇게 말한다.

날아가서 이것 저것 쪼아 먹고 미리 계산하는 것은 새들의 본성에서나 찾아 볼 수 있는 것인데, 새들이 그런 행동을 할 때에만 만족하고 행복을 느낀다면, 그런 경우에만 새라고 할 수 있을 것이다. 사람도 마찬가지여서, 걷고, 바삐 일하고, 들고, 나르고, 손가락과 눈과 귀와 혀와 머리 등을 사용할 때만이 비로소 인간은 만족하며, 자신이 인간임을 느낄 수 있는 것이다.[85]

그러므로 톨스토이는 개인의 능력에 따른 분업을 없애고, 대신 작업을 나누어 매일 모든 개인이 물질적, 정신적 필요를 충족시킬 수 있는 일을 번갈아 하도록 해야 한다고 제안했다.

진보와 분업을 통렬히 비난했을 때의 톨스토이는 물론 자본주의 경제를 생각하고 있었으며, 자연농민경제에 대한 낭만적 견해의 일부로서 '비분업'을 이상으로 삼고 있었다. 루소나 쉴러의 비판과는 달리, 톨스토이는 분업을 진보의 변증법적 모순으로 생각하

---

85) L. Tolstoy, Polnoe sobranie sochinenii, vol. 25, p. 390. 안드레이 발리쯔키, 『계몽사조에서 마르크스주의까지』, 장실 역 (서울: 슬라브연구사, 1988), 406쪽에서 재인용.

지 않고, 단순히 "게으른 소수에 의한 노동자 다수의 압박 수단"으로 간주했다. 물론 이것은 사회학적으로 볼 때 지나치게 단순화한 이론이었지만, 그의 견해가 갖는 힘은 강한 도덕적 비판에 있는 것이었으며, 철학적 분석의 예리함이 아닌 부정적인 '허무주의적' 대담성에 있었다.

근대 문명과 문화를 총체적으로 비판하면서, 톨스토이는 또한 과학도 예외로 하지 않았다. 그에게 있어서 근대 과학의 역할은 부유한 자의 인위적 필요성을 만족시켜 주고, 민중에 대해 그들의 세력을 옹호하는데 있는 것처럼 보였다. 과학은 진정으로 중요한 단 한가지의 문제, 즉 인간의 천부적 본질과 미덕의 진수를 이해하는 것에 대한 판단 시각이 결여되어 있기 때문에 완전히 비도덕적인 것으로 보아야 한다. 이와 같은 문제를 연구하는 데에는 분업이나 어떤 종류의 전문화도 필요치 않으며, 문제를 해결하는 데 적용되는 과학은 하나의 윤리학 체계로 해석할 수 있는 종교와도 구별될 수 없다. 이러한 문제의 연구에 가장 탁월했던 인물들은 공자, 소크라테스, 마르쿠스 아우렐리우스, 예수 크리스트와 모하메드와 같은 위대한 도덕가이며 종교지도자이다. 톨스토이는 인류는 이것 외의 다른 과학을 필요로 하지 않는다고 보았다.

톨스토이에게 있어서 세속적 문명의 모든 악이 구현된 것은 국가 제도였다. 그의 세계관이 급격히 변화하면서 볼 수 있는 가장 독특한 면은 철저한 크리스트교적 무정부주의의 수용이었다. 사람들을 서로 이간시킨 억압 체계로서의 국가 제도는 산상수훈을 완전히 이탈한 것이었으며, 크리스트교가 국가와 밀접하게 연관되어 있는 것은 신에 대한 모독이었다. 그리고 마치 불타는 얼음처럼 '크리스트교 국가'라는 개념은 그 자체에 모순을 지니고 있기 때문에 곧 국가는 파멸하고 있다는 증거이기도 했다. 이제 톨스토이는 '위기' 이전에 쓰여진 『세바스토뽈리 이야기들』과 『전쟁과 평화』, 그리고 그밖의 다른 작품을 통해 찬사를 아끼지 않았던 武勇이나 애국심과 같은 시민의 미덕 내지는 군인의 미덕을 간단히 취급하게 되었다.『크리스트교와 조국의 사랑』에서 그는 애국심이란 언제나 억압의 수단이라고 쓰고 있다. 지배자의 애국심은 자신의 행복을 위한 이기적 관심일 따름이며, 반면 피지배자의 애국심은 인간의 존엄과 이성, 그리고 양심의 포기를 의미하는 것으로서, 그것은 권력을 장악한 자들에 대한 비굴한 복종일 따름이다. 특히 피지배 민족의 비통함은 그것이 커지면 커질수록 언제나 보다 격렬한 폭력을 초래하기 때문에 피지배 민족의 애국심은 더욱 위험한 것이었다.

  톨스토이의 비판은 결국 기존 질서에 대한 완전한 부정으로 이어졌다. 이러한 입장에서 그가 제시한 이상은 모든 무력과 모든 형태의 사회적 불평등을 폐지하는 생활양식이었다. 이것은 기존 질서를 비난하고, 질서 속에서 이해를 함께 하는 것을 거부하는 무저항의 저항을 통해 실현될 수 있는 것이었다. 톨스토이는 정부나 다른 협동조직에 참여함으로써 점진적인 진보를 성취한다는 자유주의자들의 희망을 환상이라고 일축하고, 동시에 혁명은 폭력을 말살하는 것이 아니라 오히려 폭력을 증가시키며, 그것은 크리스트교 정신에 어긋나는 것일 뿐만 아니라, 동시에 효과가 없다는 이유에서 혁명을 반대했다.

  레닌은 톨스토이를 평가하면서 그의 철학을 통찰력있게 요약했다. 사상가로서 톨스토이가 위대한 점은 그의 사상이 "때로는 인간의 나약함으로, 때로는 인간의 가장 강한 특성으로, 인간의 심연까지도 뒤흔들어 놓은 거대한 인간 대양의 반영"이라는데 있다고 레닌은 기술하고 있다. 이와 동시에 그는 톨스토이주의가 "가장 정확하고 심오한 의미로 볼 때, 그것은 분명 유토피아적이며 내용에 있어서는 반동적이다"라는 점을 강조했다. 가부장적 농민의 감성과 영감을 설명한 사상가로서의 톨스토이는 미래지향적이라기보다는 복고적이었다. 실제로 그는 과거 산업화 이전의 생활양식을 다시 확립하기를 원했으며, "우리 시대의 이상은 우리의 뒤에 있다"라고 공개적으로 선언하고 있었다. 이러한 것들은 톨스토이의 복고주의적인 일면을 충분히 보여주는 것이다. 그러나 톨스토이의 복고적이고도 유토피아적인 사상은 보다 폭넓게 일반화된 의미로 복고적인 러시아의 국가와 사회체제를 지탱해온 바로 그 토대에 강한 충격을 주었다.

3. 뾰트르 크로뾰트킨(1842-1921)

19세기 세계적 아나키즘을 주도했던 또다른 러시아의 사상가는 뾰트르 크로뾰트킨이었다. 그는 최초로 러시아 국가를 건설한 류리크 가문의 후예로서 전통있는 귀족 가문에서 태어났다. 뻬쩨르부르그의 근위병 학교를 졸업한 뒤 그는 트란스바이칼의 아무르 지역에 주둔하고 있던 시베리아 카자크 군단의 장교직을 선택하여 주변사람들을 놀라게 했다. 시베리아에서 생활하는 동안 그는 지방민속학, 지질학, 지리학 등을 연구했는데, 그 업적을 인정받아 그는 훈장을 수여받고 황실러시아 지리학회의 서기로 임명되기도 했다. 트란스바이칼 지역에서 발생했던 폭동이 무자비하게 진압되는 것을 목격한 그는 군사업무를 포기하고, 뻬쩨르부르그 대학교에서 과학 연구에만 전념할 결심을 하게 되었다.

1872년 스위스 방문중에 그는 인터내셔널 노동자동맹의 바쿠닌파에 가담해 대학에서 약속된 자리를 포기하고 혁명운동에 투신했다. 그는 인민주의적 차이코프스키 서클의 창시자 중 한 사람으로서 「우리는 미래의 이상적인 체계를 고찰해야 할 의무가 있는가」(1873)라는 제하의 강령을 기초했다. '브 나로드' 운동이 한창 벌어지던 시기에 그는 뻬쩨르부르그 노동자 사이에서의 혁명적 선전운동을 성공리에 수행한 바 있다. 1874년 경찰에 체포되어 뻬트로 빠블로프스크 요새에 수감되었다가, 2년만에 외부에 있는 동료들의 효과적인 도움으로 극적인 탈출을 감행하여 그곳을 빠져 나왔다.

그의 탈출은 정부관리들을 격분시켰고, 경찰의 집요한 추적에도 불구하고 그는 해외로 도피하는데 성공했다. 스위스에 정착한 그는 곧 국제 아나키즘의 주요 이론가이자 지도자의 한 사람으로 알려지게 되었다. 1879년에 그는 유명한 국제 아나키스트 잡지 <반역>을 간행했다. 1881년 스위스에서 추방당한 그는 프랑스로 건너갔으나 2년 뒤 다시 체포되어 5년형을 선고받았다. 석방운동의 성공으로 1886년 특별사면을 받은 그는 런던에 정착하면서 그곳에서 더욱 중요한 저서를 집필하게 되었다. 1917년 2월혁명 후 그는 러시아로 귀국했으나 정치활동을 삼가고 모스크바 근교의 드미트로보에 정착하면서 자신의 연구를 계속했다. 그는 10월혁명에 대해서는 중요한 유보조항들을 달고 있었지만, 1920년 서유럽의 노동자들에게 그들 정부의 모든 노력을 동원하여 신생 소비에트 공화국을 전복시킬 것을 촉구하는 호소문을 발표하기도 했다.

크로뽀트킨은 그의 대표적인 저서 『상부상조, 진화의 한 요인』(1904)에서 자본주의 사회의 무절제한 경쟁을 반대하고, 그러한 경쟁사회가 사회진화론자들에 의해 옹호되는 것에 이의를 제기했다. 자연주의자로서 크로뽀트킨은 스스로를 진화론자로 자처했지만, 다윈에 의해 발견된 사실들은 이제까지 일방적인 해석일 뿐이라고 생각했다. 그는 스스로를 다윈주의자라고 생각하여 생존경쟁이나 "경쟁을 통한 개인의 자기완성"이 진화에 있어 중요한 요소임을 기꺼이 인정했지만, 다윈도 그 정당성을 인정했던 이와 똑같은 다른 중요한 요소에 주의를 돌리게 되었다. 그것은 곧 '동종끼리의 협력' 이었다. 협동이나 상호부조는 동물계에서 공통되는 예라고 크로뽀트킨은 주장했는데, 경쟁이란 것을 모르는 개미의 집단에서도 잘 조직된 동물공동체는 존재한다는 것이었다. 진화의 사다리를 타고 올라감에 따라, 동물사회는 각각의 구성동물들로부터 사회조직체의 혜택을 박탈하지 않고, 그들에게 보다 큰 훌륭한 자립을 허용함으로써, 보다 잘 조직되고, 보다 '의식적인' 사회집단을 형성한다는 것이었다.

원시적인 인간의 공동체 역시 상부상조에 기반을 두고 있었다고 크로뽀트킨은 생각했다. 그는 사회가 발생하기 이전의 상태에서 인간이 동질의 타인과 부단히 투쟁했다는 생각은 언어도단이라고 일축해 버렸다. 제어되지 않은 개인주의는 근대의 산물이며, 그것은 이른바 '원시인'에게는 이해될 수 없는 것이라고 주장했다. 상호유대 원칙에 입각해 유지되는 부족공동체나 씨족공동체는 상호의견을 존중하여 음식물과 전리품을 공동분배했다. 이와 같은 원리는 단지 씨족공동체 내에서만 적용되었을 뿐이며, 유감스럽게도 사람들을 '우리'와 '그들'로 나눈 '이중적 도덕'은 오늘날까지 폐지되지 않고 있다는 것이다.

독립된 가정의 출현을 기점으로 씨족공동체는 붕괴되어 보다 상위의 새로운 진화단계가 시작되었으며, 이 단계를 크로뽀트킨은 '원시상태'라고 칭했다. 이 시기에 상부상조가 구체화되어 나타난 근본적인 사회단위와 그 조직은 혈연이 아닌 이웃단위에 기반을 둔 농민공동체였다. 모든 국가의 주민들은 농민공동체의 단계를 거쳐 왔으므로 부르조아적 개인주의 옹호자들의 반박에도 불구하고 공동체는 위대한 생명력을 보여 주었으며, 스스로 해체되지도 않았다는 것이다. 영국에서는 농민공동체가 18세기까지도 부분적으로 존재했으며, 프랑스에서도 튀르고의 입법과 프랑스 혁명으로 폐지되었을 뿐이라고 크로뽀트킨은 주장했다.

특히 중세에는 도시공동체가 진보적인 상부상조의 단계까지 도달했었다. 크로뽀트킨은 중세의 자유도시가 존재했던 시기는 인류역사에 있어서 최고의 절정기를 구가했던 시기라고 생각했다. 그 이후 물질문명은 급속히 발전하여 도시민에게 직접적인 혜택

을 누리게 했으니 수공업 노동자들의 생활이 그토록 윤택했을 때
는 그 이전에도 그 이후에도 없었다는 것이다. 중세 도시는 거리
와 교구, 그리고 수공업자나 아니면 상인 길드의 비공식적인 연합
이었다. 크로뽀트킨은 길드가 과거 농민공동체의 협동 원리를 더
높은 수준으로 완전하게 끌어올린 조직체였다고 높이 평가했다.
경쟁을 제한하고, 조합원들을 위한 효과적인 상부상조의 체제를
확립함으로써, 중세의 길드는 안정과 번영을 보장해 주었으며, 노
동은 즐거움이었고, 장인과 예술가의 구분도 거의 무시되었다는
것이다.

 자유도시의 문명은 16세기에 와서 파괴되었다. 크로뽀트킨은 도
시 내부의 사회적 적대감의 증대가 도시문명의 쇠퇴에 어느정도
책임이 있다는 것을 알면서도, 보다 중요한 것은 외부적 요인이었
다고 생각했다. 새로운 야만인들-로마의 전통을 대변하는 군주, 성
직자 및 사법가들-이 서로 세력을 규합하여 권력을 장악하면서
단일 핵심체로서의 정부를 수립할 목적으로 도시를 침략했다는
것이다. 크리스트교 문명에서 처음으로 발생한 이러한 사태는 진
정한 의미에서 국가의 설립을 초래하여, 크로뽀트킨의 말에 따르
자면 "지방에 대한 통제력 단일 중심의 집중화", 즉 영토의 집중
화를 가져왔고, "사회생활의 대부분을, 더 나아가 사회생활의 모
든 기능을 소수의 지배로 집중화"시키는 결과를 초래했다는 것이
다.

 절대군주제에 대항한 부르조아적 혁명은 사회진화의 추세를 완
전히 변화시키는 것이 아니라, 오히려 잔존해 있는 중세의 협동정
신을 공격함으로써 진화의 추세를 더욱 확고히 하는데 도움이 될
뿐이라고 그는 주장했다. 프랑스 혁명은 로마의 사법적 전통의 마
지막 산물로서, 그것은 만인공통의 법칙이 주변의 다른 영토 내에
존속하는 것마저 용납하지 않았으며, 농민공동체에 대한 최후의
결정적인 타격을 가한 사건으로 보았다. 혁명 이후의 시기에 '국

가주의적' 정신은 현존체제에 의문을 던지면서 부르조아 계급정부를 반대해온 사회, 정치 운동에까지 침투하게 되었다는 것이다. 작금의 급진주의자들은 "중앙집권주의자이며, 국가의 도당들이고, 철두철미한 자코뱅이며, 사회주의자의 전철을 밟고 있는 자들이다"라고 크로뽀트킨은 단언했다.

크로뽀트킨은 선천적으로 인간의 선, 협동 정신, 그리고 인간관계에서 무력이 배제된 뿌리깊은 미래에 대한 신념을 지닌 철저한 낙관주의자였다. 협동에 대한 타고난 성향은 온갖 좌절에도 불구하고 대중 속에 사장되어버린 것이 아니라, 그들의 무의식 속에 깊이 간직되어 있다고 그는 확신했다. 그러므로 세계의 급진적인 변화를 목적으로 하는 혁명가들의 노력은 이와 같은 자연적 본능에 의지해야만 한다. 끊임없이 인간의 결속을 저해하고, 자유를 탄압하고, 지방의 독창성을 마비시켰던 국가를 이제와서 갑자기 그 반대의 국가로 변모시킬 수 있다고 가정함은 극히 위험한 환상이다. 대신에 상반되는 두 개의 전통, 즉 로마적이며 권위적인 전통과 인민적이며 자유로운 전통 중에서 어느 하나를 선택해야만 할 것이다.

현존하는 사회질서와 실질적인 혁명운동에 보다 많은 관심을 기울였던 바쿠닌과는 대조적으로, 크로뽀트킨은 아나키즘을 이론적으로 체계화시킨 인물이었다. 그는 자신의 저서 『빵의 정복』(1892)을 통해 아나키스트적 유토피아에 대한 전망을 매우 상세하게 제시했다. 또한 크로뽀트킨의 아나키즘은 성격상 집단주의적이었을 뿐만 아니라 공상주의적이었다는데 또다른 차이가 있다. 그는 사회혁명의 일차적인 목적은 "각자의 필요에 따른 분배" 원리에 입각하여 경제관계를 변혁시키는 것이라고 선언하고, "각자의 노동에 따른 분배" 원리는 사회정의뿐 아니라 개인의 자유도 보장하지 못한다고 주장했다. 왜냐하면 작업형태는 매우 다양한 것이기 때문에 이를 객관적으로 비교한다는 것은 불가능하며,

따라서 특정한 작업의 가치를 책정한다는 것은 곧바로 부단한 경쟁만을 수반할 뿐이라는 이유에서였다.

극단적인 혁명적 아나키즘 운동과 극단적인 좌익 아나키즘 운동은 때때로 무책임한 정치적 극단주의로 흘러 폭력을 찬미하고 원시적인 反主知主義에 사로잡히기도 했지만, 아나키즘의 역사에 있어서 크로뽀트킨이 차지하는 위치는 매우 독특하다. 그는 분명히 아나키즘 운동사에서 가장 고결하고 매력적인 인물 가운데 한 사람이었으며, 그의 견해의 많은 솔직한 면은 그가 선천적으로 선량했으며, 인간애에 대해 무한한 확신을 가진 인물이었다는 사실을 대변하고 있다. 이론에 있어서나 실제 생활에 있어서나 그는 혁명가였지만, 그의 많은 사상은 평화주의적 혹은 종교적 아나키즘과 가까웠다. 또한 그의 이론들은 상부상조의 원리에 기반을 둔 협동과 공동생활의 확립을 통해 평화적인 사회변화를 주장했던 협동운동에도 지대한 영향을 미쳐왔다.

러시아의 아나키즘은 이렇게 매우 다양한 사상적 기질과 차이를 모두 포함하고 있었다. 바쿠닌과 크로뽀트킨에게 있어 폭력에 의한 국가의 전복은 필수적인 것이었으나, 톨스토이에게 있어서는 국가의 소멸보다 비폭력이 보다 중요한 것이었다. 바쿠닌은 인간을 신에 도전하는 프로메테우스로 보았고, 다른 사람들은 인간을 완전히 자유로운 것으로 보지 않고, 톨스토이는 신의 체계, 크로뽀트킨은 자연의 체계라는 보다 큰 체계 속에 위치하고 있는 것으로 보았다. 그러한 많은 차이점은 아주 명백한 것이었다.

그러나 이러한 차이들은 그들이 공통적으로 가졌던 견해들과 비교하면 사소한 것이다. 그들은 인간과 그들의 협력이라는데 과도한 신뢰를 가지고 있었으나, 권력을 추구하는 인간에 대해서는 거의 그렇지 않았다. 그들은 대부분의 사회주의자들이 그랬듯이, 혁명적 정부와 함께 위로부터가 아닌 밑으로부터, 즉 개인과 공동체로부터 새로운 사회를 건설하려고 했다. 그들은 정치와 경제 영역 모두에서 강제, 약탈, 그리고 불평등에 격렬히 맞섰다. 각자는 상당히 민감한 사회적 양심과 높은 도덕적 이상을 가지고 있었고, 실제적인 것일 뿐 아니라 필수적인 것으로서 그들의 이상과 도저히 화합할 수 없는 사유재산과 국가를 발견했다. 그들은 귀족적이었고 상당히 개인주의적이었지만, 개인주의를 그룹과 종족의 연대에 종속시켰다.

이러한 개인주의적 요소는 혁명적 상황에 영향을 미치려는 노력에서 무정부주의자들을 항상 방해했다. 크로뽀트킨의 진화이론에 나타나듯이, 사회주의라는 우월적 집단이 당대의 투쟁에서 큰 이점을 가지고 있었다. 그러나 아나키스트들은 권력의 획득을 통한 그들 이념의 성취라는 것을 계산하지 않았다. 1917년 혁명에서 조합주의(상디칼리즘)의 강화, 크론슈타트 반란에 대한 볼쉐비키들의 광란적 대응, 그리고 마르크스주의자들의 국가소멸론에 대한 집착 등은 모두 무정부주의자들의 이념에 바치는 공물들이다.

제 19장 인민주의자들(나로드니키)

하나의 사회경제이론으로서 러시아 인민주의(나로드니체스트보)는 러시아 인민(나로드)에 대한 찬미에 근거한 일종의 '농민사회주의'였다. 넓은 의미에서 인민주의는 러시아의 역사에 깊이 뿌리박혀 있고, 그래서 인민주의의 요소들은 슬라브주의자와 서구주의자들 모두의 태도에서 명백히 구분이 가능하다. 때때로 '인민주의의 아버지'로 불리는 알렉산드르 게르쩬은 러시아 인민의 '본능적인 사회주의'에 대해서 말했으며, 미래의 사회주의적 질서에 있어 러시아 고유의 핵으로서 '옵쉬치나' 혹은 농민공동체에 관심을 기울인 최초의 인물이었다. 니콜라이 체르느이쉐프스키는 1860년대에 이 이론을 더욱 발전시켰다. 1870년대와 그 이후에 제몫을 다하게 된 인민주의자들의 손에 의해서 러시아의 인민주의는 농민의 덕성과 자본주의의 악, 그리고 농민공동체에 근거한 다소 무정부적인 사회주의적 질서를 직접적이고 혁명적으로 확립함으로써, 러시아에서 자본주의의 해악을 피할 수 있는 가능성을 강조하는, 매우 분명하고 정합적인 사회사상이 되었다.

그러나 1870년대 초 성장하는 운동으로서 인민주의에 있어 그것의 사회경제적인 프로그램보다 훨씬 더 중요한 것은 인민주의의 주위에 구축되고 있던 '도덕적 힘'이었다. 무엇보다 먼저 초기 인민주의는 특수한 종류의 도덕적 힘의 결집과 발산을 대변하는데,

인민의 신비 내지는 인민의 제의라고 불릴 수도 있는 것들과 연결되어 있다. 이 도덕적 힘은 시인과 소설가들은 물론, 철학자와 경제학자까지도 이 신비를 풍부하게 살찌웠다. 당대 모든 문학에서 인민의 고통과 타락에 대한 묘사는 새로운 삶을 찾기 위한 농민의 잠재적인 고귀함과 능력에 대한 가슴에서 우러나오는 표현과 결부되어 있었다. 인민은 도덕적 힘의 저수지로 간주되었기 때문에 지식인들에게는 도덕적 영감이 되었다.

이 영감은 뾰트르 라브로프에 의해 60년대 후반에 고양되고, 또 확고한 철학적 기반을 얻게 되었는데, 그는 카라코조프의 알렉산드르 2세 살해 기도로 인한 억압적인 상황 속에서 1867년 유형에 처해진 급진적 경향의 교수였다. 철학적으로 라브로프는 헤겔주의자들의 관념적인 형이상학뿐만 아니라, 인간의 삶의 모든 현상을 물질로 환원시키려는 허무주의자들의 시도에서도 잘못을 발견한 세련된 실증주의자였다. 60년대 초반에 그는 유물론을 비판하고, 인간의 사상과 행동에 있어서 관념의 역할에 대해 '주관적'으로 강조함으로써, 급진 그룹에서 스스로 의심을 샀었다. 라브로프에게 실증주의는 자연과학의 방법으로 접근할 수 없는 도덕적이고 역사적인 현상을 그것들 자체의 수준에서 취급하는 것을 배제하지 않았고, 사회적 이상의 왕성한 촉진과 부합되는 것이었다. 1868-69년에 집필된 『역사서한』이라는 제목의 일련의 논문들 속에서 라브로프는 그가 자연과학과 급진 그룹에서의 개인적인 자기 개선에 대한 과도한 강조로 보았던 것을 공격하려고 이 주제들을 확산시켰다. 『역사서한』은 엄청난 인기가 있었는데, 그것은 체르느이쉐프스키의 『무엇을 할 것인가』가 60년대의 젊은이들에게 그랬듯이, 70년대의 급진적인 젊은이들에게 하나의 종합적인 안내서이자 성서가 되었다.

니콜라이 미하일로프스키의 정치철학도 똑같이 도덕의 강조를 특징으로 한다. 그는 체포와 추방을 모두 피했고, 19세기 말 러시아 내에서 인민주의의 으뜸가는 대변자였다. 라브로프와 같이 미하일로프스키는 종교와 형이상학에 대해 실증적인 태도를 취하는 동시에, 인간의 행위와 역사에 있어서 '주관적인' 요인을 강조했으며, 자신이 '사회학에 있어서 주관적 방법'이라고 명명한 것에 의해서만 인간이 인간을 정당하게 연구할 수 있다고 주장했다. 스펜서와 콩트의 접근과 같은 객관적인 접근은 자연과학에서는 적당하다. 그러나 탐구자가 인간에 관심을 가지고 있을 때, "사고하는 주체가 사고하는 객체에 완전히 융합될 때 … 즉, 그의 관심 속으로 들어가고, 그의 삶을 살고, 그의 생각을 생각하고, 그의 느낌을 공유하고, 그의 고통을 경험하고, 그의 눈물을 흘릴 때만이 진리에 도달할 수 있다"고 미하일로프스키는 주장한다. 따라서 미하일로프스키가 '목적론'이라고 부르는 것은 인간 연구에 있어서 본질적인 것이다. 라브로프와 마찬가지로 미하일로프스키에게 있어서도 역사는 중요한 관심사가 되었다. 이상이 있는, 그리고 다른 이들의 이상을 공유하는 개인은 인간사의 정당한 연구자이자, 역사의 동력이었다.

　70년대 초 인민주의자들의 사고에 의해 가장 많은 영향을 받았던 사람들의 견해에 있어서 필연적인 최초의 단계는 게르첸의 초기의 충고를 따르는 것과 '인민에게로 가라'는 것이었다. 지식인들은 궁극적인 사회혁명을 교육하고, 선전하고, 준비하고, 그리고 또한 '주관적인' 방법에 의해 인민에 대해 더 많이 배우면서, 인민주의자들의 메시지를 새로운 질서의 원천에 전달했음에 틀림없다. 따라서 1874년 봄과 여름에 '브 나로드'라는 주목할만한 운동, 수백 수천의 열성적인 젊은이들이 도시를 떠나 농촌에서 일하고 살았던 비조직적이고 자발적인 일종의 십자군 운동이 일어났던 것이다. 그러나 이 십자군들에게는 너무나 실망스럽게도 인민들의 반응이 결코 따뜻하지 않았다. 농민들로부터 오해받고 원망받으며, 때로는 적극적으로 저항을 받으며 그 초대받지 않은 '선동가들'은 감사할 줄 모르는 수혜자들에 의해 당국에 넘겨졌거나, 경찰에 의해 조직적으로 쫓겨났다. 오래지 않아 그들 대부분은 감옥에 갇혔다.

'브 나로드' 운동은 초기 인민주의 열정의 극치를 기록했지만, 그 실패는 결코 인민주의 사상이나 활동의 종말을 뜻하지는 않았다. 그렇지만 그것이 인민주의자 계열 안에서 심각한 분열을 촉진시킨 것은 사실이었고, 일찍이 1872년에 나타나기 시작했던 사회운동으로서 그 이후의 인민주의의 역사는 결과적으로 철학적 원리와 정치적 방법 간의 차이에 근거한 당파주의의 역사이다. 그 당시 외국에 살면서 <전진>이라는 잡지를 발행하던 라브로프는 온건파를 이끌었는데, 이 온건파는 즉각적인 혁명이 불가능하지는 않다고 할지라도 현명하지 않은 것으로 보고, 도래하는 사회변혁에 대해 사람들의 마음을 준비시키기 위해 선전과 교육에 주력했다. 비록 라브로프 자신은 후에 혁명적 행동주의로 방향을 바꾸었지만, '라브로프주의자들'은 점진주의와 이론에 대한 관심으로 알려지게 되었다. 이들에 대한 결정적인 반대는 미하일 바쿠닌의 추종자들에 의해 고조되었는데, 이들은 70년대 초반 인민주의 정신을 지닌 스위스의 러시아인 망명자들 사이에서 여전히 활동하고 있었다. 바쿠닌주의자들은 라브로프주의자들의 이론적이고 머뭇거리는 접근을 비웃으면서 즉각적인 봉기를 주창했다. 그들은 국가 권력을 박살내고 공동체의 느슨한 연합으로 된 준무정부주의를 도입하고자 했다.

70년대 초 이 두 주요 파벌 간의 대립으로부터 수많은 다른 급진적인 집단들이 생겨났고, 이들은 원래의 인민주의 정신을 거의 지니지 않은 혁명적인 테러리즘에 가까워져 갔다. 바쿠닌주의자들은 1876년 '토지와 자유'라는 지하조직이 재창립될 때, 비록 그 단체가 미래의 마르크스주의자 게오르그 쁠레하노프와 같은 라브로프주의자들도 포함하고 있었음에도 불구하고 득세했었다.

‘토지와 자유’ 조직이 1879년 깨어졌을 때, 쁠레하노프는 테러리스트들의 ‘인민의 의지당’에 대항하는 비교적 온건한 ‘흑토재분배당’의 지도자였다. 테러리즘에 대한 주도적인 고취는 헌신적인 혁명주의자 뾰트르 트카초프(1844-86)에게서 나왔다. 그는 마르크스주의를 지지한 최초의 러시아인 급진주의자요, 혁명을 향한 ‘레닌주의적’ 태도를 취한 최초의 인물로서, 조직화된 소수의 독재적 엘리트에 의한 국가 권력의 장악과 그것의 이용을 주창했다. 인민의 의지당의 결성은 이러한 견해를 위한 하나의 승리였고, 결정적인 것이었다. 이전의 온건한 인민주의자 안드레이 젤랴보프에 의해 주도된 인민의 의지당은 1881년 알렉산드르 2세의 암살을 계획하고 실행했다.

그 원래의 정신에 더 충실했다는 점에서 인민주의의 이념은 1881년 이후 실제로 20세기까지 러시아인의 정치, 경제 사상에 여전히 중요한 요소로서 남아 있었다. 바쿠닌 이후 사회주의적 무정부주의의 으뜸가는 사상가였던 뾰트르 크로뽀트킨은 70년대 인민주의적 사고의 강력한 영향을 받았고, 인민주의의 신비는 레프 톨스토이의 크리스트교적 무정부주의에서 또한 분명하게 나타난다. 그리고 체르노프가 이끌었던 사회혁명당(SR)은 20세기 러시아에서 인민주의자들의 정서를 가장 많이 이어받은 정치적 상속자였다. 심지어 어떤 연구자는 1930년대까지의 소비에트 체제 하에서조차 인민주의의 흔적을 발견하고 있다.[86]

1. 뾰트르 라브로프(1823-1900)

게르쩬과 체르느이쉐프스키가 인민주의의 중요한 선구자였던 반면에, 라브로프는 그 견해가 인민주의의 사상과 행동에 가장 직

---

86) S. V. Utechin, Russian Political Thought (New York, 1964), pp. 128-147을 참조할 것.

접적으로 연결되는 사상가였다. 최근의 한 평가에 따르면, 1870년대와 그 후 사람들의 가장 중요한 공통된 특징은 어느 정도 사회철학에 있어서 라브로프를 따랐다는 것이다.

라브로프는 1823년 쁘스코프의 한 중소귀족 가문에서 태어났다. 라브로프는 젊은 시절부터 사회철학에 대한 집요한 관심을 보였다. 그는 폭넓은 독서와 연구를 통해 당시 러시아의 어떤 사상가들보다도 폭넓고 확고한 철학적 지식을 얻었다. 그는 고대 그리스인들로부터 19세기 중반의 유물론자와 실증주의자의 저술에 이르기까지 그들의 저술에 정통해 있었다. 그 자신의 견해로, 라브로프는 실증주의에 기울고 있었지만, 동시에 그들의 저술을 알고 존경하는 다른 사상가들의 영향을 피할 수는 없었다.

라브로프는 자신의 철학적 신념을 표현하기 위해 처음에는 시를 이용했다. 그러나 1855년 알렉산드르 2세의 즉위 후에 검열이 완화되고, 잡지의 활동이 증가되면서, 그는 뻬쩨르부르그의 일부 주도적인 잡지들에 철학적 에세이를 쓰기 시작했다. 그의 초기 주요 저술 중의 하나로 <조국연대기>에 실렸던 『개체성 이론의 개요』는 체르느이쉐프스키에게 그의 중요한 철학저술 『철학에 있어서의 인류학적 원리』를 쓰기 위한 계기를 제공했다. 거기에서 체르느이쉐프스키는 라브로프를 절충주의라고 비판하고 있다. 1860년 라브로프는 1826년에 니콜라이 1세가 대학에서 철학과를 폐지한 이후 최초로 뻬쩨르부르그 대학에서 철학에 관한 공개강좌를 열었다. 「오늘날의 철학적 의미에 관하여」라는 제목이 붙은 이 강의들은 뻬쩨르부르그의 대중들에게 강한 인상을 주었다.

라브로프가 이 초기 저술들에서 발전시킨 철학적 견해는 후에 『역사서한』의 기초가 되었고, 사실상 그가 죽을 때까지 본질적으로 변하지 않은 채 남아 있었다. 라브로프는 과학을 신뢰한다는 점에서는 허무주의자들과 일치하지만, 과학적 접근과 유물론을 동일시하는 것은 형이상학적인 견해를 주장하는 동시에 과학을 불구로 만드는 것이라고 강조하였다. 과학이 다루어야 하는 현상에는 세가지가 있다고 라브로프는 주장한다. 그것은 물질적인 현상, 정신적인 현상(의식의 현상), 그리고 역사적인 현상이다. 자연과학을 유물론적으로 접근하는 것은 단지 첫번째 사실에만 타당할 수 있다. 다른 두 유형의 현상은 운동하는 물질로 환원될 수 없는 것이다. 특히 의식 현상은 단지 주관적인 방법을 통해서만 접근이 가능하다. 그리고 모든 정당하게 통합된 세계관에서 의식 현상은 중요하게 생각되어야 하는데, 그 이유는 모든 사고가 이것들로부터 출발하기 때문이다.

 사상가는 반드시 인간의 의식 자료로부터 출발해야 한다는 사실은 라브로프가 자신의 일반적인 철학적 견해를 '인간중심주의(anthropologism)'라고 부를 때 주로 염두에 둔 것이었다. 더 발전된 인간중심주의는 그가 물질적 자연의 외적 현상 가운데 있는 객관적 법칙의 지배를 받아들이면서도 의지의 자유와 같은 '자기의식의 사실들'과 인간의 존엄을 존중해야 하는 의무와 같은 도덕적 명령을 주어진 것으로 받아들이게 한다. 포이에르바하와 콩트 같은 당시 유행하던 사상가들보다 칸트에 더욱 근거하고 있음에도 불구하고, 라브로프의 반형이상학적이고 현상적인 실증주의는 인간의 존엄과 정의라는 이상을 실천하려고 노력하는 창조적 개인을 강조하는 것으로 귀결된다. 그것은 말하자면 도덕적 실증주의가 되는 셈이다.

 라브로프는 혁명활동이 공공연히 전개되는 기간 동안에는 말하지 않았지만, 그의 감정은 분명히 사회주의와 개혁을 향한 열정으로 움직이고 있었다. 그는 학생 때 이미 푸리에를 읽었고, 특히 프루동과 게르쩬에게 빚지고 있다고 느꼈다. 그는 비록 주도적인 급진 사회주의자들이 자신들의 동료로 생각하지는 않았지만, 그의 견해가 자유분방해짐에 따라 정부로부터 의심을 받게 되었다. 1862년 뻬쩨르부르그 대학에서 저명한 철학자 카벨린 교수가 그의 노력을 지지한 사실에도 불구하고, 그가 철학 교수직을 얻지 못한 것은 아마도 그의 견해에 대한 정부의 의심 때문이었을 것이다. 1863년 라브로프는 비록 적극적이지는 않았지만, '토지와 자유'의 비밀결사에 가담했다. 그는 1866년 카라코조프의 짜리 암살 기도에 연루되어 체포된 최초의 급진주의자들 가운데 하나였고, 1867년 모스크바 북부 볼로그다로 유형을 당했다.

볼로그다에서 라브로프는 학문적 저술 활동을 계속했고, 특히 체르느이쉐프스키와 삐사레프 추종자들의 자연과학에 대한 숭배를 반대하는 운동을 지속적으로 전개했다. 이 운동은 『역사서한』에서 그 절정에 달했는데, 이 글은 <주간>이라는 잡지에 1868년과 1869년에 시리즈로 실렸다. 이 글은 윤리와 사회철학 부문에 관한 라브로프의 가장 포괄적인 언명이었다. 여기에서 그는 도덕적 실증주의를 역사 현상에 적용하여, 인간은 역사를 목적론적으로 보아야 하고, 현대인은 반드시 '개인의 발전'과 '사회 제도에 있어 진리와 정의의 구현'을 역사의 목적으로 삼아야만 한다고 주장했다. 이것은 사회 제도를 개선하고 개인의 발전 조건을 모든 사람에게 확대하려고 노력하는 것이며, 이미 문명화된 사람들이 '인민들에게 진 빚'을 벗는 것이었다. 주요 운동가들은 '비판적으로 사고하는 개인들'로서, 그들은 사회의 병을 진단하고 그것들을 정화하려고 함으로써 계속적으로 문화(시대에 뒤떨어진 일상관습과 과거의 제도)를 문명(생생한 현대적 필요에 적합한 실천과 사회 형태들)으로 변화시킨다. 특히 이와 관련하여 라브로프에게 중요한 것은 연합된 행동에 대한 요구였다. '조직화된 당의 필요'라는 소제목 하에 포함되어 있는 이에 관한 그의 논의는 러시아 급진주의의 역사에서 정당조직에 대한 최초의 청사진 가운데 하나였다.

1870년 이제 확신에 찬 혁명주의자 라브로프는 외국으로 탈출하여 그의 여생 동안 전념하게 된 혁명적 이론과 실천에 관한 작업을 시작했다. 그는 먼저 파리로 가서 파리 코뮨에 적극적으로 가담했다. 런던에서는 마르크스와 엥겔스를 만나서 그들에게 가장 가까운 러시아인 친구가 되었다. 1873년 취리히에 정착한 그는 <전진>이라는 잡지를 발간했으며, 그 잡지를 통해 러시아에서는 변호할 수 없었던 자신의 인민 사회주의 이론을 마음껏 발표했다. 1874년 이후에는 런던에서 이 잡지의 발간 작업을 계속했는데, 1876년 그와 교류한 '라브로프주의자들'이 그들의 확신에 있어서 충분히 투쟁적이지 못하다는 것이 분명해지자 그는 그 잡지를 그만두고 파리로 돌아갔다. 1883년부터 1886년까지 그는 극단주의적인 인민의 의지당의 이론지인 <인민의 의지 소식>을 발간했으며, 심지어 테러리즘을 용납하기에까지 이르게 되었다. 말년에 그는 다시 학문적 저술 활동을 재개하여, 죽기 전에 미완성의 기념비적인 저술 『현대사상사』(1894) 두 권을 출판했다. 그는 1900년 파리에서 죽었다.

그러나 라브로프의 후기 저술은 어떤 것도 철학적 중요성에서나 역사적인 영향력에 있어 『역사서한』을 능가하지는 못했다. 그리고 비록 라브로프의 정치, 사회 사상의 범주가 급격하게 마르크스적으로 되었다고 할지라도, 근본적으로 그는 『역사서한』의 도덕주의적이고 개인주의적인 성향을 결코 떠나지 않았다. 그의 호소는 여전히 자유롭고 비판적으로 사고하는 개인을 향해 있었으며, 그의 지성과 결단은 새로운 질서를 예고하려고 하였다.

2. 뾰트르 트카초프(1844-1886)

라브로프의 견해에 가장 강력한 이의를 제기한 인물은 러시아 인민주의의 자코뱅적 경향의 주요 이론가였던 뾰트르 트카초프였다. 1868년에서 1869년까지 그는 학생운동에 적극적으로 참여했으며, 네차예프의 절친한 협력자였다. 1869년 봄 경찰에 체포된 그는 투옥된 뒤 2년동안 재판을 기다리다가 6개월형과 시베리아 유배를 선고받았다. 어머니의 탄원으로 그는 가족영지 안에서의 연금형으로 감형되었다. 1873년 12월 트카초프는 가까스로 취리히로 도망하여 그곳에서 라브로프와 같이 일을 했다. 두 사람의 협력관계는 서로의 의견차이가 현격하게 벌어질 때까지 계속되었다. 1874년 소책자 『러시아에서 혁명적 선전의 역할』에서 그는 라브로프의 계획을 공격한 뒤 곧바로 그와 결별했다. 1875년 트카초프는 혁명 잡지 <경종>을 발행하여, 그곳에서 그는 혁명적 소수에 의한 권력 장악과 강력한 중앙집권적 조직체의 필요성에 관한 자신의 사상을 피력했다.

트카초프의 견해는 라브로프의 『역사서한』에 대한 응답 형식으로 쓰여진 평론 「진보당이란 무엇인가」에서 확실히 찾아 볼 수 있다. 여기에서 트카초프의 비판은 라브로프 논의 중에서 가장 불안정한 문제점들을 다루고 있으며, 개인의 발전과 사회적 진보를 조화시키려고 노력했던 인민주의 사상가들의 어려운 점들을 명확히 보여주고 있었다.

트카초프의 라브로프와의 논쟁은 수단에 관한 논쟁이었을 뿐만 아니라, 목적에 관한 논쟁이기도 했다. 게르쩬과 체르느이쉐프스키적 전통과 스스로 결별하고 나선 트카초프는 라브로프와는 달리 ‘개인성의 원리’를 단호히 반대했다. 그에게 있어서 조화롭게 발전된 ‘비판적으로 사고하는 개인’에 대한 이상은 부르조아적 개인주의의 최상의 표본이었다. 그는 한 논문에서 개인주의 원리가 아테네인들의 도시부르조아적 문명의 이데올로기를 소유했던 프로타고라스와 소피스트 학자들에 의해 구체적으로 정립된 사상이라고 말하고 있다. 개인주의와 마찬가지로 오랜 전통을 가졌으면서도 그것보다 더욱 인상적인 계보를 갖춘 반개인주의는, 공동체에 대한 개인의 완전한 복종이라는 원리를 강력히 표명했던 과거 스파르타에 관한 이상적인 이미지를 가지고 있었으며, 플라톤에 의해 구체적으로 정립된 사상이라고 기술하고 있다.

이와 같은 사상은 그의 자코뱅적 혹은 블랑키스트적 혁명투쟁 개념보다는 비교적 온건한 것이었지만, 그를 다른 인민주의 사상가들과 특징적으로 구분지어 주었다. 그의 이론들은 '부르조아 민주주의적' 이데올로기의 범주에는 도저히 포함시킬 수 없는 것이었다. 트카초프는 러시아에서 '원시공산주의', 즉 청년 마르크스가 표현한대로, "모든 영역에 있어 인간의 개성을 부정한" 원시공산주의의 가장 일관성있는 철저한 대변자였다.

트카초프가 개인의 중요성을 철저하게 거부한 것은 인민주의 사상가들이 당면하고 있던 특징적인 딜레마를 극복할 수 있는 특수한 해결책이었다. 인민주의 사상가들이 당면하고 있던 문제란 그들이 농민공동체의 오랜 집단주의에 두었던 가치를 어떻게 개인의 자유라는 전제와 조화시킬 수 있을까, 다시 말하면 서구화 과정이 중단되어야 가능한 인민의 복지와, 서구화의 산물로서 서구화가 가일층 발전하는데 커다란 관심을 가지고 있는 인텔리겐찌야의 이해를 어떻게 조화시키느냐 하는 문제였다. 게르쩬이나 체르느이쉐프스키, 또한 라브로프와는 달리, 트카초프는 '개인의 원리'와 공동체적 원리는 상호 배타적이며, 완전한 '개인의 평준화'가 이룩되기 전에는 조화될 수 없다는 점을 굳게 확신하고 있었다.

트카초프는 자신의 혁명이론을 마르크스에게서 직접 차용한 독특한 '경제적 유물론'과 접목시켰다. 러시아 혁명가 중에서 트카초프가 마르크스주의의 일부 요소를 모방하려고 노력한 최초의 인물이었다는 것은 매우 흥미있는 일이다. 1865년 초 잡지 <러시아어>에서 그는 "이미 잘 알려진 독일인 망명객 칼 마르크스"의 사상을 지지한다고 쓰면서 "그의 사상은 이제 거의 모든 사고하는 정직한 사람들에게 공통된 사상이 되고 있다"라고 덧붙였다.

이보다 앞서 그는 출판물을 통해 모든 사회분야가 경제분야에 종속되어 있다는 개념을 나타내기도 했다.

그런데 트카초프의 사상을 해석하다 보면 재미있는 문제와 마주치게 된다. 왜냐하면 경제적 유물론이란 대체로 기계적으로 구축된 결정론과 함께 나타나는 이론이기 때문이다. 그러나 트카초프의 이론에서는 러시아의 미래가 행동적인 혁명적 소수의 의지와 결정력에 의해 좌우된다는 자발주의적 확신과 경제적 유물론이 병존하고 있었다. 그런 점에서 그는 레닌주의의 선구자였던 것이다.

1874년 트카초프는 엥겔스에게 날카로운 비판을 가하기 시작했는데, 그러나 이 논쟁은 러시아가 아니라 인터내셔날에 관한 문제가 중요한 이슈였다. 이 논쟁은 바쿠닌과 마르크스 사이의 이데올로기적 차이와 제 1차 인터내셔날에 대한 주도권을 놓고 발생했다. 바쿠닌이 제기하여 인터내셔날이 관련하게 된 네차예프 사건이 종식되자 인터내셔날은 네차예프를 비난하고 음모적인 방법을 배격하는 결의문을 채택했다. 어떤 의미에서 네차예프의 제자라고 할 수 있는 트카초프에게 이 결의문은 모든 러시아 혁명운동에 대한 공격이었다.

트카초프는 유명한 논문 「엥겔스에게 보내는 공개서한」(1874)에서 엥겔스에게는 혁명적 열정이 결여되어 있다고 비난하고, 후진국에 있어서의 혁명 가능성에 관한 자신의 이론을 옹호했다. 엥겔스가 지나치게 합법적인 방법을 고수한다고 매도한 것은 엥겔스를 잘못 이해한 것이지만, 두번째 문제-러시아가 사회주의 혁명을 일으킬 준비가 되어있는가 하는 점-는 근본적인 이슈에 대한 본질적인 견해 차이를 드러낸 것이었다. 엥겔스는 그때 필수불가결한 사회주의의 조건은 부르조아 사회의 선진적인 경제발전이라고 확신하고 있었다.

그러나 1870년대 러시아 혁명가들 사이에서 트카초프에 대한 태도는 두번에 걸쳐 실패했던 '브 나로드' 운동의 영향으로 서서히 변화하기 시작했다. 자신의 사상이 계속 인기를 얻자 트카초프는 자신의 잡지 <경종>을 뻬쩨르부르그에서 발간하고자 했다. 그러나 경찰이 출판 계획을 알아차림으로써 이 계획은 실패로 끝나고, 잡지는 끝내 발간되지 못했다. 곧바로 트카초프는 파리로 옮겨가 거기에서 프랑스의 블랑키스트들과 함께 그들의 잡지에 참여했다. 그러나 1882년 그는 정신병 징후를 보이기 시작해 정신병원에 입원했고, 몇년 후 그곳에서 사망했다.

3. 니콜라이 미하일로프스키(1842-1904)

인민주의의 또다른 중요한 이론가는 니콜라이 미하일로프스키인데, 그는 러시아 제국 내에서 19세기 후반 20여년 동안 러시아 인민주의의 이론적인 지도자였다. 미하일로프스키는 1842년 모스크바 남서쪽 칼루가에서 태어났다. 그의 부친은 지주였으나, 1840년대 말쯤에는 경제상황이 아주 나빠져 토지와 농노들을 팔아야만 했다. 가족들은 볼가강 상류의 코스트로마로 이사했고, 거기에서 그는 지방학교에 들어갔다. 13세에 고아가 된 그는 1856년에 뻬쩨르부르그로 보내졌고, 뻬쩨르부르그 광업 연구소에서 그는 자연과학에 관한 관심을 키워갔다. 거기에서 그는 크르임 전쟁 후의 급진적 학생운동의 열풍에 휩쓸려, 비록 연구소에서 좋은 성적을 받고 그 과정을 마치긴 했지만, 1861년에 학생 소요를 주도한 혐의로 학위도 받지 못한 채 연구소에서 퇴소당했다. 1860년에 이미 그는 2년 전에 삐사레프에게 출발점을 내준 잡지인 <여명>에 기고하기 시작했으며, 곧이어 급진적 주장, 특히 여성의 권리를 대변하는 사람으로 알려지게 되었다.

미하일로프스키는 여성해방에 대해 존 스튜어트 밀과 견해를 같이 했는데, 밀의 공리주의적 도덕철학 일반은 이 젊은 문필가에게 미친 주요한 지적 영향 중의 하나였다. 그는 또한 게르쩬과 벨린스키로부터 라브로프에 이르기까지 그보다 앞선 러시아의 급진적인 여러 사상가들로부터도 영감을 받았다. 라브로프의 최초의 철학 에세이들은 젊은 미하일로프스키가 뻬쩨르부르그에 도착한 직후에 발표되기 시작했다. 라브로프와 같이 미하일로프스키는 프루동에게 강력하게 이끌렸고, 프루동의 개인의 존엄성과 사회 정의에 대한 설교는 이 주도적인 인민주의자들의 사고가 강력한 도덕주의적 색채를 띠게 하는데 지대한 공헌을 했다. 정의에 대한 그들의 헌신과, 그들이 정의와 진리 사이에 불가분의 연관이 있다고 본 것은 러시아어 '쁘라브다'의 의미에 관해 미하일로프스키가 종종 인용하는 논평보다 더 잘 표현된 것은 없다.

미하일로프스키는 60년대에 여러 잡지에 기고했다. 그러나 실제로 그의 문필가로서의 작업이 시작된 것은 그가 <조국연대기>의 편집자가 된 1869년에 와서였다. 미하일로프스키의 모든 이론적인 주요 저작들은 처음에 이 잡지를 통해 발표되었는데, 이 잡지는 체르느이쉐프스키의 <동시대인>과 삐사레프의 <러시아어>에 이어 러시아 급진주의의 가장 영향력있고 존경받는 잡지가 되었다. 맨 먼저 나타난 것이 「진보란 무엇인가」(1869)라는 긴 에세이로서, 이 논문은 미하일로프스키의 일반적인 정치적, 철학적 견해가 완전히 망라된 것이었다.

「진보란 무엇인가」에서 미하일로프스키는 라브로프의 '인간중심주의'에 비견되는 도덕적 실증주의를 정형화했다. 실증주의가 이론적 지식의 관점에서 지대한 공헌을 했으며, 거기에서 그것이 인간에게 "그것을 넘어서면 인간이 영원하고 극복할 수 없는 어둠에 직면하는 그 한계"를 보여준다는 것을 잘 알게 된 미하일로프스키는 실증주의가 실천의 영역에 있어 매우 부적당하다고 논증하고 있는데, 그것은 실증주의가 인간 행위의 본질적 요소를 형성하는 감성과 욕망을 '주관적' 요소로부터 제거하려고 시도하기 때문이었다. 미하일로프스키는 자기의 에세이에 '허버트 스펜서 사상의 검토'라는 부제를 붙이고는, 인간의 진보를 순수하게 '객관적' 방식으로 접근하려는 스펜서의 시도는 결코 성공할 수 없다는 것을 보여주려고 했다.

 사회적 진보는 목적론적인 고려를 명백하게 도입하는 '주관적 방식'을 통해서만 이해될 수 있는 것이었다. 스펜서가 진보를 사회의 복잡성과 이질성의 증가로 정의한 것에 대응하여, 미하일로프스키는 스펜서가 '인간의 기쁨과 슬픔' 또는 진정한 개인의 운명을 간과했다고 주장했다. 개인은 사회가 노동 분업을 통해 점점 이질화됨에 따라서 폭좁은 특수화로 인해 불완전해진다는 것이었다. 노동 분업이라는 인간의 재해를 강조하면서, 미하일로프스키는 사회가 아니라 개인이 여전히 통합된 채로 남아있음에도 불구하고 더욱더 이질화될 것임에 틀림없다고 주장했다. 진보의 목표는 그들의 다양한 능력이 조화롭게 계발되는 '완전한 개인'을 만들어 내는데 있다는 것이다.

 인간의 진보에 대한 미하일로프스키의 견해는 스펜서뿐 아니라 다윈과도 충돌을 일으켰다. 다른 분야에서와 마찬가지로 여기서도 미하일로프스키는 그의 친구이자 지적 동료인 젊은 러시아 생물학자 니콜라이 노쥔의 견해에 빚을 지고 있었다. 노쥔은 사회에 대한 연구에서 다윈 이론을 적용하는 것을 거부하고, 투쟁이나 경쟁보다는 협동이 생물학적으로 동일한 종들의 성원들 사이에서 전형적인 지배적 현상이라고 주장했다. 미하일로프스키는 이 주제를 몇몇 중요한 에세이에서 탐구했다. 경쟁을 노동 분업을 무의미하게 하는 자연적 산물로 표현한 미하일로프스키는 협동으로 경쟁이 대체될 것을 예상했다. 그리고 미하일로프스키에 따르면, 사회조직에서 그러한 변화를 동반하는 것은 철학적 견해의 변화이다. 예를 들어, 사변적 형이상학은 분열된 사회의 산물이어서 진정한 협업 아래에서는 사라지리라는 것이었다. 미하일로프스키는 이렇게 '지식 사회학'을 발전시키는데 있어서 그의 시대 이전 러시아의 어떤 사상가들보다 앞서 나갔다.

미하일로프스키가 문제로 삼은 세번째 사상가는 오귀스트 콩트였다. 미하일로프스키는 인간의 역사를 세 단계로 구분하는데 있어서는 콩트를 따르고 있다. 그러나 콩트의 신학적, 형이상학적, 실증적 단계 대신에, 그는 각각의 단계가 포함하고 있는 목적론의 유형으로 정의되는 것이 특징인 다른 구분들을 제시한다. 첫번째 또는 가장 낮은 단계를 미하일로프스키는 '객관적 인간중심적인' 단계라고 부른다. 그 안에서 인간은 자신을 실재의 중심으로, 자연의 관심의 초점으로 본다. 두번째 또는 '離心的(eccentric)인' 단계에서 인간은 여전히 의지를 자연에 돌리지만, 그것들이 오로지 인간에게 집중되었다기보다는 자연의 모든 부분에 동일하게 나타나는 것을 발견한다. 단지 최고의 또는 '주관적 인간중심적인' 단계에서만 인간은 자연에는 의지가 전혀 존재하지 않고 유일하게 인간에게서만 발생한다는 것을 깨닫는다. 이 단계에서는 모든 형태의 초자연주의가 포기되고, 인간이 자연의 최상에 군림하게 된다. 미하일로프스키가 문화의 진화이론을 더욱더 정교화한 것에는 문명의 수준과 유형의 구별이 포함되어 있다. 예를 들어 산업화된 서유럽 국가들이 농업국가인 러시아보다 고도의 문명 수준을 점유하고 있는 반면에, 러시아는 공동체를 가지고 있기 때문에 보다 궁극적인 진보가 가능한 보다 우월한 문명의 유형을 대변한다는 것이다.

1873년 미하일로프스키는 파리에 있는 라브로프로부터 그와 함께 혁명 잡지 <전진>을 편집하자는 제의를 받는다. 그러나 미하일로프스키는 모국에서 다소 덜 알려지더라도 적법한 인민주의의 주창자로 남아 있기를 원했기 때문에 이민 가기를 거절했다. 공동체를 이상화하는 인민주의의 과도한 경향에 때때로 비판적이었음에도 불구하고, 그는 70년대에 인민주의 사상을 전파하는데 있어 중요한 역할을 담당했다. 그 이후에 혁명적 행동주의의 방향으로 더 나아가게 되고, 80년대 후반에는 지하의 인민의 의지 당에 가입했을지라도, 미하일로프스키는 검열을 피하기 위해 용의주도하고 '이솝적인' 언어에 정통함으로써, 1866년에 잠시 투옥되고 때때로 뻬쩨르부르그에서 추방당한 것을 제외하고는 어떤 공식적인 제재도 피할 수 있었다.

1884년에는 <조국연대기>가 정부에 의해 강제로 출판금지 당했고, 미하일로프스키는 반연금상태에 들어갔다. 그렇지만 1892년에는 출판 활동에 다시 복귀하게 되었는데, 이 때 그는 <러시아의 富>라는 잡지의 편집자로 있었다. 인민주의의 거장으로 존경받은 그는 1904년 뻬쩨르부르그에서 죽을 때까지 자신이 일찍이 '개성을 위한 투쟁'이라고 명명한 것-이제는 주로 쁠레하노프와 여타 사람들의 마르크스주의적 사회주의에 반대하는-을 충실히 수행했다.

4. 빅토르 체르노프(1873-1952)

19세기 말 합법적 인민주의자들과 합법적 마르크스주의자들 사이의 논쟁이 뜨겁게 달아오를 때, 지하에서는 나로드니키 운동이 다시 일어났다. '인민의 의지'의 전통은 좀더 혁명적인 인텔리겐찌야 사이에서 결코 그 낭만적 열정을 잃지 않았고, 그 정통성을 주장하는 집단들이 계속 생겨났다. 1890년대 말 민스크에서는 그리고리 게르슈니를 포함한 일단의 무리들이 조직되었고, 탐보프 지방에서는 또다른 그룹이 빅토르 체르노프에 의해 지도되고 있었다. 오데사에서는 미하일 고쯔 그룹이 나타났고, 그외 러시아와 국외 모두에서 다른 많은 그룹들이 나타났다. 1901년 끝무렵 경찰 끄나불 예브노 아제프를 포함한 이들 3인의 노력으로 이들 그룹들은 사회혁명당(Socialist Revolutionary Party; 약칭 SR)을 결성했는데, 이 조직체는 10월 혁명 때까지 그 숫자에 있어서 러시아내 가장 강력한 청당이었다.

당의 조직과 확산에는 물론 많은 사람들이 참가했지만, 그러나 점증하는 마르크스주의 운동과 이데올로기적으로 경쟁할 수 있는 조직을 가능케 한 나로드니키 독트린의 재구성은 빅토르 체르노프라는 인물에 의해서 대부분 이루어졌다. 사마라 지방의 가난한 관리의 아들로 태어난 체르노프는 농민들의 심리를 잘 알고 있었다. 그래서 그는 자신과 당의 대중적 인기가 절정에 달했던 20여년 동안 그들에게 아주 훌륭하게 연설하고, 글을 쓸 수가 있었다. 이름만 사회혁명당원이었던 케렌스키와는 달리, 그는 1917년 5월과 6월의 연합정권에서 농업상으로서 정부 내에서 확고한 지지를 확보하고 있었다. 그러나 장관으로서 그는 자신의 토지개혁 프로그램을 수행할 수 없었고, 정치적 지도자로서 그는 뜻하지 않게, 케렌스키와의 결별 후, 당을 살리기 위해 나탄손의 사회혁명당 좌파와 손을 잡지 않을 수 없게 되었다. 오랫동안 기다렸던 제헌의회 의장으로서의 하루는 볼쉐비키들에 의해 해산됨으로써 극적인 결말을 맞게 되었다.

합법적 인민주의자들처럼 체르노프는 마르크스에게 커다란 존경심을 가지고 있었다. 그리고 그의 이론적 구조는 초기 인민주의 사상과 마르크스주의 사상의 혼합 양상을 띠고 있었다. 그러나 그는 러시아의 마르크스주의자들에게는 크게 기대를 갖지 않았다. 그들은 아주 맹목적으로 러시아를 유럽적인 역사 패턴에 맞추려고 했다. 경제적 결정론을 거부하면서, 그는 러시아의 발전 경로는 다를 수 있다는 슬라브주의로 거슬러 올라가는 나로드니키적 전통을 고수하고 있었다.

그렇지만 그는 체르느이쉐프스키나 그의 선구자들이 희망했듯, 러시아가 자본주의를 회피할 수 있다든가, 혹은 미르가 러시아를 곧바로 사회주의로 이끌 수 있다고 생각하지는 않았다. 체르노프는 또한 마르크스로부터 계급투쟁 이론을 받아들였다. 당초 그는 새로운 당의 관심을, 농민들을 혁명으로 이끌 것을 기대하면서, 프롤레타리아에게 집중했다. 그러나 1902년의 농민봉기는 농민들에 대한 관심의 집중을 다시 가능케 했고, 마르크스주의적 계급 분석에 대한 수정을 가능케 했다. 산업적 후진성과 소수의 프롤레타리아는 러시아에서의 프롤레타리아 혁명을 요원케 했다. 러시아는 다수의 농민을 가지고 있지만, 마르크스는 그들을 반혁명적 프티 부르조아로 분류했다. 그러나 러시아의 농민들은 다르다고 체르노프는 말한다. 공통체적 삶은 유럽 농민들의 특징인 사적 소유에 대한 흥미를 가로막았고, 동시에 그들에게 사회주의로 향하게 하는 두가지 신념을 배태케 했다. 모든 사람은 토지를 사용하는데 동등한 권리를 갖는다는 신념과, 토지는 배타적 소유물이 될 수 없다는 신념이 그것이다. 대토지에 대한 광범위한 불평등은 이러한 신념을 해쳐 농민들은 혁명할 준비가 되어 있었다. 그것은 러시아 마르크스주의자들이 생각하듯, 그들이 부르조아적이고 반봉건적이어서가 아니라, 사회주의적이고 반자본주의적이기 때문에 그렇다. 그러므로 혁명적 계급은 이미 존재하고 있는 것이었고, 더 많은 프롤레타리아를 기다릴 필요가 없는 것이었다. 체르노프의 계급 분류는 착취자들(지주, 관리, 자본가)과 경작자들(프롤레타리아, 농민, 그리고 생산적 지식인)이었다.

체르노프는 농민들 자체의 계급 갈등을 부인하지는 않았다. 그러나 그는 농민을 분류하는 마르크스주의적 방법에 반대했다. 레닌이 자급자족의 중농을 쿨락과 마찬가지로 부르조아지로 보고, 토지 없는 노동자만이 신뢰할 수 있다고 보았던 반면, 체르노프는 그의 범주로서 소유보다는 노동을 사용했다.

우리는 농민들이 분명히 두 범주로 나뉜다고 본다. 1) 자신의 노동력을 사용하여 살아가는 경작 농민, 그리고 2) 다른 사람의 노동력을 착취하여

살아가는 농촌 부르조아지.[87]

　자신의 토지로 자급자족하는 경작자와 토지 없는 프롤레타리아는 모두 한 범주에 속하는 것이었다.

　그러나 체르노프는 농민공동체가 소멸될 것이라는 마르크스주의자들의 견해가 옳다고 보았다. 그의 견해로 사회주의는 공동체의 보전에 달려있지 않았다. 미르는 사라져야 할 억압적이고 후진적인 제도였다. 그러나 그것은 농민들에게 미래를 규정할 정신적 특징을 제공해 왔다. 그들을 이끌 공동체 없이 혁명으로 토지의 사용이 재분배될 때, 농민들은 토지의 사적 소유를 거부하게 될 것이다. 왜냐하면 소유는 토지에 대한 평등한 접근을 방해할 것이라고 보기 때문이다.

　소유의 개념은 로마법에서 나온 것이고, 그것은 결코 러시아 농민들에 의해서 토지에 적용될 수 있는 것으로서 받아들여진 적이 없다고 체르노프는 믿었다. 그들에게 토지는 소유물(숍스트벤노스찌)이 아니라, 속한 것(도스토야니예)일 뿐이라는 것이다. 공기나 바닷물처럼 토지는 그 누구의 것도 아니다. 국가의 것도 아니고, 공동체의 것도 아니며, 지주의 것도 아니다. "우리는 그것을 그 누구의 것도 아닌 것으로 만들어야 한다. 바로 그렇기 때문에 그것은 전 인민에게 속하는 것이 되어야 한다." 체르노프는 다가오는 혁명은 이러한 농민적 개념을 법률화할 것이라고 믿었다. 그는 이것을 레닌에 의해 주장된 국유화로부터 구별하여 토지의 사회화라고 불렀다. 레닌의 국유화는 중앙집권화와 로마적 소유관계에 오염된 것이었다.

　그러나 사회화는 두가지 이유에서 사회주의가 아니었다. 첫째,

---

87)V. Chernov, "Klassovaia bor' ba v derevne" (editorial), Revoliutsionnaia Rossiia, no. 11 (Sept. 1902), p. 7. Anderson, Russian Political Thought, p. 268에서 재인용.

체르노프는 농민들이 협동 농업의 이점을 알 때까지, 그리고 집단 경작을 가능케 할 기계가 사용될 때까지 개인적인 경작은 계속될 것으로 기대했다. 그리고 둘째, 산업 자산은 혁명에 의해 사회화되지 않는다. 사회혁명당은 "근로 대중이 사회주의 사회 건설의 전제가 되는 자치적 노동 조직의 경영과 협력적 관계에 있어 성숙하지 않았고, 경제적 자치에서 훈련을 필요로 한다"는 것을 인식하고 있었다. 그들은 대신 '노동주의(laborism)'의 긴 이행기간을 기대했다. 자본주의는 계속 발전할 것이다. 그러나 민주주의와 보통선거, 그리고 근로자들의 우위로 그것은 통제될 수 있는 것이었다.

혁명의 단계에 대한 체르노프의 생각은 산업 부문의 자본주의와 부르조아지와의 정치적 연합이라는 길지만 영구적이지 않은 기간을 요구하고 있었다. 그러므로 체르노프의 사회혁명당은 농민들에게는 혁명적이지만 프롤레타리아에게는 개혁적인 것이었다. 이것은 급기야 1906년에 산업과 토지 양 부문의 사회화를 요구했던 사회혁명당내 좌파 그룹과의 분열을 초래했다. 그들에 대해 체르노프는 산업 생산은 농업 생산과는 달리, 노동자들이 아직 준비되지 않은 집단적인 작업을 요구하기 때문에, 산업 부문의 사유화의 종식은 사회주의를 뜻한다고 주장했다. 좌파 맥시멀리스트(Maximalist)들은 레닌처럼 계급 연합을 거부했다는 점에서 보다 강력한 신념과 예견을 가지고 있었고, 순수한 노동자 정부를 산출하는 혁명을 기대하고 있었다. 그럴 때 2차 혁명은 필요치 않았다. 분열 집단으로서 그들은 곧 붕괴했다. 그러나 1917년 사회혁명당이 획득했던 절대적 지지 속에서, 이러한 견해의 강력한 부활이 없었다는 것은 이상한 일이 아닐 수 없다. 어쨌든 그들은 당내 소수파로서 체르노프에 의해 계속 거부되고 있었다.

러시아 인민주의는 그렇게 60여년 동안 갈등과 보충의 이념 속에서 동요하고 있었다. 러시아 인민주의자들의 면면은 학자로부터 음모가와 선동가에 이르기까지, 그리고 테러리스트와 스파이로부터 존경받는 집필가와 경제학자에 이르기까지 매우 다양했다. 그들은 아주 근본적인 문제에 대해 서로 열심히 논쟁을 벌였다. 그들의 공통점은 무엇이었을까. 첫째, 그들은 모두 개인과 그의 행동에 있어 자유와 가치를 존중하는 가운데 결정론을 거부했다. 둘째, 그들은 일반적으로 전제주의와 중앙집권적 권력을 혐오했고, 보통 마르크스의 눈을 통해 보면서 자본주의를 싫어했다. 셋째, 그들은 농민공동체로 형성된 인민들이 이미 사회주의적이라는 점에서 유럽인들과는 다르다고 믿었다. 넷째, 그들은 정치적 형상과 자유를 사회적, 경제적 목적에 종속시켜 바라보았다. 즉, 정의에 종속된 자유로서 인식하고 있었다. 그리고 다섯째, 그들의 목표는 궁극적으로 계급 없는 사회주의 사회였다.

 해가 갈수록 인민주의는 그것의 경제적 지식과 인민에 대한 판단을 다듬고, 소수의 행동에 대한 다수의 반응이라는 좀더 순교자적인 환상을 뿌리면서, 점차 복잡한 양상을 띠기 시작했다. 그것은 결코 인텔리겐찌야의 운동으로서의 성격을 잃지 않았다. 그러나 그것은 평범한 인민 대중의 아주 비상한 지지를 즐기기 시작했다. 그것은 가장 과격한 혁명가들로부터 혁명을 원하지도, 신뢰하지도 않았던 점진주의자들에 이르기까지 다양한 견해의 스펙트럼으로서의 성격을 잃지 않았다. 내부 갈등의 용해에 대한 실패, 모호함과 절충의 단일체에 대한 선호가 인민주의를 사회혁명당으로 이끌었지만, 1917년 전쟁과 권력 투쟁으로 인해 발생한 딜레마에 직면하게 되었을 때, 그것은 특히 우유부단함을 나타내었다. 그것은 이상과 프로그램의 호소를 통해 대중적 지지를 얻었다. 그러나 그러한 지지는 그것의 완수 속에서 실망으로 사라져 버렸다.

제 20장 자유주의자들

　서유럽의 자유주의자들은 개인적인 권리와 정치적 자유를 위한 투쟁에서 한때 아주 급진적이고, 심지어 폭력적이기까지 했다. 그러나 처음부터 해링턴이나 로크와 같은 지도적 이론가들은 사유재산과 소수의 권리에 대한 방어자들이었다. 그렇기 때문에 후에 자유주의는 개인의 경제적 자유와 사적 자본주의 이데올로기로 쉽게 전환되었다. 그것의 중요한 목표가 달성되자, 그것은 이제 중간 계급의 온건하고 점진적인 변화를 추구하는 독트린이 되었다. 마르크스는 그러한 단계를 부르조아지와 연계시켰다. 유토피아적 급진주의의 횃불은 사회주의자들의 손으로 넘어갔고, 자유주의자들은 바리케이드의 다른 편에 서게 되었다.

　그러나 자유주의가 항상 부르조아적인 것은 아니다. 초기 자유주의자들-예를 들면, 영국의 휘그당, 미국의 제퍼슨주의자들, 러시아의 제카브리스트들-은 기본적으로 도시의 자본가들이 아닌, 농촌의 중소귀족들이었다. 러시아의 자유주의는 19세기를 통해 이러한 초기의 前자본주의적 형태를 띠고 있었다. 그리고 그것은 결코 명백히 서유럽에서와 같은 자본주의적 이데올로기가 되지 않았다. 서유럽의 산업과 경쟁할 수 없었던 러시아의 자본가들은 정부에 크게 의존하고 있었기 때문에 운동의 반대편에서 더 많은 이해를 나타내고 있었다.

러시아의 자유주의자들은 지방의 많은 중소귀족들과 대부분의 도시 전문직업인들을 포함한, 분명하고 잠재적으로 영향력있는 사회층을 형성하고 있었다. 그들은 법의 지배와 정부에의 공적인 참여라는 열망으로 한데 뭉쳐 있었다. 그러나 그들은 전제정치를 유지하려는 슬라브주의자들로부터 혁명가들과 협력하려는 공화주의자들에 이르기까지 매우 다양한 의견의 스펙트럼을 포함하고 있었다. 그들은 정부로부터는 위험인물들로 분류되었고, 혁명가들로부터는 절충주의자들로 비난받았다. 그러나 동시에 그들은 교육과 여가라는 이점을 함께 누리고 있었다.

러시아의 자유주의자들이 그들의 계급적 기초에서는 서유럽의 초기 자유주의자들을 많이 닮았다면, 평화적이고 점진적인 변화를 추구했다는 점에서는 후기의 자유주의자들과 비슷한 것이었다. 인민 주권, 제한적 정부, 그리고 시민적 권리와 같은 서유럽 자유주의자들의 위대한 업적은 혁명과 유혈 없이는 얻어질 수 없었다. 그러나 자유주의가 니콜라이 1세의 통치 후 러시아에서 다시 등장했을 때, 그것은 제카브리스트들과 같은 혁명적인 방법을 부활시키지 못했다. 폭력적 경향은 사회주의와 무정부주의의 새로운 비전에 의해 매료되었고, 자유주의는 결코 다시 지식인들의 좀 더 대담한 지지를 이끌어낼 수가 없었다. 그것은 언제나 우측의 정부에 반대하고, 좌측의 혁명에 반대하면서, 온건한 입장을 견지하려고 했다.

운동 내 광범위한 의견 차이로 이미 약해질대로 약해진 러시아의 자유주의자들은 근본적으로 그들의 전략 선택에 의해 더욱 약화되었다. 그들은 방법으로서 혁명을 거부했을뿐 아니라, 민중들 사이에서 자신들의 주장에 대한 지지를 이끌어내는 것을 게을리 했다. 그들은 대신 짜리에게 향했고, 전혀 열려있지 않았던 정부를 설득하려고 했다. 자유주의자들은 너무 많은 것을 요구하거나 혹은 '不忠'을 보여, 짜리나 정부의 권위를 침범함으로써 양보를 얻어내는데 실패할까 두려워한 나머지, 상대에게 무언가 주기를 요청하는 '청원자적 지위'에 항상 머물러 있었다. 많은 경우 그들은 덜 급진적인 견해가 보다 영향력이 클 것이라고 판단했기 때문에, 그들이 생각했던 바를 솔직히 말하기를 주저하고 있었다. 항상 짜리와 장관들의 태도를 기다리고 관망하는 자세를 견지하고 있었다. 이러한 과정은 그들의 공적인 요구를 흐리게 하는 결과를 초래했고, 대중들에게 자유주의자들은 허약하다는 인상과, 신념이 부족한 것으로 비쳐지게 했다.

1. 젬스트보와 자유주의 운동

자유주의의 첫 중요한 중심지는 1864년에 창설된 지방자치 기구 '젬스트보'였다. 이것은 전체 계급을 대표하는 것으로 창설되었지만, 지주 귀족과 중소 귀족들이 전반적으로 의회의 다수를 점하고 있었다. 자유주의는 그렇게 명백히 비민주적인 제도를 통해 등장하게 되었다. 더구나 그들이 요구한 개혁은 경제적 혹은 사회적인 것이라기보다는 정치적인 것이었는데, 그것은 인민들의 가장 시급한 문제들을 다룰 수 없는 것으로 드러났다. 사회주의자들은 재빨리 정치적 개혁을 유산 계급과 연계시켰고, 입헌정부 제안을 그들의 특권을 방어하려는 구실이라고 보았으며, 자유주의자들을 인민의 적으로 규정했다.

젬스트보를 창설했던 개혁 충동은 곧바로 식어버렸고, 처음부터 그것은 지방과 중앙정부 간의 일상적인 갈등뿐만 아니라, 젬스트보의 어떠한 독립적 권위도 인정하지 않고 젬스트보 활동을 계속적으로 방해했던 정부에 대한 적의에 당면하게 되었다. 그러한 환경 속에서 매우 보수적인 사람들도 쉽사리 정부에 반대하게 되었고, 변화에 대한 호소를 지지할 준비가 되어 있었다. 가장 광범위한 변화 요구는 젬스트보 구조의 '정점'으로서 중앙 대의기구의 창설이었다. 그러나 본질적으로 그러한 기구를 건설할 힘과 방법은 거의 없었다.

자유주의 계층내 의견의 다양성은 쉬뽀프와 뻬트룬케비치 사이의 대비에 의해서 가장 잘 조명되고 있다. 두 뛰어난 지도자는 당시 중소귀족 자유주의자들을 대표하고 있었다.

모스크바 젬스트보에 기반을 두었던 드미트리 쉬뽀프(1851-1920)는 점차 가장 존경받는 젬스트보 활동가, 조직가, 그리고 젬스트보 의회의 의장으로서 등장하게 되었다. 그는 코쉘레프의 슬라브주의적 흐름을 대표했다. 그리고 알렉산드르 2세의 대개혁 기간동안 초기 슬라브주의자들이 그랬던 것보다 더욱 정부에 협조적이고 유화적이었지만, 그러나 그는 아직 기존의 관료주의 체계에 반대하고 있었다. 쉬뽀프는 공공 의견을 표출하지만, 그러나 입법권을 갖지 않고, 전혀 짜리의 전제적 권력을 제한할 수 없는 자문적 의회로서 젬스키 소보르의 부활을 원하고 있었다. 그의 견해로, 커다란 악은 전제주의에 있는 것이 아니라 관료주의에 있는 것이고, 민중의 목소리가 짜리에게 도달할 수 있는 경로의 두절에 있는 것이었다. 그러므로 그는 슬라브주의자들이 늘 그랬듯이, 의견, 연설, 출판, 그리고 집회의 자유주의적 자유를 요구했다. 그러나 그는 헌법 제정에는 강력히 반대했다. 민중은 관료들과 마찬가지로 조언적 목소리를 가질 뿐, 결정은 오로지 짜리의 의지에 달린 것이었다.

20세기 초 입헌적 자유주의가 슬라브주의에 더 이상 참을 수 없게 되었을 때, 쉬뽀프는 정부에 더욱 가까이 다가갔다. 1905년 10월에 있었던 혁명에 직면하여, 그는 밀류코프의 새로운 자유주의 정당에 참여하는 것을 거부했고, 두마 내에서 정부에 협조적인 '10월 당(Octobrist Party)'을 설립함으로써 자유주의를 분열로 몰고 갔다.

한편 이반 뻬트룬케비치(1844-1928)는 젬스트보 입헌주의의 추진 세력이었다. 1870년대 말 정부가 '인민의 의지' 테러리스트들에 대항한 대중적 도움을 호소했을 때, 뻬트룬케비치는 폭풍같은 행동을 개시했고, 그것은 그의 체르니고프로부터의 추방으로 결말이 났다. 그는 테러리즘의 발생은 자유의 결핍과 "러시아적 삶의 준법정신 부재"에 기인한다고 주장하고, 젬스트보가 테러리스트들에 대항한 어떤 조치도 할 수 없는 것은 그것의 권력과 권위의 결핍에 기인한다고 말했다. 이러한 가운데 그는 헌법을 언급하지 않음으로써 슬라브주의자들의 목표 안에 머물렀다. 이와 동시에 그는 키예프에서 테러리스트 집단과 만났지만, 그들을 설득할 수는 없었다. 1879년 그는 제헌 의회를 요구하는 팜플렛을 익명으로 출판했다. 그는 짜리 권력의 제한은 짜리가 양여하는 헌법으로는 결코 이루어질 수 없다고 강조하고, 그러므로 "우리는 위로부터 양여된 어떠한 헌법도 거부하며, 제헌 의회의 소집을 주장한다"고 밝혔다. 그의 견해로, 대중적 지지 없이 젬스트보는 효과적인 입법을 달성할 수 없었다. 젬스트보는 먼저 경제적 개혁과 개인적 권리를 주장함으로써 민중의 신뢰를 얻어야만 했다.

이러한 현명한 충고는 이어지지 않았다. 그리고 뻬트룬케비치 자신도 계속 짜리에 대한 평화적 설득이라는 자유주의적 노력에 가담하고 있었다. 그는 이러한 노력의 결과에 실망했다. 그러나 1905년에 그는 여전히 자유주의자들에게 "더 이상 짜리가 아니라 인민에게 용감히 다가가라"고 말하고 있었다.

쉬뽀프와 뻬트룬케비치에 의해 표출된 이러한 양 극단 사이에 개혁 정부와 관련하여 매우 다양한 의견들이 펼쳐지고 있었다. 몇몇 보수주의자들은 단지 스뻬란스키에 의해 설치된 기존의 '제국 소비에트(Imperial Soviet)'에 젬스트보의 선출 대표가 부가되기만을 원하고 있었다. 이들과, 그리고 다른 슬라브주의자들을 제외하고, 대부분의 젬스트보 자유주의자들은 전제정치가 성문헌법에 의해 제한되기를 원했고, 많은 사람들이 제헌적 조치로 이어지기를 갈망하고 있었다. 1881년 보수주의자 치체린은 아직도 짜리에게 기대하면서 "왕정 체계는 자유 제도가 평화적 발전의 결과로서 나타나고, 왕권 자체의 조용한 이니셔티브의 결과로서 나타날 때만이 자유 제도와 양립할 수 있다"고 믿었다. 그러나 1900년쯤 그는 전제정치보다 제한적 왕정을 선호하고 있었다.

자유주의자들의 이러한 다양한 계획은 갈등적 요소를 간직한 채 공허한 것으로 남게 되었다. 나로드니키처럼 자유주의자들은 단일성을 과대평가했고, 그들의 다양성을 용해하려 들지 않았다. 그들은 결코 어떤 하나의 헌법에 동의하지 않았고, 일련의 원칙에 동의하지도 않았다. 그들은 인민 주권에 대한 이해를 보이지 못했고, 공화제에 대한 관심을 갖지도 못했다.

알렉산드르 2세의 통치말 활발한 국민적 활동 뒤에 혁명주의자들처럼 자유주의자들도 깊은 정적에 휩싸였다. 그들은 1891년의 대기근으로 다시 목소리를 높였다. 이 기근에 대한 중앙정부의 안일한 대응은 무언가 이루어져야 한다는 새로운 확신을 불러 일으켰다. 뻬트룬케비치는 비밀스럽게 제헌 협의체를 조직하기 시작했다. 알렉산드르 3세의 죽음은 여기에 자극을 더했고, 젊은 새 짜리 니콜라이 2세는 자유주의적 중소귀족들 가운데 낙관적 분위기를 자아냈다. 그러나 그들은 뽀베도노스쩨프를 전혀 고려치 않고 있었다.

1903년 전문직업인들과 지역적 그룹의 연합체인 지하 '자유 연합(Union of Liberation)'이 조직되었다. 그것의 중앙위원회에서 연합은 젬스트보 중소귀족과 인텔리겐찌야 성원들 사이에 균형을 유지하고 있었다. 그것은 슬라브주의자들을 배제했고, "좌측에 적이 없음"을 슬로건으로 채택했으며, 사회주의자들과 혁명주의자들에게 문호를 개방해 놓고 있었다. 사실상 그것은 다수의 합법적 인민주의자들과 모든 지도적인 합법적 마르크스주의자들을 포함하고 있었다.

많은 자유주의자들은 그것의 비합법적 성격 때문에 자유 연합에 가담하기를 거부했다. 대신에 그들은 1903년 분리된 '젬스트보 입헌주의자 그룹(Group of Zemstvo Constitutionalists)'을 결성했다. 연합보다 보수적이었던 이 단체는 일본과의 전쟁에 대해 방어적 태도를 취했고, 제헌 의회를 요구하지도 않았다. 그것은 "인민과 왕과의 유기적인 단일성 속에서 대중적 대표성"을 요구했는데, 이것은 실로 슬라브주의적 위상을 나타낸 것이었다.

젬스트보는 1904년과 1905년에 '사적인' 전국 규모의 회의를 가지면서 활동하고 있었다(공적인 것은 금지되었다). 가장 대규모적이고 잘 준비된 모임이 1904년 11월 상트 뻬쩨르부르그에서 열렸다. 거기에서는 "러시아 제국 모든 시민의 개인적, 시민적, 정치적 권리는 평등해야만 한다"는 입장을 포함하여, 시민적 권리의 해결에 광범위한 지지가 표명되었다. 농민 문제에 대한 해결이 필수적이었지만, 그러나 그것은 토지에 대한 농민의 요구에는 침묵했다. 사회적 혹은 경제적 이슈에 대한 결정도 없었고, 제헌 의회에 대한 언급도 없었다. 젬스트보 자유주의의 취약성을 더욱 드러낸 것은 미래의 정부 형태에 관한 결정이었다.

쉬뽀프와 슬라브주의자들을 따라서, 준비위원회는 "독립된 선출 기구로서 인민 대표의 입법활동에 정규적으로 참가"함으로써 "군주권력과 사회의 생생하고 밀접한 친밀성과 단일성"을 위한 해결책을 제안했다. 위원회는 또한 다수의 입헌주의자들만이 승인할 수 있는 몇몇 추가적인 언급을 제안했다. 따라서 결정은 다수와 소수의 평형 속에서 나타날 수 있었다. 뻬트룬케비치는 이러한 절충에 반대했고, 전제정치에 대한 명확한 제한을 요구했다. 또다른 대표는 "이제 와서 슬라브주의 흐름을 고려해야 할 아무런 이유가 없다"고 단호히 말했다. 그러나 슬라브주의의 힘은 인민 대표들의 입법권 행사에의 참여를 둘러싼 추가적 조항에 대한 투표에서 드러났다. 98명의 대표 가운데 38명이 그러한 참여에 반대했다. 달리 말하면, 정치 상황이 이미 1905년의 혁명으로 치닫고 있을 때, 젬스트보 자유주의자들의 거의 40%가 아직 전제정치에 대한 제한에 반대하고 있었으며, 입법 과정에 참여하는 것에도 반대하고 있었던 것이다.

2. 뾰트르 스트루베(1870-1944)

19세기 말 지주들의 손으로부터 자유주의 운동의 지적인 지도권을 장악한 전문직업인들 가운데 가장 뛰어난 이론가로서 스트루베와 밀류코프를 들 수 있다. 스트루베는 초기 마르크스주의자로 출발하여 뒤에 자유주의자가 되었고, 밀류코프는 자유주의 정당을 만들고 이끌었다.

자유주의는 지주들과의 결탁 때문에, 그리고 그 정책목표가 정치적 성격에 머물러, 시급한 경제적, 사회적 문제에 대한 어떠한 해결책도 제시하지 못했기 때문에, 많은 인텔리겐찌야들로부터 관심을 끌지 못하고 있었다. 그것은 사회주의에 적대감을 나타내고 있었지만, 자본주의를 수호한다거나, 혹은 사회주의자들과 이론적인 논쟁을 벌일만한 능력을 가지고 있지 못했다. 이러한 결함은 부분적으로 뾰트르 스트루베에 의해 개선되었다.

스트루베는 매우 독립적인 사고를 가진 인물이었다. 마르크스주의 선동가로서 정치를 시작한 그는 상트 뻬쩨르부르그 대학 시절 잠깐 체포된 적이 있었다. 스트루베는 곧바로 비합법 투쟁을 버리고, 합법적 출판 활동을 통해 명성을 얻게 되었다. 25세에 그는 러시아에서 지도적 마르크스주의자로 평가받게 되었다. 1894년 그는 합법적 인민주의에 대한 공격을 감행했고, 거의 동시에 마르크스주의의 근본 이념에 의문을 제기하기 시작했다. 그럼에도 불구하고 그는 여전히 마르크스주의 진영의 존경받는 인물로 남아 있었고, 1898년 제 1차 러시아 마르크스주의자 대회로부터 당 강령을 수행토록 요청받았다. 그러나 1901년께 그는 쁠레하노프와 레닌의 <이스크라>와의 협력에 동의할 수 없었다. 1902년에 그는 부유한 지주로부터 돈을 끌어들여, 슈트트가르트에서 자유주의적 잡지 <오스보보제니예(자유)>를 발간했다. 이것은 1905년 10월까지 자유주의자들의 지도적 조직체가 되었다.

러시아로 돌아온 스트루베는 입헌민주당원으로서 2차 두마에서 활동했고, 다양한 평론적, 학술적 잡지를 발간하면서, 계속적으로 우파적 경향을 이끌었다. 1909년 '표지(베히)'로 불린 심포지움에서 그는 인텔리겐찌야의 허무주의적 경향과 국가에 대한 반대를 공격했다. 혁명주의자들뿐만 아니라 자유주의자들로부터도 거부된 스트루베는 1917년 10월혁명 후 백색 반혁명에서 자신의 진로를 발견했고, 그리고는 망명했다.

스트루베는 합법적 인민주의에 대해서 그것의 자유 의지와 주관주의 이론을 주로 공격했다. 그는 이것이 비이성적인 기대와 실망, 그리고 비관주의로 이끈다고 말했다. 짐멜(Simmel)과 분트(Wundt) 같은 당대 독일의 철학적 결정론자들의 인용과 함께 마르크스주의의 경제적 결정론을 강조하면서, 그는 자신의 독자들에게 미래는 밝으며, 돌이킬 수 없는 역사적 과정이 러시아를 불가피한 사회주의적 승리로 이끌고 있음을 나타내려 했다. 더 나아가 당시 팽배하던 자본주의에 대한 반감에 맞선 그는 마르크스가 구축했던 역사에 대한 객관적, 과학적 이해는 자본주의 경제 체계의 필수적이고 진보적인 성격을 나타낸다고 주장했다. 그러면서 그는 자본주의를 막거나 회피하려는 인민주의자들의 노력의 실패는 그들의 주관적, 목적론적 접근의 실패를 보여줄 뿐이라고 강조했다.

그러나 마르크스주의에 대한 비판에 있어 스트루베는 아주 간단히 결정론을 버리고 자유 의지를 택했다. 러시아는 아직 역사의 봉건적 단계에 있고, 따라서 사회주의를 위한 투쟁은 다음 세대에

맡긴 채, 즉각적인 다음 과제는 정치적 개혁의 달성과 자본주의의 건설이라는 이유에서, 러시아 마르크스주의자들에게 자유주의로의 전환은 명백히 가능한 것이었다. 그러나 스트루베가 계속해서 자본주의의 성장에 만족하고 있었지만, 이것이 그가 가졌던 이유는 아니었다.

유럽을 여행하면서 그는 마르크스주의 노동조직의 입법적 성과를 언급했다. 그들의 힘은 자본주의 정부로부터 일정한 양보를 이끌어낼 수 있게 했고, 스트루베는 베른슈타인처럼 이 속에서 마르크스 이론에 대한 논박점을 발견했다. 그는 폭력 혁명을 통해서만 해결될 수 있는 긴장된 계급투쟁 이론을 수정해 나갔다. 이 투쟁은 잠시 격렬해지지만, 어느 순간 프롤레타리아의 성장 속에서 자본가들은 그들이 임박한 갈등을 피해야만 하고, 노동자들에 대한 양보를 통해 퇴각해야만 한다는 것을 깨닫게 된다고 그는 주장했다. 그리하여 그들은 마지못해 점진적으로 자본주의 하에서 사회주의 요소를 일정 부분 입법화한다는 것이다. 혁명은 개혁으로 대체되고, 사회주의가 성난 프롤레타리아에 의해 갑자기 달성된다면, 마르크스와 엥겔스가 기대한 그러한 유토피아가 될 수 없기 때문에, 그것이 바람직스럽다. 권력의 행사에 미처 준비되지 못한 인민은 독재의 희생양이 될 수 있는 것이었다.

스트루베는 이제 마르크스주의 안에서 노동운동에 힘을 실어주는 유용한 신화만을 보게 되었다. 마르크스주의자들은 자본주의와 사회주의의 안티테제를 현실과 분리된 추상의 수준으로 고양시켜 왔다. 그리하여 그들은 "형상적 신화와 모든 인간적 경험과 모순되는 '모순의 공준'의 일반화"에 이르게 되었던 것이다. 그러나 이러한 추상적 안티테제는 유토피아적 사회민주주의 운동에 "심리적이고 윤리적인 동기"를 제공했다.

그가 아직 사회주의자로 있었을 때도 자유주의자들과의 협력은 가능했다. 심지어 1898년의 당 선언이라는 그의 가장 정통적인 마르크스주의적 출판 속에서, 그는 "당의 가장 중요한 시급한 과제"
로서 자유주의적 요구인 "정치적 자유를 쟁취한다는 목표"를 내
놓았다. 그는 곧 사회주의 자체의 광범위한 목표를 줄이기 시작했
다. 그리고 점차 그에게는 자유와 개인주의의 가치가 사회주의의
평등주의적이고 물질주의적인 가치보다 우월하게 자리잡게 되었
다.

1901년 그는 해외에서 출판할 잡지 <자유>를 맡아줄 것을 자유
주의자들의 입헌주의 진영으로부터 제안받았다. 그것을 통해 스
트루베는 "계급투쟁이 아니라 계급협력에 기초한 러시아 민주주
의를 건설"하려고 했다. 그의 첫 논설은 자유주의자들과 혁명주
의자들 사이의 협력을 요청하는 것이었다. 스트루베는 또한 슬라
브주의자들에 대한 호소도 시도했지만, 밀류코프로부터의 반대에
부딪쳐 단념했다.

1903년 초 스트루베는 자유주의자들에게 합법 투쟁과 비합법 투
쟁을 결합할 것을 주장했다. 그해 말 이러한 충고는 前述한 지하
의 '자유 연합'과 합법적 '젬스트보 입헌주의자 그룹'이라는 두
조직의 창설로 이어졌다. 그렇게 자유주의자들과 사회주의자들을
한데 묶고, 합법적 방법과 비합법적 방법을 병행해 왔던 스트루베
는 그러나 1905년 혁명 전에는 천천히 물러서기 시작했다. 그는
공화주의는 러시아 대중들에게 "이해될 수 없고 낯설다"고 말하
면서, 공화주의에 대한 점증하는 감정에 맞서고 나왔다. 그는 혁
명의 필요성을 부인했고, "시민 전쟁에서 공격자는 항상 잘못된
것이다"라고 말했다. 갈등이 첨예화되고 있을 때 표현된 평화적
방법에 대한 이러한 열망은 훗날 혁명에 대한 그의 거부를 알리
는 것이었다.

1905년 8월 자유 연합은 입헌민주당(CD 혹은 카데츠)으로 재구
성하기로 결정했다. 그리고 10월 <자유>는 발행을 중단했고, 스트
루베는 러시아로 돌아왔다. 그는 잡지 <러시아 사상>을 발행하기

시작했고, 종합기술대학의 교수가 되었다. 그러나 혁명에 대한 반대는 그에게 아주 부정적이어서 자유주의자들에 대한 그의 지도력은 끝이 났다. 그는 2차 두마에서 입헌민주당원으로서 자리했고, 그곳에서 당의 우익을 대변했지만, 우익으로의 편향은 곧 그를 자유주의 진영의 밖으로 몰아내게 만들었다.

이러한 변화를 보이면서, 스트루베는 제국내 변방 인민들의 분리민족주의에 맞서 대러시아 민족주의를 방어했다. 그는 우바로프가 그랬던 것처럼 국가와 민족을 동일시했고, 연방제 이념을 거부했다. 그가 생각하기로, 국가의 단일성은 보존되어야 했고, 러시아어는 다양한 민족을 한데 묶을 수 있는 방편이 되어야 했다. 인텔리겐찌야들은 국가와 정부를 동일시하지 않았고, 연방제 사상에 이끌리고 있었다. 그는 말하기를, 혁명은 그것의 무정부주의적 성격 때문에 파멸할 것이지만, 그러나 그것은 그에게 "국가의 실질적 중요성"을 각인시켜 주었다고 했다.

1909년경 스트루베는 형이상학적이고 종교적인 문제에 몰두하기 시작했다. 우익으로의 유사한 철학적 경로를 따랐던 니콜라이 베르쟈예프와 같은 인물들과 함께 그는 <베히(표지)>라는 인텔리겐찌야 비평 잡지를 발간했다. 스트루베의 이전 동료들은 허무주의, 유물론, 무정부주의, 그리고 무신론으로 비난받았고, 정치와 사회의 외적 삶보다 개인의 내적, 정신적 삶의 우위가 강조되었다. 호먀코프, 도스토예프스키, 그리고 다른 여러 사람들이 신비주의 부활의 안내자로서 재평가되었다. 그가 자유주의자들에게 부인되고, 밀류코프나 다른 사람들로부터 반박되었다거나, 그가 반혁명주의자가 되었다는 것은 그리 놀라운 일이 아니다.

3. 빠벨 밀류코프(1859-1943)

스트루베의 독립성과 독창성이 그로 하여금 다른 체제의 비평가로서 명성을 얻게 했으며, 자본주의를 방어하고 자유주의의 존귀함을 폭넓게 호소하고 끌어올리는 것을 가능케 했다. 자유주의 이데올로기의 또다른 지도적 인물이었던 빠벨 밀류코프는 덜 독창적이었지만, 자신의 견해에 보다 확고한 입장을 견지하고 있었다. 그는 타협할 줄 모르는 서구주의자였지만, 서유럽과 러시아의 차별성을 날카롭게 인식하고 있었던 초기 서구주의자들의 비판적이고 창조적인 사상은 그에게 있어서 정부의 서유럽적 메카니즘에 대한 나이브한 신념이 되었고, 서유럽적인 것들의 러시아로의 수입은 자연스럽고 불가피하다는 확신으로 자리잡게 했다. 그러나 그는 서유럽의 경제 제도에는 그와 동등한 인상을 갖지 않았고, 멘체스터 리버럴리즘[88]에 강력히 반대하고 있었다.

모스크바에서 하급 관리의 아들로 태어난 밀류코프는 1886년 그곳에서 대학을 마쳤으며, 러시아 문화와 지성사에 대한 비평으로 명성을 얻게 되었다. 그는 또한 교육의 대중적 보급을 추진하려 했고, 그것 때문에 정부와 충돌하게 되었다. 그는 1895년 대학에서 쫓겨나 추방되었고, 가르치는 것이 금지되었다. 그리하여 그는 정치의 길로 들어서게 되었다. 그의 역사에 대한 연구는 슬라브주의에 반대하게 만들었고, 뻬트룬케비치의 자유주의로 향하게 했다. 1902년부터 1905년에 걸쳐 그는 영국 박물관에서 공부했고, 영국과 미국에서의 강연은 성황을 이루었으며, 러시아 내 자유주의의 대변자로서 널리 알려지게 되었다. 1905년 봄 그는 교사, 기술자, 의사 등을 포함한 전문직업인 그룹의 연합체를 구성하는 일에 나섰고, 그것은 '카데츠'라는 합법적 자유주의 정당의 형성에 중

---

88) '멘체스터 리버럴리즘'은 1830년대에 자유 무역주의를 주창한 멘체스터 학파의 자유주의적 경향을 폭넓게 일컫는 말이다.

요한 원동력이 되었다.

1905년 제 1차 두마에 참여할 자격이 없다는 선언에도 불구하고, 그는 두마가 해산되었을 때 핀란드로 철수하고, 전제정치에 저항하는 인민들을 따를(이끌지 않고) 준비가 되어 있음을 선언한 비보르그 선언(Viborg manifesto)을 입안하는데 도움을 주면서, 두마의 카데츠를 이끌었다. 제 2차 두마에서 또다시 배제된 그는 밖에서 입헌민주당을 지도했고, 마침내 그는 3차와 4차에서는(1907-1917) 두마에 자리할 수 있게 되었다.

첫 임시정부의 외무장관으로서 밀류코프는 비록 짧은 기간이었지만 그의 영향력의 정점에 다다르게 되었다. 그에게 러시아의 영광과 의무는 전쟁을 계속하는 것이었고, 다다넬즈(Dardanelles)의 지배는 그에게 전쟁의 중요한 목표였다. 때문에 그는 '빠벨 다다넬로비치'라는 별명을 얻게 되었고, 전쟁 목적에 대한 그의 언급 후 그는 5월에 정부에서 물러나게 되었다. 그는 케렌스키와 코르닐로프 장군을 화해시키려 하였다. 이것이 실패하고, 뻬트로그라드에 대한 코르닐로프의 공격이 도시 소비에트를 볼쉐비키의 손으로 몰아넣게 되자, 그는 키예프로 도망갔다. 동맹체제가 끝났다고 생각한 그는 동맹국들이 후에 실시한 볼쉐비즘에 대한 십자군 운동에 독일을 끌어들이려 했다. 적국에 대한 그의 이러한 태도는 러시아인들에게 그나마 조금 남아있던 그의 위신에 결정적 타격을 주었다.

외국의 강연 때문에 밀류코프는 1902년 잡지 <자유>의 편집장 제의를 사절했다. 그러나 그는 그것의 정책 형성에 크게 기여하고 있었다. 첫번째 이슈에서 그는 자유주의자들이 젬스트보를 통해 활동할 필요성을 강조했다. 그는 짜리의 승인 아래 국민적 의회가 선출될 수 있도록 젬스트보 의회와 자치적 두마 대표들이 선거법을 입안해야만 한다고 제안했다. 그러나 곧 그는 단일성을 위한 스트루베의 노력 가운데 하나인 슬라브주의자들의 포함을 거부하고, 확실한 제헌적 원칙에 대한 동의를 요구함으로써 좌측으로 기우는 발언을 했다.

정부와 혁명주의자들 사이의 갈등이 첨예화되는 것을 인식한 밀류코프는 이러한 양 극단 사이의 조정자로서의 자유주의자들의 역할을 보았고, 그들이 "혁명적이지 않고 반대적일 수 있는" 역할을 발견했다. 조정자로서 그들이 성공할 수 있는 기회는 전적으로 "권력의 유일한 원천인 대중적 의견에 비솔직함 없이" 정부에 영향력을 행사할 수 있는 자유주의의 가능성에 의존하고 있었다. 그러므로 밀류코프의 자유주의는 철학적 원리가 아닌 대중적 의견에 둠으로써 매우 실용적인 것이었다.

스트루베처럼 밀류코프도 서유럽과 마찬가지로 러시아 정부는 결국 인텔리겐찌야와 지주들이 아니라 대중의 투표에 의존해야만 한다고 믿었다. 그러므로 입헌민주당은 대중적 지지를 주장하는 좌파 사회민주당과 사회혁명당 등과 협력을 해야만 했다. 이 그룹들이 사회혁명에 앞서 정치혁명을 기대한다는 것을 발견한 그는 그들의 첫번째 국면을 마지막 국면으로 받아들였고, 험난한 정치적 현실은 좌파들의 사회적, 정치적 목표들의 비현실성을 드러낼 것이라고 생각했다.

1905년 1차 두마에서 압도적인 다수정당이 된 입헌민주당의 승리가 밀류코프의 정부에 대한 반대 태도를 움직이지는 못했다. 간혹 두마 내에서의 입헌민주당의 비타협과, 비쩨와 스톨르이삔에 의해 제안된 組閣 참여에 대한 반대가 점진적으로 의회주의적 정부를 성취할 수 있는 기회를 잃게 했다고 주장되기도 한다. 그들의 전부 아니면 전무라는 태도는 정부로 하여금 타협할 수 있는 기회를 가질 수 없게 했고, 반면 만일 그들이 입각에 참여했다면, 그들은 짜리에게 영향력을 행사할 수 있었고, 그의 신뢰를 얻어 천천히 그들의 목적을 성취할 수 있었을 것이다. 그러나 밀류코프는 장관직 제공에서 아무런 진실성도 느낄 수 없었다. 그가 판단하기로, 정부에 참여하여 그의 당이 정책에 휩쓸리게 되면, 변화를 기대할 수 없고, 민중들로부터 불신만 받게 될 것이라는 것이었다. 정부의 목적이 달성되면 자유주의 관료는 내팽겨쳐질 것이었다. 정부의 의도에 대한 이러한 평가에서 밀류코프는 아마도 옳았을 수도 있다. 적어도 그것은 향후 정국에 대한 현실적 판단이었다.

그러나 1909년 그의 정부에 대한 반대 태도에서 적대감이 눈에 띠게 줄어들었다. 두마에 안전하게 자리한 그는 스스로 러시아가 입헌 정체를 훌륭히 누리고 있다고 생각했다. 스톨르이삔의 두마에 대한 반민주적인 태도에도 불구하고, 그는 런던에서 두마가 예산을 쥐고 있는 한 "러시아의 반대자들은 황제의 반대자들로 남을 것이고, 황제 체제에 대한 반대는 없을 것이다"라는 잦은 발언을 했다. 1914년의 전쟁 발발에도 그는 훨씬 덜 부정적이었다. 심지어 그는 잠시 정부를 지원하기도 했고, 개혁을 위한 자신의 노력을 연기하기도 했다.

그러나 곧 그는 개혁만이 조국을 패배로부터 구원할 수 있다고 확신했고, 정부에 대한 반대 입장으로 되돌아섰다. 1916년 8월 그는 보수적 두마의 다수를 극복하고 자리를 확보했다. 그는 "반역 혹은 우둔"이라는 표현을 써가며 황후 주변에 모여든 게르만적 영향에 대해 격렬한 공격을 감행했다. 그리고 2월의 빵 폭동을 이용해 짜리의 퇴위와 두마 정권의 확보라는 '합법적 혁명'을 이끌어내기 위한 계기를 조성하려고 했다.

밀류코프가 그의 기본적인 견해의 평이성과 비현실성을 보인 것은 바로 이러한 점에 있었다. 그는 자유주의를 대중 견해의 반영으로 확신했지만, 그러나 그는 그의 좌편에 있는 비신사적인 대중을 이해하는데는 실패했다. 밀류코프가 상황을 보았듯이, 짜리와 그의 정부는 물러났고, 카데츠는 합법적으로 권력을 장악했으며, 그의 참을성있는 정책은 보상받고 있었다. 제헌 의회는 헌법 아래서 의회주의적 책임을 설립할 수 있었고, 모든 형태의 법률은 유지될 수 있었다. 그러나 합법성에 부가하여 카데츠는 그들에게 권력을 가져다 주는 세력에 대한 이해가 부족함을 드러냈다. 폭동과 혁명을 발생시켰던 전쟁에 대한 혐오와 배고픔은 밀류코프에게 그다지 인상을 주지 못했던 것 같다. 그의 생각은 거의 단순히 개혁이라는 정치적 개념이었다. 그는 공화주의자들의 저항 외침 한 가운데서 아직 왕정주의자로서 새 짜리에게 두마를 약속했고, 여름 끝무렵에야 그는 왕정주의를 포기했다. 근본적인 개혁은 제헌 의회로 넘겨졌고, 회의 날짜는 점점 더 뒤로 연기되었다. 사회주의자들이 말했듯이 밀류코프가 인민을 두려워했든 안했든, 그는 분명히 대중과 혁명의 밖에 있었다.

그러나 이러한 밀류코프 사상의 비현실성은 서유럽의 자유주의자들에 의해 평가되지 않았다. 이곳에서 그는 계속 러시아의 훌륭한 권위자로 간주되었고, 그는 실제로 그곳 발전에 대한 일반적인 오해에 기여했다고 할 수 있다. 그러나 그는 카데츠에 대한 민중의 태도를 몇가지 깨닫게 되었다. 1921년 그는 대중들이 그들을 알지 못하고 있다는 심각한 자백을 하고 있었다.

러시아의 자유주의는 지주들로부터 시작되었고, 그들의 시각은 그것의 의미와 그것의 대중적 이미지를 규정했다. 그것은 결코 그러한 낙인을 완전히 극복할 수 없었다. 1900년 이후 전문직업인의 우세에도 불구하고 방법과 목적에 대한 아무런 급격한 변화가 없었다. 개인적인 자유주의자들은 이미 1870년대에 대중적 지지의 필요성을 이해하고 있었다. 그러나 자유주의는 결코 대중에 다가서지 못했다. 지주와 전문직업인 서클 내에서 자유주의자들은 전제정치와 혁명 사이의 이성적인 대안과, 평화적 방법에 의한 제한적 정부의 대안을 제시했고, 활성화시켰다. 자유주의는 부유하고 보수적이지만 불만족스러운 사람들이 정부에 반대할 수 있는 길을 제공했다. 그리하여 그것은 정부의 이미 협소해질대로 협소해 진 지지 기반을 철저히 감소시켰다. 자유주의 진영의 다양한 의견의 스펙트럼은 너무 넓었고, 그들의 단일성은 너무나 불확실한 것이어서, 비쩨는 두마를 약속함으로써 그 운동을 분열시킬 수 있었다. 좀더 보수적인 자유주의자들은 그들의 반대를 중지했고, 정부의 생명을 새롭게 연장시켰다. 그러나 카데츠는 젬스트보와 두마에서 커다란 지지를 유지했다.

그렇다 하더라도, 러시아의 자유주의는 잠정적으로 실패했다. 그것은 볼쉐비키들의 힘과 무자비함 때문이 아니라, 자체적인 취약성과 과오 때문에 실패했다고 할 수 있다. 몇가지 점을 들자면 다음과 같다. 첫째, 그것은 인민으로부터가 아니라 짜리로부터 목적을 성취하려 했고, 힘이 아니라 탄원으로 짜리를 설득하려 했다. 둘째, 그러므로 그것은 정치적 개혁뿐만 아니라, 경제적이고 사회적인 적절한 프로그램의 방법을 통해 인민들 사이의 대중적 지지를 건설하려는 대신, 귀족의 지지를 얻기 위해 협상했다. 셋째, 1861년 농노해방 후, 그것은 소농에 대한 활발한 육성과 공동체적 토지소유의 부식을 통해 개별적인 농민 소유자의 광범위한 경제적 기반을 건설하지 못했다. 넷째, 자유주의자들은 치체린과 뻬트룬케비치라는 두 인물의 직관을 확신있게 결합하지 못했다. 치체린은 짜리가 법 위에 있는 한, 정부는 법률 안에서 업무를 수행할 수 없다고 했으며, 뻬트룬케비치는 대중 운동을 통한 헌법 아래서 짜리는 지속될 수 있다고 주장했다. 다섯째, 다른 나라의 자유주의자들은 완강한 정부에 직면했을 때, 대중적 지지를 모으고, 혁명에 의지했던데 반해, 러시아의 자유주의자들은 거의 전적으로 비혁명적인 채 남아 있었다. 이 모든 취약성은 자유주의자들이 인민보다는 짜리를 원했다는 진술 속에 요약될 수 있다. 그들이 취약한 것을 본 짜리는 그들의 "무감각한 꿈"을 거부할 수 있었다.

그러나 반세기의 실패 후 그들은 마침내 짜리를 설득했다. 1917

년 짜리 니콜라이 2세는 자발적으로 물러났다. 그리고 그와 그의 동생 미하일은 자유주의자들에게 양보가 아니라 전적으로 백지를 내놓았다. 그런데 그들 승리의 순간, 마치 네메시스(Nemesis)와 같이, 인민 위의 짜리라는 초기의 심리적 결과가 다시 그들을 파괴했다. 인민은 그들을 이해할 수 없었고, 그들도 인민을 이해할 수 없었다. 그리고 그들은 비대중적 선택을 계속했다. 그들은 짜리에게 승리했지만, 그러나 인민 없이 통치할 수는 없었다. 그렇게 자체적으로 취약성을 가졌던 러시아의 자유주의자들은 볼쉐비키들에게 권력을 넘긴 채 또다시 수십년을 역사 속에서 인내해야만 했다.

제 21장 마르크스주의자들

공산당 선언(Communist Manifesto)의 발표와 첫 러시아 마르크스
주의자 그룹의 조직 사이에는 35년이라는 공백이 있었다. 이러한
공백은 러시아 마르크스주의의 전개에 몇가지 중요한 결과를 나
타내었다.

이 기간동안 마르크스주의는 서유럽적 경험에 조응하여 강고한
이론적 발전을 나타냈으며, 다양한 해석을 보이고 있었다. 마르크
스 자신은 1872년에 "혁명은 영국과 미국에서 폭력보다는 대중적
투표를 통해 오게 될 것"이라고 말했으며, 이것은 마르크스주의
를 수정주의로 향하게 했다. 마르크스 후기 저작물 속에서의 경제
에 대한 강조는 '공산당 선언' 속에서 강조되었던 정치적 조직과
행동과는 대비되는 것이었고, 좀더 결정론적 성격을 띠고 있었다.
이것은 마르크스의 러시아 추종자들에게 자본주의의 긴 기간을
기다려야 할 것인가, 혹은 사회주의를 향한 빠른 길을 모색하는
이론적 수정을 해야 할 것인가라는 딜레마를 나타내게 했다.

마르크스주의에 대한 뒤늦은 수용의 또다른 결과는 바쿠닌의 무
정부주의와 트카초프의 블랑키즘을 포함한 다른 여러 이론들이
먼저 발을 붙일 수 있었다는 것이다. 러시아의 사회주의자들과 혁
명주의자들은 서유럽과는 다른 경험을 축적하고 있었고, 그들 자
신의 내생적 이론을 진보적으로 재규정하고 있었다. 이것은 러시

아적 전통과 환경에 대한 더욱 밀접한 친밀성이라는 추가적인 이점을 갖는 것이었다. 역사의 보편적 법칙에 대한 마르크스주의적 주장은 늘 러시아는 근본적으로 독특하며, 사회주의를 향한 다른 길을 모색할 수 있다는 광범위하고 뿌리깊은 신념에 직면하고 있었다.

러시아의 상태는 마르크스주의가 제기한 것과는 확실히 다른 것이었다. 산업 발전은 후진적이었고, 자본주의는 더욱 그랬다. 뾰트르의 군수 공장 때부터 기업가들은 서유럽의 상대자들보다 정부에 더욱 의존적이었다. 그렇기 때문에 그들은 독립적 태도가 부족했고, 역사에 대한 마르크스주의적 패턴이 요구하는 '부르조아적' 혁명에 비열성적이었다. 하층 계급 또한 그러한 패턴에 적당치 않았다. 인구의 90퍼센트 가량이 농민이었기 때문에, 문맹, 그리고 선전과 조직의 어려움은 서유럽보다 훨씬 큰 것이었다. 몇몇 공장은 아주 큰 규모였지만, 그 공장의 노동자들은 그들이 온 농장이나 농촌과의 옛 관계를 유지하는 경향이 있었고, 그리하여 흔히 도시 프롤레타리아적 태도를 발전시키는데 실패했다. 그러므로 마르크스주의는 혁명의 드라마에서 중요한 역할을 담당하는 두 계급의 취약성으로 방해받고 있었다. 더욱이 그것은 농민과, 아주 많은 사회주의자들이 자본주의 회피의 희망을 걸었던 독특한 제도인 농민공동체를 과소평가하는 경향에 의해 방해받고 있었다.

그럼에도 불구하고, 마르크스주의가 다른 이론들에 비해 이점을 가질 수 있는 어떤 러시아적 삶의 형태가 있었다. 마르크스주의는 상호 이해가 아닌 계급투쟁에 기초하고 있었고, 러시아의 계급은 아주 현격하게 분리되어 있었다. 마르크스주의는 개혁이 아닌 혁명을 요구했고, 대중 견해에 대한 정부의 무시는 많은 사람들에게 개혁은 불가능하다는 인식을 심어 주었다. 정부의 중앙집권화는 그 상대편의 중앙집권화를 자극했고, 그들은 아나키스트와 농민들의 비집중화보다 조직적인 도시 운동을 선호했다. 그리고 철학적인 영역에서 대다수의 서구주의자들, 무정부주의자들, 인민주의자들, 그리고 자유주의자들은 마르크스와 엥겔스가 그랬듯이, 프랑스 사회주의자들과 헤겔, 그리고 헤겔 좌파에 그들의 견해를 기초하고 있었다.

마르크스와 엥겔스는 러시아에 의해 제기된 많은 문제들에 대해 지속적인 관심을 나타내고 있었다. 그들은 러시아를 배우는 고통을 충분히 감내했고, 자세한 경제적 통계를 연구했다. 마르크스는 촌락공동체를 원시적인 인도-유럽적(Indo-European) 제도로 보았고, 이미 자본주의의 영향으로 심각하게 타격을 받았음에도 불구하고, 1877년에 그것은 아직 러시아아인들에게 자본주의의 "모든 결정적인 변화"를 피할 수 있는 "역사에 의해 인민들에게 제공된 가장 훌륭한 기회"를 제공했다고 생각했다. 1881년 그는 『자본론』의 분석이 미르에 적용되는 것을 부인했고, "이 공동체는 러시아의 사회적 세대의 주요 동기이다"라고 주장했다. 그러나 그는 또한 그것이 자연적으로 발전하게 놔둘 것이며, 그것을 잠식하는 "해로운 영향들"이 제거되어야만 한다고 경고했다.

이러한 요구는 서유럽의 도움을 통해서만이 가능할 수 있는 것이었다. "러시아의 혁명이 서유럽 프롤레타리아 혁명의 신호가 된다면, 그리하여 양자가 서로 보완될 수만 있다면, 현재 러시아의 토지에 대한 공동 소유는 공산주의 발전의 출발점이 될 수 있을 것이다." 마르크스와 엥겔스는 그 때 당시 짜리를 암살했던 비프롤레타리아적이지만 끊임없는 러시아인들이 유럽에서의 프롤레타리아 혁명을 촉발시키는 불꽃을 제공할 수 있을 것이라는 낙관적인 견해를 가지고 있었다. 그러나 1893년에 이르러 엥겔스는 그것이 너무 늦었다고 생각했다. 과학적 사회주의는 오로지 자본주의에 대한 적대감으로부터 변증법적으로 발생할 수 있는 것이었다. "모델로서 제공되기 위해서는, 보다 높은 형태가 또다른 나라에서 이미 존재하지 않았다면, 원시적인 농업 공동체로부터 보다 높은 사회적 형태로 발전시킨다는 것"은 불가능한 것이었다. 그러한 모델은 존재하지 않았고, 따라서 러시아든 어디든 자본주의는 불가피한 것이었다.

1. 게오르그 쁠레하노프(1857-1918)

첫 러시아 마르크스주의자 그룹 '노동 해방단'이 1883년 스위스 제네바에서 결성되었을 때, 한때 마르크스와 엥겔스는 러시아에 희망을 가지고 있었다. 이것은 1879년 인민의 의지당에서 떨어져 나와 '토지와 자유'의 온건 진영을 이끌었던 게오르그 쁠레하노프가 베라 자술리치, 빠벨 악셀로드, 그리고 레프 도이취 등의 도움을 받아 조직한 그룹이었다. 지방 귀족 출신의 쁠레하노프는 잘 교육받았지만, 성마르고 자만심 강한 성격의 소유자였고, 때문에 정치 지도자로서는 부족한 인물이었다. 그러나 그의 사상과 저술은 매우 날카로웠다.

쁠레하노프는 1857년 탐보프 지방에서 농노해방 이후 재정적으로 점차 몰락해 가던 타타르족 지주계급의 보수적인 가정에서 태어났다. 벨린스키의 먼 친척이었던 그의 어머니는 남편 사후에 그녀의 12살 난 아들과 의붓자식들을 부양하기 위해 학교에서 아이들을 가르쳤다. 게오르그 쁠레하노프는 지방 사관학교를 졸업한 후 뻬쩨르부르그에 있는 광산 연구소에 들어갔다. 연구소에서 근무하던 2년동안 그는 대중운동의 혁명활동에 열심히 참가했다. 1876년에 그는 '토지와 자유' 그룹의 조직을 도와 카잔 성당 앞 시위에서의 연설로 명성을 얻었다. 쁠레하노프는 유럽으로 도피했고, 거기서 그는 서유럽에서의 혁명 그룹을 관찰할 기회를 가졌다. 1879년 '토지와 자유' 그룹은 해체되었다. 그것은 테러 지향의 '인민의 의지당'과 보다 온건한 '흑토재분배당'으로 재조직되었다. 쁠레하노프는 후자의 책임을 맡았으나, 경찰의 수색으로 당의 인쇄기가 압수당했고, 대부분의 당원들은 약 한달만에 모두 체포되었다. 쁠레하노프는 1880년 다시 유럽으로 탈출해야만 했다.

제네바에 정착한 쁠레하노프는 상황을 보아 가며 마르크스와 엥겔스의 저작을 연구할 시간을 가졌다. 쁠레하노프가 보기에 최소한 인민주의는 실패했다. 다른 한편, 쁠레하노프의 인민주의는 형식에 있어서 최소한 부분적으로는 마르크스주의였다. 더욱이 서유럽에 거주하면서 쁠레하노프는 농민사회주의마저도 가까운 장래의 러시아에는 적절치 않다는 것을 확신하게 되었다. 그러므로 1883년에 쁠레하노프가 러시아 노동자의 해방을 위한 첫 러시아 마르크스주의자 그룹을 결성한 것은 그다지 놀라운 일이 아니다. 쁠레하노프가 러시아 마르크스주의의 정초자로 불릴 수 있는 것은 주로 이 때문이다.

그때부터 쁠레하노프의 저술은 그 자신의 이름 혹은 '벨토프' 라는 가명으로 간행되었는데, 그것들은 개혁 운동가의 저술이었다. 그것들은 사회주의자들을 그의 견해로 전환시키기 위해서, 그리고 러시아와 서유럽에서 갑자기 나타난 마르크스주의의 수정주의자들뿐 아니라, 인민주의자들의 완고한 잔재들을 공격하기 위한 것이었다. 쁠레하노프 자신의 독립적 사고와 창조적 능력, 그리고 이러한 개혁 정신과 전투 정신으로 말미암아, 그는 자신이 공식적인 소련의 마르크스-레닌주의에 일치하지 않는 것을 보게되었던 것이다.

1890년대의 그의 저술은, 비록 그가 비난하던 이단적 요소들이 그 속에서 쉽사리 발견되기는 하지만, 러시아의 마르크스주의자들에게 일반적으로 받아들여졌다. 어쨌든 쁠레하노프가 <이스크라>의 공동책임자로서 특히 친하게 사귀고 있던 레닌과 나란히 참가했던, 그 유명한 1903년의 러시아사회민주당 전당대회 직후, 그는 볼쉐비즘의 정치적 견해에 전적으로 동조할 수는 없다고 생각했다. 그는 러시아가 혁명을 할 준비가 돼있지 않다고 생각했고, 계속해서 테러리즘에 반대했으며, 의회주의적 방식을 옹호했고, 레닌의 마키아벨리적 전술을 공격했다. 그는 특히 혁명에서의 농민의 역할에 대해 레닌과 의견을 달리했다. 1차 세계대전 동안 그는 연합에 대해 찬성했고, 독일의 벨기에 침공을 비난했다. 망명 37년만인 1917년에 그는 러시아에 돌아와 임시정부를 지원했다. 그는 10월혁명을 때가 너무 이르다는 이유로 인정하려 하지 않았으나, 부분적으로는 그것에 대한 책임을 느끼고 있었다.

쁠레하노프는 1918년 핀란드에서 사망했다. 비록 그가 소련의 공식적이고 지배적인 견해와는 많은 점에서 달랐지만, 마르크스주의 이론가로서 그의 역할과 그에 대한 존경은 너무나 큰 것이어서, 혁명의 아들들이 아버지에게서 등을 돌릴 수 없게 한다. 그는 뻬쩨르부르그에 있는, 그가 언제나 존경해 마지 않았던 벨린스키의 묘지 옆에 묻혔다.

쁠레하노프의 정치적 견해는 마르크스주의에 대한 자신의 해석에 철학적 근거를 가지고 있다. 마르크스의 '과학적 사회주의'를 수용하고, 또 마르크스의 유토피아적 측면과 '인민의 의지'라는 방법을 수용했던 레닌과는 달리, 쁠레하노프는 마르크스의 성숙한 저술들 속에 깔려 있는 철학적 기초인 역사적 결정론에 매달렸다. 이것을 늘 염두에 두었던 쁠레하노프는 역사의 과정을 재촉하거나 방해하려는 시도를 반대했다. 이러한 이유 때문에 공식적인 마르크스-레닌주의자들은 그의 접근을, 특히 후기에 있어, 변증법적이라기보다는 기계론적이라고 비난하기에 이른다. 그들은 그가 마르크스주의를 다원주의의 확대로 해석했고, 역사에 있어서 지리적 요소를 지나치게 강조했다고 말했다.

쁠레하노프는 마르크스주의의 수정을 공격하면서, 특히 보그다노프의 견해를 반대하는 것에 열중했다. 보그다노프는 현상과 실재에 대한 어떤 구분도 부정하고, 모든 것을 경험에 대한 '물질적인 것'과 '정신적인 것'으로 환원하려 했다. 그것과 투쟁하기 위해 쁠레하노프는 '象形文字論'을 발전시켰다. 관념은 그것이 생겨난 대상과 다르나, 원통 위에 비쳐진 육면체의 그림자가 모양에 있어서는 육면체가 아니지만 육면체와 대응하는 것처럼 대상에 대응된다는 것이다. 상형문자론은 1892년에 쁠레하노프가 엥겔스의 포이에르바하에 관한 책을 번역하면서 붙인 '노트'에서 발전되었다. 그러나 보그다노프에 똑같이 반대했던 레닌은 쁠레하노프의 견해에 대해 지식이 사실상 현상의 한계 속에 제한되고, 따라서 결코 실재가 될 수 없다고 여겨 이의를 제기했다. 쁠레하노프의 이론은 따라서 레닌의 '素朴實在論'으로부터의 이탈이었다.

쁠레하노프에 대한 소비에트 철학자들의 또다른 공식적인 반대는 물리학에서의 근대적 발견에 대한 관심과 유물론에 대해 그것들이 지니는 의미에 대한 이해를 결여했다는 것과, 관념론을 선호하는 철학자의 부르조아적 배경 속에서 관념론의 근거를 찾지 않고 관념론을 지나치게 추상적으로 다루었으며, 마르크스의 독창성을 손상시킬 정도로 지나치게 마르크스에 대한 포이에르바하의 영향을 강조했다는 것에 모아졌다.

다른 한편, 소련의 비판가들은 쁠레하노프가 『역사에 있어서 개인의 역할』(1898)과 『일원론적 역사관의 발전』(1894)이라는 두 글 속에서 논의한 자유와 필연의 관계에 대한 논문을 칭찬하기에 애썼다. 전자에 관한 한 쁠레하노프는 인민주의자들을 반대하면서, 역사적 변화는 객관적인 요인에 기인한다고 주장했다. 그것은 비록 역사에 위인이 있다 해도 이 위인들의 인격적 성질이 역사적 사건을 형성하기 때문이 아니라, 이러한 성질이 그들로 하여금 특별한 시기의 사회적 요구에 기여할 수 있도록 만들기 때문에 위대해졌다는 것이다. 뛰어난 역사적 인물은 따라서 그들이 처한 역사적 환경의 산물이다. 아무도 예외일 수는 없다.

인민주의자들이 마르크스주의의 결정론은 자유를 파괴하고, 그래서 도덕적 책임성을 파괴한다고 비판하는데 대해 답하면서, 쁠레하노프는 스피노자와 헤겔로 돌아가 자유가 사실상 존재한다고 주장한다. 그것은 필연성의 인식이었다. 그는 이렇게 말한다.

내 의지의 부자유에 대한 나의 의식이 나에게 완전히 주관적, 객관적으로 내가 행동하고 있는 방식과 달리 내가 행동할 수 없는 형태로 나타나면, 그리고 동시에 내 행동이 나에게 모든 가능한 행위 중에서 가장 바람직한 것일 때, 바로 그 때 나의 의식 속에서 필연성이 자유와 일치되고, 자유가 필연성과 일치된다.[89]

쁠레하노프가 훗날 윤리학에 있어서 칸트를 배웠던 기원은 그의 反칸트적 인식론처럼 바로 여기에 놓일 수 있다. 행위의 필연성과 그것이 가장 바람직한 것이 될 가능성의 인식은 적절히 해석되어서, 도덕적 법칙과 그 자체로 그것에 대한 바람이 될 수도 있다. 쁠레하노프는 밀(J. S. Mill)처럼 교육을 통해 "사회에 필요한 행위들을 본질적인 요구로 만들 것"을 제안한다. 그래서 마르크스의 공산주의에서 약속하는 새로운 사회의 인간을 위해 자유와 필연은 한가지가 될 수 있는 것이었다.

쁠레하노프에 대한 옛 소련의 자세는 생각보다 우호적이었다. 1963년에 간행된 『철학사전』에서는 비록 쁠레하노프의 '상형문자론에 대한 양보' 등과 같은 몇몇 낡은 오류들과, 역사발전 속에서의 주관적 요소의 역할을 지지하지 않는 것과 같은 새로운 오류들을 지적하기는 했지만, 다음과 같이 결론을 내리고 있다.

전 생애에 걸쳐 변증법과 사적 유물론을 위해 싸웠던 쁠레하노프의 철학적 견해 전 체계 속에서 그의 특별한 오류들은 이질적 요소처럼 보인

---

89) G. Plekhanov, The Role of the Individual in History (New York, 1940), p. 16. 제임스 이디 외 엮음, 『러시아 철학』, Ⅲ권, 정해창 옮김 (서울: 고려원, 1992), 400쪽에서 재인용.

다. 쁠레하노프의 철학적 저술이 지닌 풍부함과 설득력, 그 서술의 인기
와 매력은 오늘날까지도 마르크스주의 철학 연구에 유용한 도움을 준
다.[90]

한편, 쁠레하노프가 사회주의의 객관성과 주관성을 둘러싸고 인
민주의자들과 논쟁을 벌일 무렵인 1895년부터, 서유럽에서는 베
른슈타인의 수정주의가 많은 서유럽의 마르크스주의자들을 평화
적인 개혁 노선으로 변화시키고 있었다. 이 수정주의적 마르크스
주의는 러시아에도 급속히 번져, 러시아의 마르크스주의자들을
합법적 마르크스주의, 경제주의, 그리고 멘쉐비키라는 경제적 결
정론에 입각한 세 부분의 운동권으로 몰고 갔다. 그리고 이러한
베른슈타인류의 수정주의와 투쟁을 벌이는 것은 바로 레닌의 몫
이었다.

2. 블라지미르 레닌(1870-1924)

레닌은 1870년에 심비르스크(현재는 울리야노프스크)에서 블라
지미르 일리치 울리야노프라는 이름으로 태어났다. 그의 아버지
는 장학관이었고, 어머니는 의사의 딸로서 모두 프티부르조아에
속해 있었다. 그의 형인 알렉산드르가 황제 알렉산드르 3세를 암
살하기 위한 음모에 연루되어 처형되었던 1887년에 레닌은 카잔
대학의 법학부에 입학했다. 그러나 입학한지 3개월도 안돼서 그
는 학생운동의 집회에 참석했다는 이유로 퇴학당했다. 그는 독학
으로 1891년에 뻬쩨르부르그 대학의 학위 취득을 위한 법학시험
에서 1등으로 합격했다. 그후 3년동안 레닌은 사회학, 특히 그 가
운데 마르크스의 사상을 연구했다.

---

90) 위의 책, 401쪽에서 재인용.

그는 1894년에 뻬쩨르부르그로 이주해서 곧바로 마르크스주의자 서클에 가입했다. 같은 해 그는 첫번째 쟁점이 된『인민의 벗이란 무엇인가』라는 인민주의자들에 대한 거센 공격을 담은 책을 발간했다. 그는 외국으로 갈 수 있는 허가를 얻어 쁠레하노프를 만났고, 쁠레하노프의 '노동 해방단'과 접촉하기 위해 다시 러시아로 돌아왔으나, 1895년 12월에 불법활동죄로 체포되었다. 감옥에서 연구와 저술로 1년을 보낸 뒤에 그는 시베리아로 추방되었다. 1900년에 유럽에서 러시아로 돌아왔고, 다시 외국으로 나갈 수 있는 허가를 받았다. 당시 그는 1905년 혁명 이후의 2년을 제외하고는 유럽에 17년간 머물면서, 자신의 사회민주당에 대한 소견을 구성했고, 그 우월성을 확신하여, 마침내 1917년의 2월혁명 후 혁명의 승리자로서 뻬트로그라드로 돌아왔다. 몇 개월 후 그는 소련의 탄생을 알리는 볼쉐비키 군대를 이끌게 된다.

쁠레하노프와 마찬가지로, 레닌은 초기에『인민의 벗이란 무엇인가』(1894)를 통해 인민주의자들을 거세게 공격했지만, 그러나 그는 러시아의 프롤레타리아와 농민이 단결해 전제정치를 타도하고, 부르조아로부터 권력을 탈취할 것을 요구했다는 점에서 쁠레하노프와는 달랐다. 레닌은 당시 대부분의 러시아 마르크스주의자들의 의견과는 달리, 농민을 자신의 혁명 계획에 추가시킴으로써 경제적으로 후진적인 국가에서도 혁명은 언제든지 가능하다는 이론을 스스로 내세웠다. 정통 마르크스주의적 견지에서 농민의 계급적 성격은 프티부르조아적이며, 결코 노동자와 함께 계급적 구분이 이루어질 수는 없는 것이었다.

레닌은 1895년에 유럽을 여행하면서 제네바에서 쁠레하노프를 만날 수 있었다. 쁠레하노프는 레닌보다 14세나 연장이었지만 커다란 경의를 가지고 그를 환영했다. 후에 두 사람은 심각한 견해 차이를 보이게 되지만, 나로드니키를 끝까지 부정한다는 점에서는 일치하고 있었다. 레닌은 1895년 귀국하자마자 곧바로 체포되어 13개월간 투옥되었다가 1897년 1월에 예니세이 강 상류에 위치한 슈셴코예 마을로 1900년 2월까지 유배된다. 그는 그곳에서 열렬한 마르크스주의자였던 나제즈다 크루프스카야를 만나 1898년 7월 결혼하게 되었다. 그는 유형생활 중에 『러시아 사회민주주의』를 썼고, 그 속에서 그는 나로드니키와 부르조아에 대한 일체의 양보를 거부하고 있었다. 1899년에 그는 또 그곳에서 익명으로 『러시아에서의 자본주의 발달』을 집필하여 합법적으로 출판할 수 있었다. 이 팜플렛의 논점은 마르크스가 말하는 자본주의의 모든 징후가 러시아에서 보이기 시작했다는 것이었으나, 그 외에도 러시아 혁명가의 당이 어떠한 모습을 갖추어야 하는가에 대한 자신의 견해도 피력하고 있었다. 즉, 미래의 마르크스주의 정당은 완만하게 결속된 대중적 정당이 아니라, 엄격히 훈련된 직업혁명가들의 소수정예 정당이어야만이 도래할 혁명의 참모본부로서 그 임무를 다할 수 있다는 것이었다.

레닌의 이러한 "소수정예의 직업혁명가에 의한 정당"이라는 생각은 트카초프의 소수정예의 당이라는 개념과 국가권력을 전복한 후에도 궁극적인 혁명의 성공, 즉 사회주의의 건설을 위해 그것을 이용해야 한다는 생각을 발전시킨 것이라고 할 수 있다. 또한 그러한 점에서 레닌은 무정부주의의 강령이나 마르크스주의의 정통 교리와는 분명한 차이를 보이고 있었다. 당시 마르크스주의를 추종했던 니콜라이 베르자예프는 트카초프와 레닌의 사상적 일치를 보고, 트카초프를 '볼쉐비즘의 아버지'로, 마르크스와 엥겔스를 '멘쉐비즘의 선각자'로까지 평가했다.

레닌이 시베리아에서 유형생활을 하고 있던 1898년 3월 러시아의 마르크스주의자들은 민스크에서 '러시아사회민주노동당(약칭 사회민주당)'을 창당해 러시아 사회주의 혁명운동의 중요한 이정표를 세웠다. 대회는 저명한 러시아 인텔리겐찌야의 한 사람이었던 뾰트르 스트루베에게 당 강령의 작성을 일임했다. 그러나 1900

년 봄 레닌이 시베리아 유형에서 돌아와 자술리치, 스트루베, 그리고 마르토프 등을 만나면서, 레닌은 러시아의 마르크스주의자들 사이에서 베른슈타인의 수정주의가 스며들고 있음을 발견하게 된다. 그는 러시아에서의 활동이 제약을 받았기 때문에 유럽에서 기관지를 발간하고, 이와 함께 혁명활동도 병행하기로 결정했다.

레닌은 1900년 7월 쁠레하노프와 악셀로드를 만나 사회민주당(SD) 기관지를 창간하기로 합의하고, 레닌, 자술리치, 그리고 쁘트레소프를 공동 편집인으로 하여 <이스크라(불꽃)>를 창간했다. 이스크라는 뮌헨, 라이프찌히 등지에서 발행되어 러시아 국내로 용의주도하게 반입되었고, 전국에 배포되었다. 레닌은 이스크라를 통해 비교적 안전하게 자신의 혁명관을 국내에 전파시킬 수 있는 좋은 기회를 얻었다. 뿐만 아니라, 국내에 조직된 배포망을 통해 당의 지방조직을 비밀리에 조직, 감독할 수 있게 되었고, 또한 자금의 염출도 가능해졌다.

레닌은 이스크라의 창간호에서 러시아사회민주당은 반드시 잘 훈련된 직업혁명가에 의한 소수정예의 당이 되어야 하며, 모든 당원은 당중앙위원회의 결정에 절대적으로 복종해야 한다는 '민주적 중앙집중제' 원칙을 주장했다. 또한 이스크라를 통해 많은 학생그룹들이 지지하는 좌익 부르조아 자유주의를 가차없이 공격하여 사회주의와 부르조아 자유주의간 협력을 거부하고, 당은 소수의 헌신적인 직업혁명가들의 당이어야 한다는 주장을 되풀이 강조하여, 당중앙의 엄격한 지도력, 즉 민주적 중앙집중제의 당운영 원칙을 재차 확인하였다. 레닌은 1902년에 발표한 『무엇을 할 것인가』를 통해 당의 성격과 목표에 대한 자신의 견해를 표명하고, 장차 볼쉐비키가 실행해야 하는 혁명의 전략과 전술을 기술했다. 그러나 레닌의 견해에 모든 마르크스주의자들이 동조한 것은 아니었으며, 이 때문에 이스크라의 편집인 사이에서도 심각한 내분이 일어나게 되었다.

1903년 7월 브뤼셀에서 러시아사회민주노동당 2차대회가 쁠레하노프의 개막연설로 개최되지만, 경찰의 탄압으로 대회가 유산되었다. 8월 브뤼셀 대회에 참가했던 대의원 50명은 런던에서 다시 모여 2차 대회를 강행했다. 대회는 레닌과 쁠레하노프가 동의한 당강령 초안을 표결하기로 되어 있었다. 최대 강령은 당의 최종 목표, 즉 사회주의 혁명과 프롤레타리아 독재에 관한 것이었으며, 최소 강령은 당의 당면 과제, 즉 짜리즘의 종식, 사회개혁 등이었다. 그러나 강령에 못지 않게 관심이 집중된 것은 당규약의 문제였다.

레닌은 당원의 자격에 관해 처음에는 쁠레하노프의 지지를 받아 소수정예의 노동자계급의 전위대로서 마르크스주의 정당을 주장했고, 마르토프는 민주적 대중정당을 요구하여 당을 모든 사람에게 개방할 것을 주장했다. 첫번째 표결 결과 마르토프와 악셀로드 등의 온건노선이 28대 22로 레닌의 강경노선을 제압했다. 그러나 '분디스트' 그룹(리투아니아, 폴란드, 러시아 내 유대인 총동맹)이 대회가 자신들을 러시아내 유대인 노동자계급의 대표로 인정해주지 않자, 대회를 보이코트하고 퇴장해 버렸다. 결국 재투표가 이루어져, 당을 인종별로 조직하는 것에 강력히 반대한 레닌의 지지자들이 대회의 다수가 되어 '볼쉐비키'가 되고, 마르토프 등의 소수파는 '멘쉐비키'로 불리게 되었다.

당중앙위원회는 레닌의 지지자들이 차지하게 되었고, 이스크라의 편집인으로 임명된 마르토프는 취임을 거부했다. 그는 대회가 끝난 후 쁠레하노프, 악셀로드, 그리고 트로쯔키 등과 함께 이스크라를 접수해 볼쉐비키에 반대하기 시작했다. 이스크라는 이제 완전히 멘쉐비키의 기관지가 되었고, 볼쉐비키와 멘쉐비키의 화해를 중재하려던 쁠레하노프는 결국 레닌의 강경노선에 반대하는 태도를 굳히게 되었다. 점차 양파 간의 갈등은 치유할 수 없는 단계로까지 악화되었고, 이후 볼쉐비키와 멘쉐비키는 수년에 걸쳐서 통일된 러시아사회민주당이 존재하는 것처럼 외면적으로만 활동하게 되었다.

러일전쟁이 한창이던 1904년 여름 멘쉐비키는 당중앙위원회를 장악하게 된다. 이에 대해 레닌은 『일보전진, 이보후퇴』를 발표하여 멘쉐비키의 비혁명성을 비난했다. 그는 런던 대회를 상기시키면서, 멘쉐비키의 노선은 러시아 부르조아지의 정치적 목적을 지원해 줄 뿐이며, 노동자와 농민의 혁명력을 한 곳으로 모을 수 없다고 주장했다. 레닌은 볼쉐비키의 당기관지 <브뻬료드(전진)>를 창간하여 루나차르스키, 보로프스키 등과 함께 편집을 맡았다.

레닌의 볼쉐비키와 멘쉐비키 사이의 갈등은 기본적으로 혁명의 전략과 전술에 대한 견해차 때문이었다. 볼쉐비키는 국가 권력의 전복과 집권에 강한 집착을 보인 반면, 멘쉐비키는 러시아에서 자본주의 시기가 무르익은 후에야 사회주의로 나아갈 수 있다고 생각했다. 볼쉐비키는 강력한 중앙의 통제에 의한 소수정예의 당을 강조했으며, 목적을 위해서는 비합법적인 수단의 동원까지 서슴지 않았다. 그러나 멘쉐비키는 보다 느슨하고 합법적인 수단에 의존하는 대중 정당을 요구했다. 멘쉐비키는 타 정파와의 협력을 통해서라도 입헌군주제적 두마에서 다수를 장악하려는 참여 의지를 보인 반면, 볼쉐비키는 이를 전면 거부했다. 이외에도 많은 차이가 있었지만, 그러나 그것은 혁명의 방법과 전략, 전술 상의 차이였을 뿐, 궁극적으로 마르크스주의적 사회주의라는 목표에 있어서는 같은 것이었다.

3. 레닌주의의 승리

1905년의 제 1차 혁명과 그후 들어선 입헌군주제 하의 수상 스톨르이뻰에 의해 이루어진 혁명세력에 대한 강력한 탄압은 러시아 사회민주당을 궤멸 일보직전까지 몰고갔다. 그러나 사회민주당은 레닌의 집요하고 과감한 투쟁으로 이후 세력을 만회하기 시작했다. 특히 레닌 지도 하의 볼쉐비키는 역경 속에서도 뜻을 굽히지 않고 당내의 기회주의자들을 제압하여 차차 결속을 강화하고, 1912년 1월 프라하 협의회에서 멘쉐비키와 정식으로 결별을 선언함으로써 독자적인 당을 조직하기에 이른다. 레닌, 스베르들로프, 그리고 스탈린 등이 중앙위원회를 구성하고, 위원회의 러시아 내 지부장은 스탈린이 맡았다.

볼쉐비키는 1912년 4월부터 독자적인 일간지 <쁘라브다(진실)>를 발간하고, 러시아 내 노동자 및 농민 대중으로 파고 들어가려고 했다. 쁘라브다는 대중의 계몽을 주안으로 했기 때문에, 노동자, 농민 생활의 실상과 스트라이크에 대한 투서를 게재하고, 노동자, 농민 가운데 활동가들을 볼쉐비키의 영향하에 두려고 집요하게 노력했다. 정부의 탄압에 대해 유연성있는 대응을 함으로써 결국 제 1차 세계대전이 발발하던 해인 1914년 여름에는 전 러시아의 약 7천명의 노동자 신문구매자 중 5천 6백명이 쁘라브다를 읽고, 나머지인 겨우 1천 4백명만이 멘쉐비키의 기관지를 읽는 상태로까지 전개되었다. 1912년부터 1914년에 이르는 쁘라브다를 중심으로 한 볼쉐비키의 합법투쟁은 러시아 민중들에게 볼쉐비키의 지위를 처음으로 강고한 것으로 만들었던 것이다.

1912년 11월 선출된 4차 두마는 정부의 필사적인 탄압정책에도 불구하고 당시의 정세를 반영하여 3차 두마보다는 확실히 급진적인 양상을 띠게 되었다. 사회민주당 의원은 겨우 13명, 그 가운데 볼쉐비키는 6명에 불과했지만, 전체로서의 반정부파는 점차 강화되었다. 특히 주목할 것은 정부여당인 ‘10월 당’이 1913년 1월의 당대회에서 신앙, 언론, 집회의 자유를 주장하고, 반정부적 태도를 나타냈다는 사실이다. 그래서 정부는 노동자, 농민의 혁명적 경향에 설상가상으로 자신의 편으로 생성되었던 10월당까지도 적으로 돌아서는 모습을 바라보아야만 했다. 짜리즘의 고민은 여기에서 점차 그 심각한 정도를 더해 갔다.

한편 제 1차 세계대전은 국제 사회주의 운동을 분열시키는 결과를 초래했고, 또한 더나아가 러시아 마르크스주의도 결정적으로 분열시켰다. 쁠레하노프는 즉각 전쟁과 짜리 정부를 지지하고 나섰는데, 그러나 밀류코프처럼 그는 곧 정부에 대한 지지를 멈추었다. 그는 독일이 만약 승리한다면, 러시아의 농업 부문을 파고 들어 산업 발전을 가로막을 것이고, 그리하여 수년 동안 프롤레타리아 혁명의 가능성을 지연시킬 것이라고 주장하면서, 이러한 자신의 ‘사회주의적 국수주의’를 정당화했다. 그는 마르토프와 결별하고 멘쉐비키에서 한걸음 물러섰다. 그러나 2월 혁명 후 그는 케렌스키 정부에 참여해 달라는 요청을 거부했다.

1917년 2월 혁명이 일어날 때까지 대부분의 멘쉐비키들은 전쟁 노력을 지원하면서도 짜리 정부에 반대하는 어정쩡한 자세를 견지하고 있었다. 그들은 쩨레쩰리(Tseretelli)와 단(Dan)에 의해 지도되고 있었다. 그들은 케렌스키 정부의 장관으로 입각했고, ‘7월 봉기’ 때 아주 반동적인 자세를 보였다. 반면 마르토프는 정부와 전쟁에 반대하고 있었고, 케렌스키 정부의 부르조아적 요소가 사회민주당 강령의 급진적 부분에 결코 동의하지 않을 것이라고 보고, 멘쉐비키 장관들로부터 일정한 거리를 유지하고 있었다. 그는 늘 그랬듯이, 프롤레타리아가 독자적으로 지배할 수는 없다고 믿었기 때문에, 모든 사회주의 정당의 새로운 결속을 위해 노력했다. 멘쉐비키의 극좌에 있으면서, 그는 그러나 볼쉐비키들과는 협력할 수가 없었다. 볼쉐비키들도 “제국주의 전쟁을 내전으로 돌리라"는 레닌의 사상에 입각하여 처음부터 전쟁에 반대하고 있었지만, 그러나 그들은 적당한 물적 기초가 없는 상태에서 사회민주당만의 소수 정부를 지지해 오고 있었다. 마르토프는 이것을 수용할 수가 없었다.

볼쉐비키들은 1915년에 나타난 레닌의 두가지 이념에 의해 마르크스주의 이론 내에서 이러한 입장을 정당화했다. 그것은 영구혁명론에 대한 암묵적인 수용을 가능케 한 이념과, 세계 공산주의에 대한 아주 광범위한 영향력을 발휘한 이념이었다. 이것은 다시 말하면 레닌의 "자본주의의 불평등 발전 법칙"과 그의 제국주의 이론이었다.

국제적 사회주의의 몰락과 마르크스주의 정당의 국가적 분열 속에서, 러시아의 사회주의는 '발전된' 국가에서의 혁명을 기다려야만 한다는 생각을 갖기란 레닌과 같이 조급한 사람에게는 상당히 어려운 일이었다. 1905년 트로쯔키에 의해 선언되었을 때 이단이었던 '러시아가 사회주의로의 길을 이끌 수 있다' 는 생각은 이제 혁명 비관론에 대한 유일한 선택이 되었다. 그러나 마르크스는 정치적인 상부구조는 경제적인 기초에 의존한다고 말했기 때문에, 러시아가 아주 후진적인 상황에서 레닌은 그의 주 특기였던 경제로부터 정치를 자유롭게 하려는 노력을 아주 조심스럽게 전개했다.

전쟁 발발에 대한 그의 첫 반응 속에서, 그리고 당중앙위원회의 성명 속에서 레닌은 "유럽 연합국가"를 슬로건으로 내세웠다. 이 슬로건은 트로쯔키, 부하린 등 여러 사람들로부터 광범위하게 수용되었고, 방어되었다. 그러나 1915년 3월 레닌은 돌연 그것에 대해 반대로 돌아섰다. 그는 이제, 유럽의 자본가들은 "사회주의를 조직적으로 억압할 목적으로만" 연합할 것이기 때문에, 유럽 연합국가는 "자본주의 하에서는 불가능하거나 반동적이 될 것"이라고 주장했다. 사회주의 혁명이 국가 연합을 선행해야만 하고,

이것은 동시에 나타나지 않을 것이다. 왜냐하면, "불평등한 경제적, 정치적 발전은 자본주의의 엄연한 법칙이고, 때문에 사회주의의 승리는 제일 먼저 몇몇 국가 혹은 하나의 단일한 자본주의 국가에서 가능할 것"이기 때문이었다. 레닌은 러시아가 그러한 길을 이끌 것이라고 주장하지 않았다. 그러나 그는 경제적으로 발전된 국가들이 이끌어야 한다고 말하지도 않았다. 잠정적으로 그는 각 국가의 정당이 가질 수 있는 행동의 자유를 정당화하는데 동의하고 있었다. 이것은 후에 일국사회주의라는 스탈린주의의 기둥 가운데 하나가 되는 인과적 논의였다.

레닌 자신은 그것을 그의 제국주의 이론을 건설하는데 사용했다. 전쟁 수행에 있어 부르조아 정부를 도우려는 노동자들의 자발성은 세계 프롤레타리아의 연대와 계급투쟁이라는 마르크스주의적 교의를 심각하게 잠식하고 있었다. 제국주의 국가의 식민지 약탈은 선진국의 프롤레타리아를 자본가들과의 공생적 관계로 만들었고, 때문에 혁명에 대한 그들의 의지를 파괴했다는 논리는 카우츠키 등에 의해 제기된 바 있었다. 더구나 국제 카르텔은 자본주의의 경쟁 모순을 감소시키고, 그것을 안정화시키고 강화시키는 것처럼 보였다. 레닌은 이러한 결론을 부인했다. 자본주의는 첨예한 위기와 군사적 갈등의 단계, 즉 제국주의라는 종국적이고 경제적으로 필연적인 단계 속에서 절정을 이룬다고 그는 주장했다. 자본주의는 국가 내적이든 국가간이든 불평등하게 발전하기 때문에 어떠한 카르텔도 안정적일 수 없다는 것이었다. 그리고 세계의 정치적 혹은 경제적 부분으로서 그들 자본가들의 대리인으로 활동하는 제국주의 정부간의 협정은 전쟁 사이의 잠정적 휴전에 불과한 것이다. 식민지 인민들로부터 약탈한 이윤은 제국주의 국가들의 노동자들에게 "장물"로 사용되고 있다는 것은 확실하다. 그러나 이것은 진실한 혁명가들로부터 기회주의자들을 분리시켰을 뿐만 아니라, 그것은 또한 자본주의의 전체 식민지 희생자들을 세계적 혁명 계급 속으로 몰아넣었다. 이러한 발전 단계에서 모든 국가들은 경제적으로 서로 묶여 있게 되고, 자본주의는 국가적 수준이 아니라 국제적 수준으로 분석되어야만 한다. 어떤 국가의 상대적 발전은 전체로서의 세계 자본주의라는 조건보다 그 국가의 혁명에 덜 결정적이다.

이러한 사상적 경로는 뒤늦게, 그리고 아주 다른 통로로 레닌을 트로쯔키가 1905년에 다다랐던 두가지 견해로 다가서게 했다. 첫번째 것은 사회주의 혁명은 노동자들이 약탈자가 된 서유럽이 아니라, 예를 들면 러시아와 같은 후진적, 반식민 혹은 식민지 국가에서 시작될 수 있다는 것이었다. 또다른 견해는 자본주의가 궁극적인 제국주의 단계에 이르렀기 때문에, 개별 국가의 자본주의적 발전은 필요치 않다는 것이었다. 러시아에서의 두가지 혁명에 대한 기대, 즉 첫째 부르조아와 둘째 프롤레타리아 혁명이라는 기대는 언제나 사회주의를 위한 기초가 러시아 자체에 존재해야만 한다는 사상에 기초하고 있었다. 만약 이것이 필요치 않고, 국제적인 기초가 충분하다면, 두 혁명은 어떻게든 하나로 단축될 수 있는 것이었다. 불행하게도 레닌은 그의 『제국주의론』(1916)에서 그의 이론이 갖는 이러한 함축된 의미를 전혀 명백히 하지 않았다. 아마도 그는 그것을 통제할 적절한 국제적 조직이 없는 세계 혁명이라는 생각에 그 자신을 조응시킬 수 없었던 것 같다. 어쨌든 레닌의 추종자들은 그의 새로운 견해의 중요성을 파악하는데 실패했고, 그가 러시아로 되돌아왔을 때 발표한 '4월 테제'에 큰 충격을 받았다.

1917년 4월 레닌은 독일 정부가 내준 비밀열차를 타고 뻬트로그라드 역에 내렸다. 뻬트로그라드 역앞에서 그는 시민들의 대대적인 환영을 받았다. 그는 환영나온 군중들에게 이른바 '4월테제'를 발표하고, 도래할 세계 혁명에 관한 연설을 했다. 그는 4월테제에서 "임시정부는 반드시 와해되어야 하며, 노동자와 농민이 정권을 장악하여 자본주의를 종식시킴으로써 러시아의 전쟁 개입을 중지시켜야 한다"고 주장했다. 그는 또한 소비에트를 가장 바람직한 형태의 혁명정부로 보고, 소비에트는 러시아에 소비에트 공화국을 수립케 할 것이라고 선언했다. 그는 "모든 권력을 소비에트로"라는 슬로건을 내걸고, 혁명을 위한 최고 집행기구로서 소비에트를 설정했다.

그러나 레닌의 4월테제에 대한 당내의 반응은 달랐다. 몰로토프를 포함한 볼쉐비키 좌파는 이것을 즉각 받아들였고, 스탈린을 포함한 중도파는 임시정부와의 협력을 중요시하면서도 레닌에 대한 도전을 포기했으며, 카메네프를 중심으로 하는 우파는 이를 거부했다. 그러나 3주에 걸친 끈질긴 노력 끝에 레닌은 드디어 4월테제를 볼쉐비키의 공식 입장으로 확정시킬 수 있었다. 레닌의 이 승리는 대단히 중요한 의미를 갖는 것이었다. 1917년의 긴박한 나날들을 당내 파쟁과 이론 투쟁에 소모하고 있던 멘쉐비키와 사회혁명당에 비해, 레닌은 이 시기에 볼쉐비키를 자신을 정점으로 하는 독점적 정당으로 굳혔으며, 10월 혁명과 권력 장악의 귀중한 첫걸음을 내디뎠던 것이다.

러시아의 마르크스주의는 그렇게 한바퀴 돌아 거의 제자리로 돌아와 있었다. 1883년에 그것은 쁠레하노프와 그의 동료들에 의해 혁명적 정당성의 체계로 받아들여졌다. 그들은 '인민의 의지당'의 정치적 목적과 수단을 강력히 비난하고 있었다. 인민의 의지당의 이론적 체계는 현재의 상태와 러시아에서의 혁명의 실패에 대한 책임이 있었고, 동시에 그것은 경제적 발전을 통한 불가피한 승계를 보장하고 있었다. 1890년대에 들어, 마르크스주의의 계급분석과 두 혁명에 대한 도식적인 요구는 그 지지자들을 자본주의를 우회하는 사회주의로의 특별한 길이라는 전통으로부터 이탈케 했다. 그리하여 그것은 나로드니키 사상의 소생 움직임으로부터, 그리고 농민들로부터 이탈하고 있었다. 그러나 1916년경에는 레닌에 의해서, 그리고 일찍이 트로쯔키에 의해서, 러시아의 마르크스주의는, 찌호미로프가 1880년대에 말한 바와 같이, 러시아의 경제적 발전에 대한 기다림 없이도 정치적 혁명은 시도될 수 있고, 직업혁명가들에 의해 지도된 혁명은 다수의 프롤레타리아 없이도 러시아를 사회주의로 몰아넣을 수 있다는 쪽으로 크게 수정되었던 것이다.

6 소비에트 러시아와 그후
(1917~ 현재)

제 22장 레닌주의의 실현(1917-1924)

1917년 10월 26일(구력) 레닌의 혁명은 성공하였고, 러시아에는 소비에트 정부가 수립되었다. 내각은 '소브나르콤' 이라는 약어로 알려진 '인민위원회'로 불리게 되었다. 의장에는 레닌이, 그리고 내무인민위원은 르이코프, 외무 트로쯔키, 교육 루나차르스키, 민족 스탈린, 기타 농업, 노동, 상공, 재무 등 각 인민위원이 임명되었고, 군사위원회 위원 3명도 임명되었다. 한편 소비에트 중앙집행위원회 의장에는 카메네프가 선출되었다. 소비에트 대회가 결의한 최초의 포고는 전쟁의 종결과 토지 문제에 관한 것이었다. 대회는 독일과의 민주적 강화를 결의했고, 모든 교전국에는 즉각적인 휴전을 호소했다. 그리고 '토지에 관한 포고'는 농지에 대한 사적 소유의 폐지와 농민과 노동자에게 농지를 즉각 재분배할 것을 규정했다.

그러나 레닌이 당장 극복해야 할 문제는 한두가지가 아니었다. 무엇보다도 시급한 것은 전쟁의 종결, 반대파의 제거, 경제위기의 극복 등이었다. 선동적인 선전 구호는 이제 구체적인 행정적 조치로 대체되지 않으면 안되었다. 이와 함께 반혁명, 볼쉐비키 독재 반대자들의 제거도 시급한 것이었다. 이를 위해 레닌은 12월 7일 국가비밀경찰기구인 반혁명탄압비상위원회(체카)를 창설했다. 체카의 적색테러는 1917-1918년을 거쳐 1919년에 절정을 이루었다. 레닌은 테러와 폭력이 없는 프롤레타리아 독재는 생각할 수 없다고 말했고, 그리하여 테러는 이제 볼쉐비키 독재의 필수불가결한 요소가 되어버렸다. 체카의 초대책임자 제르쥔스키는 "지금은 법률이 필요한 시기가 아니다. 필요한 것은 철저한 투쟁 뿐이다. 정식재판은 필요없다. 반혁명을 말살하고, 혁명의 역량을 제고시키는 것만이 필요하다"고 강변했다. 그들의 공격 목표는 귀족, 자본가, 성직자 등 지배계급뿐 아니라, 노동자, 농민, 지식인 등 국민 모두가 그 대상이었다.

경제위기의 극복은 통치기구를 확립하는 것보다 더욱 어려웠다. 경제위기는 2월혁명 이후 계속된 침체상태에서 더욱 심각한 상태로 치닫고 있었다. 물가는 폭등하고 화폐가치는 급속히 하락했다. 도시에서 식량배급을 받을 수 있는 사람은 볼쉐비키 당원, 소비에트 관리, 그리고 일부 노동자계급 뿐이었다. '토지에 관한 포고'에도 불구하고 농민들은 곡물을 인도하지 않고 몰래 비축했다. 심지어 농민들은 곡물을 불태우고, 가축을 도살해 버리기까지 했다. 적군의 특별징발대와 체카가 식량공출을 위해 농촌을 휩쓸며 살상을 자행했으나, 농민의 저항은 더욱 격렬해졌다. 이러한 예기치 못한 농민의 저항은 레닌의 볼쉐비키 정권이 해결해야 할 가장 어려운 문제로 대두되었다.

1. 제헌의회 해산과 브레스트-리토프스크 조약

10월혁명의 성공후 레닌이 추구한 제 1의 목표는 사회주의 국가의 시급한 건설이었다. 10월혁명부터 이듬해 7월까지 볼쉐비키는 사회혁명당 좌파와 연합통치하는 형식을 취했고, 양파간 연합은 1918년 2-3월 대독강화조약 문제를 둘러싸고 금이 가기는 했으나, 대체로 그 기간동안은 '밀월의 시간'을 가졌다고 할 수 있다. 그러나 정부 각료는 대체로 볼쉐비키에 국한되었고, 사회혁명당 좌파는 소비에트 중앙집행위원회에서만 볼쉐비키와 권력을 나누어 가지고 있었다. 내각(소브나르콤)은 이 소비에트 중앙집행위원회에 책임을 지게 되어 있었으므로 외양으로는 볼쉐비키와 사회혁명당의 제휴가 실질적인 것처럼 보였다. 그러나 이것은 러시아에 존재하는 정부는 볼쉐비키만의 정부가 아니라 소비에트의 정부라는 인상을 주어야 한다는 레닌의 정치적 전략을 반영한 것이었다.

2월혁명 후 짜리체제의 붕괴와 더불어, 임시정부는 입헌정부의 수립을 위해 제헌의회를 소집할 것을 약속했었고, 이 제헌의회가 즉각 소집되지 않자 볼쉐비키를 포함한 많은 정당들은 이를 맹렬히 비난한 바 있었다. 그런데 이러한 제헌의회의 소집 요구는 볼쉐비키의 혁명 이후에도 계속되었으며, 따라서 볼쉐비키는 썩 내키지는 않았지만 이에 응하여 1917년 11월 25일 선거를 실시했다. 선거 결과 볼쉐비키는 총유효투표 3600만 표 가운데 약 25퍼센트인 956만여 표를 얻어 전체 의석 707석 가운데 175석을 확보하는데 그쳤다. 이에 비해 사회혁명당은 총유효투표의 58퍼센트에 해당하는 1745만여 표를 얻어 410석을 확보했는데, 우파가 370석을 얻음에 비해 좌파는 40석에 그치고 말아 볼쉐비키와 사회혁명당 좌파가 연합전선을 형성한다 해도 215석에 지나지 않았다 (카데츠는 17석, 멘쉐비키는 16석을 얻는데 그쳤다).

1918년 1월 18일 제헌의회가 열리자 사회혁명당 우파 및 카데츠 등 반볼쉐비키 세력은 소비에트체제를 거부하고 나섰다. 그러나 레닌과 볼쉐비키는 권력을 이양할 생각이 전혀 없었다. 따라서 그들이 택할 수 있는 유일한 길은 무력으로 의회를 해산하는 것이었다. 레닌은 의회를 즉각 해산하면서, "세상의 아무것도 소비에트의 권력을 포기토록 강요할 수 없다"고 선언하고, 트로쯔키도 "제헌의회는 혁명운동의 길을 가로막고 있으며, 따라서 제거되어야 한다"고 주장하여, 처음부터 볼쉐비키 독재의 뜻을 분명히 했다. 그리고 소비에트 중앙집행위원회는 볼쉐비키 독재의 의지를 다음과 같은 마르크스주의적 용어로 도식화했다. "10월혁명은 모든 권력을 소비에트에 이양했으며, 이 소비에트는 부르조아 민주주의적 의회제라는 기만적 형태보다 그 권위에 있어서 상위에 있다." 10월혁명 후 처음이자 마지막인 이 '자유' 선거에서 볼쉐비키는 소수파임이 입증되었다. 그 뒤 소련의 정치지도자들은 그들에 대한 소련 유권자들의 진정한 지지도를 측정하려는 조그만 시도도 모험하지 않았다.

레닌의 볼쉐비키 정부가 이처럼 자신의 권력을 굳히고 사회주의 정책을 펴 나가면서 우선적으로 해결하지 않으면 안되었던 문제가 바로 대독강화조약의 체결이었다. 레닌은 원래 임시정부 때부터 '즉각 평화'를 주장했었고, 이에 따라 10월혁명과 동시에 '무병합, 무배상의 평화'를 교전국에 제의했다. 이에 따라 동부전선을 하루빨리 안정시킨 다음 英,佛에 대한 대공세를 펼 계획이었던 독일은 이를 받아들였고, 1917년 12월 15일 독일군이 점령하고 있던 러시아령 브레스트-리토프스크에서 양국은 향후 4주간 휴전함과 동시에 곧 평화조약 체결의 교섭에 들어가기로 합의했다.

1주일 뒤 브레스트-리토프스크에서 시작된 평화교섭에서 소비에트 대표 요페는 '무병합, 무배상'에 입각한 6개 강화원칙을 제시했다. 그러나 군사적 우위를 점하고 있던 독일군은 사실상 이를 거부하고, 유럽의 비러시아 영토, 즉 폴란드와 리투아니아 및 핀란드의 할양을 요구했다. 1918년 1월 재개된 회담에서 요폐를 대신한 트로쯔키는 독일에서의 반전운동 및 프롤레타리아 혁명의 발발 가능성에 기대를 걸면서 지연 전술을 썼다. 이와 동시에 '非戰非和(neither war nor peace)'의 상태로 전쟁은 종결되었다고 일방적으로 선언했다. 그는 조약을 체결하지 않고 현상을 유지해보려고 했던 것이다. 그러나 독일은 2월 9일 러시아의 지배에서 벗어나려는 우크라이나 독립운동정부를 승인함과 동시에 평화조약을 맺어 군량을 공급할 농경지를 확보한 다음 러시아를 파죽지세로 공격해 들어갔다.

이러한 상황에서 당중앙위원회와 소브나르콤에서는 격렬한 논쟁이 벌어졌다. 부하린을 중심으로 한 좌파는 독일과의 즉각 개전을 주장했다. 그는 볼쉐비키 정부가 독일과 강화하는 것은 제국주의자 빌헬름 2세에게 국내의 프롤레타리아 계급을 억압하고 제국주의 전쟁을 수행토록 도와주는 것이며, 따라서 그 노선은 프롤레타리아 혁명에 대한 배반이라고 주장했다. 그는 볼쉐비키 정부가 '불명예와 배신의 삶'을 갖느니 차라리 패배해서 붕괴되는 한이 있더라도 '혁명전쟁'을 수행해야 한다고 주장했다. 이에 대해 레닌은 "우리는 전쟁을 가지고 농담할 수 없다"고 주장하면서 그의 입장을 이렇게 밝혔다. "독일은 혁명을 잉태하고만 있을 뿐이며, 독일에서의 혁명은 임박하지 않았다. 제법 건강한 어린 아이(볼쉐비키 정권)가 우리에게 이미 출산되어 있다. 우리가 전쟁을 시작한다면 우리는 이 사회주의 공화국을 죽이는 것이다." 사실 레닌의 이러한 입장은 강화교섭 초기부터 확고한 것이었다. 그는 무엇보다도 신생 볼쉐비키 정부를 지키는 것이 현재는 물론, 미래의 공산주의 혁명을 위해서도 최선의 방법이라고 생각했던 것이다.

이러한 논쟁이 진행되는 가운데 진공을 계속한 독일은 1918년 2월 22일 48시간 안으로 강화조약에 조인할 것을 요구했다. 당 및 정부 지도자들 사이에서는 다시 격론이 벌어졌다. 레닌은 "우리는 현재 숨쉴 여유를 필요로 하며, 혁명적 구절을 농하는 것은 진짜혁명을 망친다"고 주장하면서, 자신의 안이 받아들여지지 않으면 당과 정부에서 사임하겠다고 말했다. 당중앙위원회의 표결은 7대 4(기권 4), 소비에트 중앙집행위원회의 표결은 116대 85(기권 26)로 레닌의 안을 승인했다. 이에 따라 대독강화조약은 1918년 3월 3일 브레스트-리토프스크에서 조인되었다. 그러나 혁명전쟁 노선을 주장한 사회혁명당 좌파와 멘쉐비키는 볼쉐비키의 정책을 맹렬히 비난했다. 이 논쟁은 이미 '일국사회주의' 대 '세계혁명론'의 씨앗을 보여준 것이며, 또다른 각도에서 볼 때 당 리더십에 있어서 레닌의 승리를 의미하는 것이었다.

2. 내전과 전시공산주의, 그리고 신경제정책

이렇게 내외의 어려움을 극복하면서, 레닌은 소비에트 국가의 수립을 위한 일련의 조치들을 취해 나갔다. 우선 볼쉐비키는 1918년 3월 6일부터 사흘 동안 모스크바에서 제 7차 러시아사회민주노동당대회를 열었다. 혁명 이후 처음 소집된 이 당대회에서 레닌은 "우리 볼쉐비키당은 러시아를 확신시켰다. 우리는 러시아를 가난한 자를 위해 부자로부터, 노동자를 위해 착취자로부터 빼앗았다. 우리는 이제 러시아를 통치하지 않으면 안된다"고 선언하고, 자신들을 서유럽의 사회민주당과 뚜렷이 구별하기 위해 '러시아공산당'으로 개명할 것을 선언했다. 이와 동시에 수도를 모스크바로 옮겼다. 이어 1918년 7월 10일 제 5차 전러시아소비에트대회를 소집하고, 러시아소비에트사회주의연방공화국 헌법을 제정, 선포했다. 1924년의 새 헌법으로 대체될 때까지 약 6년간 유효했던 이 헌법은 '공산당선언', 제정러시아의 정치적 관행, 혁명기간 동안 자연발생적으로 나타난 정치제도 등을 마르크스주의 이론과 용어로 적절히 배합한 것이었다. 이 헌법은 우선 세계혁명, 자본주의와 제국주의의 타도, 소비에트의 독재권, '일하지 않는 자 먹지 못한다' 는 원칙 등을 선언했다. 그리고 모든 권위와 권력은 1천여명으로 구성된 전러시아소비에트대회에 귀속되며, 2백여 명으로 구성된 소비에트 중앙집행위원회에 위임된다고 규정되어 있으나, 실제로는 이 위원회가 선출한 소브나르콤에 전적으로 귀속되었다고 할 수 있다.

1918년 봄 또는 여름부터 볼쉐비키 정부는 대내외적으로 또다른 중대한 위기에 직면하게 되었다. 10월혁명 직후부터 부분적으로 나타났던 반혁명 움직임은 제헌의회의 해산과 특히 대독강화조약의 체결 이후 더욱 본격화되었다. 짜리 시대의 장군과 귀족들은 남러시아, 볼가강 유역, 시베리아 지역 등지에서 각각 백군을 조직, 여러 개의 임시정부를 선언했고, 사회혁명당 등 좌파 세력도 시베리아에 두개의 임시정부를 세웠다. 그뿐 아니라 볼쉐비키 정부를 타도하고 독일과 전쟁을 재개할 새 정부를 수립할 목적으로 美,英,佛 등 연합국의 제한된 규모의 무력개입 및 각종 임시정부에 대한 지원이 뒤따랐다. 또한 카자크족, 폴란드, 우크라이나, 체코 등도 반볼쉐비키 전쟁에 참여했다. 이로써 볼쉐비키 정부는 내란 및 외국의 무력간섭에 직면하게 되었다.

그러나 볼쉐비키는 1921년 2월까지 이들을 진압하는데 성공했다. 볼쉐비키가 승리를 거둘 수 있었던 요인으로는 다음과 같은 점들이 지적되고 있다. 첫째, 반란군들이 너무 이질적이어서 하나의 연합전선을 형성하지 못했다. 둘째, 반란군과 외국군이 대체로 러시아의 변방을 점령하고 있었음에 비해 볼쉐비키는 중심부를 점하고 있었다. 셋째, 반란군이 외국과 결탁했다는 점 때문에 볼쉐비키는 외세에 대한 '조국수호전쟁' 의 입장을 취하여 민중의 지지를 얻었다. 넷째, 반란군은 그들의 반동적 성격 때문에 농민의 지지를 얻지 못했다. 다섯째, 적군은 조직과 용병이 우수했으며, 이 점에 있어서 특히 신임 국방인민위원 트로쯔키의 공로가 컸다. 여섯째, 도시로의 식량공급을 확보함으로써 도시 노동자의 지지를 얻었다.

그러나 이러한 내우외환의 시련 속에서 볼쉐비키의 새로운 정부는 전체주의적 경찰국가의 길로 줄달음쳤다. "무자비한 조직적 테러는 혁명기의 절대적 필수품"임을 공식 선언한 제르줜스키 지휘하의 체카는, 내란 발발 및 사회혁명당원에 의한 레닌 암살기도와 체카의 뻬트로그라드 책임자 우리쯔키의 암살을 계기로 더욱 확대되고 더 많은 권력이 주어졌다. 1918년 9월 5일 소브나르콤은 체카에 "백군의 조직 및 음모와 관련된 모든 사람을 사살할 권한"을 부여했으며, 레닌도 "사살 없이 어떻게 혁명을 하겠다는 것이냐"고 말하면서 이를 뒷받침했다. 체카의 무법 및 자의성은 체카 요원에게 시달된 다음과 같은 지시문에서 명백히 나타난다. "그 사람이 힘이나 또는 말로서 소비에트 정부에 반대했는지의 증거를 찾지 말라. 너의 첫 임무는 그의 계급, 출신성분, 교육, 직업을 묻는 것이다. 그 물음에 대한 대답이 죄인의 운명을 결정하는 것이다." 이러한 일련의 과정 속에서 1918년 7월 16일 로마노프 왕조의 마지막 황제 니콜라이 2세와 그의 가족 모두가 예카쩨린부르그라는 한 마을에서 살해되었다. 1922년 2월 반볼쉐비키 전쟁의 공식 종결을 상징하기 위해 체카는 폐지되었다. 그 대신 '국가정치지도부(약칭 게.뻬.우.)'라는 기관이 내무성 아래 설치되었다.

한편, 내란 못지않게 새 정부를 위협한 것은 전쟁과 내란 및 급진적인 사회주의 정책에 따른 경제적 혼란이었다. 1913년의 공업총생산을 1로 놓고 볼 때, 1917년의 공업총생산은 4분의 3, 1920년의 공업총생산은 6분의 1로 떨어졌다. 1918년의 석탄생산도 1913년 생산의 33퍼센트로, 1920년의 철생산량은 戰前의 3퍼센트로, 1920년 대기업의 총생산은 전전의 14퍼센트로, 1920년의 농업총생산은 전전의 50퍼센트로 각각 떨어졌다. 오데사라는 러시아의 한 평균적인 도시를 예로 들면, 발전소, 수도공급, 전차운행, 시영 목욕탕 등이 모두 중지되었거나 문을 닫았고, 요리할 약간의 식용유를 얻기 위해 48시간 동안 줄을 서서 기다리지 않으면 안되었다.

그러나 가장 큰 문제는 뭐니뭐니해도 식량 문제였다. 우선 식량의 절대량이 모자랐다. 1920-1922년에 러시아의 곡창지대 우크라이나 지방에 큰 가뭄이 들어 평년 생산량의 5퍼센트 밖에는 생산하지 못했다. 도시로의 식량 공급도 원활하지 않았다. 계속되는 인플레 때문에 농민은 그나마 식량을 팔지 않기 시작한 것이다. 자연히 도시민에 대한 빵의 1일 배급분이 볼쉐비키 정권이 들어선 뒤 8분의 1로 떨어질 수 밖에 없었다. 이렇게 되니 도시민들은 그래도 식량을 구하기 쉬운 농촌으로 몰려들어 도시의 인구가 격감했다. 레닌그라드로 개칭한 뻬트로그라드를 예로 들면, 1917년 현재 230만 명이던 인구가 1919년에는 70만 명으로 줄어들었다. 결과적으로 농촌도 극심한 식량난을 겪게 되었다.

그러나 이러한 상황도 이론가 부하린에게는 별로 문제될 것이 없었다. "생산에 있어서 '무정부상태'라는 것은 아무리 애통해 한다 해도 피할 수 없는 역사의 한 단계이다. '혁명으로 빚어진 손실'이란 것은 인간사회가 미래 발전 가능성을 위해 지불하지 않으면 안될 대가이다"라는 것이 그의 주장이었다. 그러나 상황은 몹시 급박했다. 트로쯔키는 당시의 상황을 자신의 회고록『나의 생애』(1930)에서 "1918년 봄과 여름은 가장 어려운 시기였다. 고갈되고 파멸되고 절망적인 이 나라에서 새 정부를 유지해나갈 충분한 활력이 있는지의 문제가 제기되었다. 혁명의 운명은 머리카락 한 올에 매달려 있는 것 같았다"라고 쓰고 있다.

여기서 레닌은 사회혁명당과 멘쉐비키의 맹렬한 반대에도 불구하고 '전시공산주의(War Communism)' 정책을 채택했다. 그것은 좀 단순화시켜 말한다면, 농민으로부터 가급적 많은 식량을 강제적으로 빼앗아 내어 도시민에게 공급하는 일련의 긴급 조치를 의미했다. 우선 농민들은 국가가 결정한 각 농가의 1년 소비 양곡과 파종곡을 초과한 일체의 양곡을 국가에 팔아야 하며, 이에 응하지 않는 자는 '인민의 적'으로서 '혁명법정'에 서야만 했다. 한편, 초과분의 식량을 감춘 자를 신고할 경우 신고자는 몰수분의 반을 차지하도록 했다. 이를 뒷받침하기 위해 정부는 '노동자식량징발대'와 '식량군'을 조직, 전국에 내려 보냈다. 이와 동시에 농민을 부농(쿨라크), 중농(세레드냐크), 빈농(베드냐크)으로 나누어 중농, 부농에 대한 빈농의 '계급투쟁'을 대대적으로 장려했다. 이 계급투쟁을 돕기 위해 '빈농위원회'를 도처에 신설했다.

 이러한 강압적 방법으로 1919-1920년에는 전년도분의 125퍼센트를 징수할 수 있었다. 그러나 농민들은 점차 무기를 들고 강제징수에 대항하거나, 자기 먹을 정도만 생산하고 초과분으로 지정될 가축을 마구 죽였다. 이 때문에 1921-1922년에는 자연 기근 이외에 '사람이 만든 기근'이 발생하여 3백만 명이 굶어죽고, 6백만 명이 굶주림으로 말미암은 질병 등으로 죽었다. 농민반란도 줄기차게 일어나, 한 연구자에 의하면 1920-1921년에만 유럽지역 러시아의 50개 省 가운데 21개 省에서 농민반란 또는 소요가 있었다고 한다. 레닌도 후일 그의 정책이 '대다수의 농민'을 정부로부터 소외시켰다고 인정했다. 그러나 이 정책으로 레닌은 그가 정말 정권을 유지하기 위해서는 더욱 고려해야 할 도시노동자와 적군을 굶기지 않을 수 있었고, 내전을 승리로 이끌 수 있었다.

 '전시공산주의'에 대한 저항은 1921년 초에 더욱 뚜렷해져 멘쉐비키와 사회혁명당은 '공산당 타도', '소비에트정부 타도', '제헌의회 만세'를 내걸며 노동자의 파업을 선동했다. 이러한 상황 속에서 그해 3월 레닌그라드에서 그리 멀지 않은 발틱 해상의 한 섬 크론슈타트 요새에서 수병 1만 명과 주민들이 합세한 대규모

소요사태가 발생했다. 이들은 볼쉐비키 독재를 격렬히 비난하고, 자유선거에 의한 새 정부의 구성과 '볼쉐비키 없는 소비에트' 및 모든 노동자계급 정당의 정치적 자유를 주장하는 한편, 임시혁명위원회를 구성했다. 1917년 2월혁명과 10월혁명에 이어 세번째의 혁명이 임박한 듯이 보였다. 이에 대해 레닌은 투카체프스키 장군을 급파, 중화기와 폭격기를 동원해 이들을 공격, 약 10일만에 이들을 진압했다.

이 사건은 레닌으로 하여금 전시공산주의 정책을 버리고, 그가 "자본주의로의 전략적 후퇴"라고 부른 '신경제정책(New Economic Policy, 약칭 NEP)'을 채택하게 했다. 물론 레닌은 이 '후퇴'를 마르크스의 이론으로 합리화하는 것을 잊지 않았다. 마르크스는 자본주의 경제의 잠재력이 충분히 발현되었을 때에만 사회주의가 가능하다고 주장한 바 있다. '프롤레타리아 러시아'의 半정도 달성한 공업화를 완결시킬 수 있도록 도와줄 수 있는 서유럽 선진국 프롤레타리아의 지원이 없는 이 상황 속에서는, 프롤레타리아 정부가 스스로 자본주의를 발전시키고, 또 그것을 주도하지 않으면 안된다는 것이 레닌의 설명이었다.

1921년 3월 제 10차 전당대회에서 채택된 신경제정책(1921-1928)은 엄격한 정부의 통제 아래 자본주의의 요소를 부분적으로 채택한 것이었다. 이 정책은 우선 농민에 대한 양보로 시작되었다. 식량의 강제징수가 폐지되었고, 그 대신 농민은 그들 생산의 일부를 세금으로 정부에 납부하고, 그 나머지를 시장에 내다 팔 수 있도록 허용되었다. 이로써 농민의 생산의욕이 크게 증대되었다. 그 다음 조치는 경공업과 무역에 있어서 사기업으로의 부분적 전환이었다. 레닌이 경제의 '사령부'라고 부른 중공업은 여전히 정부의 관리하에 두었다. 그러나 여기에도 변화가 있어서, '노동자의 관리' 대신에 정부가 임명한 전문관리인이 이를 상업적 원칙 아래, 즉 엄격한 회계절차와 이윤추구 아래 이를 경영해 나갔다. 이것은 물론 사기업도 아니고 사회주의도 아닌 상태였으며, 레닌도 이를 '국가자본주의'라고 불렀다. 이 정책에 따라 소련의 공업생산과 농업생산은 戰前의 수준으로 회복되게 되었다.

3. 공산당의 강화와 코민테른

정치,경제적 현실을 더욱 중시한 레닌은 필요한 경우 자본주의와의 타협도 마다하지 않았다. 볼쉐비키의 집권 이후 가장 두드러진 양보가 바로 브레스트-리토프스크 조약과 신경제정책이었음은 앞서 살펴본 바 있다. 그러나 레닌의 노선에 대한 비판은 여전히 당내에 남아 있었다. 그 첫번째 그룹은 '민주집중주의자 그룹'이라고 불리었는데, 이들은 당내에 권위주의적이며 관료주의적인 지배가 발전해가는 것을 반대하고, 당내 민주주의를 옹호했다. 두번째 그룹은 '노동자 반대 그룹'이라고 불리었는데, 이들은 노조를 당의 예하에 두는 것에 반대하고, 당에서 훨씬 독립적인 생산자들의 손에 맡길 것을 주장했다. 1920년 12월 모스크바에서 열린 볼쉐비키 특별회의가 노조 문제에 대한 토의를 시작하자 무수히 많은 구상과 의견들이 개진되었다. 이러한 경향은 1921년에 들어서 더욱 현격히 나타났으며, 특히 신경제정책안을 놓고 좌파들은 그것이 자본주의로의 후퇴라는 점을 들어 맹렬히 반대했다.

1921년 3월 크론슈타트의 반란이 진행중인 가운데 열린 제 10차 당대회에서 레닌은 당내의 분파활동을 금지하는 '당 단합에 관한 결의안'을 통과시켰다. 이 결의안은 당원이 독자적인 정치적 프로그램을 갖고 당내에서 하나의 그룹을 형성하는 것을 금지시킴으로써 당 수뇌부의 공식적 리더십에 대한 어떠한 반대도 불법적인 것으로 만들었다. 이 결의안은 또 이 새 규정을 어긴 당원을 당중앙위원회의 결의로써 당으로부터 추방할 수 있도록 허용했는데, 이 조항은 당내 반발을 우려해 당분간 비밀에 부치기로 했다. 이러한 원칙은『무엇을 할 것인가』에 이미 나타났던대로 레닌주의의 중요한 한 부분이었으며, 이 원칙의 공식 채택은 레닌주의의 중요한 승리였을 뿐만 아니라, 소련정치사에 있어서 하나의 전환점을 뜻하는 것이었다.

소련공산당 규약상 '당대회'는 프롤레타리아 일반의지의 최고 표현기관이었다. 혁명 이후의 기간에 당대회는 1년에 한차례 소집되었으나, 그 크기와 당 수뇌부의 권위주의적 리더십 때문에 실질적인 권력기구가 되지 못했다. 당대회가 선출하는 '중앙위원회'가 당대회보다 실질적인 협의기관 역할을 담당했고, 실질적인 토론장이기도 했다. 그러나 그것의 규모 역시 컸으며, 특히 레닌의 입장에서 볼 때 그것은 다루기 어려운 상대였다. 따라서 레닌은 1919년 제 8차 당대회의 결의를 거쳐 긴박한 정치적 결정을 내리는 '정치국', 당원을 배치하는 '조직국', 중앙위원회의 행정적 사무를 돌보는 '서기국'을 설치했다. 레닌, 트로쯔키, 카메네프, 스탈린, 크레스쩬스키 등 5인으로 구성된 정치국은 모두 동료라는 뜻에서 의장을 두지 않았으나, 레닌이 실질적인 최고지도자로 받아들여졌으며, 조직국은 정치국원인 스탈린이 이끌었고, 서기국의 서기장 역시 스탈린이 차지했다. 이러한 기구의 창설로 복잡한 당의 장치는 점점 늘어났으며, 이러한 장치를 통해 당 수뇌부는 그 권력을 늘여 갔다.

레닌은 당기구를 확장했을 뿐만 아니라, 숙당 사업도 벌였다. 이상주의 혹은 기회주의에 자극받아 증가된 당원은 1921년 3월 현재 73만 2천여 명에 달했으며, 이 수치는 1917년 3월에 비해 무려 28배나 증가한 것이었다. 레닌은 10차 당대회에서 '프티부르조아적 요소'가 당내에 침투했다고 경고하고, '비공산주의적 요소의 숙청'을 명령했다. 이에 따라 1921년 후반기에 전 당원의 약 20퍼센트를 추방하고, 후보당원의 기간을 거쳐야 정당원이 될 수 있다는 1919년의 당규약 규정을 엄격히 적용하기 시작했다. 이로써

1923년경부터 당원의 수는 당분간 50만 명 선에서 고정되었다.

한편, 러시아소비에트사회주의연방공화국과 그 인근의 우크라이나소비에트공화국, 백러시아소비에트공화국, 그루지야소비에트공화국, 아르메니야소비에트공화국, 아제르바이잔소비에트공화국간에는 별다른 유대가 없었다. 그러나 독일 침략의 경험 등은 이들 사이에 군사적 유대를 형성시켜 나갔다. 내란과 경제위기 등을 어느정도 극복하면서 러시아는 차차 이들 인근의 소비에트공화국과 보다 밀접한 통합을 이룩하려고 했다. 이 과정에서 우크라이나와 백러시아처럼 단계적이고 평화적인 방법으로 통합된 경우도 있으나, 멘쉐비키가 통치하던 그루지야처럼 적군의 진입으로 통합된 경우도 있었다.[91] 이러한 바탕 위에서 1922년 12월 30일 열린 제 10차 전러시아소비에트대회는 4개 소비에트사회주의공화국 사이의 연방조약을 체결, 소비에트사회주의공화국연방을 탄생시켰다(이 제 10차 전러시아소비에트대회가 소련의 제 1차 소비에트대회로 인정된다). 이어 1923년 소비에트사회주의공화국연방헌법을 제정하고, 1924년 제 2차 소비에트대회의 비준을 거쳐 시행케 되었다. 1936년 이른바 '스탈린 헌법'에 의해 대체될 때까지 약 12년간 유효했던 이 헌법은 1918년의 러시아소비에트사회주의연방공화국의 헌법과 거의 같았다. 연방과 각 구성공화국간의 권력관계를 새로 설치했으며, 최고법원에 대한 규정을 두었다. 초대 공화국연방의 실권없는 국가원수직에는 레닌에 충실한 칼리닌이 선출되었다.

이와 더불어 공산당의 러시아 지배를 어느정도 굳힌 레닌은 국제공산주의운동도 스스로 주도하려 했다. 그는 이제 러시아가 새

---

91) 침입에 따라 그루지야와 아르메니야 및 아제르바이잔은 트란스코카서스소비에트사회주의연방공화국을 수립했다.

로운 세계혁명의 보루가 되었으며, 러시아의 프롤레타리아 혁명과 이에 따른 프롤레타리아 독재는 유럽 공업국가의 프롤레타리아트에게 보편적으로 적용될 수 있는 모델이 되었다고 생각한 것이다. 그의 이러한 견해는 소비에트의 독재적 방식을 공격한 국제 공산주의운동의 거물 독일 사회민주당의 카우츠키에 대한 반론으로 쓰여진 「프롤레타리아 혁명과 배신자 카우츠키」(1918)에 잘 나타나고 있었다.

레닌이 제 3차 인터내셔날의 소집을 공고했으나, 외국 공산당 대표의 참가는 거의 없었다. 소련을 제외하고는 이 새로운 인터내셔날에 대표를 파견할 수준의 공산당이 존재하는 나라도 거의 없었고, 1918년 12월 30일 결성된 독일 공산당의 지도자 리프크네히트(Karl Liebknecht)와 룩셈부르크(Rosa Luxemburg)는 한달 뒤 피살되었으며, 그나마 서방국가의 소련 봉쇄로 입국이 용이하지 않았다. 이러한 사정으로 외국 대표는 겨우 다섯명만이 참석했을 뿐인데, 레닌은 러시아 대표와 러시아에 머물고 있는 외국인들로 제 3차 인터내셔날을 개최하고, 이를 '제 1차 국제공산주의자(코민테른) 대회'로 선언하였다. 코민테른을 결성한 레닌은 「공산주의에 있어서 좌익 소아병」이라는 논문을 통해 유럽의 프롤레타리아 혁명가들은 무모하게 혁명에 뛰어들 것이 아니라, 마땅히 '철의 기율'과 '전술적 유연성'을 포함한 볼쉐비키당의 장점을 배울 것과, 항상 모스크바와 전략을 협의할 것을 요구했다.

제 23장 스탈린주의(1924-1953)

코카서스 지방의 한 농촌에서 신기료장수의 아들로 태어난 스탈린은 20세기에 있어서 히틀러 밖에는 그 예를 찾을 수 없는 전대미문의 독재자로 등장, 소련과 세계의 역사에 큰 영향을 미쳤다. 그의 시대에 소련은 "공산주의로 향한 도정에서 사회주의의 단계에 도달했다"고 선언되었으며, 경제개발로 국제적 지위도 크게 강화되었다. 그러나 이러한 성취의 이면에는 1천만 명에 가까운 농민의 희생이 있었고, 소련인의 뇌리에서 결코 지울 수 없는 대숙청의 공포정치가 있었다.

1922년 12월 두번째 뇌출혈로 쓰러지면서 자신의 죽음이 임박했음을 깨달은 레닌은 당 지도층에게 '유서'를 남겼다. 여기서 그는 자신의 사후 당이 분열될 수 있음을 경고하고, 서로 긴밀한 협조로서 그의 지배권을 공동계승할 것을 제의했다. 그는 이를 위해 각 간부들이 자기 혼자서 지배권을 장악할 수 있다는 생각을 갖지 못하도록 한사람 한사람을 혹평하기도 하고, 또 각자를 똑같이 칭찬해주기도 했다. 그는 또한 당의 분열을 막는 방법으로 당중앙위원회를 50명 내지 1백 명으로 늘려 권력이 어느 개인에게 집중되지 못하도록 권고하기도 했다.

그러나 레닌의 경고에도 불구하고, 그가 와병하면서부터 당 지도부는 지노비예프와 카메네프 및 스탈린의 삼두체제(트로이카)

와 트로쯔키의 두 세력으로 나뉘어졌다. 트로쯔키는 사실 볼쉐비키혁명의 실질적 설계자이며, 내란 진압에서 눈부신 공로를 세웠을 뿐만 아니라, 이론가이며 웅변가로서 인망이 높았고, 국방상으로서 병권을 장악하고 있었다. 그러나 그는 당내의 지지가 약하다는 결정적인 약점이 있었다. 그는 원래 볼쉐비키도 멘쉐비키도 아닌 고립된 존재로서 출발했으며, 볼쉐비키에 가담한 것은 1917년 여름에 이르러서였다. 또 그의 대중적 인기는 그의 반대파들을 결속시키는 한 요인이 되었다.

이에 비해 삼두체제 쪽은 당을 장악하고 있었다. 세 사람 모두 당정치국원일 뿐만 아니라, 스탈린은 서기국의 서기장을 겸하면서 조직국과 중앙통제위원회를 장악하고 있었으며, 지노비예프와 카메네프는 각각 레닌그라드당과 모스크바당의 책임자여서 당을 실질적으로 지배하고 있었다. 여기에다 그들은 다른 정치국원인 부하린, 톰스키, 르이코프의 지지를 확보하고 있었다. 이처럼 당에 대한 그들의 지배는 철저한 것이어서, 만일 트로쯔키가 국방상의 직위를 이용해 쿠데타를 일으킨다면 그것을 반당행위로 규정할 충분한 힘을 가지고 있었다. 삼두체제는 여기에 그치지 않고 자신들의 당 지배권을 이용, 점차 하급 당부에 이르기까지 자파세력을 부식해 나갔다. 그뿐 아니라 반대세력을 체포, 축출하거나 그들의 연설과 출판을 금지시키는 등 강경한 자세를 취했다.

이에 대한 반발이 서서히 나타나기 시작했다. 그것은 신경제정책이 잠정적으로 난관에 봉착하고, 파업과 실직이 다시 도시들을 휩쓸며, 특히 지노비예프가 의장인 코민테른 지도하에 실천에 옮겨진 독일에서의 공산주의혁명이 실패한 1923년 10월에 46인의 저명한 볼쉐비키 지도자들이 작성한 서한으로 나타났다. 이들은 당중앙위원회에 보낸 공개서한에서 삼두체제에 의한 당권의 장악과 독재를 비판하고, 당내 민주주의를 복구할 것을 요구했다. 후일 '좌파반대세력'으로 알려진 이들의 집단행동은 삼두체제를 당황시켰고, 이들로 하여금 최소한 표면상으로 그들 주장의 정당성을 인정하게 하는 한편, 당내 민주주의를 약속케 했다.

그러나 트로쯔키는 「신노선에 관한 서한」(1923)에서 당내 비판에 대한 탄압과 당 장치에 의한 당의 예속을 맹렬히 공격했다. 이에 대해 삼두체제는 1924년 1월의 제 13차 당대회에서 트로쯔키는 종파분자이며, 그의 주장은 레닌의 가르침과는 대립되는 것이라고 공격하면서, '트로쯔키즘'이라는 신화를 만들어 내었다. 트로쯔키는 여러차례의 해명에서 자신의 주장은 레닌주의와 일치하는 것임을 역설했으나, '이단 트로쯔키즘'의 낙인을 특히 일반 당원과 대중의 뇌리에서 지우지 못했다.

양파의 대결은 1924년 말 트로쯔키의 『10월혁명의 교훈』이 출간되면서 격화되었다. 여기서 트로쯔키는 지노비예프와 카메네프가 1917년 볼쉐비키의 집권을 반대했던 것을 비판하고, 혁명의 기회를 적절히 포착하지 못하는 그들의 오류는 1923년의 실패한 독일혁명에서도 되풀이되었다고 공격했다. 그는 그들의 이러한 과오는 '타성과 보수주의'에 기인하는 것이라고 지적하면서, 이러한 그들이 앞으로 혁명의 주도권을 장악할 수 없을 것이라고 비판했다. 삼두체제의 트로쯔키 비판도 더욱 격화되었다. 특히 스탈린은 「트로쯔키즘인가 혹은 레닌이즘인가」라는 논문에서 10월혁명 당시 트로쯔키는 오직 당의 의사를 실천했을 뿐인데도 그의 역할과 공적이 과대평가되었다고 주장하고, "트로쯔키즘은 볼쉐비키당에 대한 충성심의 결여, 볼쉐비즘 지도자들에 대한 불신, 레닌이즘의 지도자들과 당의 중앙기관에 대한 모욕을 의미한다"고 성토했다. 이 논쟁의 과정에서 이론가로서의 스탈린의 지위가 크게 부각되었다.

1. 일국사회주의론

『10월혁명의 교훈』이 제기한 또하나의 쟁점은 트로쯔키의 ‘세계혁명론’ 대 스탈린의 ‘일국사회주의론’이었다. 그런데 우선 지적해야 할 것은 그 논쟁이 권력투쟁의 원인이었다기보다는 오히려 그 결과였다는 점이다.

레닌의 죽음 당시에 당내에서는 이 문제에 관해 별 중요한 견해차가 없었다. 지도층은 모두 볼쉐비키는 러시아에 있어서 혁명의 성과를 보호하고, 세계 도처에 사회주의의 마지막 승리를 달성하기 위해 해외에 혁명을 파급시키지 않으면 안된다는 레닌의 견해를 따르고 있었다. 트로쯔키는 이 점을『10월혁명의 교훈』에서 다음과 같이 좀더 부연했을 따름이다. 즉, 러시아에 있어서 노동자계급의 출현은 유럽 자본주의 국가의 즉각적인 적의를 불러일으켜 이를 타도하려 할 것이다. 이 때문에 러시아 노동자들은 혁명을 유럽 자본주의 국가로 이끌고 가지 않으면 안된다. 자본주의가 도처에서 타도되고, 새로운 노동자계급이 집권해서 러시아를 지원해야 한다. 러시아는 너무 후진적이어서 선진공업국의 지원 없이는 사회주의 정부를 유지하기가 어렵다. 다시 말하면, “유럽 프롤레타리아 국가의 직접적 지원 없이 러시아 노동계급은 권력을 유지할 수 없다”는 것이 트로쯔키 주장의 핵심적인 부분이었다.

스탈린은 이것을 공격하고 나섰다. 원래는 스탈린도 트로쯔키의 견해와 다른 주장을 갖고 있지 않았다. 「레닌의 서거에 관하여」(1924)라는 논문에서 그는 “소련 그 자체가 목적이 될 수는 없으며 … 동서 모든 나라에서 혁명운동의 연쇄를 강화하는데 필요한 링크이다”라는 레닌의 견해에 전적인 동감을 표시하고 있었다. 그는 또한 그의 주요한 이론적 저작인 『레닌이즘의 기초』(1924)에서 사회주의가 한 나라에서만 달성될 수 있다는 주장을 특별히 힘주어 부인했다. 어느 한 나라가 그 나라의 부르조아지를 타도할 수는 있으나, 더 선진된 국가에서 혁명이 발생하여 그를 지원하지 않으면 궁극적으로 사회주의를 달성할 수 없기 때문에, 그 나라는 외국의 혁명을 '조정하고 지원할' 의무가 있다고 주장했던 것이다.

그러나 스탈린은 이제 트로쯔키를 거세하기 위해 그의 '세계혁명론'을 분쇄할 필요를 느꼈다. 이에 따라 그는 1924년 12월에 발표한 논문「10월혁명과 러시아 공산주의자의 전술」에서 종전의 입장을 바꾸어 사회주의가 한 나라에서만 승리할 수 없다는 이론은 "인위적이며, 더 지탱하기 어려운 것이 되어 버렸다"고 비판하고, 볼쉐비키의 7년 통치는 소비에트정권이 제국주의의 반대에 직면해서도 생존할 수 있음을 입증한 것이라고 강조했다. 그는 특히 "유럽 프롤레타리아 국가의 직접적 지원 없이 러시아 노동계급은 권력을 유지할 수 없다"는 트로쯔키의 주장은 러시아 프롤레타리아의 역량을 과소평가한 것이며, 전 세계에 사회주의를 전파하는 가장 빠른 길은 사회주의를 우선 어느 한 나라에서라도 굳게 심어 세계혁명을 시작할 강력한 기반을 세우는 것이라고 주장했다.

트로쯔키와 '좌파반대세력'은 이러한 스탈린의 주장은 '민족애국주의'이며, 세계혁명을 포기하고 국가와 당기관의 '관료적' 이익을 추구하는 행위라고 비판했다. 그러나 트로쯔키는 1925년 1월 그가 갖고 있던 유일한 무기이며, 또한 결코 써보지 못한 무기인 강력한 국방상의 직위에서 해임되었다.

트로쯔키라는 공동의 적이 무력해지자 삼두체제는 다시 분열되었다. 스탈린은 정치국의 우파인 르이코프와 톰스키 및 부하린 등과 제휴하고, 지노비예프와 카메네프는 스탈린을 견제하기 위해 트로쯔키 및 그의 '좌파반대세력'과 손을 잡았다. 이 두 세력 간의 논쟁은 주로 경제문제에 집중되었다.

신경제정책에도 불구하고 러시아는 심각한 식량부족과 생필품 부족을 겪고 있었다. 공업성장도 낮았고 실업률은 늘었다. 좌파는 1926년 7월 '13인 선언'을 통해 이를 비판하면서, 중앙계획과 중앙통제하의 급속한 공업화와 기계제 집단농장을 대안으로 제시했다. 그들은 공업화 비용의 큰 몫을 농업이 감당해야 하며, 특히 부농은 더 높은 율의 세금을 내야 한다고 주장했다. 이들은 또한 신경제정책이 러시아에 자본주의의 해악적 요소를 계속 도입시키고 있다고 비판하고, 당내에도 비프롤레타리아적인 관료지배가 성장하고 있다고 공격했다. 이에 대해 부하린 등 우파는 신경제정책의 계속을 지지하고, 특히 좌파의 집단농업제를 반대했다. 원시적인 농경방식에 의존하고 있는 러시아에서 집단농업제는 부적합하고, 농민에게서 그들의 토지를 빼앗는다면 격렬한 저항이 있을 것이라고 경고했다. 이들은 또한 자본과 기술이 부족한 러시아에서 급속한 공업화를 추진함으로써 얻을 수 있는 것이 무엇이냐고 반문했다.

이 논쟁에서 스탈린은 일단 우파의 정책을 지지하는 자세를 취했다. 이와 동시에 스탈린은 좌파에게 자아비판을 강요, 트로쯔키를 포함한 좌파 간부들은 그들의 종파, 반당 행위를 '회개'해야만 했다. 그러나 스탈린은 이에 그치지 않고, 1926년 10월 이를 근거로 지노비예프와 트로쯔키를 정치국에서 추방하고, 카메네프를 정치국 후보위원으로 강등시켰다. 지노비예프는 코민테른 의장직에서도 해임되었다.

그러나 좌파는 1927년 5월 '84인 선언'을 통해 다시한번 공세를 폈다. 그들은 중국에 있어서 공산주의자들을 오도한 스탈린의 전략상의 실패와 스탈린 개인 독재의 위험성 및 당기구의 관료화를 경고했다. 특히 트로쯔키는 러시아혁명은 이제 프랑스혁명처럼 '테르미도르 반동'에 도달했다고 비판하고, 반동세력의 교체를 주장했다. 그러나 이 도전은 좌파로서는 마지막이었다. 1927년 10월 스탈린은 트로쯔키와 지노비예프 및 카메네프를 우선 당중앙위원회에서, 그리고 곧 당에서 추방했다. 그 해 11월 소집된 제 15차 당대회에서 지노비예프와 카메네프는 다시한번 회개하고 얼마 뒤 복권되었다. 그러나 트로쯔키는 회개를 거부해 중앙아시아의 알마아타로 추방되었고, 1929년 초 영구히 망명길에 올랐다.

우파의 도움으로 좌파세력을 몰아낸 스탈린은 이번에는 우파에 대한 공세를 취했다. 1929년 4월 스탈린은 당중앙위원회를 소집하고,「부하린 그룹과 우리 당에 있어서의 우익적 편향」이라는 연설을 통해 '부하린 그룹'이 부농에 의해 제기되고 있는 사회주의에의 위험성과, 전 세계적으로 사회주의혁명이 고조되고 있는 경향을 간과하고 있다고 비난했다. 그는 이어 당내의 사회민주주의 경향에 대항할 투쟁을 더욱 강화하고, 국내외에서 자본주의에 대한 공세를 전개해야 할 시기가 되었다고 강조했다.

스탈린은 우선 '부하린 그룹'에게 회개할 것을 요구했다. 이들이 이를 거부하자, 스탈린은 또다른 정치국원 칼리닌과 보로쉬로프를 동원, 부하린과 톰스키 및 르이코프를 정치국원의 지위에서 추방하고, 부하린으로부터는 코민테른 의장 및 <쁘라브다> 편집장의 직책을, 톰스키로부터는 노조 의장의 직책을, 르이코프로부터는 내각 수상의 직책을 각각 박탈했다. 이들은 결국 자신들의 과오를 회개하고 당의 용서를 빌어 당분간 복권될 수 있었다. 이처럼 좌파에 이은 우파의 제거로 스탈린에 도전할 세력은 없어졌고, 자연히 스탈린은 레닌에 이어 유일한 단독 지도권을 확보하게 되었다. 1929년 12월 21일 그의 50회 생일은 전 러시아에 의해 축하되었고, <쁘라브다>는 그를 처음으로 '레닌의 승계자'라고 불렀다. 모스크바공국의 이반 4세처럼 스탈린은 이제 전 러시아의 독재자로 군림하게 되었고, 그의 '일국사회주의론'이 승리하게 됨에 따라 사회주의 경제개발에 박차를 가하게 되었다.

2. 농업집단화와 중공업우선 정책

스탈린이 1928년 좌파 이론으로 '정책전환'[92]함에 따라 우선 농업의 집단화가 실시되었다. 집단화의 방법으로 소련이 채택한 것은 '소프호즈'라고 불린 국영농장과 '콜호즈'라고 불린 집단 농장 두가지였다.

원래 소비에트 정부는 부농의 대량생산을 단시일 안에 대체시켜 줄 수 있는 것으로서 소프호즈를 생각하고 여기에 큰 기대를 걸었다. 따라서 정부는 1928년부터 소련의 동부와 남부 및 동남부에 여러 개의 거대한 국영농장을 세우고, 트랙터와 콤바인 등 일체의 농경기계와 숙련된 농업기술자 및 노동자들을 동원해 양곡의 대량생산을 꾀했다. 소프호즈가 '곡물공장'이라고 불린 것은 바로 그 때문이었다. 그러나 소프호즈가 세워진 땅은 대개 비가 적게 내리고, 잡초가 무성할 뿐 아니라, 가뭄이 자주 들어 기계도 제 값을 발휘하지 못하고, 지역이 너무 넓어 관리도 수월치 않았다. 이러한 점들은 1934년 제17차 당대회에서도 공식적으로 인정되었다. 여기서 스탈린은 "국가가 국영농장에 투자한 막대한 액수와 국영농장들이 오늘날까지 이룬 실제 결과 사이에 차이가 있다"고 지적하고, 국영농장을 더 세분화하도록 지시했다. 그러나 흐루시초프가 다시 국영농장에 새 활력을 불어넣을 때까지 스탈린의 이 지시 이후 국영농장의 중요성은 떨어지고 있었다.

소프호즈가 정부에 의해 소유, 운영되고, 따라서 여기에 속한 농민은 월급을 받으며, 농민이 아니라 노동자로 분류됨에 반하여, 콜호즈는 최소한 이론상으로는 농민들이 자발적으로 자신들의 토지와 자본 및 노동을 합쳐 대량생산을 꾀하는 집단농장이었다. 그러나 대부분의 농민들이 이에 반대하여 1929년 10월 현재 겨우

---

92) 스탈린은 이것을 '정책전환'이라 하지 않고 '레닌주의에 입각한 농업과 공업에 있어서의 신노선'이라고 불렀다.

전 농가의 4.1퍼센트만이 콜호즈에 들어가자, 스탈린은 그해 말부터 드디어 전대미문의 강권을 발동하기 시작했다. 콜호즈에 들어가지 않는 농민은 체포되어 강제노동으로 돌려지거나, 부농으로 낙인되어 처형되었다. 그 결과 1930년 1월 20일 현재 전 농가의 21.6퍼센트가, 40일 뒤인 3월 1일 현재 전 농가의 55.6퍼센트가 집단농장에 들어갔다. 그러나 스탈린은 3월 2일 <쁘라브다>에 「성공에 현기증이 난다」라는 논문을 기고하고, '자발적으로 추진되어야 할' 집단화를 강제해온 당과 정부의 관리들을 비판했다. 이에 따라 집단농장으로부터의 농민 이탈 현상이 두드러져 1930년 6월 현재 전 농가의 23.6퍼센트만이 집단농장에 남아 있을 뿐이었다.

그러자 스탈린은 다시 세제의 혜택 및 선전 등 설득과 철권 통치를 겸용하면서 집단화 정책의 고삐를 늦추지 않았고, 집단화가 이미 끝난 지역에서는 곡물, 감자, 채소, 가축 등 부문에 대해 생산을 짜냈다. 모든 집단농장에는 일정한 생산량이 할당되었으며, 국가는 이를 염가로 사들였다. 할당량은 거의 예외 없이 높게 책정되어 할당량을 콜호즈를 통해 국가에 팔고 나면 농민들에게는 겨우 餓死를 면할 정도의 식량만이 남을 정도였다. 이에 따라 곡물을 감추거나 훔치는 일이 자주 발생했는데, 스탈린은 1932년부터 이를 사형으로 대처했다. 이러한 강제를 통해 스탈린의 집단화 정책은 성공했다. 1931년 중반에 전 농가의 52.7퍼센트가 집단화되었으며, 그 비율은 매년 증가하여 1936년에 90퍼센트, 1940년에는 96.9퍼센트에까지 도달했다. 그러나 집단화에 따른 농민의 희생은 너무나 큰 것이었다. 이 집단화의 과정에서 1천만 명에 가까운 사람들이 처형되거나 강제노역장에서 희생되었다.

스탈린이 이처럼 농업집단화를 강제적으로 추진한 것은 집단화를 통해 농업부문에서 발생한 잉여 노동력과 재원을 동원하여 이를 중공업 건설에 투입해야 한다고 보았기 때문이다. 따라서 스탈린은 농업 부문의 집단화와 동시에 야심적인 공업화 정책을 추진하기 시작했다. 이 목표를 위해 스탈린은 2차대전 발발 직전까지 두 차례의 경제개발 5개년계획을 세워 추진했는데, 그 성과는 잠정적으로 괄목할만한 것이었다.

제 1차 5개년계획(1928-1932)은 기본적으로 농업부문에서 짜낼 수 있는 모든 재원을 동원하여 중공업을 일으킨다는데 그 1차적인 목표를 두었다. 이 시기 총투자의 19퍼센트만이 농업부문에 할당된데 반해, 공업부문에는 41퍼센트가 할당되었으며, 그 가운데 금속 및 금속계통 공업이 공업부문 투자액의 절반을 차지했다. 또 이 기간동안 공업생산은 두배로 늘어나도록 책정되었으며, 사기업은 완전히 없어지도록 계획되었다. 스탈린은 또한 이 기간에 '사회주의의 기적'을 대중에게 과시하기 위한 목적도 겸하여 대규모 토목사업을 벌이기도 했다. 마그니토고르스크의 철강공업 콤플렉스, 스탈린그라드의 트랙터 공장, 大드네쁘르 댐, 모스크바 지하철 등이 그것이었다. 1차 계획은 소련 당국의 공식 발표에 따르면, "4년 6개월만에 목표를 달성하였다." 실제에 있어서 지나치게 야심적으로 책정되었던 목표에 미달된 부문이 많았지만, 계획 기간동안 공업생산은 대부분 최소한 2배는 늘어났고, 이 점은 특히 석탄, 석유, 전기, 철강 부문에서 가장 두드러졌다.

제 2차 5개년계획(1933-1937)은 그 강조점에 있어서 1차계획과는 달랐다. 중공업 우선 정책에 대한 당내의 비판에 따라 경공업과 소비재 공업에도 어느정도 역점을 두었다. 그러나 그것은 표면적인 것이었고, 농공 부문에 대한 투자비율도 1차계획의 그것과 거의 비슷했다. 공업화에 박차를 가하여 서유럽 선진공업국의 수준에 도달한다는 것이 2차계획의 목표였다. 특히 전화와 교통망의 확장이 추진되었고, 생산성을 높이기 위한 수단으로 한 지역에 다양한 공업 부문을 결합시킨 소위 인더스트리얼 콤플렉스를 발전시켜 나갔다.

1차 계획 말기부터 소련 정부는 생산의 양과 질을 향상시키기 위해 숙련공 및 기술자에 대한 우대정책을 폈으며, 이에 따라 각 급 학교에서 기술교육이 강조되었다. "기술이 모든 것을 결정한다"가 당시의 슬로건이었다. 그래도 별 효과가 없다고 판단되자, 1935년부터는 노동자들에 대한 무자비한 노동력 착취로 전환했다. 1935년 8월 자기에게 할당된 채탄량을 1천 3백 배나 '초과달성'한 탄광 노동자 스타하노프가 선전의 주인공으로 등장했고, 1936년은 '스타하노프의 해'로 지정되었다. 콜호즈에서는 젬첸코가 역시 '가장 헌신적인 농민'으로 본을 받도록 선전되었다.

제 2차 계획의 완료와 더불어 소련은 그들의 말대로 완전한 사회주의 국가가 되었다. 바꾸어 말해, 소련은 '대전환' 또는 '대변혁'을 통해 1936-1937년경 생산과 교환의 주요 수단이 공공기관에 의해 소유, 운영되며, 정치권력이 공산당에 의해 행사되고, 그 경제가 사회주의 계획경제의 기초 위에서 운영되는 국가가 된 것이다. 1937년 현재 집단농장과 국영농장이 국가가 수매하는 전 생산품의 98.5퍼센트를 담당했으며, 국영 및 협동 공업이 전 생산품의 99.8퍼센트를 담당했다. 1913년 현재 전 인구의 16.3퍼센트를 차지했던 지주와 쿨락 및 대, 소 부르조아지는 1937년까지는 사회 계급으로서 완전히 일소되었다. 이에 반해 1913년 현재 전 인구의 17퍼센트를 구성했던 노동자는 1937년 32.6퍼센트로 증가되었으며, 57퍼센트는 집단농장에 속해 있었다.

3. 대숙청과 독재체제의 공고화

러시아 사회 전체를 완전히 변혁시켜 놓은 농업집단화와 중공업우선 정책은 농민뿐만 아니라 당내에서도 커다란 반발을 불러일으켰다. 반발이 고조되었던 것은 특히 1932년이었으며, 그 가운데 가장 심한 곳은 우크라이나였다. 스탈린은 그의 심복 뽀스찌쉐프를 우크라이나에 파견하고, 그와 게뻬우(국가정치지도부)를 통해 우크라이나 정부와 당에 대한 무자비한 숙청을 단행했다.

그러나 스탈린 독재에 대한 저항은 날이 갈수록 격화되었고, 그에 대한 암살이 여러차례 시도되었다. 당의 중앙 핵심기관에서도 그에 반발하는 소리가 높아졌다. 비극은 그의 집안에서부터 일어나기 시작했다. 1932년 11월의 어느날 밤 스탈린과 그의 처 알릴루예바는 당 정치국원들과 환담을 하고 있었다. 화제가 정치문제에 이르자, 평소에는 정치문제에 전혀 무관심했던 알릴루예바가 국민들의 불만과 게뻬우의 테러에 대한 자기의 의견을 털어 놓았다. 그날 밤 그녀는 '자살' 한 것으로 발표되었다. 이 사건 직후 스탈린은 정치국 모임에서 스스로 사임을 제의했다. 스탈린의 이 사의는 물론 받아들여지지 않았지만, 이 에피소드는 그에 대한 반발이 얼마나 컸던가를 반증하는 것이었고, 1930년대 후반의 피비린내 나는 '대숙청(치스찌카)' 을 예고하는 것이었다.

아이러니칼하게도 대숙청은 "생활은 훨씬 나아졌다. 삶은 더 행복해졌다"는 정부의 슬로건이 발표된 1934년, 정치국원이며 레닌그라드 당부 책임자인 키로프의 암살에서 시작되었다. 이 사건을 빌미로 스탈린은 1936년 8월부터 1938년 3월까지 세차례의 '연극 재판(show trial)' 을 시작했다. 고문과 허위자백으로 일관되어 진행된 이 연극 재판을 통해 지노비예프, 카메네프, 부하린, 르이코프, 라제크, 톰스키 등 당의 좌, 우파 수뇌들이 모조리 숙청되었다. 이어 1937년 6월에는 비밀재판을 통해 투카체프스키 원수를 포함한 8명의 적군 고위장성이 처형되었다. 숙청은 당 중앙위원은 물론 그 하부에까지 철저히 미친 방대한 규모의 것으로서, 1933-1938년 사이에 숙청된 당원의 수는 최소한 160만 명에 이르렀다. 서방의 한 통계는 약 7백만 내지 8백만 명의 시민이 이 숙청의 직접적인 대상이 되었거나 또는 영향을 받은 것으로 보았다. 이러한 대대적인 숙청은 1940년 8월 20일 멕시코에 망명중이던 트로쯔키의 암살로 종결되었다.

이 대숙청은 당과 정부 지도층의 구성에 중대한 변화를 가져왔다. 숙청으로 인해 '혁명이전세대'는 지도층에서 거의 몰락하고, '혁명이후세대'가 크게 진출하게 되었다. 후자는 볼쉐비키 전통에 충실한 혁명가 혹은 이념가라기보다는 스탈린 개인에게 충성하는 조직인 혹은 관리인이었다. 이러한 추세는 2차대전 참전으로 그나마 남아있던 옛 볼쉐비키들이 더 많이 희생됨으로써 전후에 더욱 두드러지게 나타났다. 이러한 바탕 위에서 스탈린에 대한 개인숭배가 강요되었고, 스탈린의 전제정치가 실시되었다.

레닌이 러시아 10월혁명의 주역으로서 소비에트 체제로의 '변형(transformation)'을 담당했다면, 소비에트 체제를 확실히 구축하고 '공고화(consolidation)'시킨 인물은 스탈린이었다고 주저없이 말할 수 있다. 물론 레닌이 러시아 공산주의 운동사에서 '레닌주의'라고 일컫는 교리의 창시자이기는 하지만, 그것을 해석한 것은 스탈린이었다. 오직 스탈린만이 레닌주의를 올바로 해석할 수 있었으므로 사실상 레닌주의는 '스탈린주의'를 의미하게 된다. 그런 의미에서 스탈린은 소련 사회주의를 '공고히' 정착시키고, 소련 사회주의 이데올로기를 만들고 수호한 인물이다. 따라서 소련 사회주의는 무엇보다도 스탈린주의 이데올로기의 영향을 가장 강하게 받았다고 할 수 있다. 흐루시초프와 브레즈네프는 이러한 소련 체제를 '관리(management)'하기만 하면 되었다.

제 24장 흐루시초프와 브레즈네프
(1953-1982)

스탈린의 개인독재는 그가 죽음으로써 끝이 났다. 1953년 3월 그의 사망 후 등장한 말렌코프, 베리아, 흐루시초프 등의 집단지도체제는 권력계승 투쟁과 관련된 서로간의 노선 차이에도 불구하고 스탈린 체제의 부정적 유산 극복에 대해서는 어느정도 공감대를 형성하고 있었다. 이러한 상황에서 1953년 후반 비밀경찰 수뇌였던 베리아에 대한 숙청과, 1956년 2월 제 20차 전당대회에서 흐루시초프가 행한 스탈린 개인숭배 및 공포정치 비판에 따른 테러정치의 종식은, 이 시기뿐 아니라 스탈린 사후 소련 정치의 기본 골격을 이루는데 핵심적인 역할을 하였다.

또다른 테러정치의 잠재적 원천으로서의 베리아 제거 이후, 흐루시초프는 당내 지지기반의 확장을 통해 국가관료층 중심의 말렌코프 그룹, 그리고 테러종식을 제외하고는 대체로 스탈린체제의 기본골격을 유지하려 했던 몰로토프, 카가노비치 등 '구스탈린주의자' 들과의 권력투쟁 끝에, 1957년 6월의 '반당그룹사건' 을 계기로 이들 경쟁세력을 제압하는데 성공했다. 이후 그는 1958년 3월부터는 수상직까지 겸임하면서 제 1인자의 위치에서 소련 정치를 주도해 나갔는데, 이 과정에서 정형화된 그의 통치방식의 기본 성격은 다음과 같은 것이었다.

즉 첫째, 스탈린의 개인독재 체제하에서 하나의 거대 관료기구로 변모하면서 정치제도로서의 본래 모습이 크게 약화되었던 공산당의 위상이 강화되고, 소련 사회에서의 그 지도적 역할이 재확립되었다. 둘째, 당의 지도적 역할의 재정립은 흐루시초프 하에서 경제행정에 대한 당의 개입 증대와, 경제행정에서 국가기구에 대한 당조직의 우위 확보로 나타났다. 셋째, 당의 행정기능 강화와 함께, 흐루시초프 정권은 효율적인 경제행정 관리를 위해 당과 국가조직에 실무지식을 갖춘 전문관료들을 대거 영입하는 한편, 관료층에 대한 끊임없는 압력증대와 함께 빈번한 조직개편을 시도하였다. 특히 부단한 조직개편은 흐루시초프 시기 통치방식의 가장 두드러진 특징 가운데 하나였는데, 이는 소련 관료층의 제도적 불안정과 그들의 반발을 불러일으키기에 충분한 것이었다.

1. 흐루시초프의 '전인민 국가'

흐루시초프의 통치방식은 당연히 흐루시초프 정권의 이데올로기적 측면에도 반영되었다. 이데올로기적 변화의 두가지 기본요소는 '레닌주의로의 복귀'와 '공산주의 사회로의 이행'으로 집약될 수 있다. 흐루시초프는 제20차 전당대회에서 스탈린 개인숭배 및 테러정치를 비난하면서, 소련사회가 사회주의를 향해 나아갈수록 계급투쟁은 더욱 첨예화한다는 스탈린의 계급투쟁강화 명제를 공식적으로 폐기하였다. 이에 따라 새로운 사회통합의 이념적 기초가 마련되고, 동시에 '사회주의적 적법성', '집단지도 원칙', '당내 민주주의' 등의 레닌주의 원칙이 강조되면서, 이는 흐루시초프 시기 전반에 걸쳐 당과 국가 관료의 약화, 권위적 구조의 개혁 시도 등 체제운영 방식의 기본적 명분으로 사용되었다. 이와 함께 흐루시초프의 레닌주의적 '정통좌익노선' 지향은 종교활동에 대한 통제 강화, 고등학교 교육에서의 현장노동 강조,

집단농장에 딸린 사유경작지 및 가축소유 감소 노력, 그리고 소련 내 다민족 간의 관계에 있어 '친근화'를 넘어선 '융합'의 제시 등으로도 나타났다.

흐루시초프의 독특한 이념적 정향은 '공산주의 사회로의 이행'에서 더욱 두드러졌다. '공산주의 건설자들의 대회'로 명명된 1959년 초의 제 21차 전당대회에서 그는 소련사회가 "사회주의의 완전하고 최종적인 승리와 함께, 공산주의 사회의 전면적인 건설 단계에 들어섰다"고 선포했다. 이에 따라 일반 대중은 '사회주의적 민주주의'에 입각해 공산주의 건설과정에 적극 참여하고, 이 과정에서 자치능력이 더욱 강화되어 사회주의 국가가 공산주의 자치로 가는 길을 다지게 된다는 것이었다. 한편 당은 최고 형태의 공공조직으로서 이 모든 과정을 총괄하는 임무로 인해 그 지도적 역할이 더욱 증대한다고 강조되었다. 이로써 소련체제 관리에 당의 지도적 역할을 전제로 한 대중노선의 이념이 정식화되었다.

제 21차 전당대회에서 제시된 흐루시초프의 사회주의적 포퓰리즘은 이후 당, 국가 관료에 대한 공세 강화 및 '공공원칙(옵쉬체스트벤느이예 나찰라)'에 의한 대중참여의 확산과 함께, 1961년 10월의 22차 전당대회에 의해 채택된 제 3차 당강령에서 더욱 급진적인 모습으로 나타났다. 흐루시초프는 신 당강령에 대한 보고 연설을 통해 소련사회의 현 발전단계에서 국가는 프롤레타리아 독재로부터 '전인민의 국가(옵쉬체나로드노예 고수다르스트보)'로, 그리고 당은 노동계급의 전위대로부터 '전인민의 당(프세나로드나야 빠르찌야)'으로 변모했다고 선언했다.

흐루시초프는 "공산주의 건설을 위해서 이미 프롤레타리아 독재는 필요치 않다"고 전제하고, "모든 근로 인민이 … 동등한 권리를 지니는" 상황에서 "어느 한 계급의 독재가 아니라 사회 전체의, 그리고 모든 인민의 도구로 되는 국가"가 출현했다고 지적했다. 비슷한 논리에서 흐루시초프는 또 "오늘날 당원이 아닌 인민들도 공산주의자들과 팔짱을 끼고 적극적으로 공산주의 건설에 참여하고 있고 … 그들 대부분은 공산주의자처럼 생각하기 때문에" 당은 단지 노동계급의 대표로 남아 있을 필요가 없으며, 따라서 '전인민의 당'은 모든 구성원이 "통일된 이해관계와 세계관으로 결합된" 소련사회 현실의 자연스러운 반영이라고 설명하였다.

'전인민의 국가'와 '전인민의 당'이라는 새로운 개념으로 이제 소비에트 정권과 사회의 간격은 이론적으로 더욱 좁혀졌다. 이러한 對인민 포섭적 기반 위에서 모든 시민이 공산주의 건설에 매진함으로써, 1980년에 이르면 소련사회에 육체노동과 정신노동 간의 차이가 없어지고, 도시와 농촌 간의 격차가 해소되며, 모두가 능력에 따라 일하고 필요에 따라 보상받는 공산주의 사회가 도래할 것이라고 흐루시초프와 신 당강령은 선포했다.

그러나 흐루시초프의 개혁 노력은 실패했다. 소련 체제의 구조적 문제점에 대한 인식부족과 그 자신의 비현실적인 목표설정, 그리고 즉흥적 통치 스타일 등이 한 원인이었다. 예컨대 농업부문을 보면, 주로 동원과 압력, 그리고 지속적인 조직개편을 통해 생산량 증대를 도모했으며, 자의적 판단에 따른 비과학적 정책을 자주 시도했다. 그 결과 그의 통치 후반에 접어들면서 기후의 영향, 불충분한 투자 등과 맞물려 실제 산출량은 기대 이하의 수준에 머물렀다.

이와 함께, 기득 관료에 대한 공격과 밑으로부터의 참여확대를 통한 일방적 권위구조의 타파 노력도 당과 국가 관료층의 심각한 저항에 부딪혔다. 예컨대 '공공원칙'의 경우 당 장치는 평당원이 참여하는 비정규 업무제도의 형식적 운영과 지배로 맞서 그들의 배타적 특권에 대한 침해를 용인치 않았다. 배제적 권위구조의 타파를 지향한 흐루시초프의 포퓰리즘은 그 반응으로서 관료층의 누적되는 불만을 야기시켰고, 그의 예측불가능한 조직개편 및 정책결정에서의 자의성 증대는 관료조직의 안정성을 심각하게 동요시켰다. 그 결과 흐루시초프는 당장치를 중심으로 한 주요 부문의 엘리트 연합에 의해 1964년 10월 권좌에서 밀려났다. 흐루시초프의 테러정치 종식으로 생명의 안전을 얻은 당, 국가 관료층은 이제 그들의 관직에 대한 안전을 원했던 것이다.

2. 브레즈네프의 '발전된 사회주의'

브레즈네프 정권은 흐루시초프의 부단한 각종 개혁조치에 대한 당, 국가 관료층의 집단적 거부의 결과로 태어났다. 이들 조치는 관료조직의 일상화된 운영을 침해하면서 그들의 지위와 기득권을 계속 심각하게 위협하고 있었다. 따라서 '정상으로의 복귀'에 대한 소련 관료들의 열망은 흐루시초프 실각 후 곧 새로운 집단지도체제를 통한 안전성의 회복과 함께, 엘리트 내 여러 관료 부문의 이해관계가 대표되는 조직 안보의 증대로 나타났다. 지도층 내의 주요 인물들 간에 상당 정도의 권력분산이 존재하는 상황에서 엘리트 정치는 흐루시초프 시대와는 대조적으로 제도적 안정성, 점진주의, 조정, 그리고 엘리트에 대한 보장의 성격을 띠었다.
집단지도층은 정권수립 초기에 약간의 혼란을 보이다가, 1966년 이후 브레즈네프, 코시긴, 포드고르니, 수슬로프, 키릴렌코 등의 지도부 내 핵심그룹이 형성되었고, 이 그룹은 1977년 브레즈네프가 포드고르니로부터 국가 수반직인 최고소비에트간부회의 의장직을 인계받을 때까지 지속되었다. 이후 브레즈네프는 기존의 서기장, 소비에트간부회의 의장 외에 최고 안보기구인 국방회의 의장직을 추가로 맡고 원수 직위도 수여받는 등 1인독주의 징후를 보이기도 했다. 그러나 정권 초기에 확립된 주요 관료계열들 간의 균형이라는 기본틀은 그대로 유지되었고, 브레즈네프는 의견대립에 의한 격돌이나 자기 의지의 고압적 강요보다는 이견 조정 및 합의 도출을 선호하는 통치 스타일을 계속 유지하고 있었다.

브레즈네프 정권의 이러한 관료층 중심의 보수주의적, 실용주의적 통치방식은 흐루시초프 시대와 마찬가지로 그 나름의 이데올로기적 기반을 필요로 했다. 그리고 이것은 '발전된 사회주의(라즈비토이 소찌알리즘)'라는 총체적 개념으로 제시되었다. 발전된 사회주의는 '공산주의 사회로의 이행'과 같은 흐루시초프의 고도의 낙관적 관념에 대한 현실주의적 대안으로서 나타났다. 흐루시초프가 소련 사회의 신속한 공산주의 성취라는 유토피아적 비전을 가졌다면, 발전된 사회주의는 공산주의로 가는 과정의 오랜 기간을 상정하고 있었다. 소련 학자들에 의하면, 발전된 사회주의 하에서 소련 사회는 경제, 사회, 정치적 측면에서 그 자체의 독특한 성격을 갖는 것으로 이해되고 있었다.

즉, 경제적으로 발전된 사회주의는 물질적 생산에서 질적, 양적 변화를 겪어 생산성 증대와 기술 근대화가 경제성장 추진을 위한 주요소로 제기되며, 이러한 맥락에서 과학, 기술혁명의 역할이 결정적으로 된다. 사회적 측면에서는 집단-국가재산, 도시-농촌거주, 정신-육체노동, 그리고 다른 민족들 사이의 구분이 여전히 존재하고, 이러한 구분은 과학, 기술혁명의 영향에 따른 소련 사회의 점증하는 분화와 복잡성으로 인해 서로 다른 이해관계와 '비적대적 모순'을 낳게 된다는 것이다. 이같은 상황에서 과학, 기술혁명의 이점을 이용하고, 상이한 사회적 이해관계 사이의 긴장을 해소할 수 있는 '주관적 요인'의 중요성이 더욱 중요하게 되는데, 바로 이 때문에 소련 사회에서 가장 발전된 정치조직인 당의 지도적 역할이 발전된 사회주의의 단계에서 더 증대하는 것으로 이해된다. 동시에 당은 변화하는 객관적 조건에 자신을 적응시킴으로써 지도 스타일을 근대화하도록, 즉 사회에 대한 '과학적 관리'를 도모하도록 요구되고 있다.

사회의 과학적 관리를 내세우는 발전된 사회주의 개념의 실질적 의미는 브레즈네프 정권의 본질과 관련시킬 때, 현실주의와 엘리트주의의 결합으로 파악될 수 있다. 소련 사회의 복합적 현실과 이에 내재한 어려움을 인정하고 공산주의의 건설을 후로 미루는 대신, 근대화의 이점에 힘입어 현재의 단계에서 더 체계적이고 효율적인 통치방식을 추구한다는 것이다. 이때 통치업무의 수행집단은 신뢰와 존중을 받는 관료 엘리트층이며, 이를 전제로 한 "기존의 권위구조와 정치적 지배가 체제의 정당성과 효율성을 유지하기에 충분할 만큼 정책변화를 도모할 수 있다"는 것이었다.

이같은 현실주의적 엘리트주의에 따라 당과 국가에 대한 흐루시초프의 포퓰리스트적 접근에 수정이 가해졌다. 22차 전당대회에서 채택된 '전인민당' 개념이 브레즈네프 정권 초기에는 자취를 감추었으며, 후일 발전된 사회주의의 설명 속에서 다시 나타났을 때, 그 본질은 원래의 흐루시초프 의도와는 상당히 다른 것이었다. 1976년의 제 25차 전당대회에서 브레즈네프는 당이 전체 인민의 당으로 되었지만, 발전된 사회주의의 조건 하에서 "당은 결코 그 계급적 성격을 상실하지 않는다"고 강조하고, "그 본질상 소련 공산당은 노동계급의 당이 되어왔으며, 또 그렇게 남을 것"이라고 말했다. 브레즈네프 정권의 反포퓰리스트적 성격은 국가의 본질에 대한 관념에서도 드러났다. 공식 논의에서 소련 국가는 '전인민국가'가 되었다고 언급되었으나, 발전된 사회주의 하에서 그것은 점차 소멸하는 것이 아니라 강화된다는 것이었다. 이러한 맥락에서 국가 기능의 공공조직으로의 이양은 연기되었고, '보충적 실체'로서의 공공조직의 발전은 국가의 '한층 더한 완성'에 의존하게 되었다.

3. 소비에트 체제의 동맥경화증

브레즈네프 시기 소련 정치는 당 및 국가 관료층의 특권적 지위와 제도적 안정성의 유지를 기본적 전제로 하고, 이 바탕 위에서 소비에트 정권의 체제관리가 시도되었다. 이러한 맥락에서 당, 국가 엘리트의 우월적 지배라는 권위구조 아래 질적으로 크게 제한된 대중참여가 허용되었고, 일반 시민의 복지증진과 소비만족 정책이 추구되었다. 그러나 이같은 엘리트주의적 관리방식은 정권에 대한 사회의 규범적 일체감 형성에 내재적 취약성을 지닌 것이었고, 1970년대 중반 이후 소련 경제가 정체상태에 들어가자 심각한 상황에 직면하게 되었다.

브레즈네프 시기의 소련 경제는 한마디로 침체의 연속이었다고 특징지어 말할 수 있다. 연평균 5퍼센트를 초과하던 국민총생산 성장률은 1970년 전반 3.8퍼센트에서 후반에 이르러 2.8퍼센트로, 그리고 1980년대에는 다시 2퍼센트 가까이로 떨어졌다. 경제성장이 계속 둔화되자 브레즈네프 정권은 모든 수단을 동원해 경제를 일으켜 보려고 했다. 1970년대 중반부터 1982년 죽을 때까지 브레즈네프는 매년 국가의 경제문제를 해결하기 위해 매우 다양한 개혁안이나 실험계획을 발표했다. 브레즈네프 집권 종반 마지막 10년 동안에는 위로부터의 계획을 줄이기보다 소비에트의 계획을 향상시키는 방향으로 노력을 기울여 과학적인 투입기준, 전산화된 계획체계, 품질지표의 고안 등에 역점을 두었다. 예컨대 '계획 향상 및 생산의 효율성과 노동의 질적 신장에 관한 경제기구의 영향 강화'라는 1979년 7월의 법령에서는 계획체제의 효율화를 위한 수많은 방법들을 세세하게 나열하고 있었다.

그러나 브레즈네프가 이처럼 계획체제를 바꾸어도 그에 따른 실적은 그다지 눈에 띄게 좋아지지 않았으며, 각종 경제지표별 성장률은 계속 떨어지고 있었다. 그래서 브레즈네프를 비판하는 사람들은 그를 현상유지에만 집착했던 아주 보수적인 인물로 보고 있다. 그는 개혁에 저항적인 부패하고 게으를뿐인 거대 관료집단을 이끌면서, '그럭저럭 해 나가는' 접근방식, 다시 말해 가장 우선적인 목표를 하나하나 이루어 나가다 보면 언젠가 기존체제로도 훌륭한 실적을 쌓을 것이라고 막연히 기대한 사람이었다는 것이다. 실제로 1960년대 후반부터 1980년대 초반에 이르는 그의 집권기간중 소련의 경제정책은 요지부동이며 신중했다는 것이 큰 특징이었다. 그러나 이 시기 소련 경제가 처한 동맥경화증은 브레즈네프 개인에게 문제가 있었다기보다는 소비에트 경제체제 자체의 내재적 모순에 기인한 것이었다.

한편, 브레즈네프 정권의 '관료에 대한 신뢰'와 안정에 대한 고수는 동시에 당과 국가 내부의 부패확산과 지방에 대한 중앙의 통제력 약화에 기여했다. 당, 국가 관료층에 거의 무제한적인 임기를 보장해 줌으로써 이들 관료는 당이나 국가의 전체 이익보다 자신들의 개인적인 이해 추구에 몰두하게 되었다. 여기에다 브레즈네프 정권의 양보적 민족정책 및 효율성 제고를 위한 일정정도의 경제권한 이양은 소련체제의 봉건화 또는 사실상의 분권화 현상을 가속화시켜, 브레즈네프 통치 말기에는 다수의 공화국과 오블라스찌에서 半독립적인 부패관료들의 그룹이 형성되었다.

따라서 브레즈네프 정권의 소비에트 체제 관리방식은 그것의 기조를 이룬 당 및 국가 관료의 안정화 유지 때문에, 그리고 그 체제 관리를 뒷받침하는 경제능력의 저하와 함께 자체 위기에 놓이게 되었다. 통치 엘리트와 사회 모두가 체제유지에 대한 공통의 커미트먼트 대신에 오히려 '체제착취'를 통한 사적 이익의 추구에 매달리는 상황에서, 이미 국민적 정당성을 상실한 이러한 체제의 관리를 맡은 노쇠화한 정권은 바다 한가운데서 심하게 표류하고 있었다.

제 25장 고르바초프와 소비에트 체제의 붕괴
(1982-현재)

1982년 11월 레오니드 브레즈네프가 사망하고, 그의 뒤를 이어 국가안보위원회(KGB) 의장이었던 유리 안드로뽀프가 서기장에 취임했지만, 그는 집권 15개월만에 사망했다. 브레즈네프의 측근이었던 콘스탄찐 체르넨코가 안드로뽀프의 뒤를 이었지만, 그 역시 서기장에 오른지 13개월만에 사망했다. 이들은 모두 70대의 노령이었다. 1985년 3월 53세의 젊은 나이로 미하일 고르바초프가 새로운 당서기장이 되면서 이제 소련은 커다란 변혁의 시대를 맞게 되었다.

그러나 소련사회는 근본적으로 개혁에 대한 필요성보다 어떠한 개혁에도 그것에 저항하는 힘이 상대적으로 크다는 것이 문제였다. 그것은 소련 사회가 발전적인 방향으로의 개혁 경험이 거의 없었으며, 그나마 있었던 몇번의 개혁조치들도 보이지 않는 커다란 저항에 부딪쳐 실패한데서 그 이유를 찾을 수 있다. 실제로 당시 소련 사회는 1930년대 스탈린에 의한 위로부터의 혁명적 재편이후에 아무런 사회개편도 이루어지지 않았다. 50여년에 걸친 소련 사회의 정체상태는 외적인 발전과는 무관하게 사회를 내부적으로 분열시켜 왔으며, 이러한 분열상태는 또다시 폭발의 위험을 안은 사회문제로 비화하게 되었다.

　당시 소련 사회가 겪고 있던 내부문제들은 특정한 당서기장이 만들어 놓은 것은 아니었으며, 때문에 고르바초프가 혁명적인 정치적 개혁 프로그램을 내놓기 전까지 사회개혁의 목표를 모두 이룰 수는 없었다. 고르바초프는 그때까지 사회내부에서 폭발적인 힘을 가지고 위험한 수준에까지 오른 모든 문제들을 사실로서 받아들이려 했으며, 이러한 그의 태도가 지속된다면 그가 내세운 개혁의 목표들은 대체로 완수될 수 있는 듯 했다. 일반적으로 1980년대에 소련 사회의 개혁이 필연적일 수 밖에 없었다는 주장은 고르바초프 등장 이전에도 매우 타당성이 높은 것이었다. 심지어 소련 사회가 80년대에 이러한 내부갈등과 모순을 해결하지 못한다면, 변증법적 역사발전의 법칙에 따라서 자본주의 체제가 그렇듯이, 사회주의 체제도 내부모순으로 붕괴할 수 밖에 없을 것이라는 주장까지도 매우 설득력을 갖는 것이었다.

1. 고르바초프의 페레스트로이카

　1980년대 말 소련 사회는 고르바초프의 개혁정책이 몰고온 거대한 변화의 소용돌이에 휘말리고 있었다. 이미 그 이전부터 만성적인 경제침체의 현상 등 갖가지 소련 내부의 부정적인 요소들을 체제내에서 나름대로 해결하기 위한 페레스트로이카 정책이 실시되고 있었다. 하지만 고르바초프 집권기간 동안 이렇다 할 뚜렷한 진전은 보이지 않고 생필품 부족, 물가 폭등, 법질서 해이, 그리고 민족 분규 등으로 소련 국민들은 여전히 혼란과 고통을 치르고 있었다.

　인류 최초의 공산주의 혁명으로 정권을 세운 레닌도 페레스트로이카가 추진되는 과정에서 그 어느때보다 심하게 격하되었다. 그의 유해를 불태우라는 모스크바 시민들의 거센 항의가 잇따랐으며, 발틱 3국을 비롯한 여러 도시에서는 레닌의 동상을 철거하려는 운동이 일어났다. 레닌의 이름을 딴 도시와 거리의 이름들이 짜리 시대의 옛 이름으로 복원되는 등 예전 같으면 상상도 못했을 일들이 공공연히 벌어졌다.

이처럼 심각한 상황 속에서 고르바초프는 자신의 페레스트로이카 이념에 따라, 그리고 인간적, 민주적 사회주의 노선에 따라, 공산당의 일당독재를 폐기하고, 복수정당제와 사유재산제를 인정하며, 대통령제를 채택하고, 나아가 경제체제를 시장경제로 바꾸는 등 소련 역사상 그 유례를 찾아보기 힘든 과감한 혁명적 개혁정책을 추진해 나갔다.

그러나 새로운 소련 사회 건설을 목표로 시작된 이 페레스트로이카의 이념에 대해서는 아직 명확한 해석이 이루어지지 않고 있다. 일부 학자들은 이를 '새로운 사회주의 건설' 또는 '인간적, 민주적 사회주의' 등으로 표현하기도 하지만, 그 구체적 의미가 무엇인지에 대해서는 분명한 해답을 내놓지 못했다. 또다른 학자들은 인간적 가치를 최우선시하는 레닌식 사회주의를 스탈린이 왜곡시킨 것을 다시 원래대로 돌려놓는 것이 페레스트로이카의 최종 목표라고 본다. 하지만 페레스트로이카가 추구한 이데올로기적 최종목표가 뚜렷하게 무엇이었는지는 아직 분명하지 않다.

고르바초프는 일단 소련의 사회주의 혁명에 대한 역사적 평가에서는 이를 긍정하는 자세를 보였다. 소련의 사회주의 혁명이 인민 대중에게 부여한 가치는 고귀한 것이며, 따라서 소련 국민들은 혁명에 헌신한 사람들에게 감사해야 한다고 했다. 고르바초프의 이러한 자세는 자신의 개혁정책 정신을 레닌의 이념과 동일선상에 놓으려는 의도에서 나온 것으로 보인다. 그러나 그가 수년에 걸쳐 추진한 갖가지 개혁정책을 들여다 보면, 과연 페레스트로이카의 이념이나 방향이 레닌주의에 기반을 둔 것인지는 명확치 않다. 차라리 고르바초프의 페레스트로이카는 자본주의로의 일시적 후퇴라기보다는 레닌주의의 포기라고 하는 편이 한결 옳을 것이며, 위로부터의 개혁이 아래로부터의 혁명으로 이어지는데 결정적인 역할을 담당했다고 할 수 있을 것이다.

2. 페레스트로이카의 좌절과 소련의 붕괴

1985년 고르바초프의 등장과 함께 시작된 페레스트로이카 정책은 1991년 12월 소비에트 연방의 해체와 함께 끝났다. 1990년 7월의 제 28차 전당대회에서 '새로운 사회주의' 개념이 정립됨으로써 정통적, 교조적 마르크스-레닌주의에서 규정하고 있는 사회주의 체제와 다른 새로운 사회주의 체제 건설을 목표로, 모름지기 소련사회 전반의 혁신을 위한 대대적인 사회혁명운동이 전개될 수 있게 되었으나, 그후의 경제개혁과 연방재편 문제를 둘러싼 논쟁과 갈등으로 결과적으로 페레스트로이카는 중도 좌절하게 되었다.

즉, 사회주의의 현대적 개념이 정립되었다고는 하나, 시장경제로의 이행방안을 둘러싼 논쟁으로 실질적이고 구체적인 조치는 거의 시행되지 못했으며, 1990년 10월 시장화 개혁이 개혁파안과 보수파안을 절충하는 형태로 최종확정된 이후에도 연방재편 문제를 둘러싼 보혁간의 갈등 속에서 정책은 시행되지 않고 있었다. 이러한 상황 속에서 마침내 1991년 8월 당, 군, KGB의 강경보수세력에 의한 쿠데타가 발생했다. 이 쿠데타는 옐찐과 모스크바 시민들의 저항으로 3일만에 무산되었고, 이로써 정치적 역학관계가 급변하여 소비에트연방 권력보다 러시아공화국의 권력이 강력하게 되었다.

이에 따라 소비에트연방은 유명무실한 것이 되었고, 1991년 8월에서 12월까지 러시아공화국 지도부 내에서는 치열한 노선투쟁이 벌어지게 되었다. 그 결과, 러시아의 주도하에 연방을 유지하고 연방 차원에서의 전면적 개혁을 추진하기보다는, 연방을 해체하고 러시아 일국만으로 개혁을 추진하는 방향으로 노선투쟁이 귀결되었다. 그리고 이에 따라 1991년 12월 말 소비에트연방은 해체되었고, 고르바초프의 페레스트로이카도 종결되고 말았던 것이다.

3. 새로운 러시아 : 전망

1991년 12월 소련의 붕괴 이후 새롭게 떠오른 러시아의 옐찐 대통령은 다음해 1월부터 가이다르 등 '혁명적 자유주의자들' [93]과 함께 본격적인 개혁을 추진하기 시작했다. 그러나 러시아는 옐찐 대통령과 러시아연방 최고회의 사이의 권력투쟁이 심화되어 곧바로 또다시 국가권력이 위기에 직면하게 되었다. 최고회의 지도자들은 경제의 '충격 요법' [94]에 반대했고, 1991년의 대통령령에 의한 공산당 해체의 적법성 등을 논박했다. 이러한 와중에서 옐찐 대통령은 1993년 국민투표의 과정을 통해 러시아 국민들로부터 대통령에 대한 신임과 경제개혁에 대한 지지를 획득했다.

그러나 의회와 대통령 간의 갈등은 계속되었고, 이들 사이의 공개적인 반박과 충돌은 1993년 10월 의회에 대한 무력진압이라는 결과를 초래했다. 옐찐은 승리를 쟁취하여 러시아연방의 새로운 헌법을 기초하고, 강력한 대통령 중심제의 국가를 건설했다. 그리고 신헌법에 따라 1993년 12월 국가두마(하원) 선거가 실시되었다. 그러나 옐찐의 급진 개혁에 대한 국민들의 심판으로 극우의 '러시아 자유민주당'과 좌파의 '러시아 공산당'이 원내에서 다수를 점하게 되었다. 또한 1994년 말부터 시작된 체첸에 대한 무력개입은 러시아 민주주의의 제도적 발전을 향한 도정에 심각한 시련을 안겨주었다.

1994-1995년 사이 옐찐의 주변에 보수 성향의 측근과 각료들이 점차 들어오기 시작하면서, 초기 급진개혁 성향의 인사들이 물러

갔다. 1995년 12월 총선에서 옐찐의 실정을 반영하듯 '러시아 공산당'이 제 1당으로 부상하자, 재집권을 노렸던 옐찐은 마지막으로 남은 개혁주의자 아나톨리 추바이스를 해임시킴으로써 대통령 선거를 앞두고 보수적인 유권자들을 끌어들이기 위해 보수로 회귀하는 경향을 보여주었다. 1996년 러시아 대통령 선거에서 급격한 인기 하락에도 불구하고 옐찐은 대통령에 재당선되었다. 그러나 집권 2기를 맞이한 옐찐은 그의 고령 등으로 말미암아 러시아에 산적한 정치, 경제, 사회 문제를 책임지고 해결해 나갈만한 충분한 능력을 가지고 있지 못했다. 공산당 등 야당세력은 옐찐 대통령의 국정수행 능력 결여를 문제삼아 '조기 퇴임론'을 제기하였고, 이러한 옐찐 정부에 대한 내외의 거친 압력은 그의 집권 체제를 위기로 몰아넣고 있었다. 그러나 옐찐은 자신의 정치적 후계자로서 젊고 참신한 인물인 뿌찐을 21세기 차기 지도자로 내세워 대통령에 당선시킴으로써 러시아의 재도약을 모색하고 있다.

러시아 역사의 가장 중요한 사건으로 10세기 말 키예프 루시의 크리스트교 도입, 13세기 중반부터 15세기에 걸친 몽골의 지배, 18세기 초 뾰트르 대제에 의한 서구화 개혁, 그리고 20세기 초의 볼쉐비키 혁명 등을 들 수 있다. 이러한 역사적 사건들을 경유하면서, 러시아의 정치 전통은 매우 복잡한 구조를 형성해 왔다. 때문에 러시아의 정치 전통을 노르만 대 몽고, 비잔틴 대 슬라브, 마르

크스주의 대 동양적 전제주의 등으로 지나치게 단순화하려는 시
도는 자칫 그 본질에 대한 왜곡과 오해를 불러일으킬 수 있다. 이
러한 해석의 다양성은 그 자체로 그 가운데 어떤 하나만을 과도
하게 강조하는 것에 의구심을 불러일으킬 소지가 있다. 그렇다 하
더라도 계속적인 연구를 통한 몇가지 일반화의 작업은 필요한 것
이고, 주의깊게 그것들은 시도될 것이다.

러시아 정치사상의 이해가 10월혁명이나 19세기, 혹은 뾰트르
때부터 시작될 수 없는 것은 분명하다. 사상은 진화되어 온 것이
며, 옛 사상을 포함한 유증된 환경에 자신을 적응시켜 왔던 것이
다. 이러한 계속성 가운데 첫번째로 꼽을 수 있는 것은 러시아 정
권을 민중들로부터 분리시킨 간극이라고 할 수 있다. 그리고 두번
째는 혁명에 취약하게 만들고 마르크스주의의 토양이 되었던 러
시아의 후진성을 들 수 있겠는데, 그것은 수세기에 걸친 지방자치
와 개인주의 사상에 대한 저지의 결과였다. 셋째, 짜리와 그 추종
자들의 전제정치에 대한 완고한 태도는 평화적이고 합법적인 수
단을 통한 정치적 개혁의 추구를 방해했다. 짜리에 의한 개혁에
희망을 걸었던 민중은 실망했고, 평화적인 방법은 소용없다는 확
신을 심어 주었다.

그 결과는 20세기 초 러시아 마르크스주의자들에 의한 세계 최
초의 사회주의 혁명으로 나타났다. 그리고 러시아의 경제적 발전
에 대한 기다림 없이 정치적 혁명을 추구하려 했던 레닌의 이념
은 러시아와 세계, 그리고 마르크스주의 이론에 끊임없는 영향을
끼쳐 왔다. 또한 마르크스 이론의 구체적 실현이라는 소비에트 정
부의 70여년에 걸친 시도는 정치, 경제적으로 하나의 중요한 실험
이 되었던 것이고, 결국 그것은 실패로 끝나고 말았다. 그러나 마
르크스주의적 실험의 실패가 러시아 정치 이념 전반의 실패를 뜻
하지는 않는다. 사상적 질서는 역사 안에서 성장해 온 것이고, 러
시아에서의 마르크스주의적 경험도 오랜 역사 과정의 한 부분일

뿐이다. 따라서 공산주의 이후 러시아에서 나타나고 있는 이들의
정치적, 사상적, 혼돈의 극복은 그들 자신의 유구한 정치사상의
흐름에 존재하는 '질서의 전통' 가운데서 찾아야만 할 것이고,
또 찾을 수 밖에 없을 것이다.

부록

러시아 정치사상사 참고문헌

러시아어 문헌은 생략하고, 영문과 한글로 된 서적으로서 러시아정치사상사의 이해에 도움이 될만한 일반서를 중심으로 아래에 밝혀둔다.

영문서적

Anderson, *Thornton. Russian Political Thought-An Introduction.* London, 1967.

Berlin, Isaiah. *Russian Thinkers.* New York, 1979.

Billington, James H. *The Icon and the Axe.* New York, 1966.

Blinoff, Marthe. *Life and Thought in Old Russia.* Pennsilvania, 1980.

Carr, Edward H. *A History of Soviet Russia.* **14 vols.** London, 1950-1978.

——. *The October Revolution: Before and After.* New York, 1969.

Cherniavsky, Michael. *Tsar and People.* New Haven, 1961.

Dmytryshyn, Basil, ed. *Imperial Russia: A Source Book 1700-1917.* Hinsdale, 1974.

Edie, James M., et al., eds. *Russian Philosophy.* **3 vols.** Chicago, 1965.

Florinsky, Michael T. *Russia, a History and an Interpretation.* New York, 1955.

Hare, Richard. *Pioneers of Russian Social Thought.* London, 1951.

——. *Portraits of Russian Personalities Between Reform and Revolution.* New York, 1959.

Haxthausen, A. *Studies on Interior of Russia.* Chicago, 1972.

Herzen, A. *My Past and Thought.* Berkley, 1982.

——. *From the Other Shore and The Russian People and Socialism.* Oxford, 1979.

Kliuchevski, V. O. *A History of Russia.* 5 vols. Trans. C. J. Hogarth. London,

1911-1931.

Kochan, L. & Abraham, R. *The Making of Modern Russia.* London, 1983.

Kohn, Hans, ed. *The Mind of Modern Russia.* New Brunswick, 1955.

Kovalevsky, Maxime. *Russian Political Institutions.* Chicago, 1902.

Kuvakin, V. A., ed. *A History of Russian Philosophy: From the Tenth through the Twentieth Centuries.* New York, 1994.

Lossky, N. O. *History of Russian Philosophy.* London, 1952.

Martin, Janet. *Medieval Russia, 980-1584.* Cambridge, 1995.

Masaryk, Thomas G. *The Spirit of Russia.* 2 vols. London, 1955.

Mclean, Hugh, et al., eds. *Russian Thought and Politics.* The Hague, 1957.

Medlin, William K. *Moscow and East Rome.* Geneva, 1952.

Pipes, Richard, ed. The *Russian Intelligentsia.* New York, 1961.

———. *Russia under the Old Regime.* London, 1974.

———. *Karamzin's Memoir on Ancient and Modern Russia.* Cambridge, 1959.

Pirumova, N. *Russia and the West: 19th Century.* Moscow, 1990.

Plamenatz, John. *German Marxism and Russian Communism.* London, 1954.

Pomper, Philip. *Russian Revolutionary Intelligentsia.* Arlington Heights, 1970.

Raeff, Marc. ed. *Russian Intellectual History.* New York, 1966.

———. *Plans for Political Reform in Imperial Russia, 1730-1905.* Englewood Cliffs, 1966.

Riasanovsky, N. V. *A History of Russia.* New York, 1977.

———. *A Parting of Ways: Government and the Educated Public in Russia.* Oxford, 1976.

Russell, Bertrand. *The Practice and Theory of Bolshevism.* New York, 1964.

Scalan, J. P., ed. *Russian Thought After Communism: The Recovery of a Philosophical Heritage.* New York, 1994.

Simmons, Ernest J., ed. *Continuity and Change in Russian and Soviet Thought.* Cambridge, 1955.

Thaden, E. C. *Russia since 1801.* New York, 1971.

———. *Conservative Nationalism in Nineteenth-Century Russia.* Seatle, 1964.

Tompkins, Stuart R. *The Russian Mind from Peter the Great through the Enlightment.* Norman, 1953.

Treadgold, D. W. *Twentieth Century Russia.* Oxford, 1995.

Ulam, Adam. *The Unfinished Revolution.* New York, 1960.

Utechin, S. V. *Russian Political Thought.* New York, 1963.

Venturi, Franco. *Roots of Revolution.* Chicago, 1960.

Vernadsky, George. *Kievan Russia.* New Haven, 1948.

————. *The Mongols and Russia.* New Haven, 1953.

————, ed. *A Source Book for Russian History from Early Times to 1917.* 3 vols. New Haven, 1972.

Voegelin, Eric. *The New Science of Politics.* Chicago, 1952.

Von Laue, *Theodore H. Why Lenin? Why Stalin? : A Reappraisal of the Russian Revolution, 1900-1930.* Philadelphia, 1964.

————. *Sergei Witte and the Industrialization of Russia.* New York, 1963.

Walicki, A. *A History of Russian Thought.* Oxford, 1988.

————. *The Slavophile Controversy: History of a Conservative Utopia in Nineteenth-Century Russian Thought.* **Oxford, 1975.**

Zenkovsky, V. V. *A History of Russian Philosophy.* 2 vols. London, 1953.

한글서적

김학준. 『소련정치론』. 일지사, 1976.

——. 『러시아혁명사』. 문학과 지성사, 1979.

랴자노프스키, 니콜라이. 『러시아의 역사』. 전 2권. 이길주, 김현택 공역. 까치, 1989.

박영신, 김우승 쓰고 엮음. 『러시아의 지적 전통과 논쟁』. 현상과 인식, 1994.

발리츠키, 안드레이. 『계몽사조에서 마르크스주의까지』. 장실 역. 슬라브연구사, 1988.

베르자예프, 니콜라이.『러시아사상사』. 이철 역. 범조사, 1980.

————.『러시아지성사』. 이경식 역. 종로서적, 1980.

비트포겔, 칼.『동양적 전제주의』. 구종서 역. 법문사, 1991.

소비예트과학아카데미 편.『러시아철학사』. 전 3권. 최준혁 역. 녹두, 1989.

————.『세계철학사』. 전 4권. 이을호 편역. 중원문화, 1989.

松田道雄 엮음.『러시아 혁명의 기록』. 형성사 편집부 옮김. 형성사, 1985.

슬로님, 마르스 외.『러시아 문학과 사상』. 박성규 옮김. 대명사, 1983.

아니킨, 안드레이.『러시아 사상가들』. 김익희 역. 나남, 1994.

윌슨, 에드먼드.『근대혁명사상사』. 강봉식 역. 을유문화사, 1962.

유원수 역주.『몽골비사』. 혜안, 1994.

윤해수.『러시아체제변동론』. 한울아카데미, 1995.

이계희 편.『러시아근대사회사상』. 풀무, 1980.

이디, 제임스 외.『러시아 철학』. 고려원, 1992.

이인호.『러시아지성사연구』. 지식산업사, 1980.

——.『지식인과 역사의식-러시아지성사를 중심으로』. 문학과 지성사, 1980.

이창주.『러시아현대정치사』. 한울아카데미, 1998.

임영상 편역.『러시아 인텔리겐찌야론』. 탐구당, 1990.

猪木正道.『러시아혁명사』. 한울림 편집부 옮김. 한울림, 1983.

정한구, 문수언 공편.『러시아정치의 이해』. 나남, 1995.

최승.『소연방70년사』. 슬라브연구사, 1988.

콘, 한스.『근대 러시아-그 갈등의 역사』. 김종심 역. 심설당, 1981.

호스킹, 제프리.『소련사』. 김영석 옮김. 홍성사, 1988.

러시아의 통치자들

● 류리크 왕조 (862-1598)

류리크(862-879) - 올레그(879-912) - 이고리(912-945) - 올가(945-964) - 스뱌토슬라프(964-972) - 야로뽈크(972-980) - 블라지미르 1세(980-1015) - 스뱌토뽈크 1세(1015-1019) - 야로슬라프 무드르이(1019-1054) - 이쟈슬라프(1054-1078) - 프세볼로드(1078-1093) - 스뱌토뽈크 2세(1093-1113) - 블라지미르 모노마흐(1113-1125) - 므스찌슬라프(1125-1132) - 유리 돌고루키(1132-1157) - 안드레이 보골류프스키(1157-1174) - 미하일 1세(1174-1176) - 프세볼로드 3세(1176-1212) - 유리(1212-1238) - 야로슬라프(1238-1246) - 안드레이(1246-1252) - 알렉산드르 네프스키(1252-1263) - 다닐(1263-1303) - 유리(1303-1325) - 이반 1세 칼리타(1325-1340) - 세묜 고르드이(1340-1353) - 이반 2세 크라스느이(1353-1359) - 드미트리 돈스코이(1359-1389) - 바실리 1세(1389-1425) - 바실리 2세(1425-1462) - 이반 3세(1462-1505) - 바실리 3세(1505-1533) - 이반 4세 그로즈느이(1533-1584) - 표도르(1584-1598)

● 동란 시대 (1598 - 1613)

보리스 고두노프(1598-1605), 가짜 드미트리 1(1605-1606), 가짜 드미트리 2(1606), 바실리 슈이스키(1606-1610)

● 로마노프 왕조 (1613 - 1917)

미하일 로마노프(1613-1645) - 알렉세이(1645-1676) - 표도르(1676-1682) - 이반 5세(1682-1696) - 뾰트르 1세 벨리키(1682-1725) - 예카쩨리나 1세(1725-1727) - 뾰트르 2세(1727-1730) - 안나(1730-1740) - 이반 6세(1740-1741) - 옐리자베타(1741-1761) - 뾰트르 3세(1761-1762) - 예카쩨리나 2세(1762-1796) - 빠벨 1세(1796-1801) - 알렉산드르 1세(1801-1825) - 니콜라이 1세(1825-1855) - 알렉산드르 2세(1855-1881) - 알렉산드르 3세(1881-1894) - 니콜라이 2세(1894-1917)

● 소련 시대 (1917 - 1991)

레닌(1917-1924), 스탈린(1924-1953), 흐루시초프(1953-1964), 브레즈네프(1964-1982), 안드로뽀프(198-1984), 체르넨코(1984-1985), 고르바초프(198-1991)

● 러시아연방공화국 (1991 - 현재)

옐찐(1991-2000), 뿌찐(2000-현재)

러시아 문화사 연표

B.C.3세기 - A.D.11세기
슬라브족 흑해 연안 대이주

862 류리크 노브고로드 도착

882 올레그 키예프 정복

A.D.9세기 후반
키릴과 메포지 형제 키릴 문자 창제

988 블라지미르 러시아에 크리스트교 도입

1015 야로슬라프 무드르이 러시아 최초의 법전 '루스카야 쁘라브다' 편찬

1116 실베스트르 '연대기' 편찬

1147 모스크바 창건

1240 몽골 키예프 정복

1252-1263 알렉산드르 네프스키 블라지미르 통치

1300 러시아 수좌대주교(Metropolitan) 블라지미르로 이동

1325-1341 이반 칼리타 모스크바 통치

1330 수좌대주교 모스크바로 이동

1359-1389 드미트리 돈스코이 모스크바 통치

1366-136 모스크바의 크레믈리 건설 시작

1380 쿨리코보 전투 승리

1425-1462 바실리 2세 모스크바 통치

1448 콘스탄티노플의 총대주교(Patriarch)와 결별

1453 비잔틴 몰락

1462-1505 이반 3세 모스크바 통치

1478 모스크바 공국 노브고로드 통합

1480	몽골의 러시아 지배 종식
1497	이반 3세 법령집 '수제브니크' 편찬
1505-1533	바실리 3세 모스크바 통치
1520	모스크바 공국 랴잔 통합
1533-1584	이반 4세(이반 뇌제) 모스크바 통치
1547	이반 4세 '짜리' 대관
1564	이반 4세 '오쁘리츠니나' 조직
1566	최초의 '젬스키 소보르' 소집
1584-1598	류리크 왕조 마지막 짜리 표도르의 통치
1589	러시아에 독립적인 총대주교직 설치
1598-1613	동란 시대
1613	로마노프 왕조 최초의 짜리 미하일 로마노프가 '젬스키 소보르'에서 선출
1645-1676	알렉세이 미하일로비치의 통치
1654	우크라이나 러시아에 재통합
1655	니콘 총대주교의 교회개혁
1667	스쩨빤 라진의 난 발생
1682-1725	뾰트르 대제의 통치
1697	뾰트르 서유럽 순방 대사절단 파견
1700-1721	대북방전쟁
1703	뻬쩨르부르그 건설
1711	원로원 설치
1711-1765	로모노소프 생존 기간
1721	신성종무원 설치
1722	관리 등급표 제정
1725	과학 아카데미 개설
1741-1761	엘리자베타의 통치
1749-1802	라지쉬체프 생존 기간
1750	러시아 최초의 극장이 야로슬라블리에서 문을 엶

1755	모스크바대학 설립
1762-1796	예카쩨리나 2세의 통치
1767	법전 편찬 위원회 설치
1773	뿌가초프의 난 발생
1790	라지쉬체프 '뻬쩨르부그에서 모스크바까지의 여행' 출간
1799-1837	뿌쉬킨 생존 기간
1801-1825	알렉산드르 1세의 통치
1812	대 나폴레옹 전쟁
1812-1870	게르쩬의 생존 기간
1815	신성동맹 조약 체결
1825	제카브리스트의 봉기
1825-1855	니콜라이 1세의 통치
1828-1889	체르느이쉐프스키 생존 기간
1828-1910	톨스토이 생존 기간
1833	문교대신 우바로프 '관제국민주의' 공표
1836	차아다예프 철학서한 발표, 잡지 '동시대인' 출간
1849	뻬트라쉐프스키 사건
1853-1856	크르임 전쟁
1855-1881	알렉산드르 2세의 통치
1856-1918	쁠레하노프 생존 기간
1861	농노해방
1869	'공산당 선언' 러시아어 출판
1870-1924	레닌 생존 기간
1872	'자본론' 제 1권 러시아어 출판
1881	알렉산드르 2세 암살
1881-1894	알렉산드르 3세의 통치
1883	쁠레하노프 제네바에서 '노동해방' 결성
1894-1917	니콜라이 2세의 통치
1895	레닌 '노동자계급 해방투쟁 동맹' 결성

1898	제 1차 러시아 사회민주노동당 전당대회 민스크에서 개최
1904	러일 전쟁
1905.1.9	'피의 일요일 사건' 발생
1906	스톨르이삔의 개혁
1914	제 1차 세계 대전 발발
1917.2.27	2월 혁명
1917.4.4	레닌 '4월 테제' 발표
1917.8.25	코르닐로프 장군 케렌스키 정부에 쿠데타 기도
1917.10.25	10월 사회주의 혁명
1917-1924	레닌 시기
1922	소비예트 사회주의 공화국 연방 성립
1924-1953	스탈린 시기
1928	제 1차 5개년 계획 실시
1939-1945	제 2차 세계 대전
1953-1964	흐루시초프 시기
1961	유리 가가린 세계 최초의 우주 비행
1964-1982	브레즈네프 시기
1978	소련 우주선 금성 12호 세계 최초 금성 착륙
1982-1984	안드로포프 시기
1984-1985	체르넨코 시기
1985-1991	고르바초프 시기
1987	고르바초프 본격적인 '페레스트로이카' 실시
1991.8.19	소련 군부 쿠데타 기도
1991.12.25	소련 붕괴
1991-2000	옐찐의 러시아연방공화국
2000-현재	뿌찐 대통령 집권

찾아보기(인명)